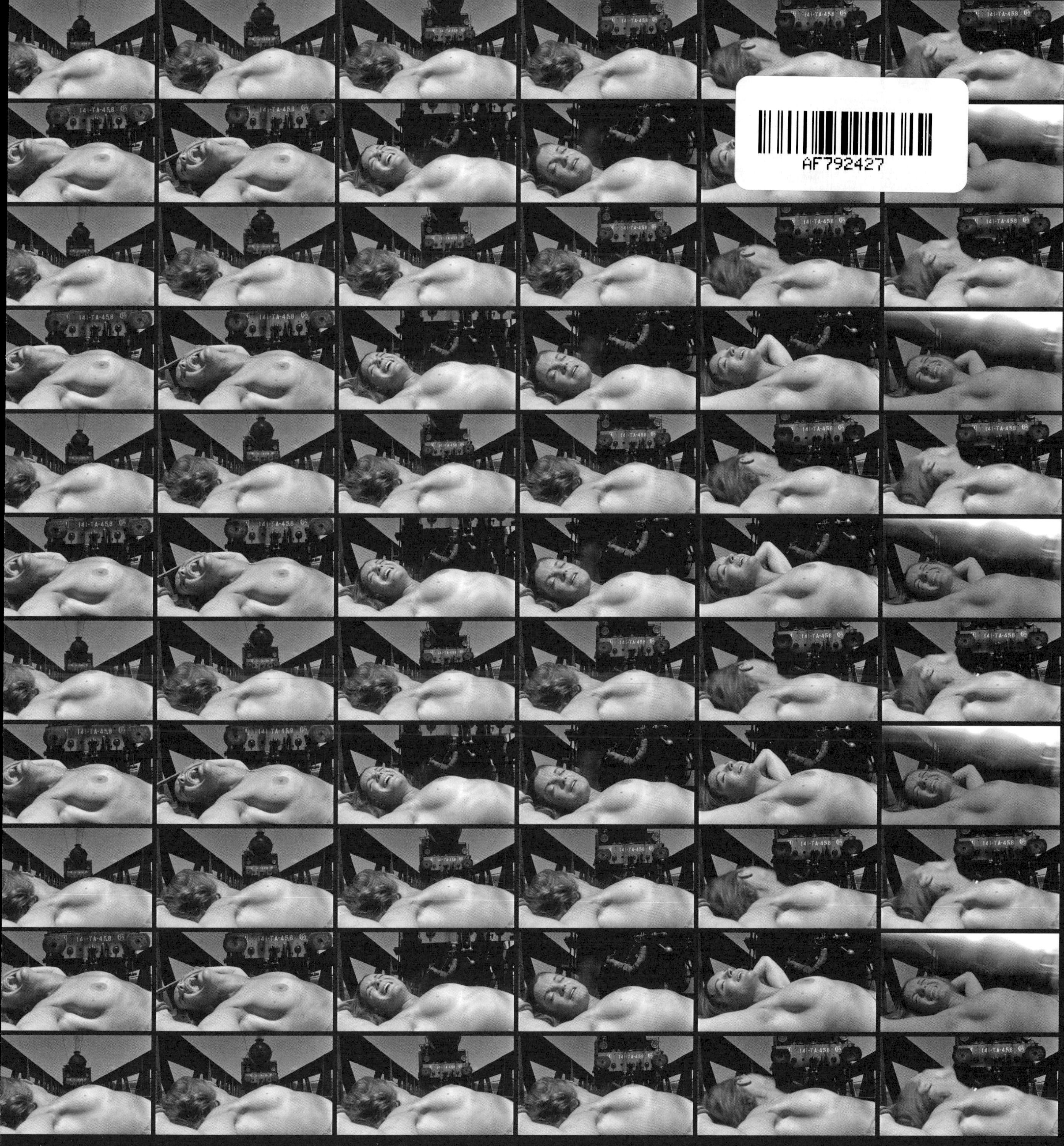
141-TA-458

ROMY

ROMY

DIE UNVERÖFFENTLICHTEN BILDER AUS
INFERNO / L'ENFER
VON HENRI-GEORGES CLOUZOT

Herausgegeben von Serge Bromberg
Aus dem Französischen von Claudia Steinitz

SCHIRMER/MOSEL

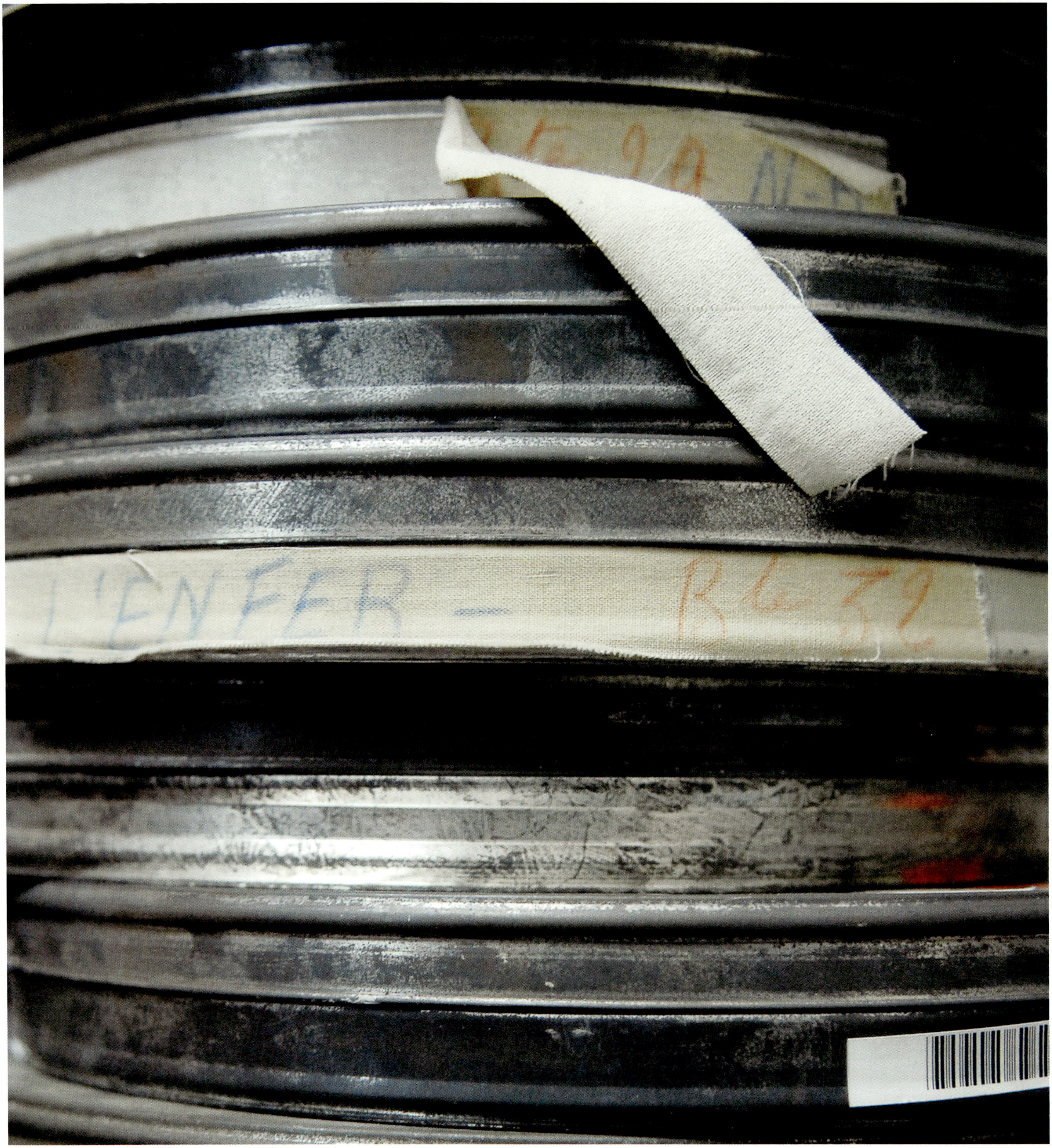
L'ENFER –

INHALT

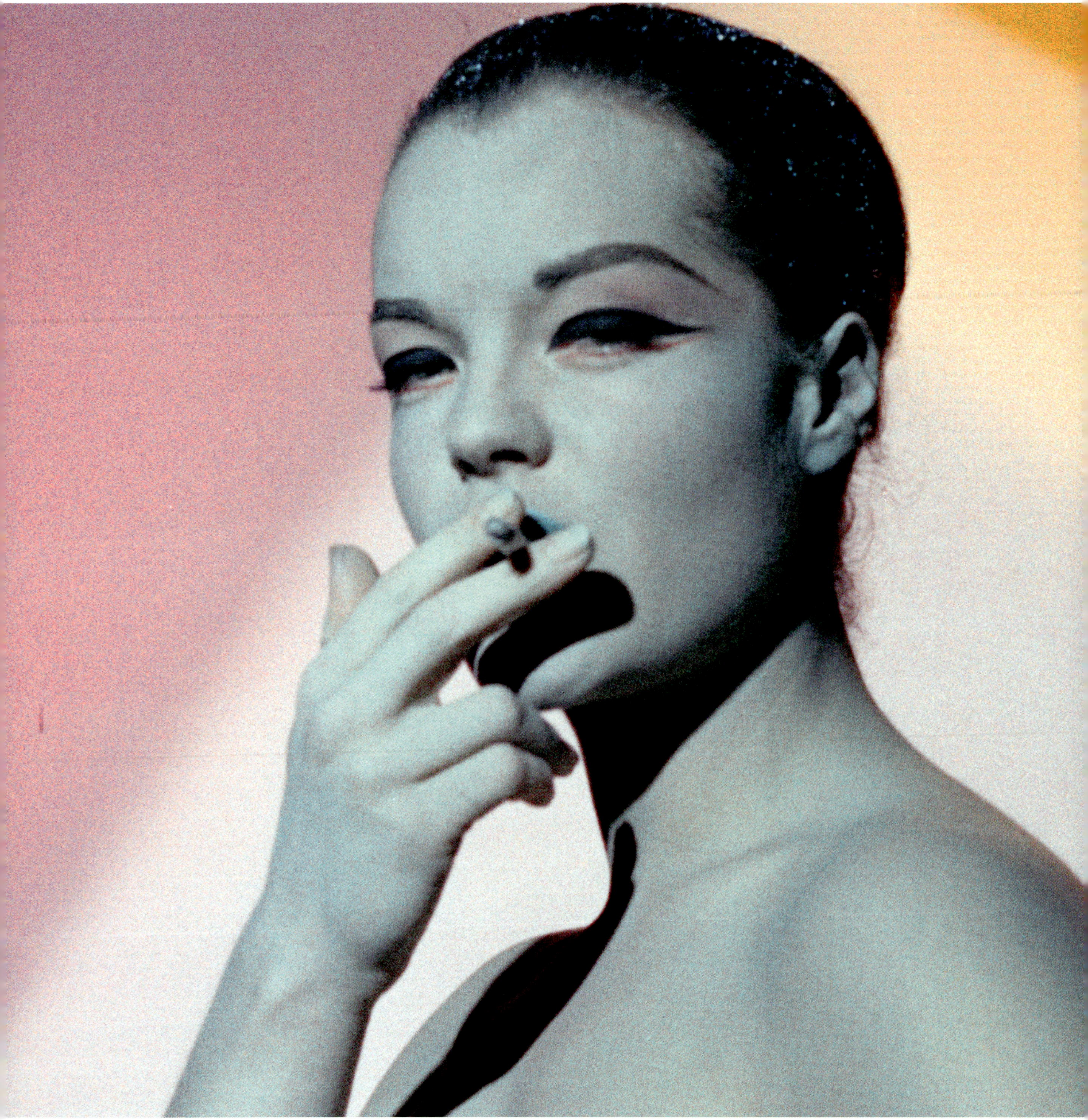

DIESE BILDER SIND EINE LEGENDE ...

DIESER REVOLUTIONÄRE FILM VERHIESS »NIE GESEHENES«. MAN SAGTE VON DEN GEDREHTEN SZENEN, SIE SEIEN »HYPNOTISCH«, »GLÜHEND«, »ATEMBERAUBEND«.

Diese Bilder sind alles, was von einem sehr seltsamen Abenteuer bleibt.

1964 drehten Romy Schneider und Serge Reggiani unter größter Geheimhaltung *L'Enfer*, einen der teuersten Filme des Jahres und gewiss eine Sensation. Henri-Georges Clouzot, der Regisseur von *Der Rabe*, *Die Teuflischen* und *Unter falschem Verdacht*, hatte selbst das Drehbuch geschrieben und war nach vier Jahren zum Kino zurückgekehrt.

Nach langen Proben und kaum drei Wochen Dreharbeiten wurde die Produktion jedoch ganz plötzlich unterbrochen. Erst bekam Serge Reggiani, dann auch Clouzot gesundheitliche Probleme, die zum Ende des Projektes führten. Eine grandiose Katastrophe, von der die Kinoliebhaber noch heute sprechen.

Der revolutionäre Film verhieß »nie Gesehenes«. Man sagte von den gedrehten Szenen, sie seien »hypnotisch«, »glühend«, »atemberaubend« und oft unverständlich.

Was geschah tatsächlich bei den Dreharbeiten von *L'Enfer*, und warum wurden diese wenigen unglaublichen, außergewöhnlichen Bilder niemals gezeigt?

Nach einem halben Jahrhundert im Dunkeln, Monaten der Recherche und einigen unerhörten Glücksfällen durfte ich die Filmbüchsen öffnen, die aus juristischen Gründen »blockiert« waren und im Französischen Filmarchiv des CNC lagen. Auf diese Weise entdeckte ich, was Clouzot filmen wollte.

Die Bilder, die zum Vorschein kamen, stehen heute im Zentrum meines Films *L'Enfer d'Henri-Georges Clouzot* und sind Gegenstand dieses Buches. Es ist das Tagebuch eines angekündigten Schiffbruchs. Die Bilder werden hier zum ersten Mal gezeigt.

Romy Schneider erscheint darin strahlender denn je.

Sie erfüllt mit ihrem Licht dieses seltsame, von Henri-Georges Clouzot erdachte Inferno. Ein Universum der Angst und so entsetzlicher Obsession, dass sie fast zwangsläufig auch ihren Autor packen mussten.

Alles begann im Frühjahr 2005 bei einem Essen mit Patrick Brion, Leiter der Abteilung Film bei France 3, dessen Stimme jeden Sonntagabend das »Mitternachtskino« präsentiert. Wir sprachen über jene seltenen Filme, die man nie mehr sehen würde, nicht mal im Fernsehen, und natürlich kamen wir dabei auch auf die Geschichte von *L'Enfer*.

Ein unvollendeter und unsichtbarer Film, ein rätselhaftes, unwahrscheinliches Meisterwerk. Das war wie eine Herausforderung, fast ein Spiel, und ich nahm mir an jenem Tag vor, mich auf die Suche nach den Filmbüchsen zu machen, die wir für verloren hielten.

In Wirklichkeit waren die Filmrollen ordnungsgemäß kühl, aber streng geheim (ohne mögliche Vorführung oder Einsicht) im Französischen Filmarchiv gelagert. Vorausgegangen war ein Rechtsstreit zwischen Henri-Georges Clouzot und der Versicherungsgesellschaft, die jetzt die Eigentümerin war. Seit mehr als vierzig Jahren war keine Einigung zwischen den Parteien möglich gewesen, und die Filme warteten.

Ich rief Eric le Roy und Frédéric Mitterand an, die 1993 einige Rollen hatten sehen können. Ein paar Worte, ein Satz von Mitterand, »Ich habe nur ein paar Bilder gesehen, aber alles, was Henri-Georges Clouzot gedreht oder geschrieben hat, ist jede Aufmerksamkeit wert«, und mein Entschluss stand fest.

An einem Abend im September 2005 besuchte ich Inès Clouzot, die Rechteinhaberin des Drehbuchs, die mir schnell begreiflich machte, dass sie seit 1964 jedes Jahr mehrere Angebote für diese Filmrollen erhielt und niemals eingewilligt hatte, die Rechte abzutreten, so schmerzhaft war dieses Abenteuer für sie gewesen. War ich der Hundertste, der Zweihundertste, der sich für diese Bilder interessierte, die ich nicht mal gesehen hatte?

Sie dankte mir für meinen Besuch, ohne eine Entscheidung getroffen zu haben, und begleitete mich zum Fahrstuhl, in dem uns das Schicksal einen seltsamen Streich spielen sollte.

Mir, der ich an Klaustrophobie leide! Plötzlich bleibt der winzige Fahrstuhl zwischen zwei Etagen stehen. Das Licht geht aus, und da stehen wir, Inès Clouzot und ich, und betäuben unsere Angst, indem wir uns fast zwei Stunden lang Geschichten erzählen. Genug Zeit, uns die Herzen zu öffnen, über unser Leben, unsere kleinen Dramen, unsere Ängste zu reden, uns wirklich kennenzulernen. Ein einzigartiger Moment, den ich bestimmt nicht vergessen werde.

Dieser Streich des Schicksals hat wahrscheinlich Inès' Entscheidung befördert, mir ihr Vertrauen zu schenken.

Ein paar Tage später betrat ich das Filmarchiv mit einer Genehmigung der Assurances Générales de France, die mir eine große Hilfe waren, um endlich den Zugang zu diesen Bildern zu erhalten, und nahm die einhundertfünfundachtzig kostbaren Filmrollen mit.

Die kleinen Filmschnipsel wurden aneinandergeklebt und im Labor *Mikros* mit einem Filmabtaster bearbeitet (mithilfe dieses Geräts kann man 35-mm-Negativfilme in Videofilme umwandeln). Was wir dann auf den Bildschirmen entdeckten und was niemand seit 1964 gesehen hatte, war so unglaublich, dass ich mit der Überzeugung aus der Vorführung kam, dass diese Bilder noch phantastischer waren als die Legende, die ihnen vorausgegangen war.
Ich beschloss, die Zeugen aufzusuchen. Ich musste die Geschichte kennenlernen, um sie besser erzählen zu können. Ich wusste damals noch nicht, dass sie uns bis heute, nach drei Jahren Recherche, teilweise verborgen bleiben würde. Clouzot hatte ein seltsames Labyrinth gezeichnet, dessen Ausgang ich nicht kannte.

Der letzte Akt von *L'Enfer* von Henri-Georges Clouzot hatte begonnen.

DIESE BILDER WAREN NOCH PHANTASTISCHER ALS DIE LEGENDE, DIE IHNEN VORAUSGEGANGEN WAR.

L’ENFER / INFERNO
EIN MYTHISCHER FILM

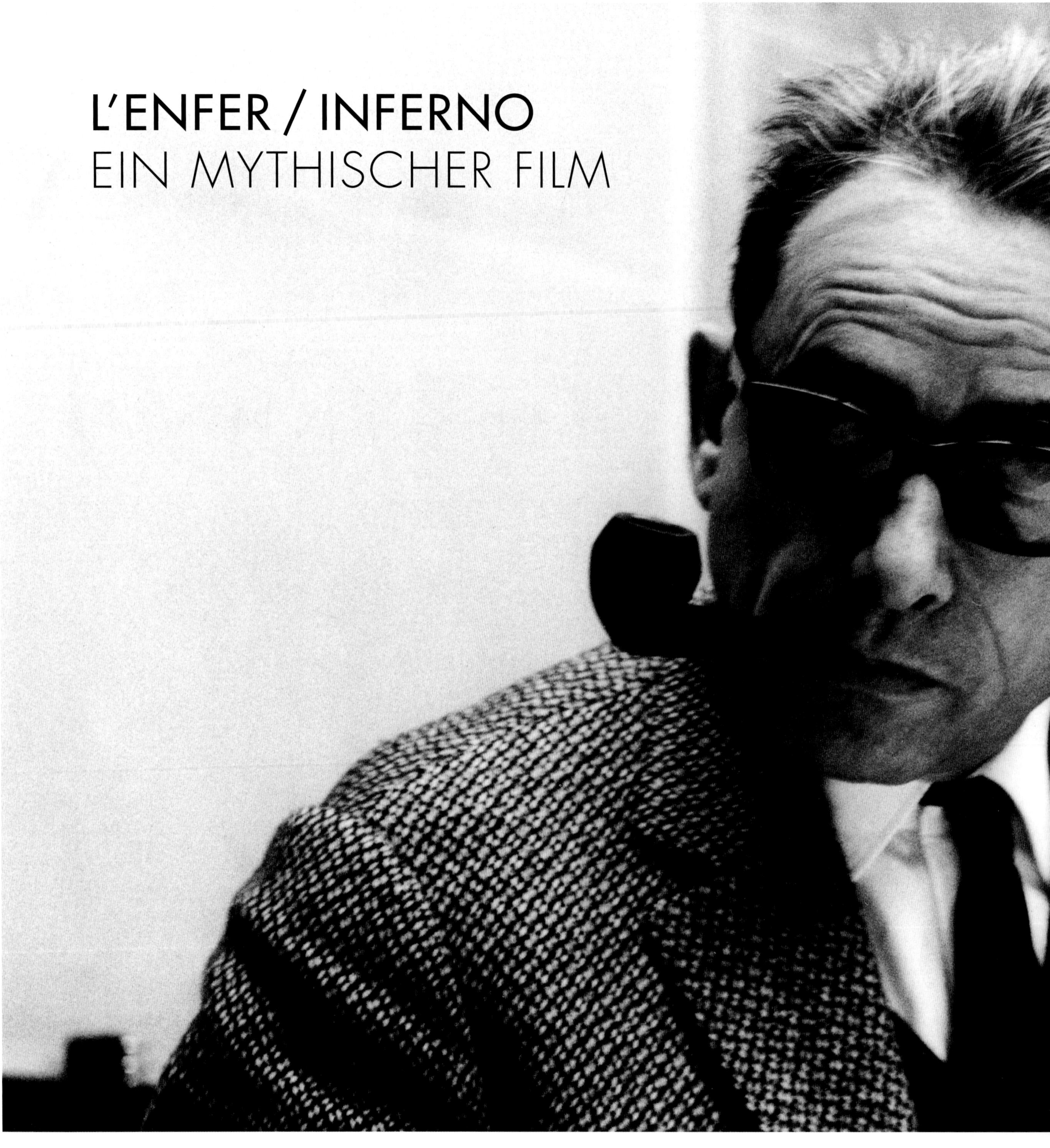

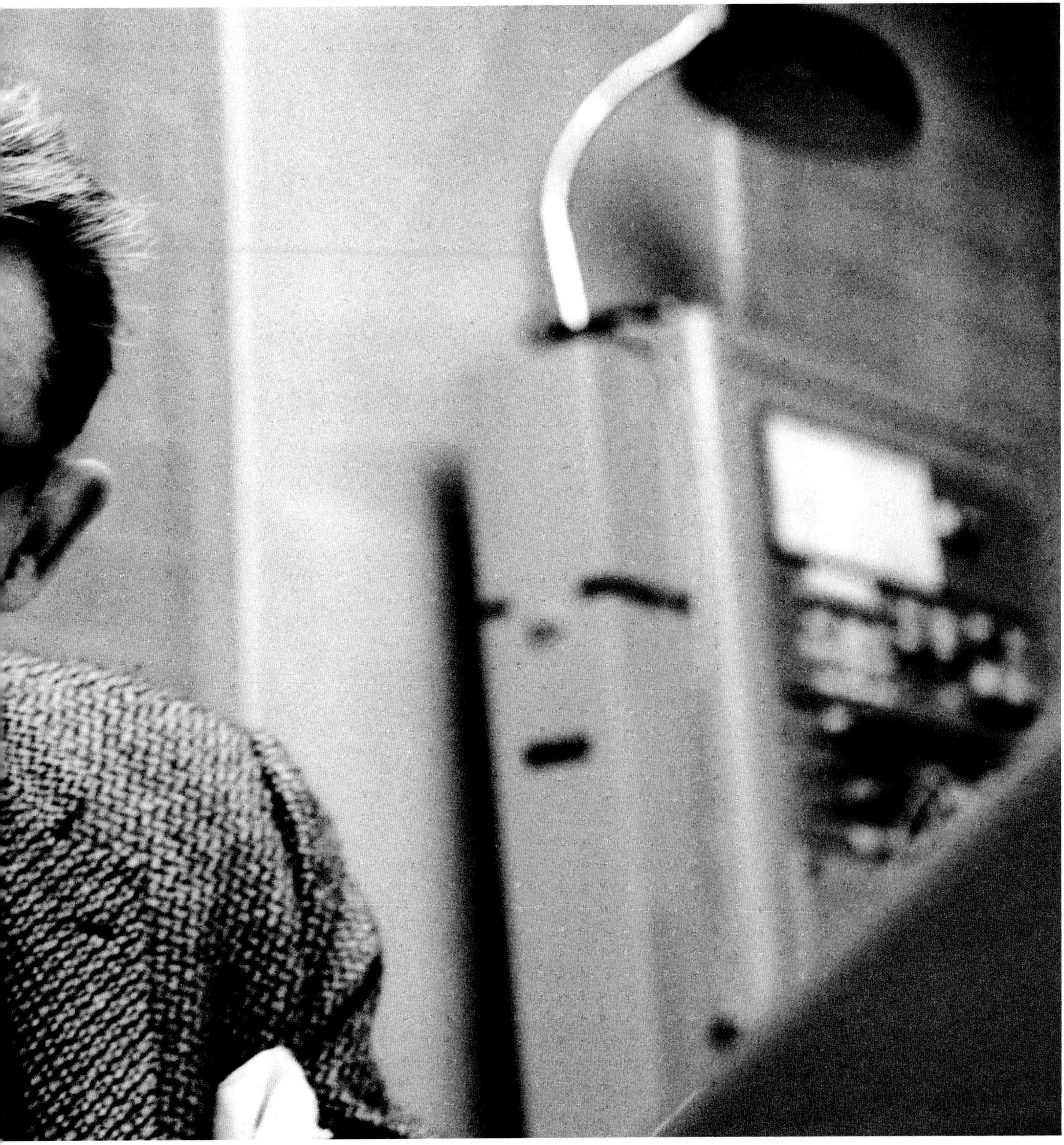

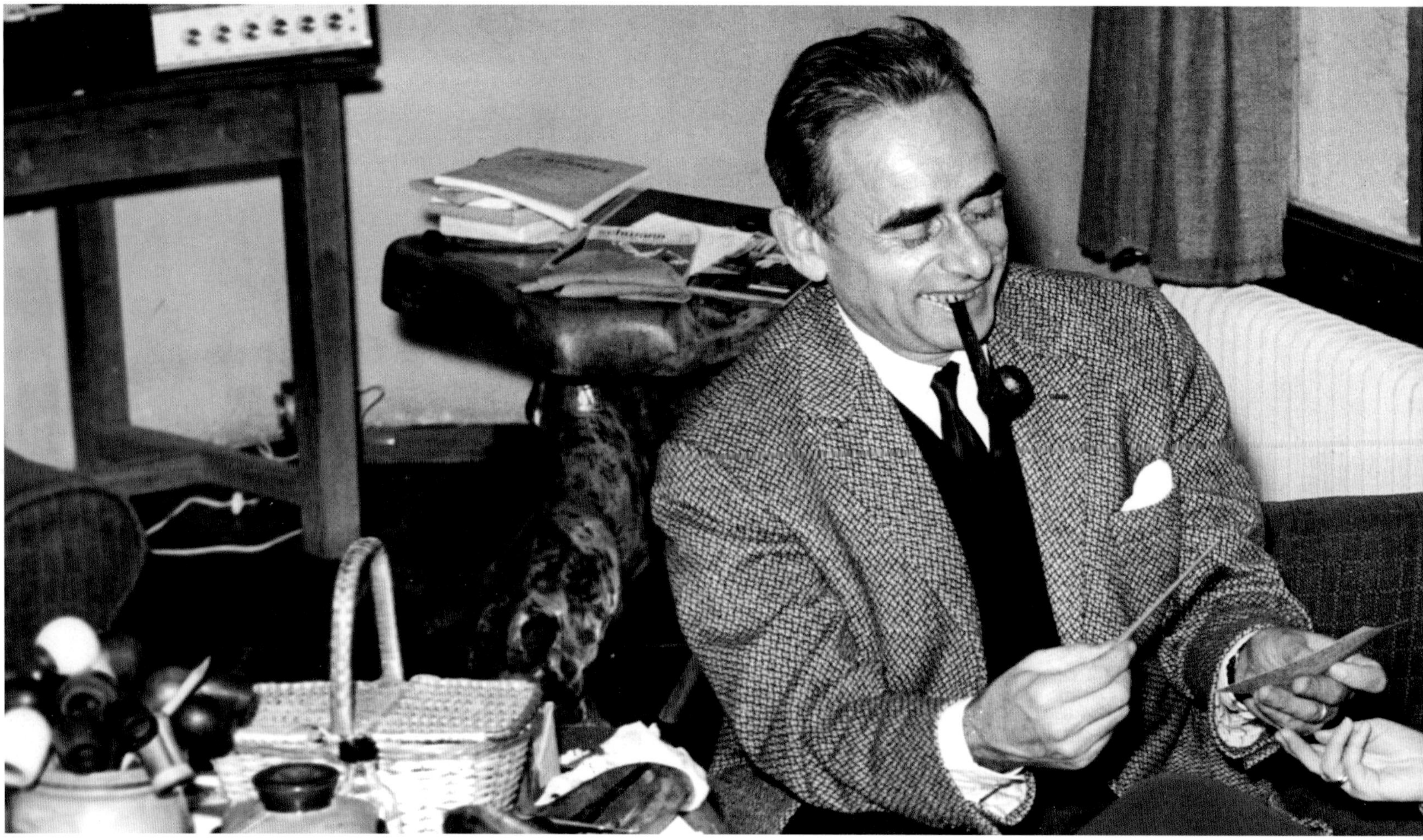

1963. Romy Schneider ist 25 Jahre alt, als ihr Henri-Georges Clouzot die Hauptrolle in seinem nächsten Projekt anbietet, *L'Enfer*. Die Tochter der deutschen Schauspielerin Magda Schneider ist mit der Welt des Kinos vertraut. Unter den 25 Filmen, die sie bereits gedreht hat, haben vor allem die drei Sissi-Filme sie populär und zu einem internationalen Star gemacht.

Romy hat zwar schon mit großen Meistern gedreht, Robert Siodmak, Alain Cavalier, Otto Preminger oder Luchino Visconti, aber für das breite Publikum ist sie immer noch Sissi, die junge, unschuldige Kaiserin, eine Gestalt, von der sie sich unbedingt lösen muss, um eine Schauspielerin großen Formats zu werden.

Henri-Georges Clouzot, der 1960 seine Ehefrau und Muse Vera Clouzot verloren hat, muss ebenfalls großen Herausforderungen entgegentreten. Er hat seit vier Jahren nicht mehr gedreht (sein letzter Film, *Die Wahrheit* mit Sami Frey und Brigitte Bardot, wurde in Venedig ausgezeichnet) und gerade eine Depression überwunden. In Tahiti, wo er mehrere Monate verbringt, beginnt er sein Drehbuch zu schreiben.

In diesen Jahren erfährt das Kino eine tiefgreifende Wandlung. Die Generation, die in den 30er Jahren angefangen hatte, verkauft immer noch die meisten Eintrittskarten, aber eine junge Generation kündigt sich lautstark an. Die mit den tragbaren Kameras von Éclair-Coutant geborene *Nouvelle Vague* macht von sich reden, entschlossen, die Grammatik des Kinos zu erneuern. Sie präsentiert sich auf Leinwänden und in den Zeitschriften, die neuen Stars heißen Chabrol, Truffaut und Godard.

Clouzots erster Film stammt von 1931. Das Publikum nennt ihn »the French Hitchcock«, er ist der Meister eines Kinos, in dem Spannung und Grauen als Vorwand dienen, um die Psyche der oft perversen, verschrobenen oder völlig verzweifelten Protagonisten auszuloten. Nach *Der Mörder wohnt in Nummer 21* (1942), *Der Rabe* (1943) oder *Unter falschem Verdacht* (1947), die in den 40er Jahren gedreht wurden, wird er mit *Lohn der Angst* (1953) und *Die Teuflischen* (1955) zum Meister der Angst. Clouzot, der Musik und Malerei liebt, lebt seit mehreren Jahren im Hôtel de la Colombe-d'Or in Saint-Paul-de-Vence, verkehrt bei den Maeght und trifft in ihrem Umfeld die großen Meister der Gegenwartskunst, die den Alltag in diesem kleinen provenzalischen Paradies prägen.

1956 schließt er sich in den Studios von Boulogne ein und dreht den Dokumentarfilm *Picasso*, der einzigartige Blick eines Mannes der Bilder, der den Meister vor seiner Leinwand beobachtet, während er Werke von seltener Strahlkraft erschafft.

Mit 56 Jahren nimmt sich Clouzot vor, seinen nächsten Film zur Summe dieser Erfahrung von drei Jahrzehnten zu machen: ein Film, der ein neues, eindeutig in der Moderne verankertes Kino erfindet, der alles enthält, was zeitgenössische Kunst und Kamera einander geben können. Dafür braucht man Zeit, ein gutes Skript und gute Schauspieler.

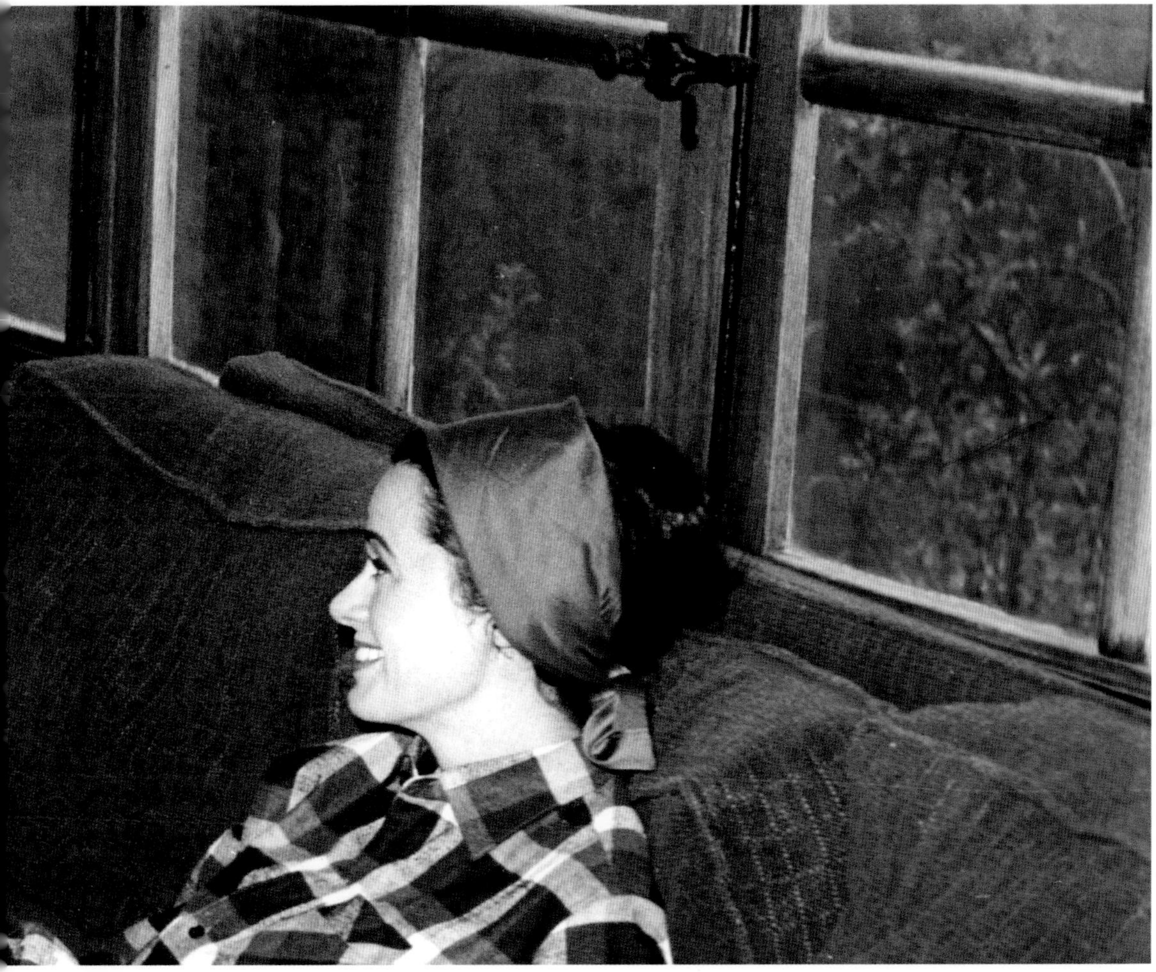

Henri-Georges und Inès Clouzot, kurz nach ihrer Heirat

Mit *L'Enfer* wollen also zwei herausragende Persönlichkeiten des Kinos eine Schwelle überschreiten und einer neuen Herausforderung in ihrer Karriere begegnen. Romy Schneider, die nach ihrem schmerzhaften Bruch mit Alain Delon nach Amerika geflohen ist, sucht den großen Film, in dem sie beweisen kann, dass sie endlich eine Frau geworden ist, die auch hochkomplexe Rollen spielen kann. Henri-Georges Clouzot schlägt eine neue Seite in seinem Leben auf, er heiratet Inès Arnaud, vollendet sein Drehbuch und fängt an, ein kleines Team zusammenzustellen, um die Produktion vorzubereiten.

Die letzten Versionen von *L'Enfer* wurden Romy auf den Leib geschrieben. Sie wird die Odette spielen, und da sie gerade einen Vertrag über sieben Jahre mit Columbia unterzeichnet hat, wendet sich Clouzot an diese Produktionsfirma und erhält die grundsätzliche Zustimmung für die Produktion des Films.

Alles ist bereit, damit ab Anfang Januar 1964 die »Clouzot-Werke« die Arbeit aufnehmen können.

MIT 56 JAHREN NIMMT SICH CLOUZOT VOR, SEINEN NÄCHSTEN FILM ZUR SUMME DIESER ERFAHRUNG VON DREI JAHRZEHNTEN ZU MACHEN: EIN FILM, DER EIN NEUES KINO ERFINDET.

"INFERNO"

A travers couloirs, bar, salon, d'un hôtel de province autour duquel souffle la tempête, un homme va errer toute une nuit, cherchant le plus souvent refuge dans les ténèbres de sa chambre. Toujours, il se heurte au même secret impénétrable.

Cet homme s'appelle Marcel Prieur, il a quarante ans, il est le patron de cet hôtel perdu dans l'espace et dans l'obscurité.

De ce qu'il va découvrir, dépend la vie ou la mort de sa jeune femme, curieusement inconsciente, poignets ligotés à la tête de leur lit.

L'obsession de Marcel : Odette l'a-t-elle odieusement, scandaleusement, trompé ? Et avec qui ?

Odette, épouse aimante, bonne mère d'un petit garçon de quatre ans, ménagère active, a-t-elle été aussi la maîtresse du garagiste Martineau, bellâtre avantageux ? Cette liaison découverte, s'est-elle rabattue, nymphomane impénitente, sur d'autres hommes : le barman, le Commandant Béchard, n'importe quel client de l'hôtel ?

Point de preuves : seulement des présomptions, mais terribles.

Marcel se remémore leur vie à deux. Son esprit enquête sur une vaste poussière de faits et gestes. Il compose, décompose, recompose le portrait de sa femme, traque ce qu'elle fut, analyse ce qu'elle fit, de façon à découvrir enfin qui elle est : sa femme, rien que sa femme, ainsi qu'elle l'a juré - ou bien cet être inconnu, étranger, qu'un autre homme, que dix autres hommes, que tous les hommes de la terre ont tenu dans leurs bras ?

Bien entendu, c'est pure bonté que de se poser la question, parler de présomptions, pur discours.

Die erste Seite der Synopse für L'Enfer, *geschrieben von Henri-Georges Clouzot*

Inferno

Durch Flure, Bar, Salon eines Provinzhotels, um das ein Sturm tobt, irrt eine ganze Nacht lang ein Mann, sucht häufig Zuflucht in der Dunkelheit seines Zimmers. Immer wieder stößt er sich an demselben undurchdringlichen Geheimnis.
Dieser Mann heißt Marcel Prieur, er ist vierzig Jahre alt und der Direktor dieses in Raum und Dunkelheit verlorenen Hotels.
Von dem, was er entdecken wird, hängen das Leben oder der Tod seiner jungen Frau ab, die seltsam bewusstlos daliegt, die Handgelenke an das Kopfende ihres Betts gefesselt.
Marcels Obsession: Hat Odette ihn gemein, skandalös betrogen? Und mit wem?
Odette, liebende Gattin, gute Mutter eines kleinen vierjährigen Jungen, aktive Hausfrau. War sie auch die Geliebte des Autoschlossers Martineau, eines gutaussehenden Stutzers? Und hat sie sich, nachdem diese Beziehung aufgedeckt wurde, womöglich als unverbesserliche Nymphomanin auf andere Männer gestürzt? Den Barmann? Commandant Béchard, irgendwelche Hotelgäste?
Keinerlei Beweise: nur Vermutungen, aber schreckliche.
Marcel erinnert sich ihres Lebens zu zweit. Seine Gedanken wühlen sich durch ein großes Feld von Tatsachen und Gesten. Er fügt das Portrait seiner Frau zusammen, löst es auf, fasst es neu, forscht danach, was sie war, analysiert, was sie tat, um endlich zu entdecken, wer sie ist: seine Frau, nur seine Frau, wie sie es geschworen hat – oder dieses unbekannte, fremde Wesen, das ein anderer Mann, das zehn andere Männer, das alle Männer dieser Welt in den Armen gehalten haben?
Natürlich ist es reine Großmut, sich die Frage zu stellen, von Vermutung zu sprechen, ein bloßes Wort.

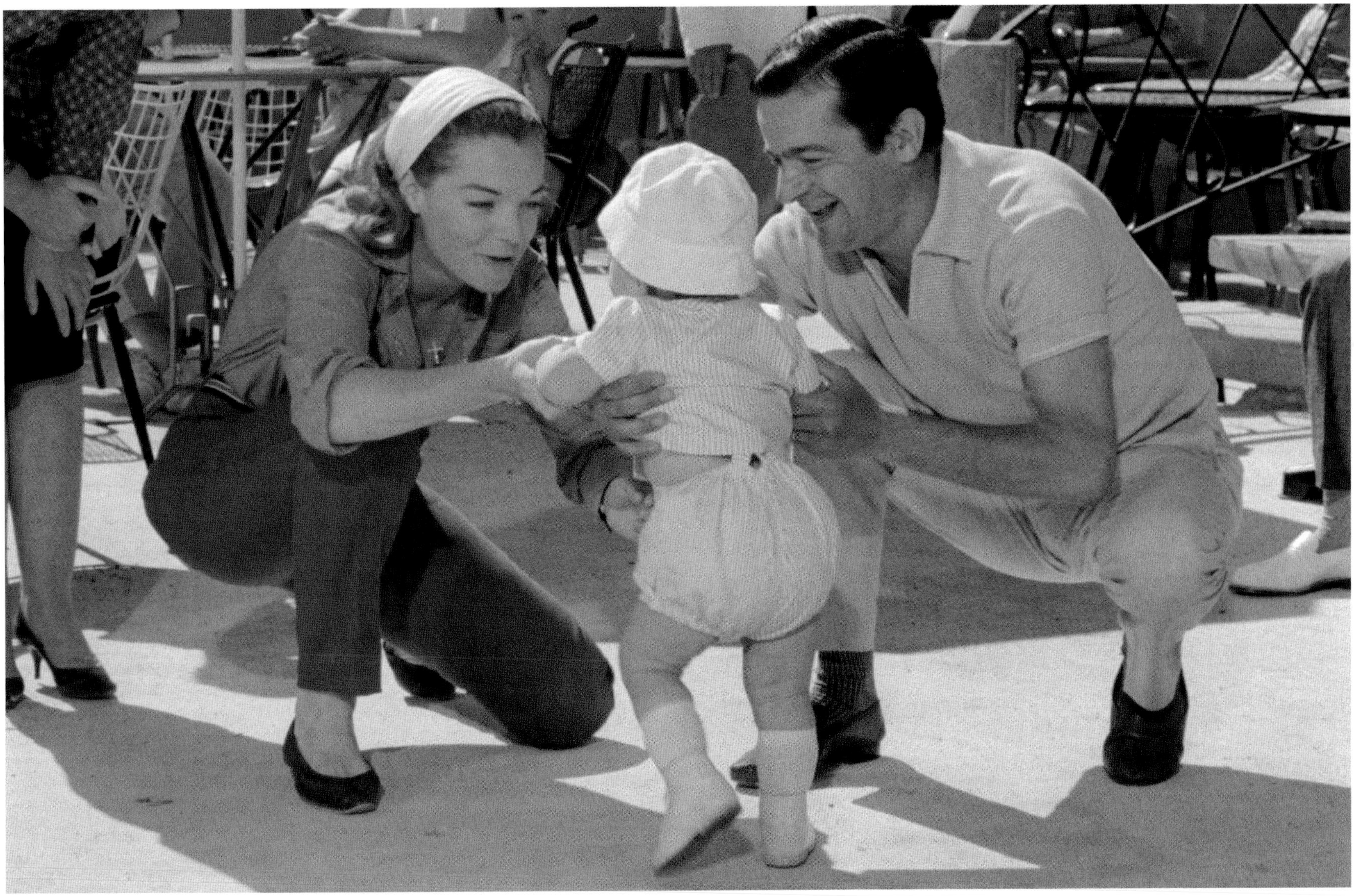

DIE GESCHICHTE DES FILMS

L'Enfer ist die Geschichte eines Mannes, Marcel Prieur – gespielt von Serge Reggiani –, und seiner Frau Odette. Frisch verheiratet übernehmen sie die Leitung eines kleinen Hotels im Cantal, am Fuße des Garabitviadukts. Aber sehr bald wird Marcel vom Dämon der Eifersucht gepackt.

An Anfang des Films versucht Marcel, ein Rasiermesser in der Hand, vor Odettes liegendem Körper, sich zu erinnern. Schläft sie nur? Hat er gerade ein Verbrechen begangen? Wie ist er dazu gekommen? Hat ihn seine Frau, seine hübsche Frau, hat ihn Odette gemein, skandalös betrogen? Und mit wem?

Also versucht er, sich an ihr Leben zu zweit zu erinnern. Da war der glückliche Anfang ihrer Geschichte. Der Kauf des Hotels, die ersten Tage des Glücks …

Aber sehr schnell wird die Erinnerung getrübt, treten die Eifersucht und die Visionen in den Vordergrund … Marylou, die kokette Freundin … Martineau, der stutzerhafte Autoschlosser aus dem Nachbardorf … Julien, sein Kumpel und Komplize …

Und so wird auch der Zuschauer von Angst und Zweifel gepackt. Keine Beweise: nur schreckliche Vermutungen.

Unwichtig die Erklärungen, die Unschuldsbeweise, die Versprechen. In Marcels Kopf dröhnt das ferne Geräusch des Zuges wie das Brüllen eines Gefolterten.

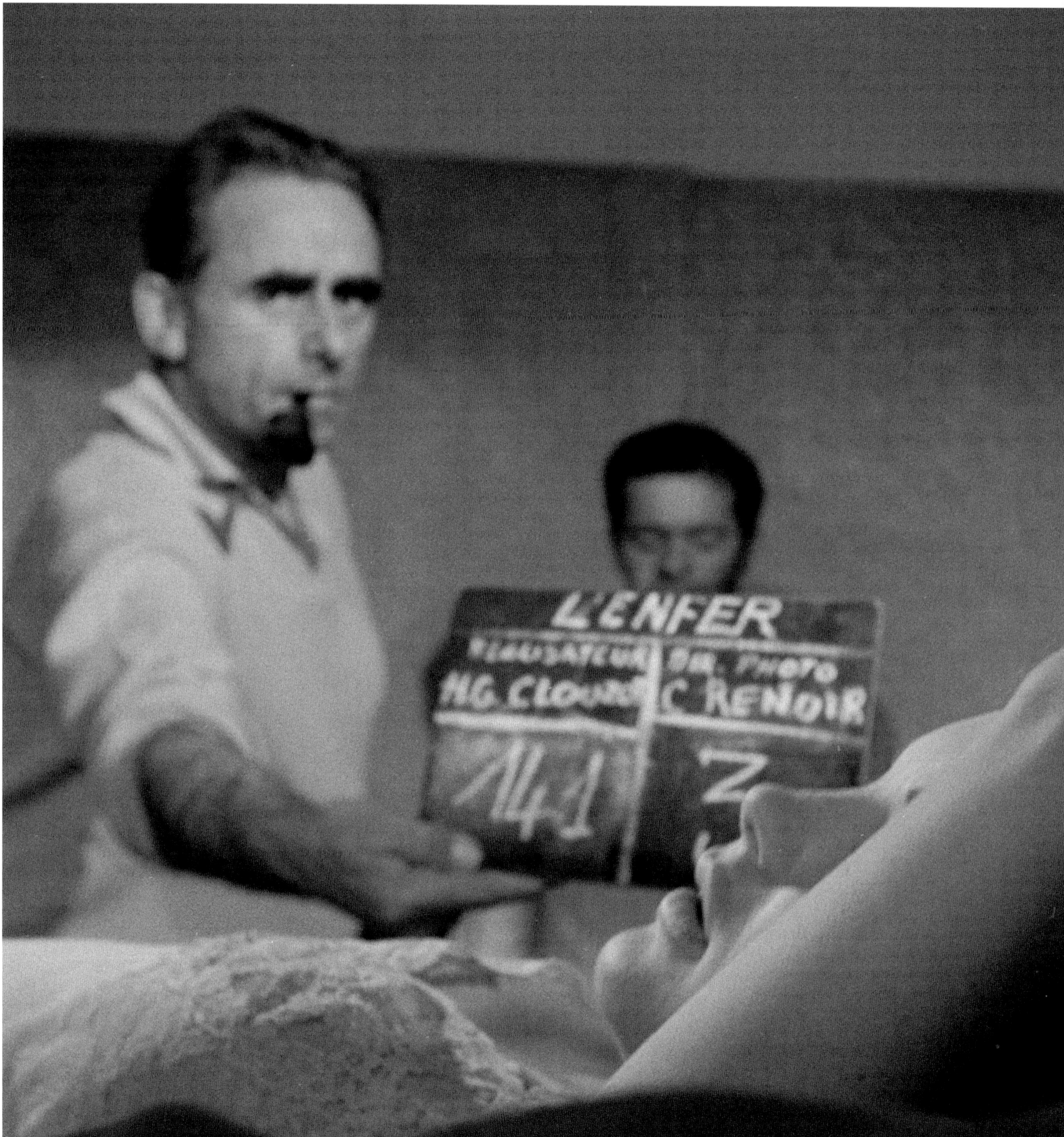
L'ENFER
C RENOIR
141
2

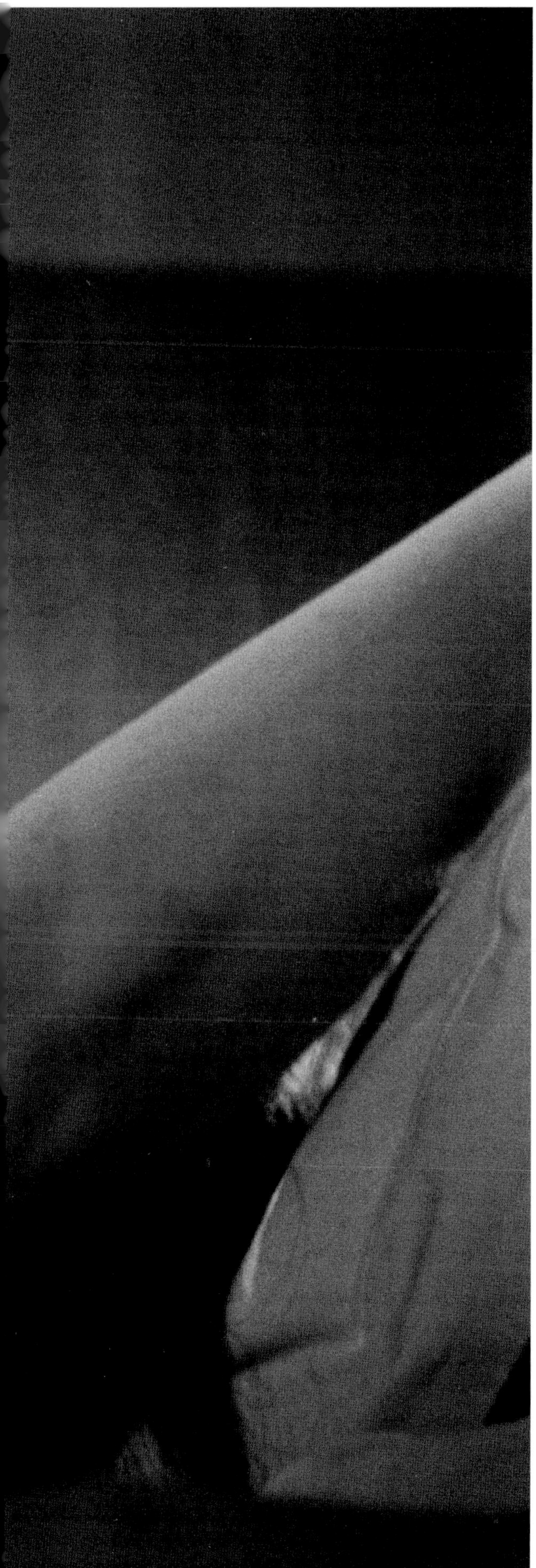

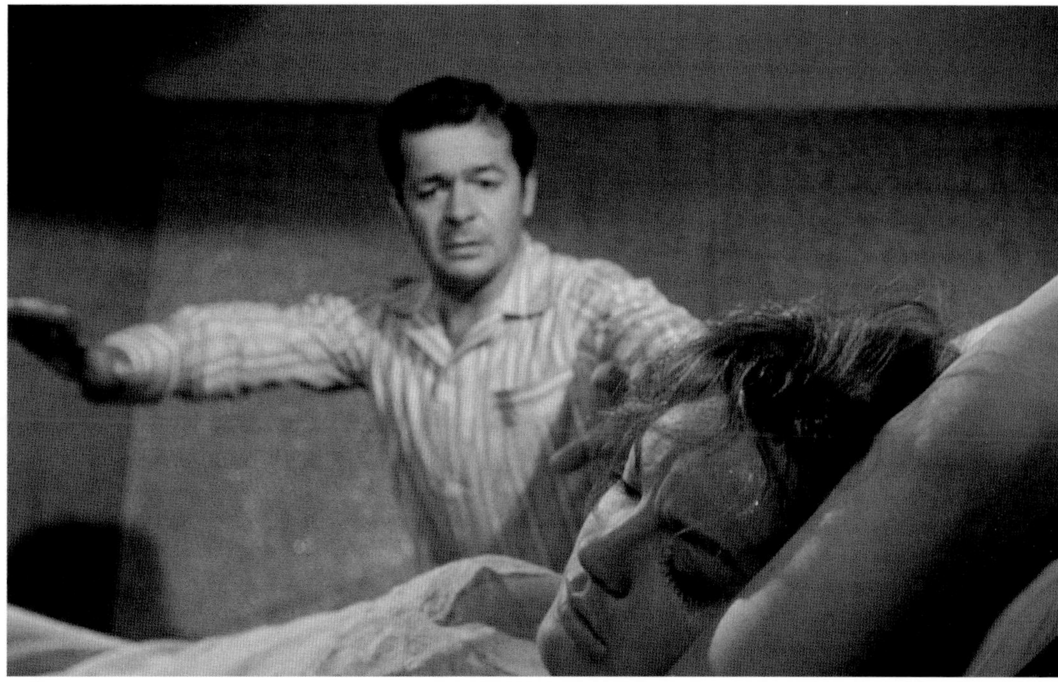

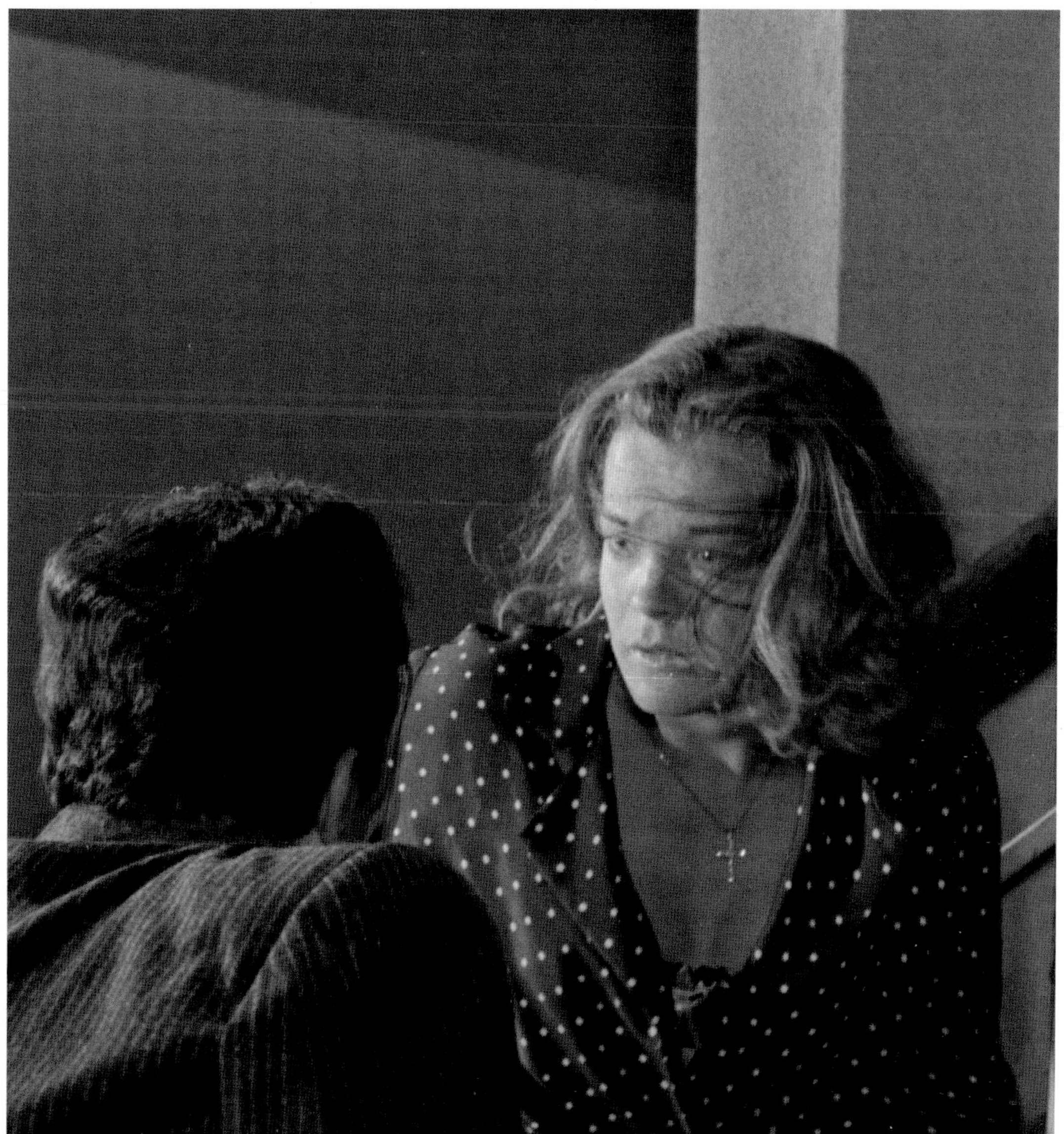

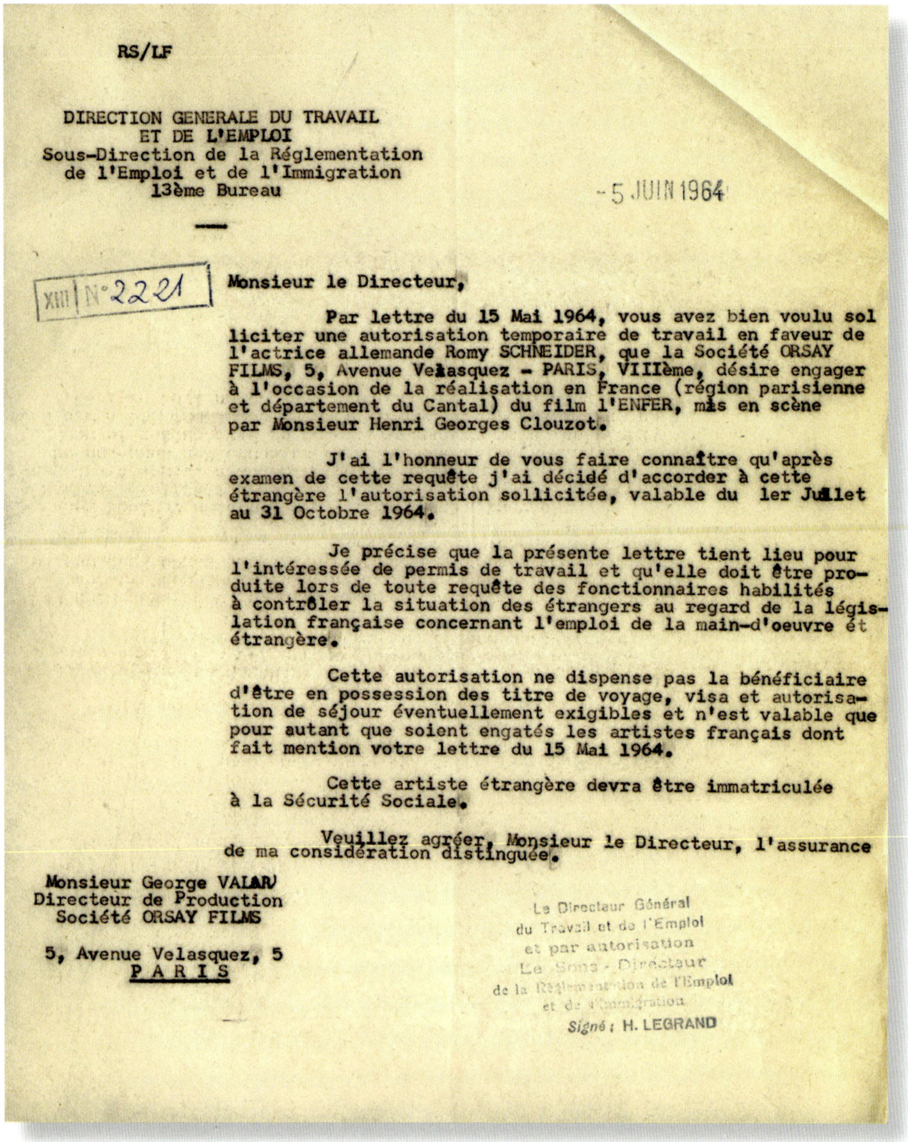

RS/LF

DIRECTION GENERALE DU TRAVAIL
ET DE L'EMPLOI
Sous-Direction de la Réglementation
de l'Emploi et de l'Immigration
13ème Bureau

-5 JUIN 1964

XIII N° 2221

Monsieur le Directeur,

Par lettre du 15 Mai 1964, vous avez bien voulu solliciter une autorisation temporaire de travail en faveur de l'actrice allemande Romy SCHNEIDER, que la Société ORSAY FILMS, 5, Avenue Velasquez - PARIS, VIIIème, désire engager à l'occasion de la réalisation en France (région parisienne et département du Cantal) du film l'ENFER, mis en scène par Monsieur Henri Georges Clouzot.

J'ai l'honneur de vous faire connaître qu'après examen de cette requête j'ai décidé d'accorder à cette étrangère l'autorisation sollicitée, valable du 1er Juillet au 31 Octobre 1964.

Je précise que la présente lettre tient lieu pour l'intéressée de permis de travail et qu'elle doit être produite lors de toute requête des fonctionnaires habilités à contrôler la situation des étrangers au regard de la législation française concernant l'emploi de la main-d'oeuvre étrangère.

Cette autorisation ne dispense pas la bénéficiaire d'être en possession des titre de voyage, visa et autorisation de séjour éventuellement exigibles et n'est valable que pour autant que soient engagés les artistes français dont fait mention votre lettre du 15 Mai 1964.

Cette artiste étrangère devra être immatriculée à la Sécurité Sociale.

Veuillez agréer, Monsieur le Directeur, l'assurance de ma considération distinguée.

Monsieur George VALAR
Directeur de Production
Société ORSAY FILMS

5, Avenue Velasquez, 5
PARIS

Le Directeur Général
du Travail et de l'Emploi
et par autorisation
Le Sous-Directeur
de la Réglementation de l'Emploi
et de l'Immigration
Signé: H. LEGRAND

»SIE HABEN EINE BEFRISTETE ARBEITSBEWILLIGUNG FÜR DIE DEUTSCHE SCHAUSPIELERIN ROMY SCHNEIDER BEANTRAGT (...) ICH HABE BESCHLOSSEN, DIESER AUSLÄNDERIN DIE BEANTRAGTE BEWILLIGUNG ZU ERTEILEN.«

Generaldirektion für Arbeit und Beschäftigung
Unterdirektion für die Regelung von Beschäftigung
und Immigration
5. Juni 1964

Sehr geehrter Herr Direktor,
mit Schreiben vom 15. Mai haben Sie eine befristete Arbeitsbewilligung für die deutsche Schauspielerin Romy SCHNEIDER beantragt, die die Gesellschaft ORSAY FILMS, 5, Avenue Velasquez – Paris, VIIIème, für die Realisierung des Films L'ENFER in Frankreich (Region Paris und Cantal) unter der Regie von Herrn Henri Georges Clouzot einstellen will.
Ich darf Ihnen mitteilen, dass ich nach Prüfung Ihrer Anfrage beschlossen habe, dieser Ausländerin die beantragte Bewilligung zu erteilen, die vom 1. Juli bis 31. Oktober 1964 gültig ist.
Ich erkläre, dass der vorliegende Brief für die Betroffene als Arbeitsbewilligung gilt und auf Verlangen der Beamten vorzuzeigen ist, die die Situation von Ausländern im Hinblick auf die französische Gesetzgebung zur Einstellung ausländischer Arbeitskräfte zu überprüfen berechtigt sind.
Diese Genehmigung befreit die Begünstigte nicht von der Notwendigkeit, im Besitz der gegebenenfalls nötigen Reisedokumente, Visa und Aufenthaltsgenehmigungen zu sein, und sie gilt nur, wenn die französischen Künstler engagiert werden, die Sie in Ihrem Brief vom 15. Mai 1964 erwähnen.
Die ausländische Künstlerin muss bei der Sozialversicherung angemeldet werden.

Mit freundlichen Grüßen,
Monsieur George Valar
Produktionsdirektor

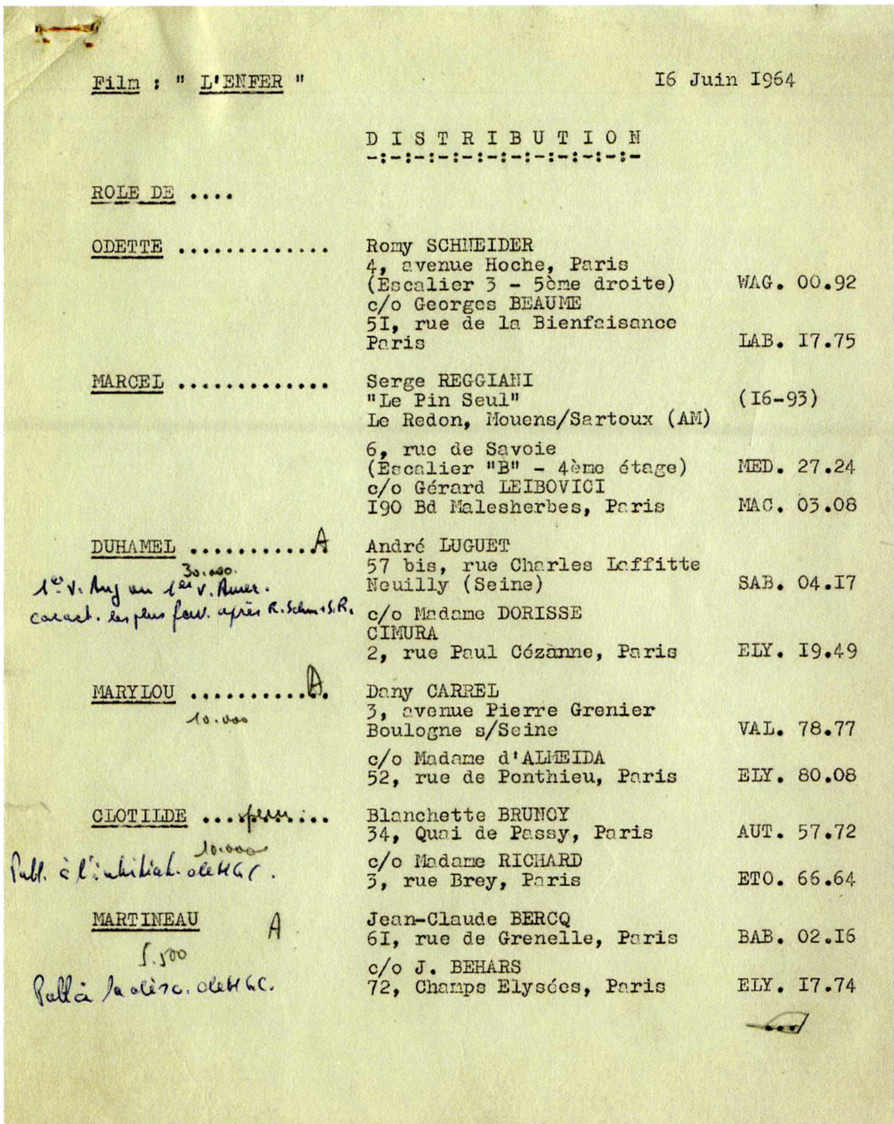

Film : " L'ENFER " 16 Juin 1964

DISTRIBUTION
-:-:-:-:-:-:-:-:-:-:-

ROLE DE ....

ODETTE	Romy SCHNEIDER 4, avenue Hoche, Paris (Escalier 3 - 5ème droite) c/o Georges BEAUME 51, rue de la Bienfaisance Paris	 WAG. 00.92 LAB. 17.75
MARCEL	Serge REGGIANI "Le Pin Seul" Le Redon, Mouens/Sartoux (AM) 6, rue de Savoie (Escalier "B" - 4ème étage) c/o Gérard LEIBOVICI 190 Bd Malesherbes, Paris	 (16-93) MED. 27.24 MAC. 03.08
DUHAMEL ....A 30.000	André LUGUET 57 bis, rue Charles Laffitte Neuilly (Seine) c/o Madame DORISSE CIMURA 2, rue Paul Cézanne, Paris	 SAB. 04.17 ELY. 19.49
MARYLOU ....A 10.000	Dany CARREL 3, avenue Pierre Grenier Boulogne s/Seine c/o Madame d'ALMEIDA 52, rue de Ponthieu, Paris	 VAL. 78.77 ELY. 80.08
CLOTILDE 10.000	Blanchette BRUNOY 34, Quai de Passy, Paris c/o Madame RICHARD 3, rue Brey, Paris	AUT. 57.72 ETO. 66.64
MARTINEAU A 5.500	Jean-Claude BERCQ 61, rue de Grenelle, Paris c/o J. BEHARS 72, Champs Elysées, Paris	BAB. 02.16 ELY. 17.74

Clouzots Besetzungsliste für L'Enfer *vom 16. Juni 1964*

Die halluzinatorischen Visionen gewinnen Oberhand. Phantasien, Obsessionen, »Schockbilder«. Zu spät, um die Wahrheit zu erfahren, der Wahnsinn bemächtigt sich Marcels und des Films.

Das ist eine nicht allzu ergreifende Eifersuchtsgeschichte. Ich glaube, dieser Film wäre nur interessant geworden, wenn die berühmten Proben zu etwas völlig Ungekanntem, ganz Außergewöhnlichem geführt hätten, zu einer neuen Art, mit den Bildern umzugehen, zu filmen. Ein neues Universum.

Bernard Stora
Regieassistent

Clouzot begegnet Romy Schneider 1961 bei einer Kreuzfahrt auf der Jacht seines Freundes, des Produzenten Sam Spiegel. Wahrscheinlich beschließt er während dieser Tage, in denen er die Schauspielerin und empfindsame Frau entdeckt, die er nicht in ihr vermutet hatte, die letzte Fassung seines Drehbuchs für sie zu schreiben.

Romy war zu der Zeit eine der ganz großen, trotz ihrer österreichischen Wurzeln französischen Schauspielerinnen. Das war eine recht erstaunliche Geschichte, die, glaube ich, für Romy Schneider und einzig für sie geschrieben wurde.

Costa-Gavras
Erster Assistent in der Vorbereitungsphase

EIN PROJEKT IN STÄNDIGER ENTWICKLUNG

Als die Produktion des Films beginnt, ist das Drehbuch noch längst nicht endgültig. Ausgehend von einer bloßen obsessiven Vision (»Ein Mann im Regenmantel klingelt an der Tür, ein anderer öffnet ihm, aber der Mann im Regenmantel ist verschwunden«), wird Clouzot versuchen, die durch diesen Alptraum ausgelöste Beklemmung aufzuschreiben und zu filmen.

Der Ausgangspunkt dieses Films ist eine Geschichte der Schlaflosigkeit. Ich hatte die Idee, dieses ängstliche Unbehagen darzustellen, das mich jede Nacht packt und am Schlafen hindert. Ich habe eine Geschichte von 50 Seiten geschrieben (…) Aber ich habe recht schnell, nachdem ich diese 50 Seiten leider schon geschrieben hatte, festgestellt, dass es relativ einfach war, dem Publikum verständlich zu machen, dass eine Person zehn Obsessionen hat, dass es diese Obsessionen aber nicht in zwei Stunden teilen kann, weil die Person zehn Jahre gebraucht hat, um sie zu leben, von ihnen vergiftet zu werden.

Henri-Georges Clouzot

Bald schon verschwindet der Mann im Regenmantel und die Beklemmung verwandelt sich in die besessene Eifersucht eines Mannes im Angesicht seiner Dämonen. Marcel, anfänglich Schuhverkäufer, wird Hoteldirektor.

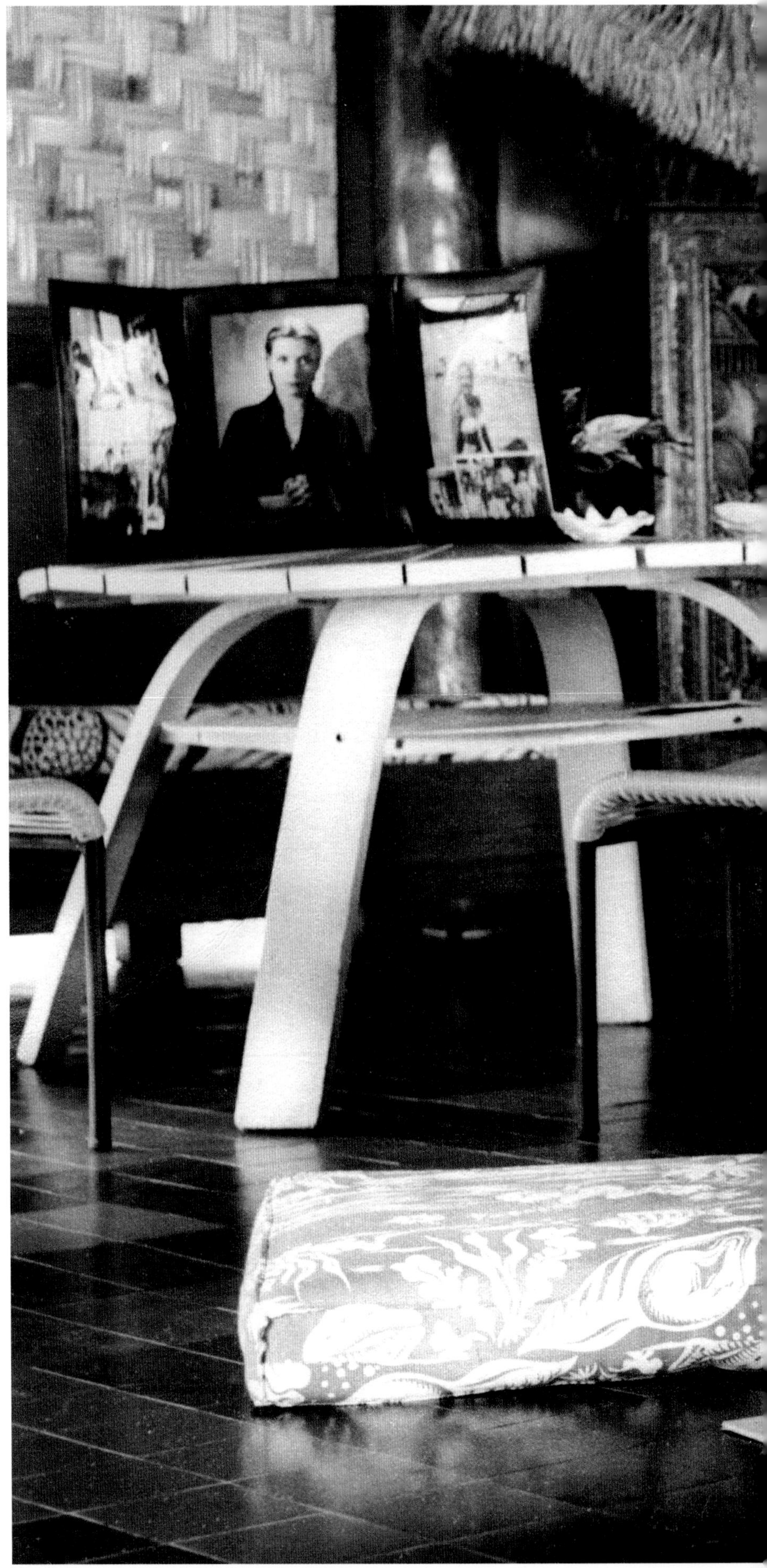

Henri-Georges Clouzot im Colombe d'Or, wo er fast zehn Jahre gelebt hat

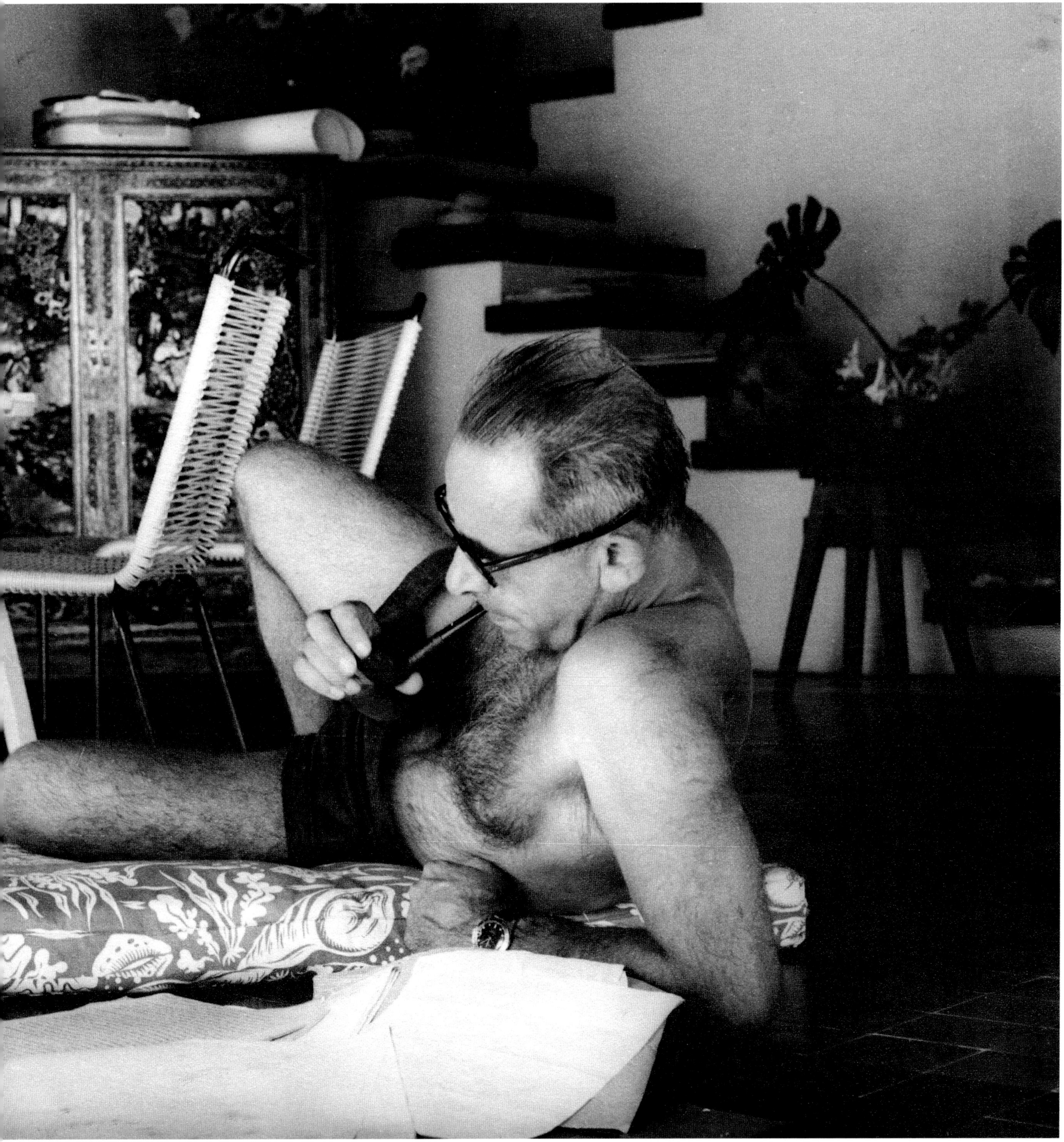

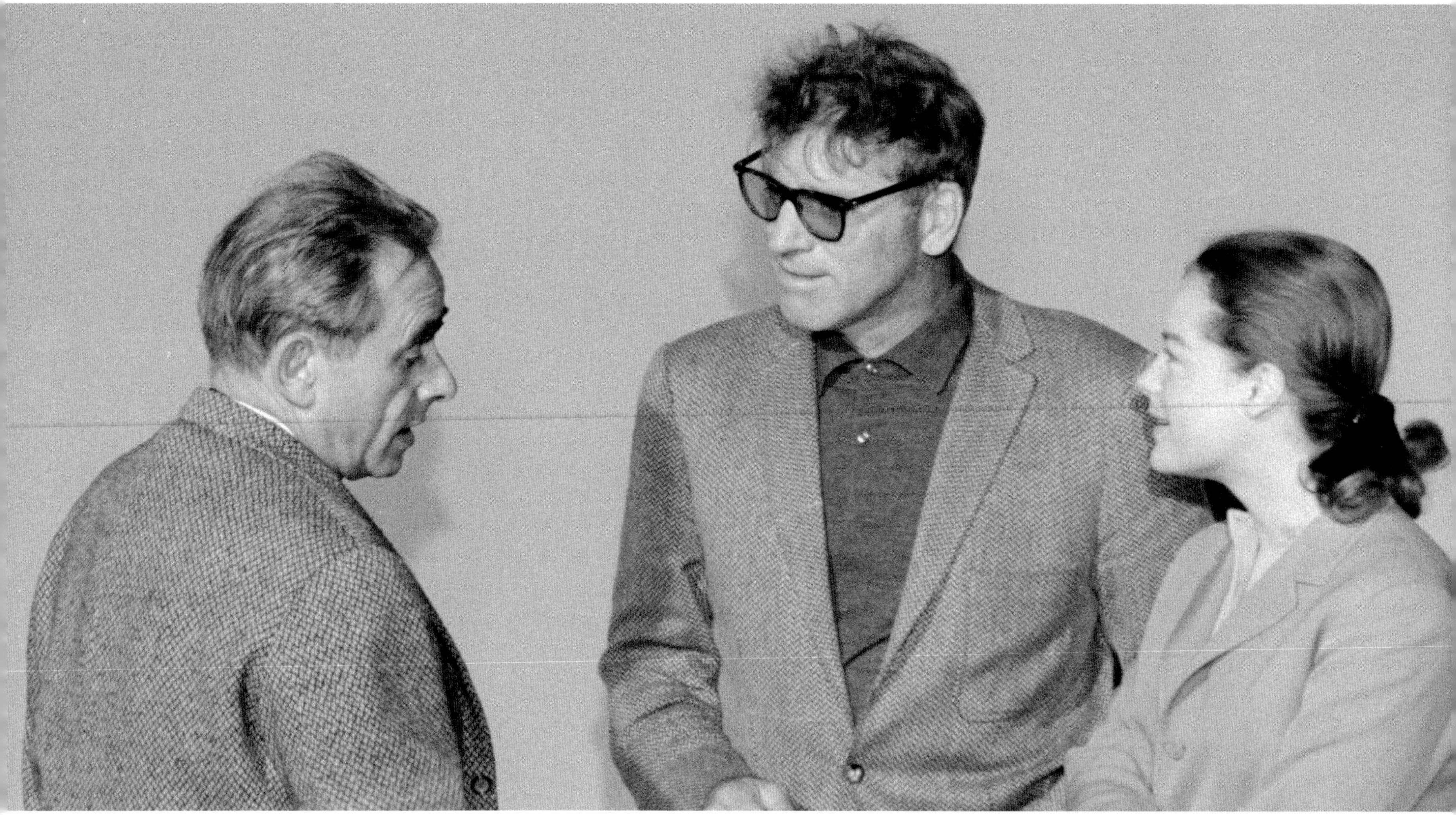

Henri-Georges Clouzot, Burt Lancaster und Romy Schneider während der Probeaufnahmen in Boulogne

AUCH DER TITEL WIRD SICH MEHRFACH ÄNDERN. »AUS DER TIEFE DER NACHT« VERSCHWINDET BALD, DANN DENKT CLOUZOT AN »DER REIGEN« UND ENTSCHEIDET SICH SCHLIESSLICH FÜR »L'ENFER«.

Auch der Titel wird sich mehrfach ändern. *Aus der Tiefe der Nacht* verschwindet bald, dann denkt Clouzot an *Der Reigen* und entscheidet sich schließlich für *L'Enfer* – und *Inferno*, denn der Film soll auch auf Englisch gedreht werden (ein deutlich negativ besetztes Wort in jeder Sprache).

Für die Rolle des Marcel denkt Clouzot zunächst an Yves Montand, dann an Raf Vallone, beide Stammgäste des Colombe d'Or. Aber die Produktionsfirma Orsay Films ist nicht überzeugt, denn Vallone hat einen Akzent sowohl auf Französisch als auch auf Englisch. Dann nennt jemand Burt Lancaster. Schließlich entscheidet man sich für Serge Reggiani, trotz der schmerzhaften Erfahrung ihrer letzten Zusammenarbeit bei *Manon* (1949). Im November 1963 holt sich Clouzot schließlich den Erfolgsautor José André Lacour, um den Text zu verbessern. Im Colombe d'Or überarbeiten die beiden Männer den Text, strukturieren ihn neu und geben ihm schließlich seine endgültige Form. Aber Clouzot wird bis zur letzten Minute am Drehbuch arbeiten und wesentliche
Szenen verändern.

Am 6. Januar 1964 kehrt Clouzot nach Paris zurück. In wenigen Tagen wird die Produktion von *L'Enfer* beginnen, und die Presse verkündet, das werde das Kinoereignis des Jahres.

Romy war außerordentlich streng. Man konnte nicht mit ihr scherzen, sie nahm alles ernst. Sie hätte sich nicht danach gedrängt, einen Film mit Clouzot zu machen, wenn sie nicht gedacht hätte, dass es für sie eine sehr wichtige Rolle sein würde. Man muss sich vor Augen halten, was für einen gewichtigen Platz Clouzot im französischen Kino jener Zeit einnahm. Einen Film mit Clouzot machen! Das war sicher auch, um das Sissi-Image loszuwerden. Das war gewiss ein sehr wichtiger Schritt in ihrer Karriere.

Bernard Stora

Der Beginn eines sehr verheißungsvollen Jahres.

Den Wahnsinn eines Menschen in Bildern darzustellen, ist immer eine Herausforderung für einen Filmemacher. Hitchcock hatte sie oft angenommen, sei es in *Spellbound* (*Ich kämpfe um dich*, 1945) mit den von Dalí entworfenen Alptraumsequenzen oder in *Vertigo* (1958), wo der von Saul Bass gezeichnete Wahnsinn wie *Die Teuflischen* von einem Roman von Boileau und Narcejac inspiriert war.

In Frankreich ist die kinetische Kunst 1964 hochmodern. Victor Vasarely, Jean-Pierre Yvaral und Joël Stein sind die Vorreiter. Ihre Werke versuchen, die Instabilität der Wahrnehmung für den Zuschauer neu zu erschaffen.

Das entscheidende visuelle Prinzip von *L'Enfer* hat jedoch wenig mit einem künstlerischen Ansatz zu tun. Anfang 1964 probiert Clouzot mit seiner Darstellerin ein ganz besonderes System der Beleuchtung aus, den *Héliophore*, der bisher ganz der Wissenschaft vorbehalten war.

DIE ERSTEN PROBEN MIT ROMY

Éric Duvivier

Ich hatte mit Henri Michaux den Film Image du monde *gemacht, die Illustration halluzinatorischer Visionen unter Meskalin.*

Wir hatten die Idee, die Zeichnungen von Henri Michaux den Linien folgend mit silbernen Pailletten zu bestreuen, also die Züge mehr oder weniger mit diesem Paillettenpuder nachzuzeichnen und das Licht zu bewegen. Das Ergebnis war ein belebtes Leuchten, das auf den Bildern auftauchte, indem wir die Lampen bewegten.

Clouzot hatte diesen Film gesehen und war sehr interessiert an den Sequenzen, die die Halluzinationen unter Meskalin wiedergeben. Es gab eine Analogie zwischen den Visionen unter Drogen wie Haschisch und Meskalin und denen der Geisteskrankheit. Als er mir erklärte, er wolle den halluzinatorischen Visionen ein besonderes Gewicht geben, erschien mir dieses Beleuchtungssystem ideal. Aber seine geniale Idee war es, diese Technik auch beim Menschen, auf seinem Gesicht zu nutzen.

Die ersten Probeaufnahmen fanden Anfang 1964 statt. Wir trafen uns in unserem Büro an der Gare Saint Lazare. Es gab keine großen Erklärungen oder Einleitungen. Wir gingen in ein kleines Büro mit einem Hintergrund aus schwarzem Papier.

Als Clouzot und Romy kamen, war alles bereit. Es gab keine besondere Beleuchtung, nur die des Drehrades. Wir machten Probeaufnahmen mit verschiedenen Geschwindigkeiten und Anordnungen der Lampen …

Das ging ohne Probleme. Romy kommt, sie stellt sich hin, wir machen die Aufnahme, alles ganz einfach. Wir haben sogar die wunderschöne Brust von Romy Schneider mit diesen Pailletten gefilmt, und ich kann Ihnen versichern, dass das wirklich viel Stil hatte. Weil wir keine Klappe hatten, schrieb ich die Zahlen 1, 2, 3, 4, 5 usw. einfach auf ein Stück Papier, um die Aufnahmen zu nummerieren.

Die Maske war ganz schlicht. Wir wollten nur ausprobieren, was dieses System brachte. Und der Paillettenpuder hielt fast von selbst oder mit einer ganz einfachen Grundierung auf dem Gesicht.
Die Sitzung dauerte höchstens eine Stunde.

Für Clouzot war dieses Treffen mit dem Verfahren und den möglichen Lichthalluzinationen entscheidend. Er kannte das System nicht, für ihn war es eine Offenbarung.

Als er sich das Ergebnis ansah, beschloss er, dieses System den Spezialeffekten des Films zugrunde zu legen, und er bot mir an, mich als Berater einzustellen.

Man hatte den Eindruck, Romy Schneider sei Clouzot absolut verfallen. Es kam nicht in Frage, dass sie ihm irgendetwas verweigerte. Sie hat nie gezögert.

EIN SCHMETTERLINGSFLÜGEL AUF ROMYS GESICHT

Der *Héliophore* von Louis Dufay

Louis Dufay lebte in den 30er Jahren in Besançon. Er hatte ein Farbphotographieverfahren erfunden, das Dufay-Color-Verfahren. Außerdem war er ein großer Schmetterlingssammler. Er bewunderte das irisierende Leuchten ihrer Flügel je nach der Position des Lichtes.

Er hatte die Idee, identische Effekte zu erzeugen, indem er (lange vor Vasarelys Versuchen) Ornamente und geometrische Formen in eine Metallfolie, die auf einen bestimmten Untergrund geklebt war, gravierte, woraus Bilder für Glückwunschkarten usw. wurden. Dieses System nannte man *Héliophore*.

Unterstützt von dem Bildhauer und Maler Enrico Campagnola, der ihm nach dem Krieg nach Paris folgte, entwickelte er seine Erfindung weiter, indem er die Bewegung hinzufügte. Nun ließ man vier Lampen um ein Objekt kreisen, das vorher graviert und mit transparenten zellulosehaltigen Lacken koloriert worden war, um es lebendig zu machen.

Seine entstehende Firma ließ sich in den 50er Jahren in den Räumen des Office central de l'imagerie-Héliophore, 16, place du Havre, in Paris nieder. Bald interessierten sich Suzanne Bret und Eric Duvivier, der Neffe von Julien Duvivier, des Produzenten wissenschaftlicher Filme, für das System, das in *Cinhéliophore* umbenannt wurde, und führten es Henri-Georges Clouzot vor.

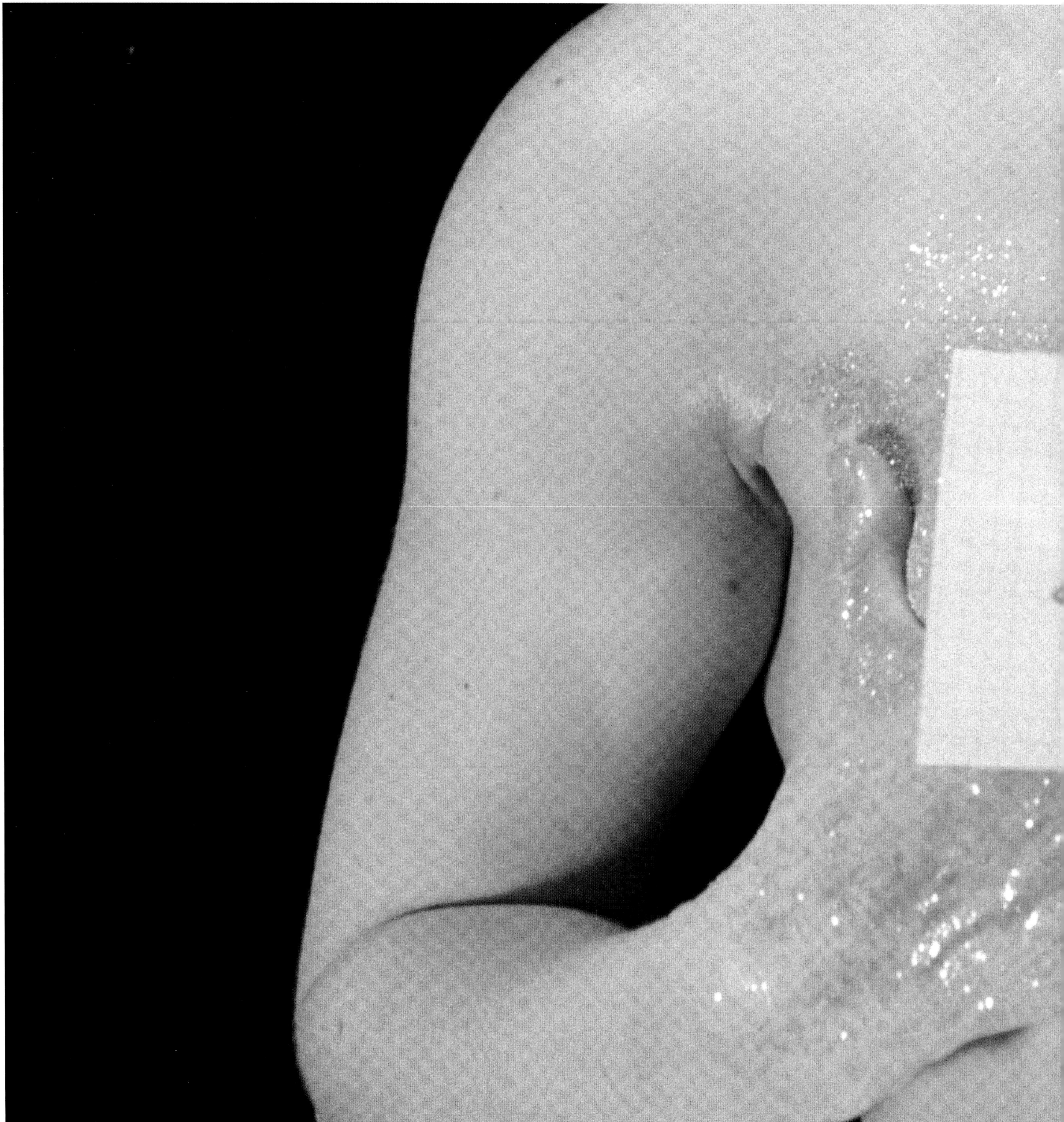

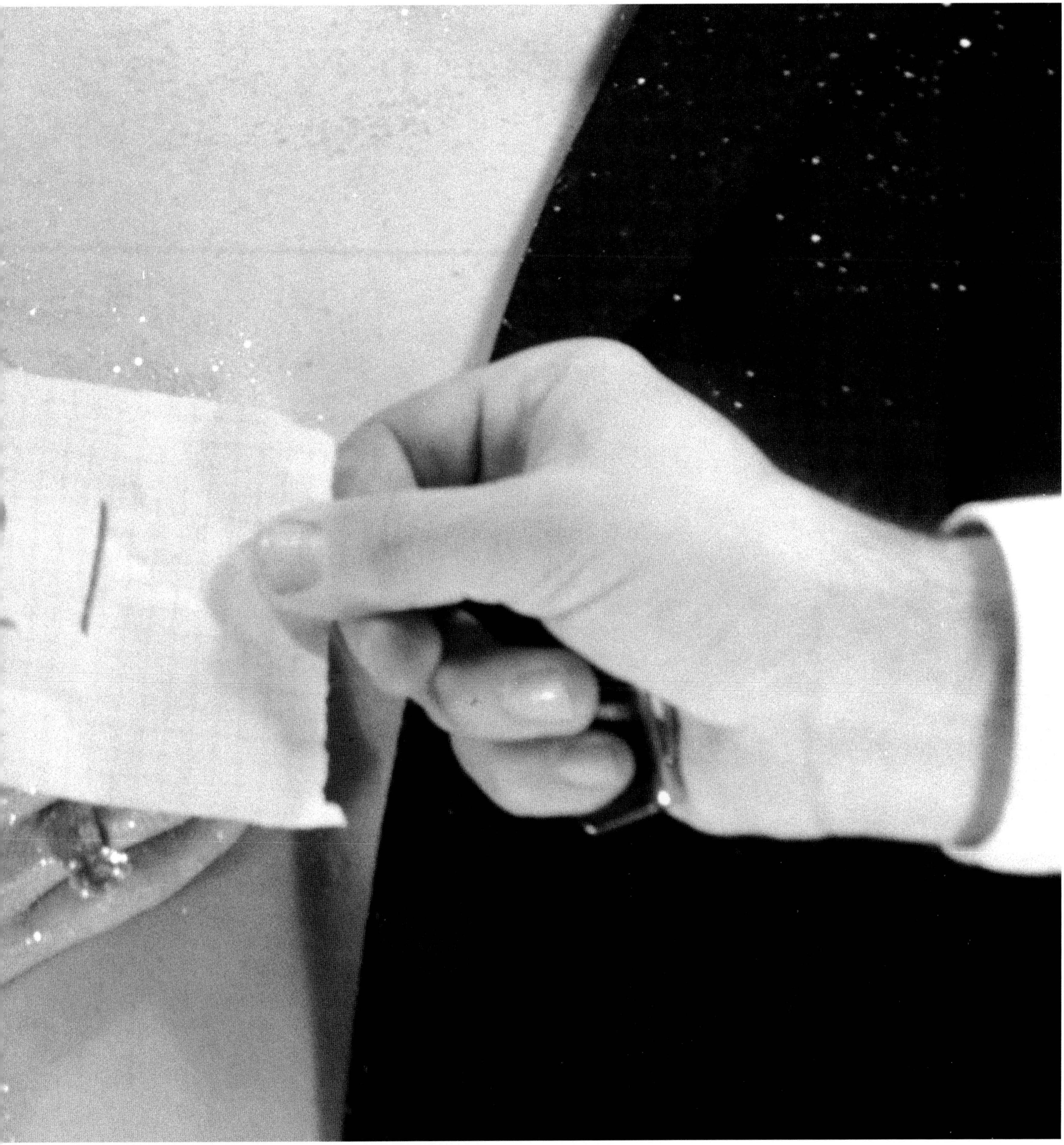

DIE PROBEN
HYPNOTISCHE ROMY

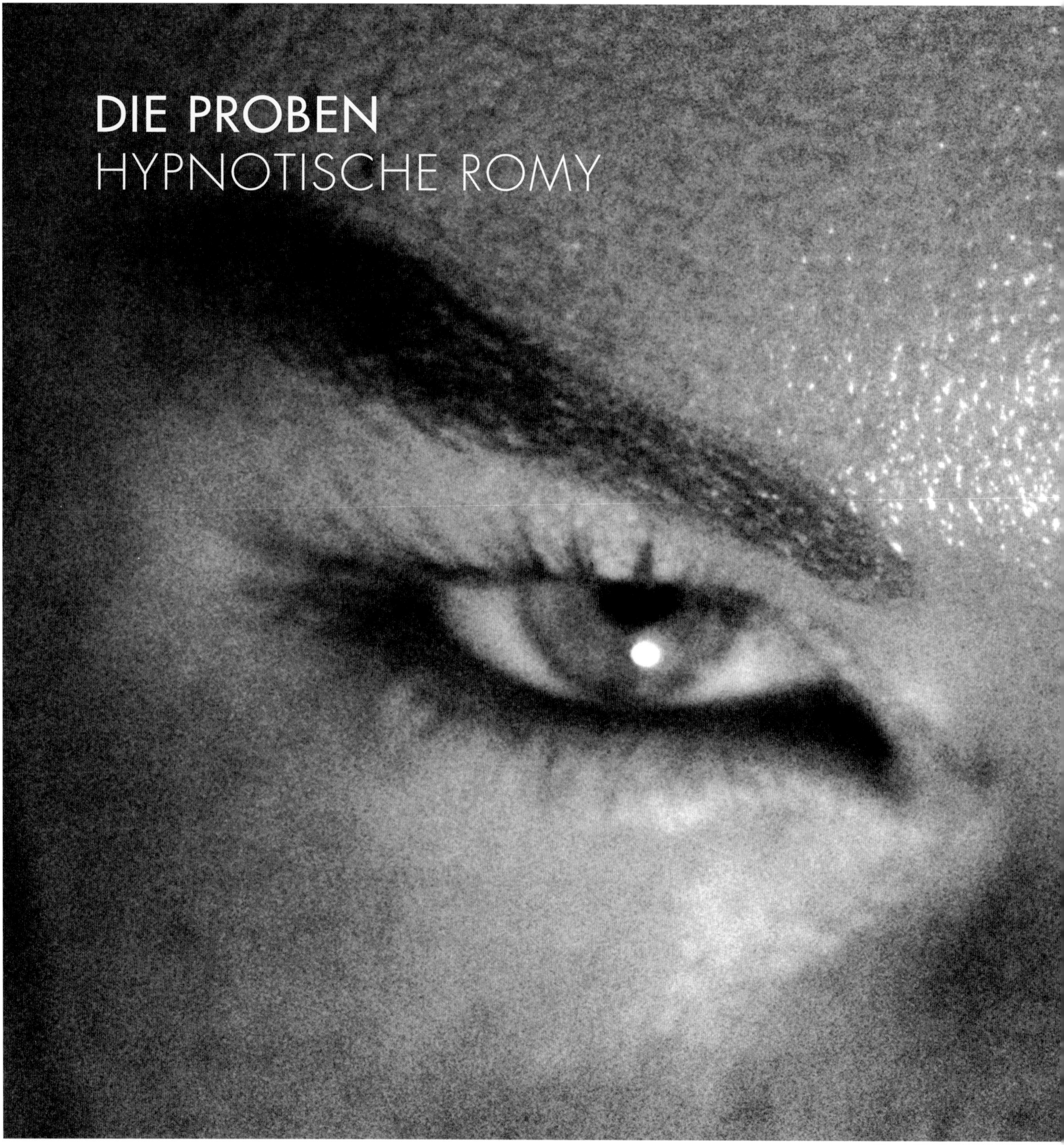

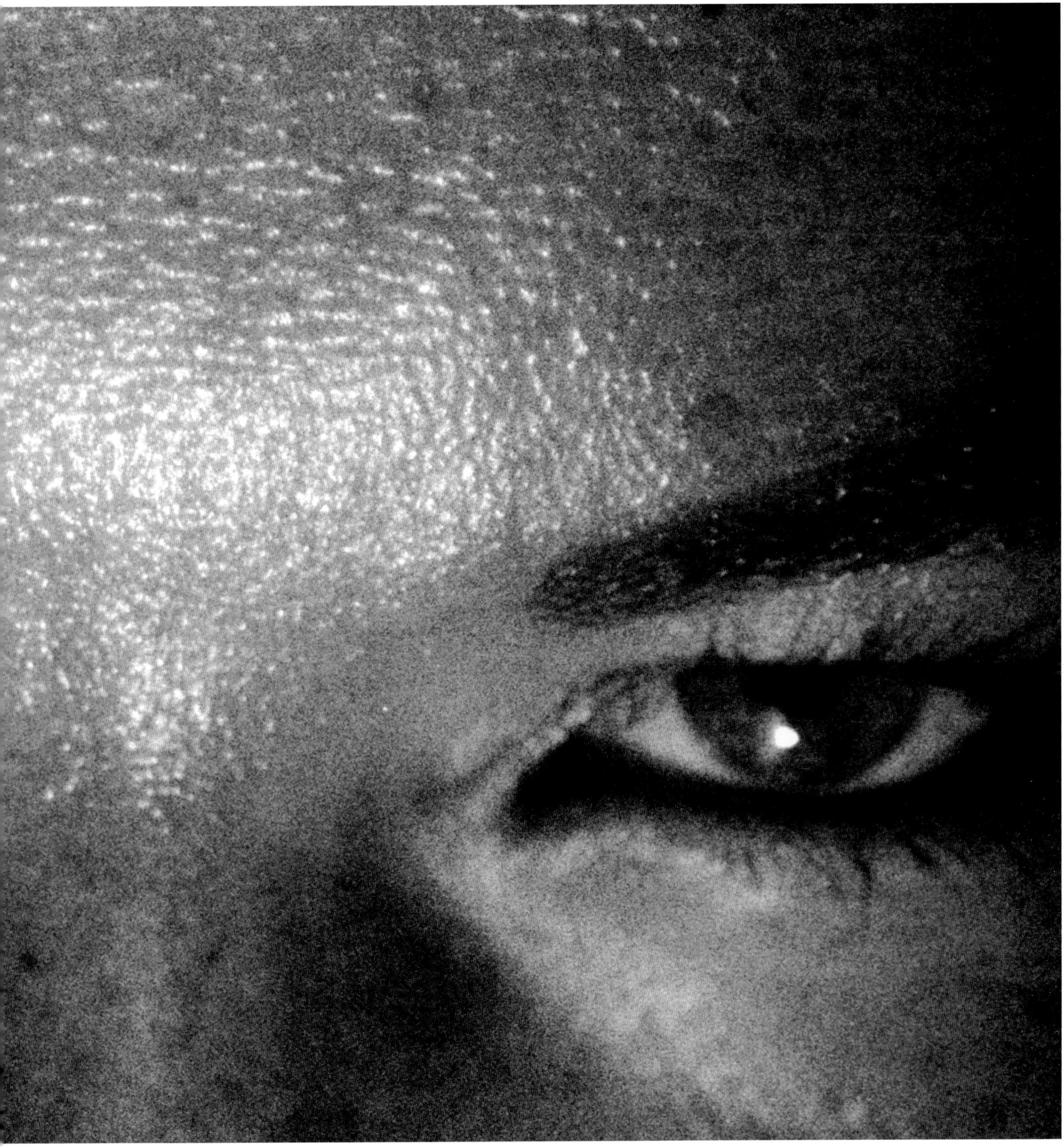

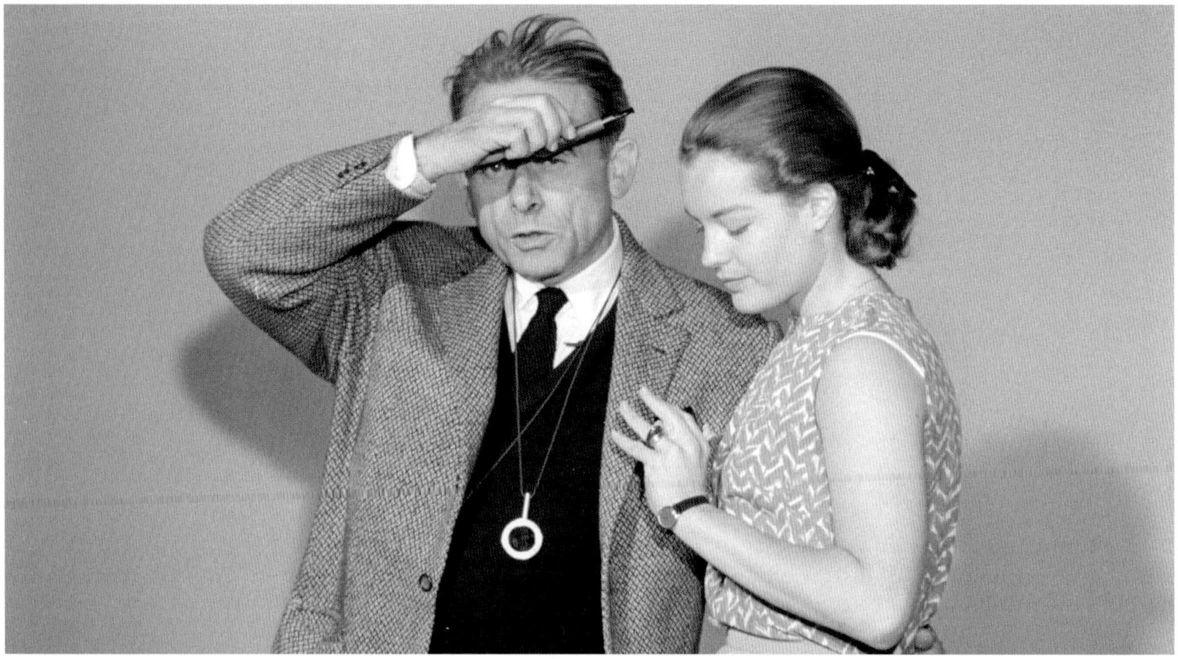

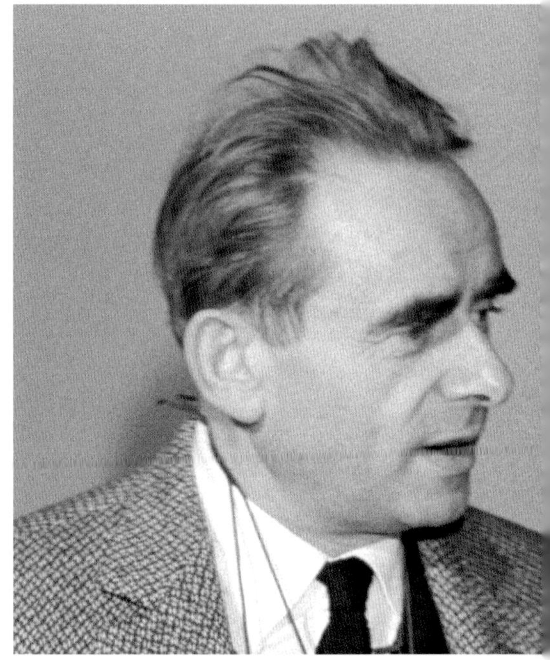

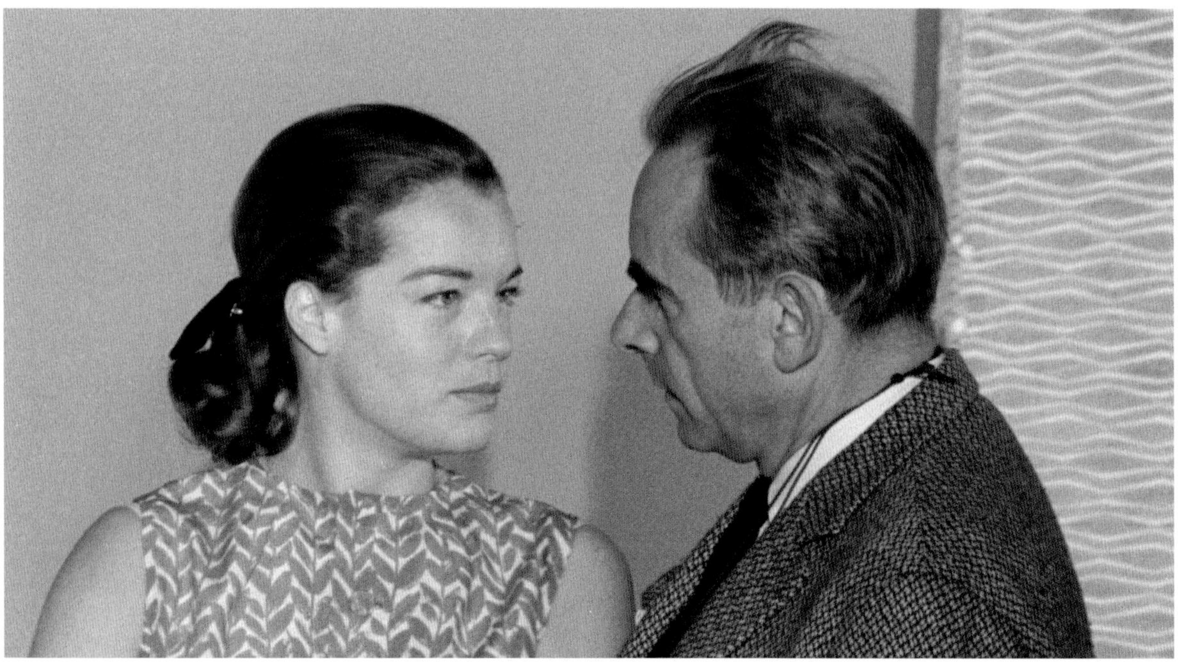

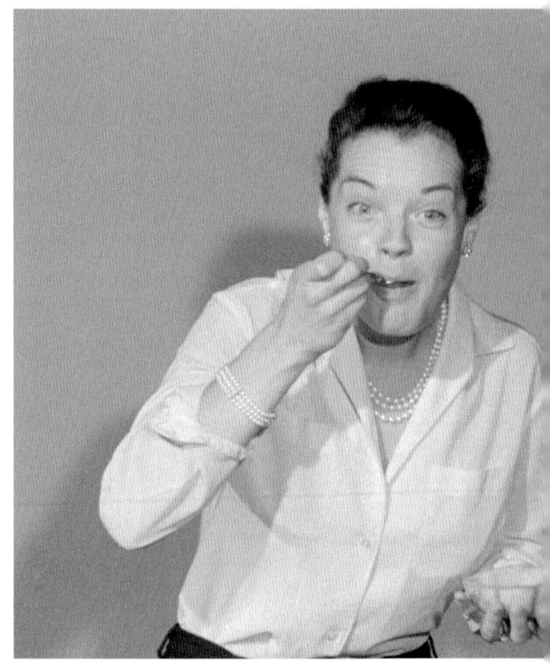

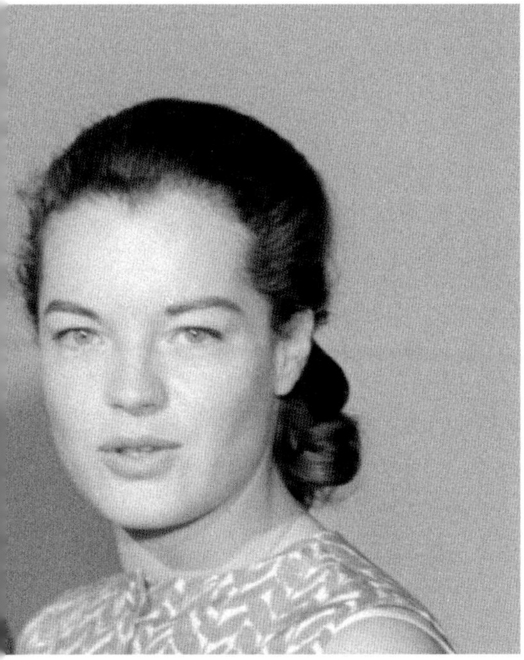

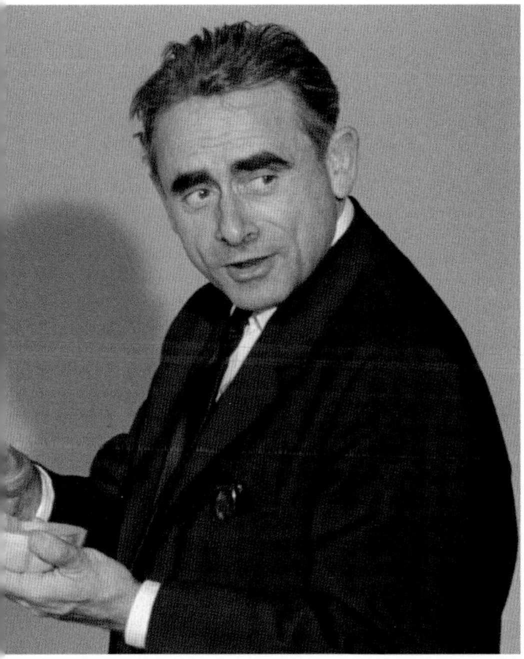

DIE PROBEN IN BOULOGNE

In den ersten Monaten des Jahres 1964 richteten sich Clouzot und das Filmteam in der ersten Etage des Hôtel George V nahe den Champs-Élysées ein. Dort sollten sie sechs Monate lang die Dreharbeiten vorbereiten und die Proben planen.

Clouzot ist ein sehr autoritärer Teamchef. Alle erkennen sein Genie und seine Erfahrung an. Er ist ein Profi, und selbst Claude Ganz und die Vertreter der Produktionsfirma haben Mühe, gegen dieses *Monstre sacré*, das genau weiß, was es will, ihre Ansichten durchzusetzen.

Er hat erfahrene Techniker um sich versammelt. Madeleine Gug für den Schnitt, Rino Mondellini für die Ausstattung (mit Jacques Douy als Assistent), Margot Capelier für das Casting, Andreas Winding, Armand Thirard und Claude Renoir für die Kamera, Robert-William Sivel für den Ton und Michel Deruelle für die Maske.

Die Eifersucht, Obsession des Helden, wird auf Zetteln festgehalten, kleine Pappkarten, die je nach Seelenzustand und Lokalisierung der Aktion in Raum und Zeit unterschiedliche Farben tragen. Das ist – so flüstert man – der in Gleichungen übertragene Wahnsinn. Auch die bereits bei *Lohn der Angst* erprobte Technik der Storyboards wird eingesetzt.

Jede Aufnahme wird mit mathematischer Genauigkeit im Hinblick auf Drehachse, Kameraposition und verwendeter Brennweite auf einer Zeichnung dargestellt. Nichts wird dem Zufall überlassen, denn es ist ein ehrgeiziges Projekt, und je genauer die Vorbereitung, desto schneller werden die komplexen Dreharbeiten ablaufen.

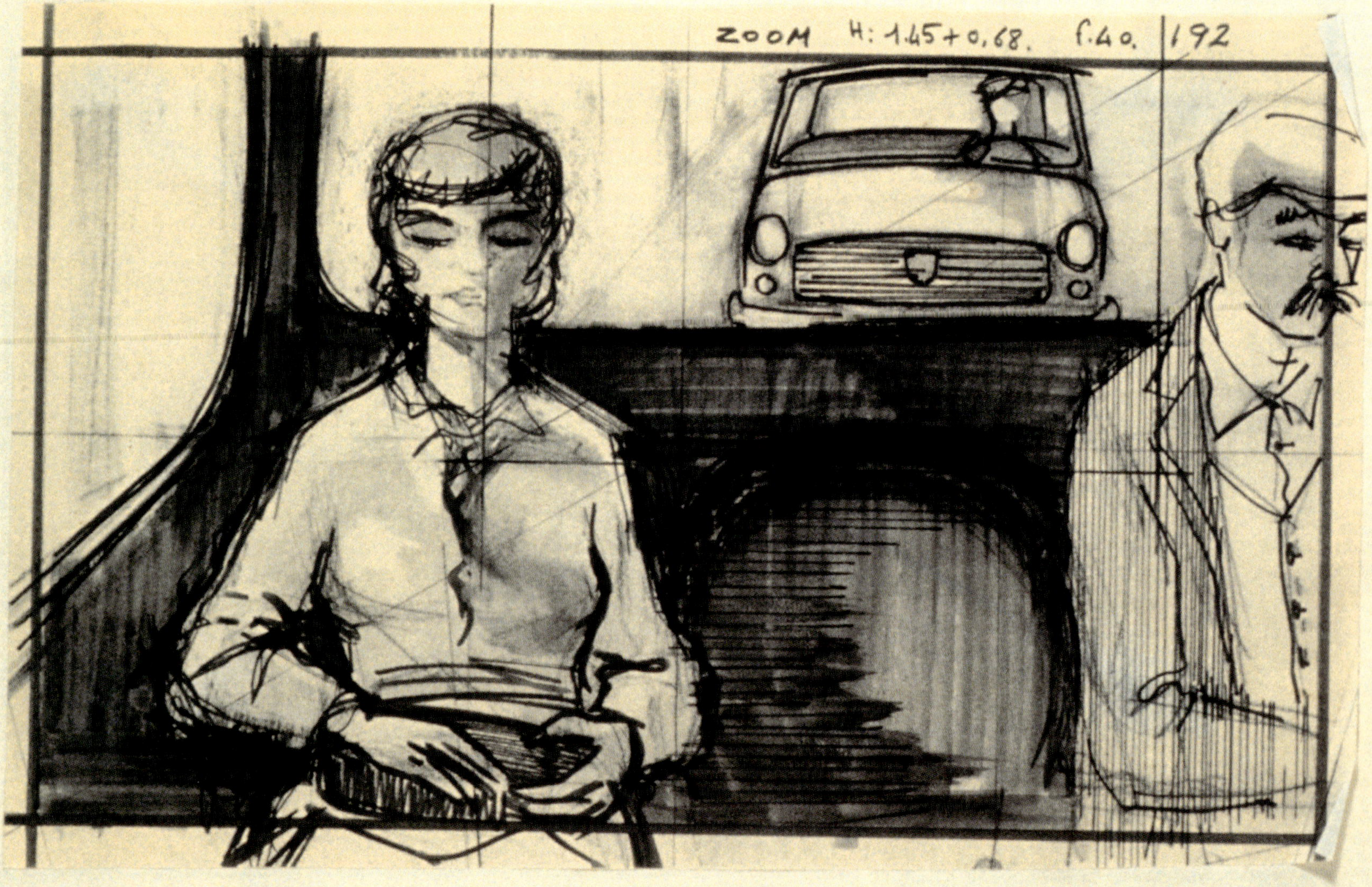
ZOOM H: 1.45+0,68. f.40. 192

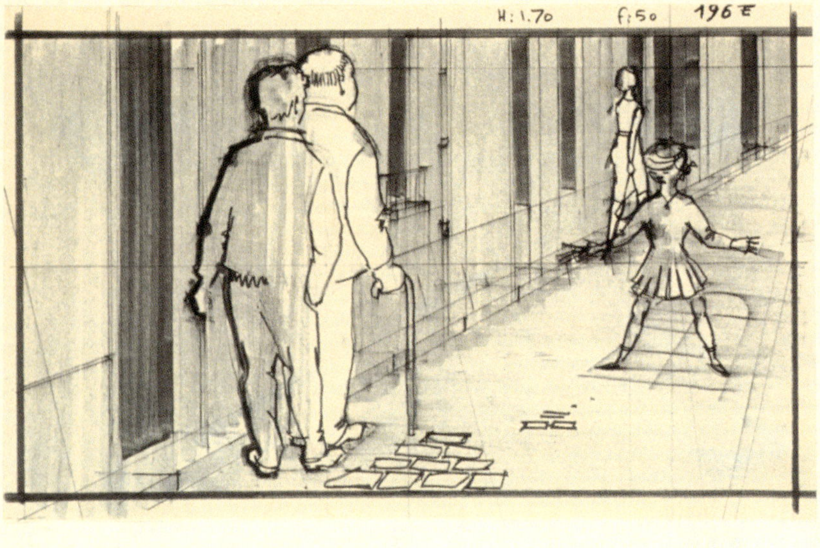
H: 1.70 f: 50 196 E

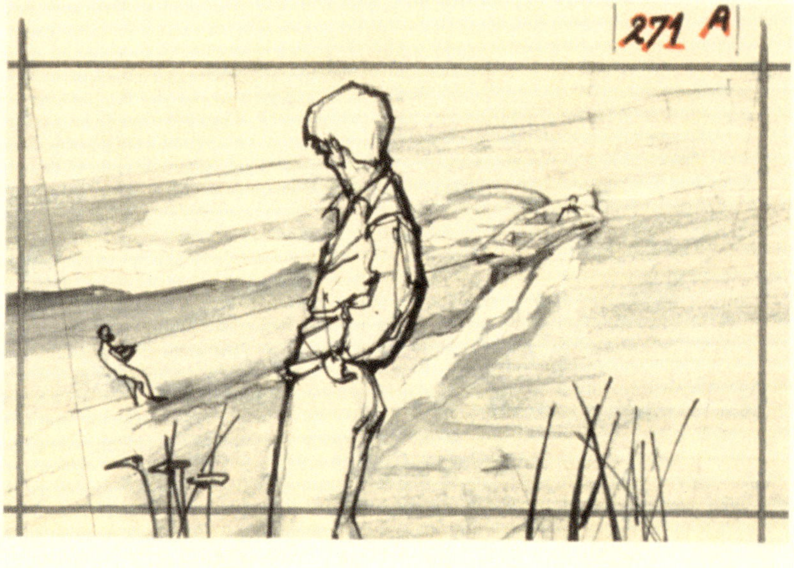
271 A

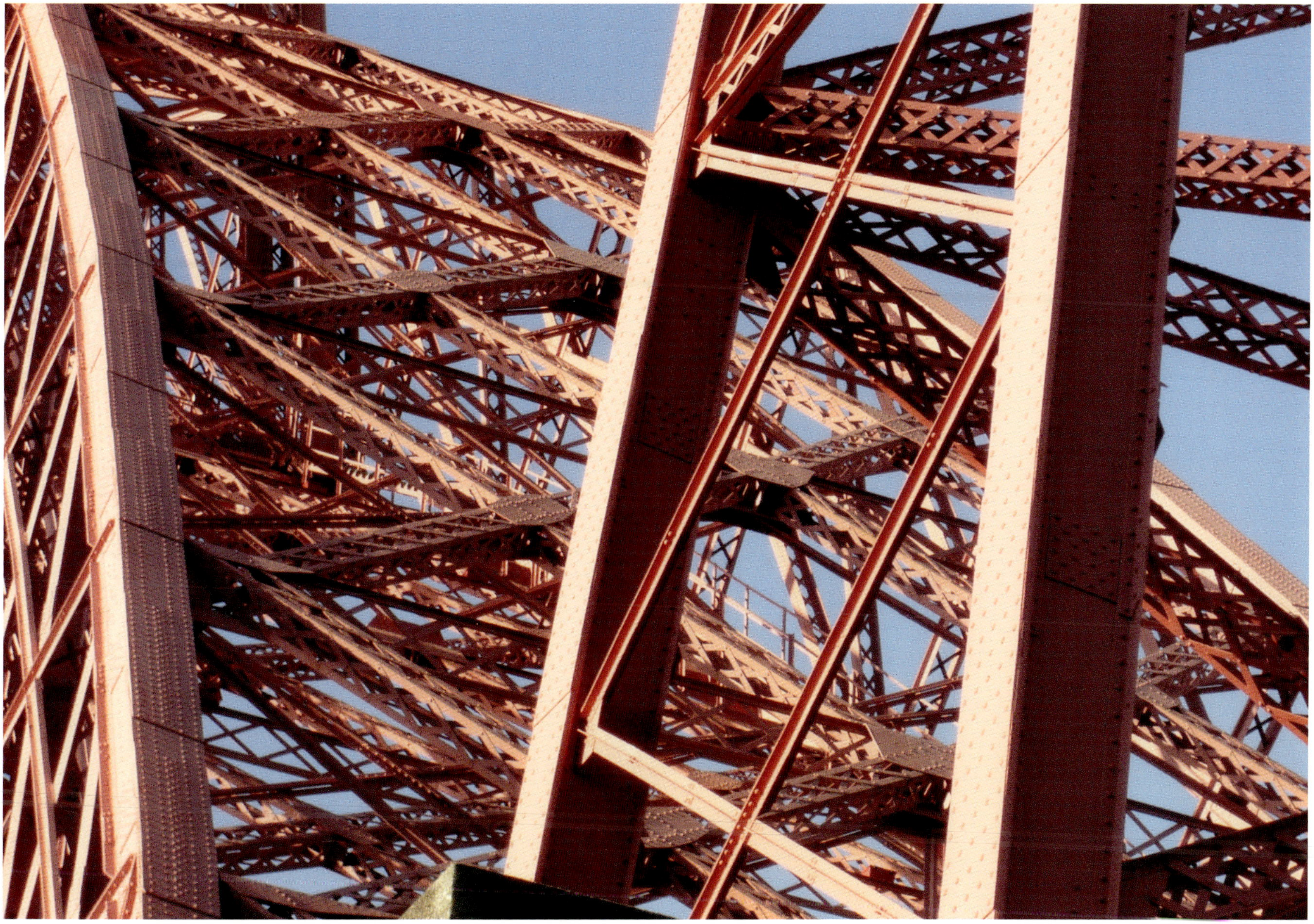

JEDE AUFNAHME WIRD MIT MATHEMATISCHER GENAUIGKEIT AUF EINER ZEICHNUNG DARGESTELLT.

Foto des Garabitviadukts. Die Metallstreben sind das Symbol für die Konfusion in Marcels Gedanken. Ihr Dröhnen, wenn der Zug hinüberfährt, lösen seine Halluzinationen und Phantasien aus.

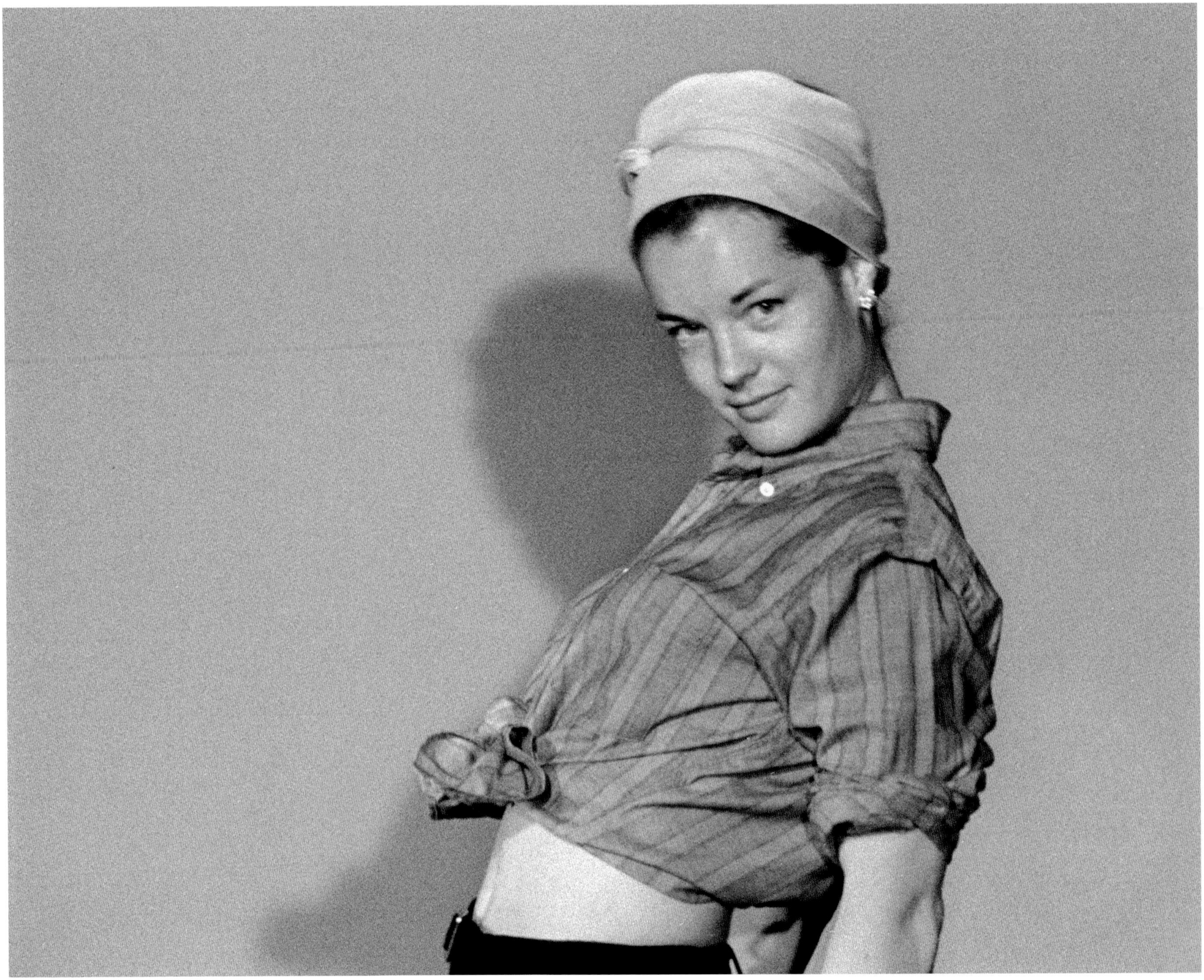

Ich komme in Clouzots Büro, er fragt mich: »Kannst du deinen Text?« Ich antworte: »Welchen Text denn?« Ich hatte das Drehbuch gelesen, ich hatte einen einzigen Satz zu sagen. »Ich weiß nicht, ob es am Gewitter liegt, aber was sich hier heute für Volk herumtreibt!« Man braucht keine vier Stunden Unterricht, um das zu sagen! Ich dachte, er würde mich irgendwas vorlesen lassen, keine Ahnung, vier Seiten aus dem Telefonbuch oder so, um zu hören, wie ich artikuliere, wie meine Stimme klingt. Ich hatte nie irgendwas gemacht, irgendwas gelernt. Da sagt er: »Du kannst deinen Text nicht? Dann kannst du gehen.« Darauf ich: »Sehr gut, auf Wiedersehen, Georges.« Und ich bin gegangen.

Catherine Allégret
Schauspielerin

Getreu seiner Gewohnheit hat Clouzot den Produktionsdirektor kurz nach seiner Ankunft gefeuert und Georges Valon engagiert, der seinen ersten Film auf diesem Posten machte. Das war ein Glück für die Vertreter von Columbia, denn Valon wusste von Clouzots Herzproblemen. Er warnte den Columbiavertreter: »Mein Guter, ihr solltet euch ordentlich versichern, denn man weiß nie, was kommt.« Und genau das ist gekommen.

Jacques Douy
Assistent Ausstattung

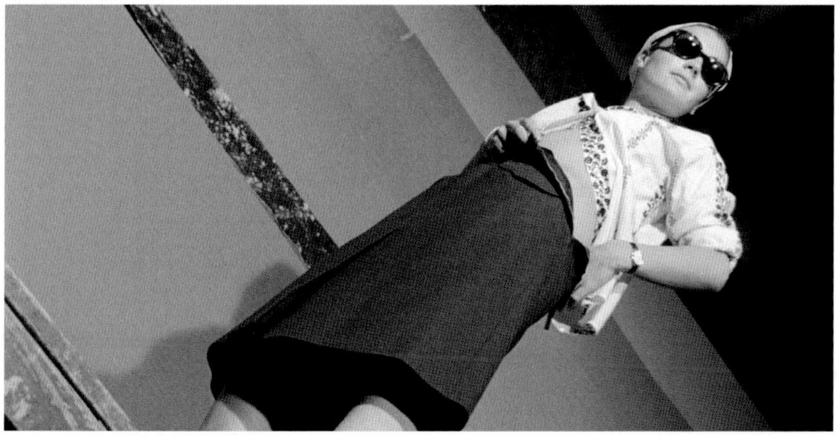

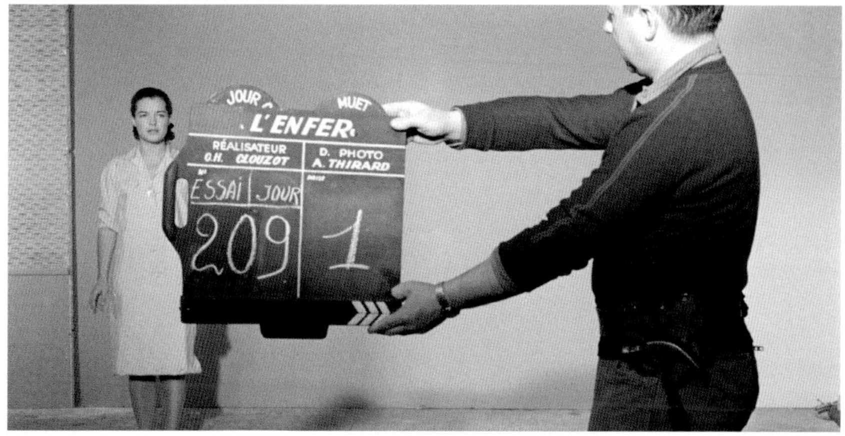
JOUR
MUET
L'ENFER
RÉALISATEUR
G.H. CLOUZOT
D. PHOTO
A. THIRARD
ESSAI
JOUR
209
1

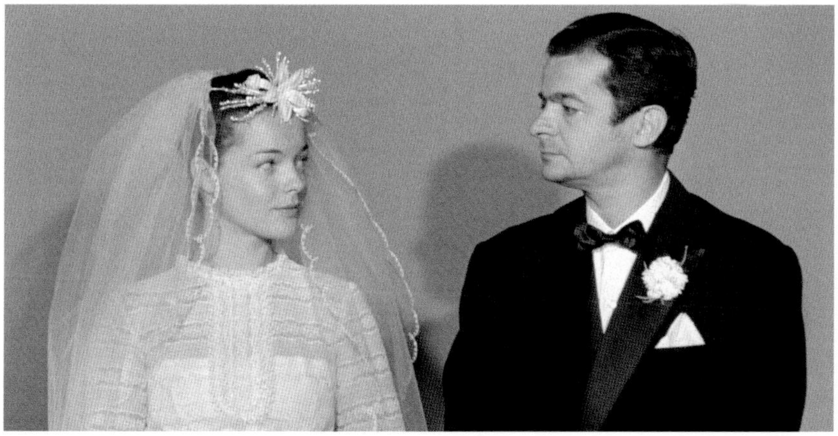

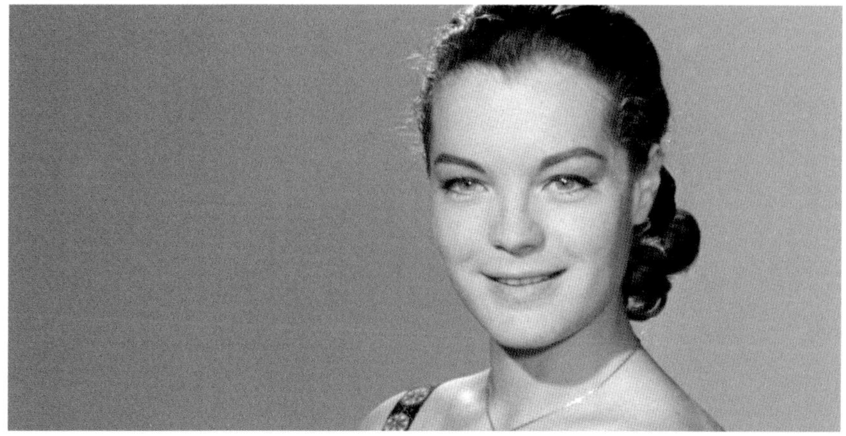

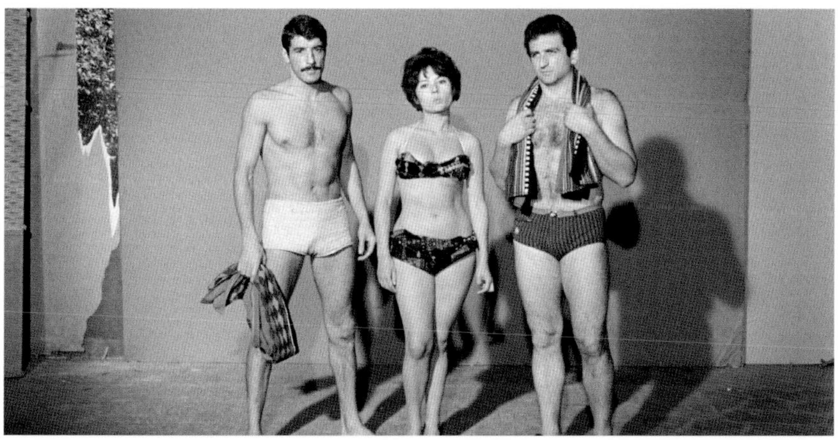

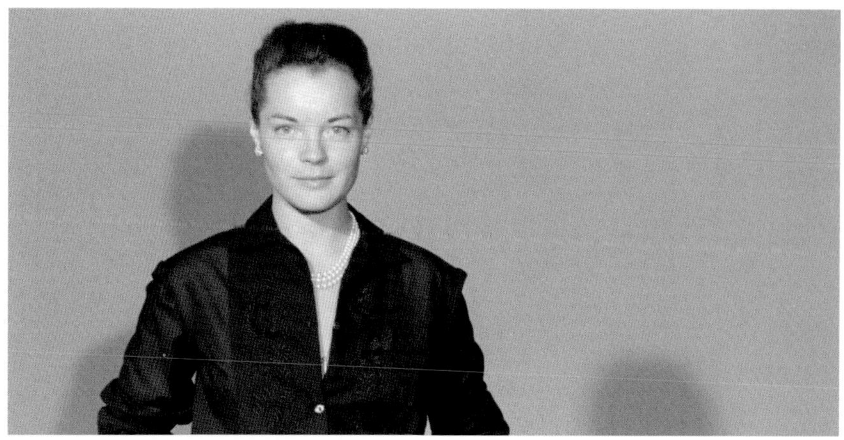

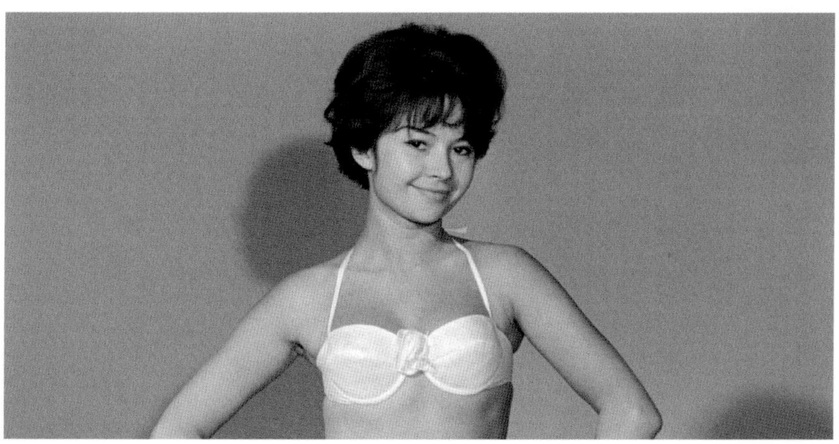

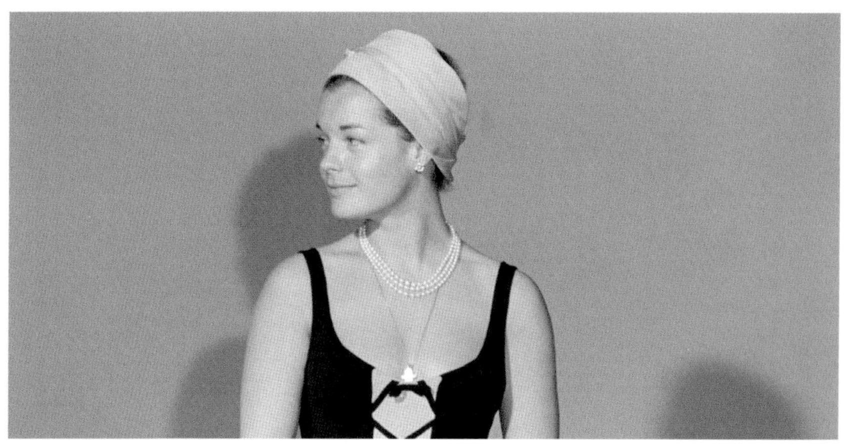

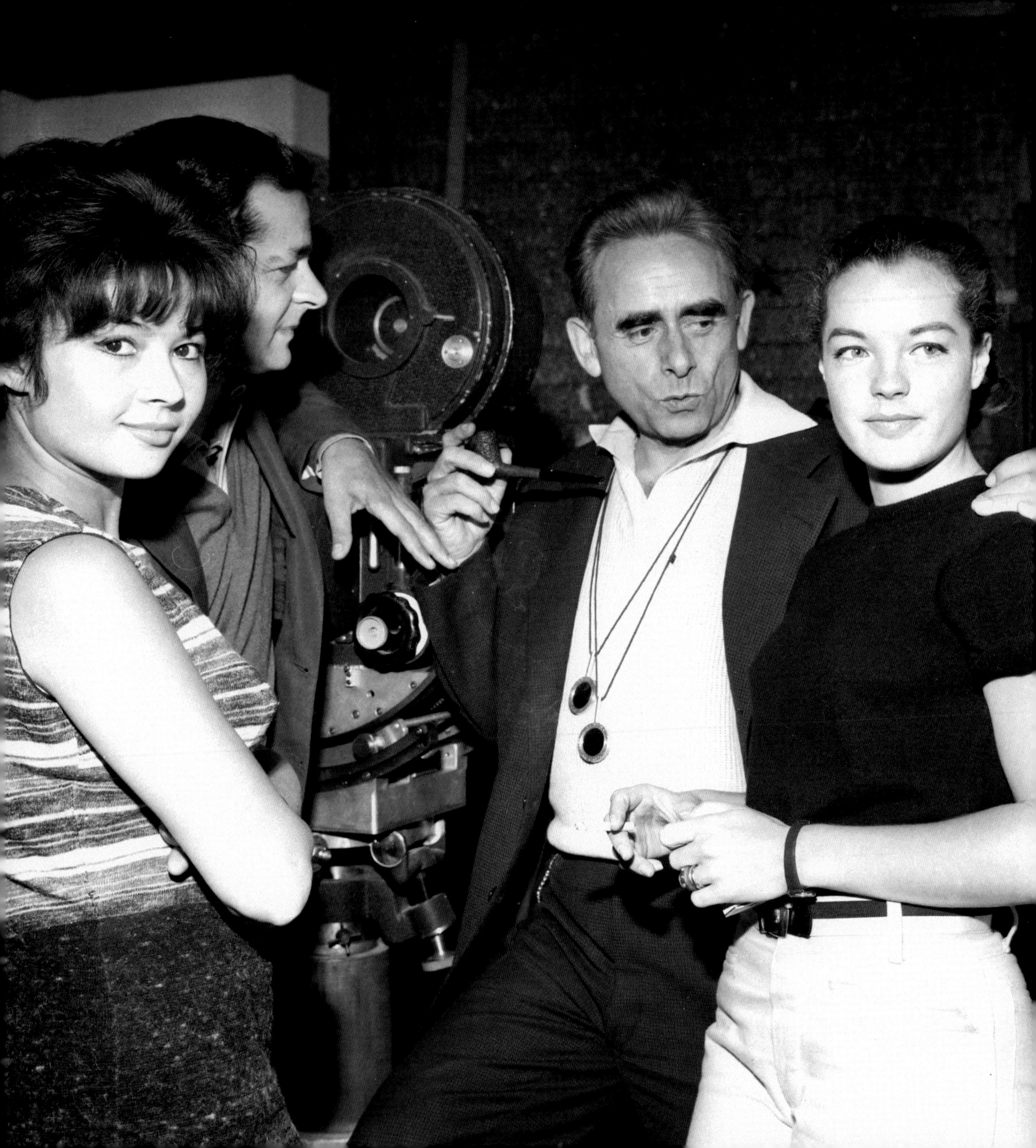

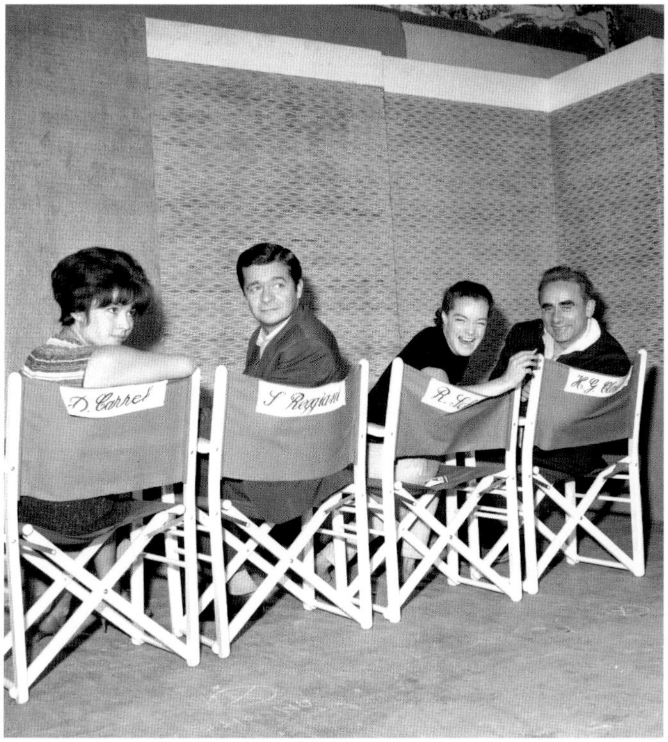

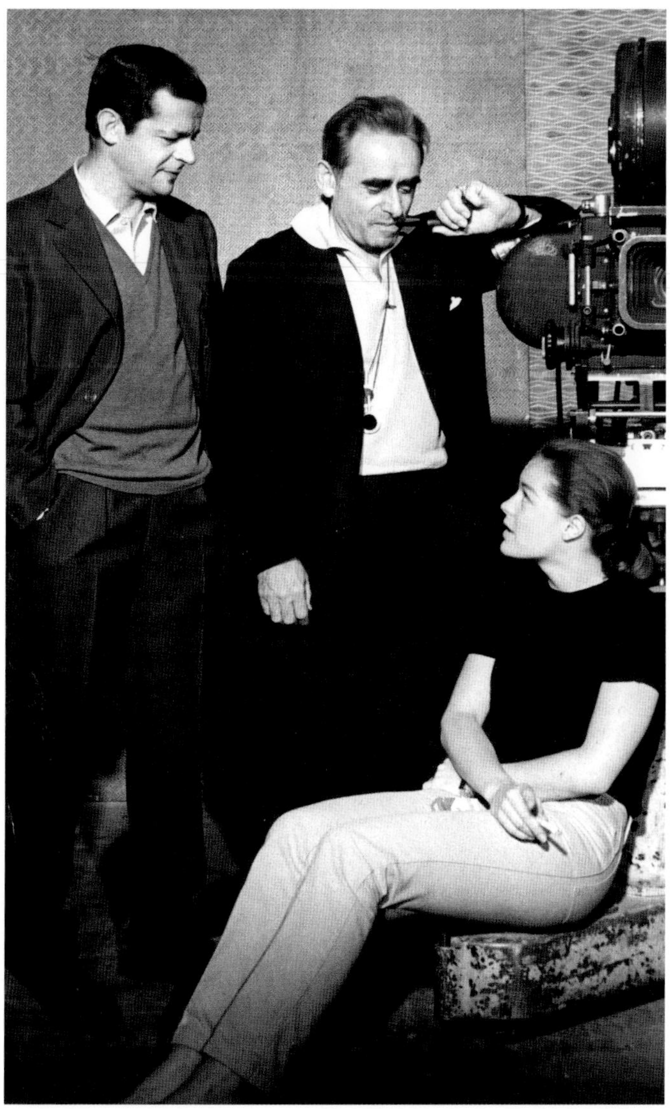

DIE ERSTEN KAMERAFAHRTEN

Mit dem *Héliophore* hat Clouzot zwar eine visuelle Fährte gefunden, um Marcels Obsessionen ins Bild zu setzen, aber es bedarf noch zahlreicher Proben, um die visuelle Grammatik des Films festzulegen.

Im Februar 1964 filmen Clouzot, Andreas Winding und ein kleines Team die Ausstellung »Formes nouvelles« im Musée des arts décoratifs, wo die Werke der kinetischen Künstler ausgestellt sind: Yvarral, Vasarely usw. Acht bis zehn Tage lang denkt Clouzot darüber nach, wie man sich von diesen Werken inspirieren lassen und ihre Effekte aufs Kino übertragen kann.

Der Film erzählt die Geschichte eines Mannes, der Wahnvorstellungen hat, der supereifersüchtig ist und denkt, dass seine Frau ihn betrügt, mit irgendwem, mit Männern und Frauen. Jedes Mal, wenn er denkt, dass seine Frau ihn betrügt, hat er Eifersuchtsanfälle, und seine Wahrnehmung der Außenwelt ist deformiert. Man musste also eine Möglichkeit finden, diese Welt zu deformieren.

William Lubtchansky
Kameraassistent, Winding-Team

Die ersten Aufnahmen, die gemacht werden, indem man die Schauspieler hinter diesen seltsamen Formen platziert und mit den Effekten von beweglichem Licht spielt, sind erstaunlich, und Clouzot ahnt, dass die Lösung für sein Problem genau da, in der Begegnung seiner Schauspieler und der kinetischen Formen und Lichter liegt.

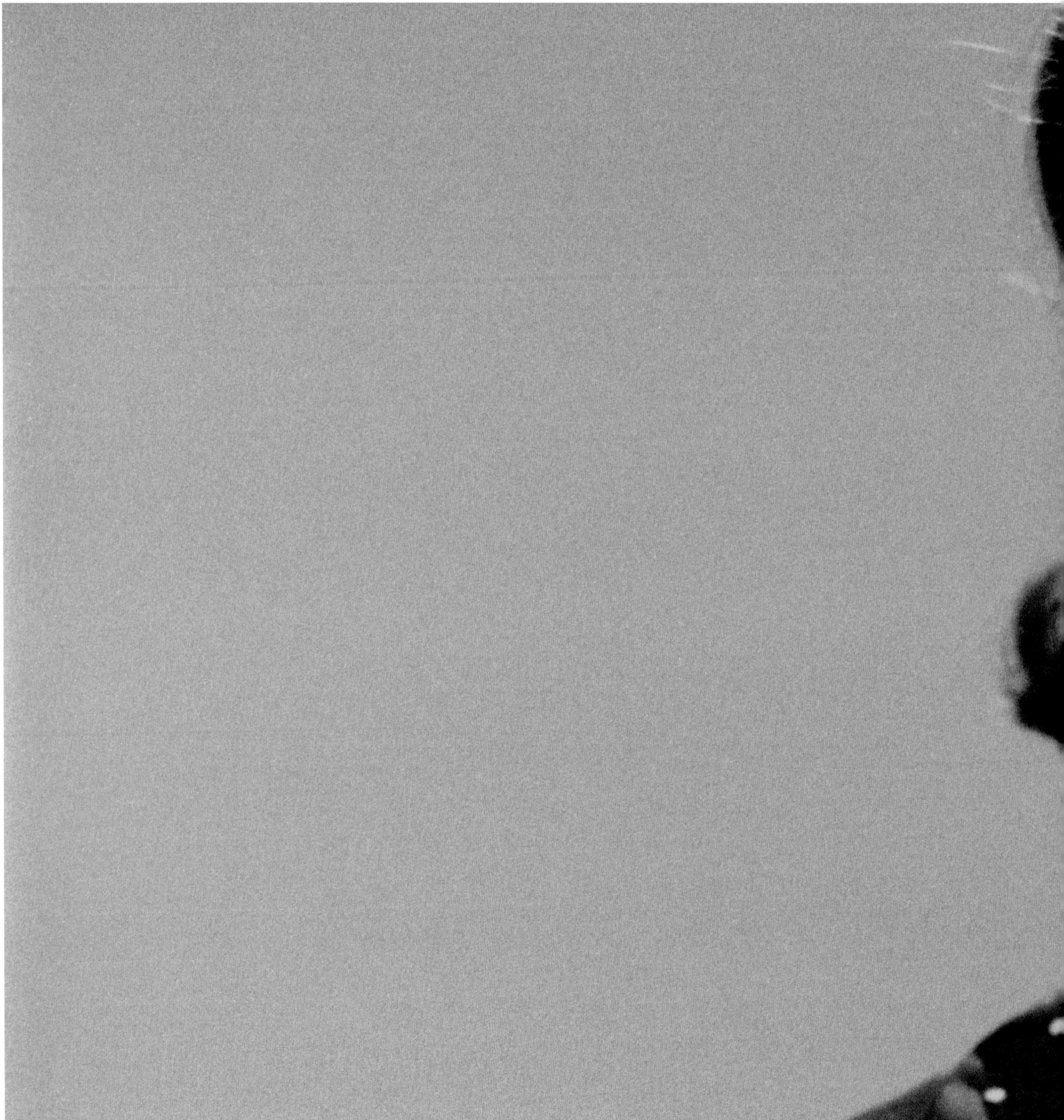

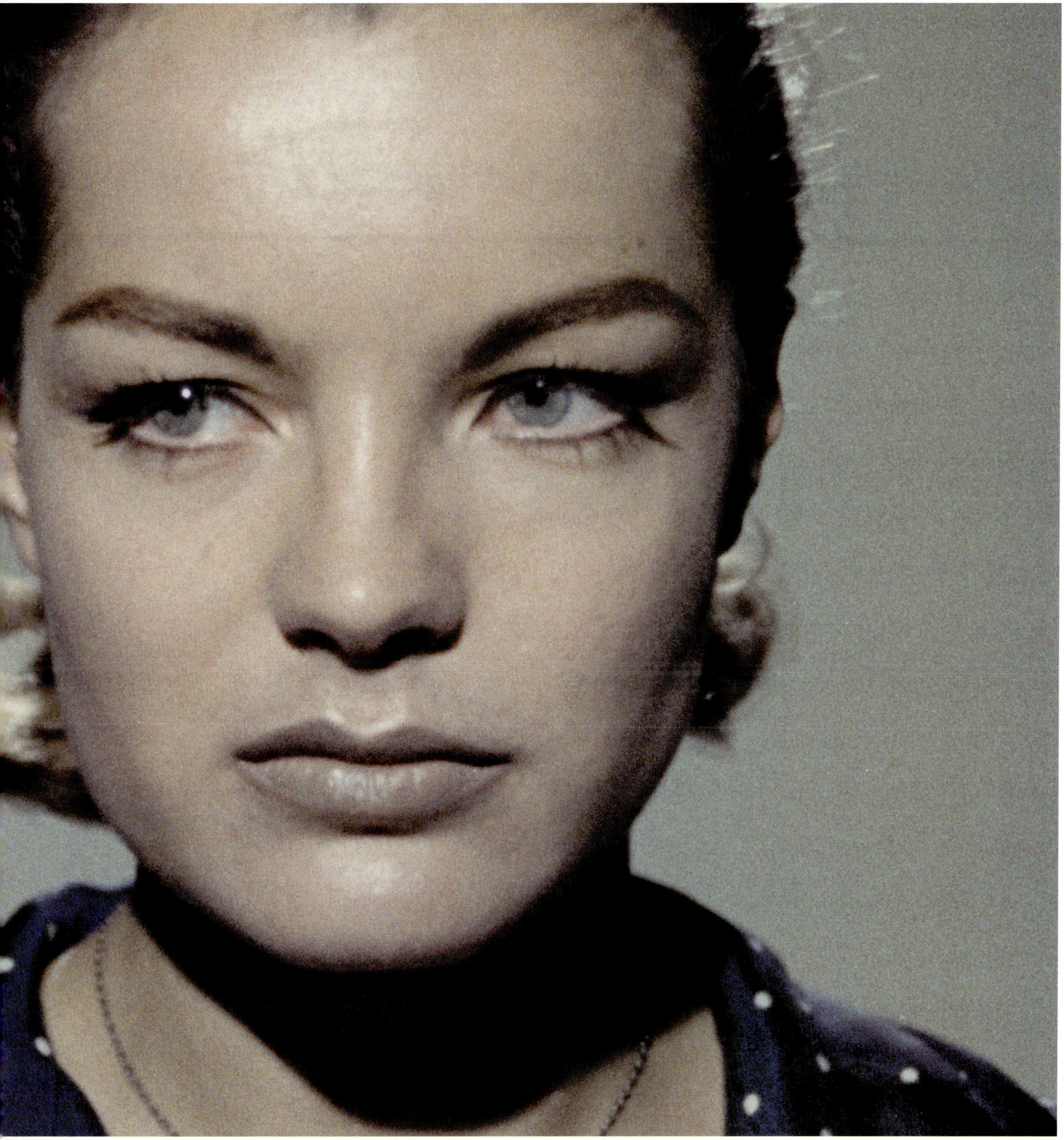

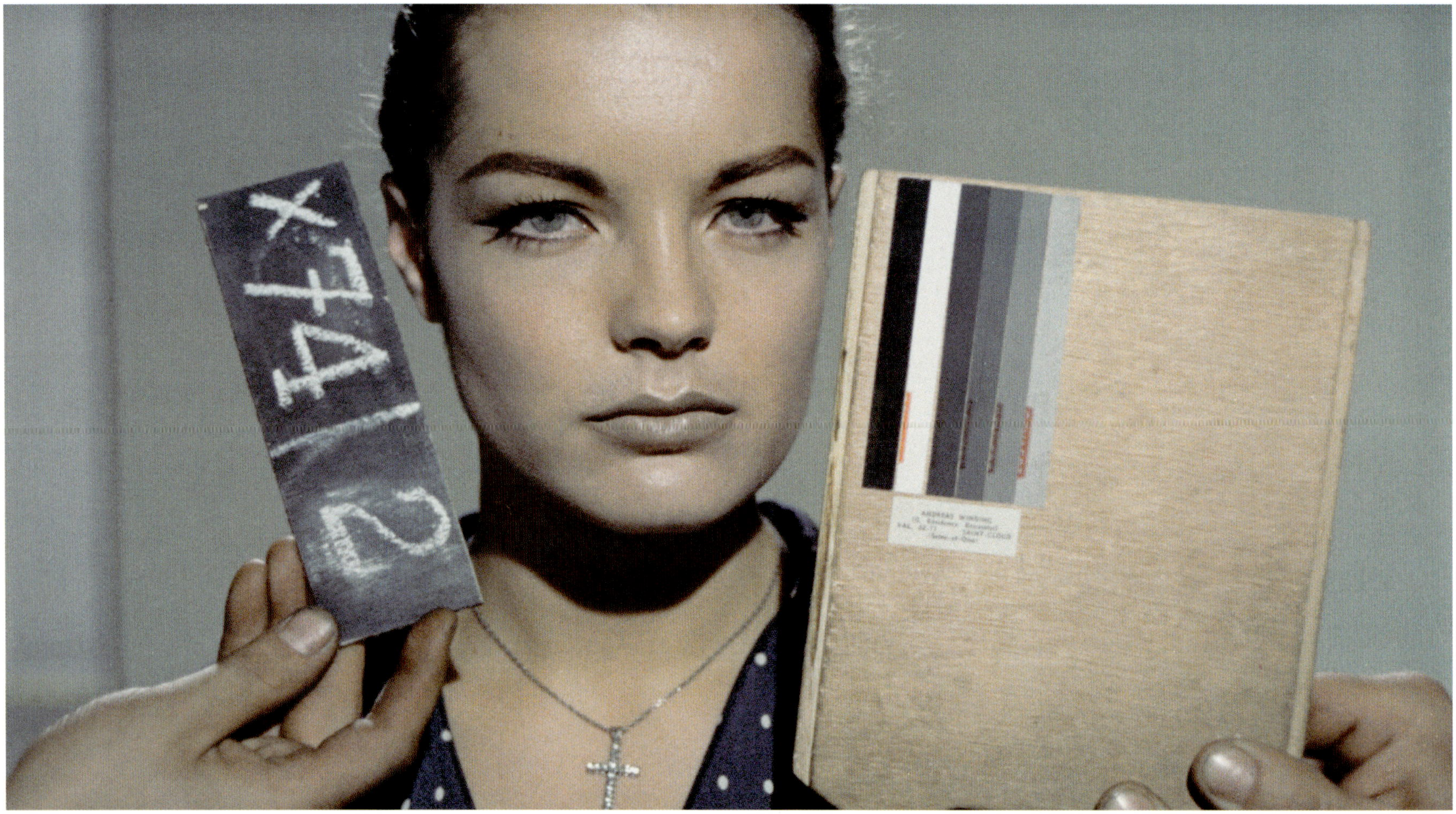

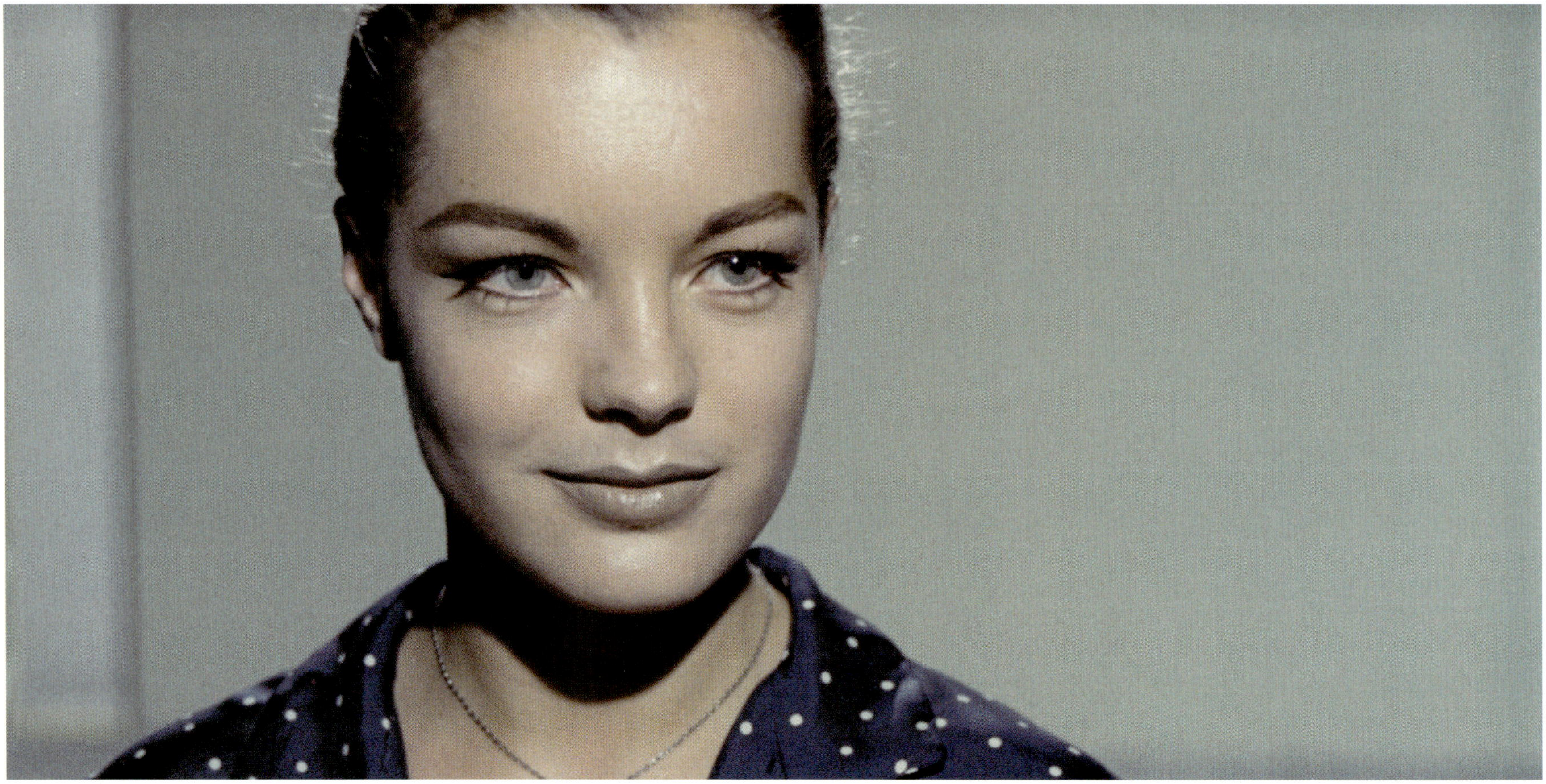

»ER HAT SICH IN EINE FÜR DEN FRANZÖSISCHEN FILM VÖLLIG UNBEKANNTE WELT VON EXPERIMENTEN BEGEBEN, DAS WAR DAS GEHEIMNIS.«

COSTA-GAVRAS

Im Film jener Zeit war Clouzot ein Großer, einer der ganz Großen des Films, einer jener französischen Regisseure, die jeden Schauspieler und beliebig viel Geld bekommen konnten, um zu machen, was sie wollten. Das war wirklich ein ziemlich großer Film, vom Budget und vom gesamten Vorhaben. Man sprach sehr viel davon. Man sprach von Clouzots Film. Dass er die Amerikaner im Boot hatte, sorgte ebenfalls für Aufsehen.

Costa-Gavras

Die Produzenten der Columbia, die Orsay Films kontrolliert, machen auf der Rückreise eines Besuchs in Japan 36 Stunden Halt in Paris, um die phantastischen Bilder zu sehen, von denen ihnen Clouzot und Claude Ganz vorgeschwärmt haben. Die Wirkung entspricht tatsächlich ihren Erwartungen. Sobald sie wieder in den USA sind, telefonieren Francovich und Foreman mit Ganz, dem Produzenten von Orsay Films, und erklären ihm, dass sie – wie im Vorjahr für Kubriks *Doctor Strangelove* (1963/64) – für *L'Enfer* ein unbegrenztes Budget bewilligen und dass der Film eine der Hauptproduktionen des kommenden Jahres sein werde.

Unbegrenztes Budget! Der Film, von dem Clouzot geträumt hatte, wurde Wirklichkeit.

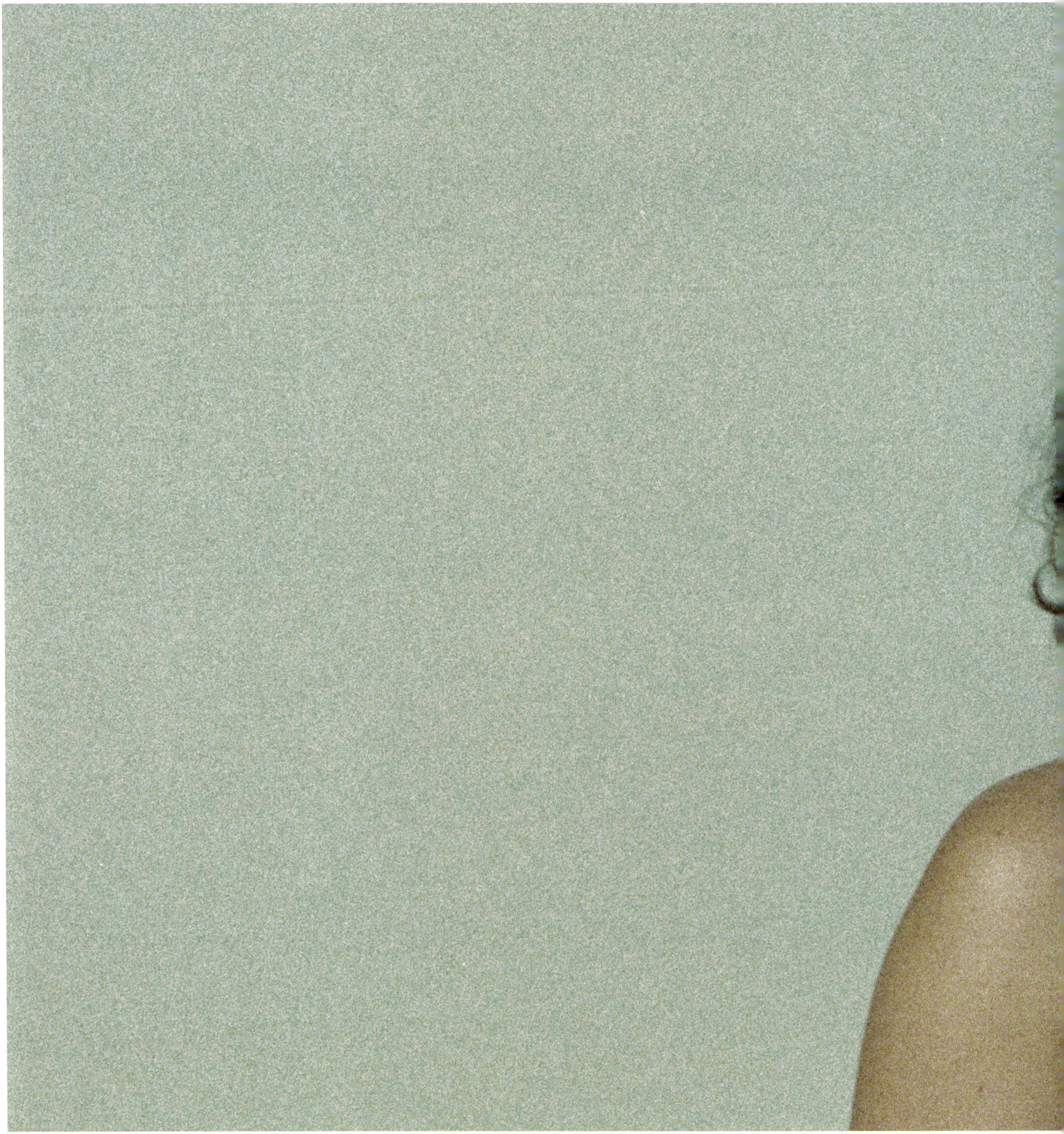

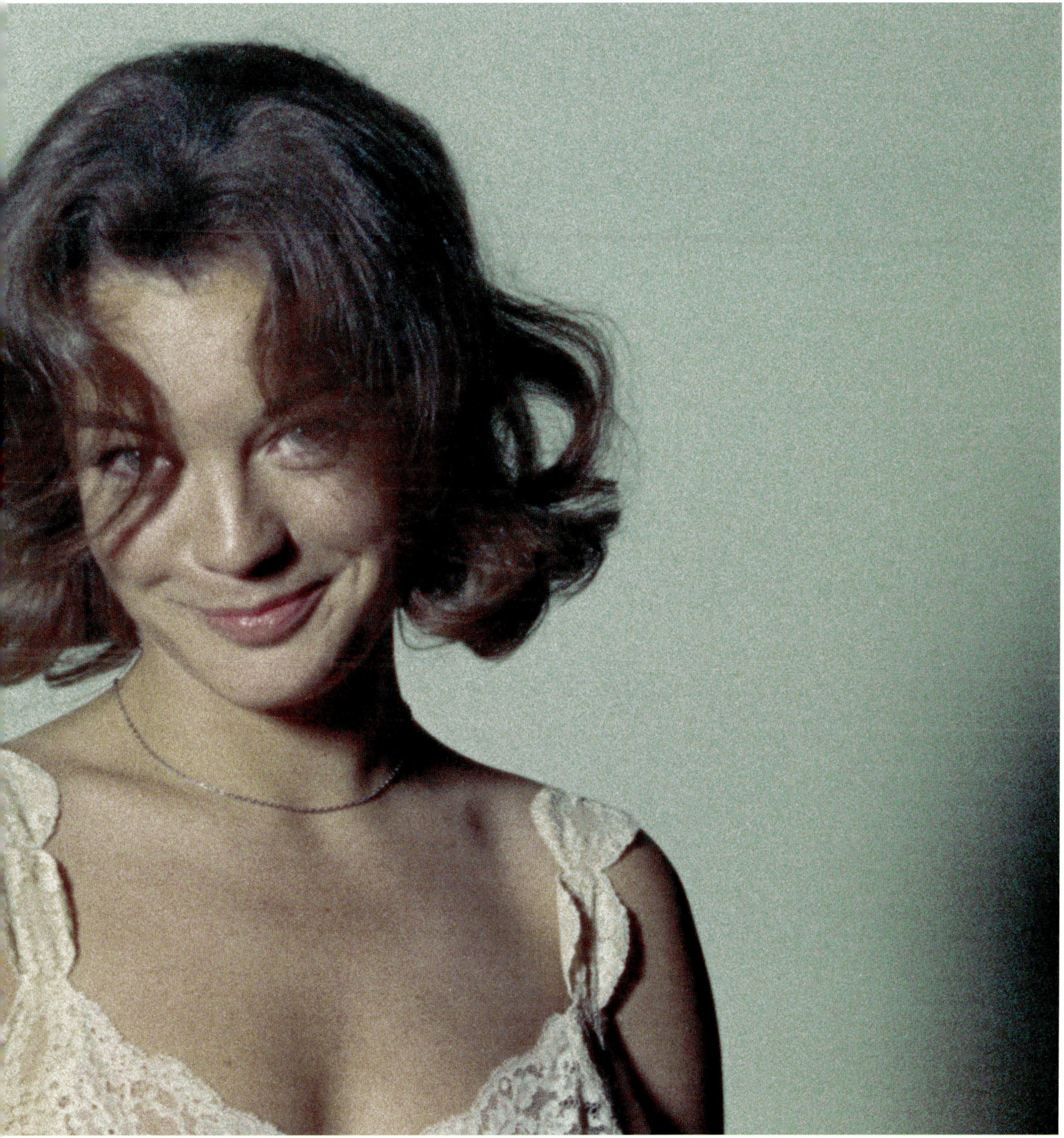

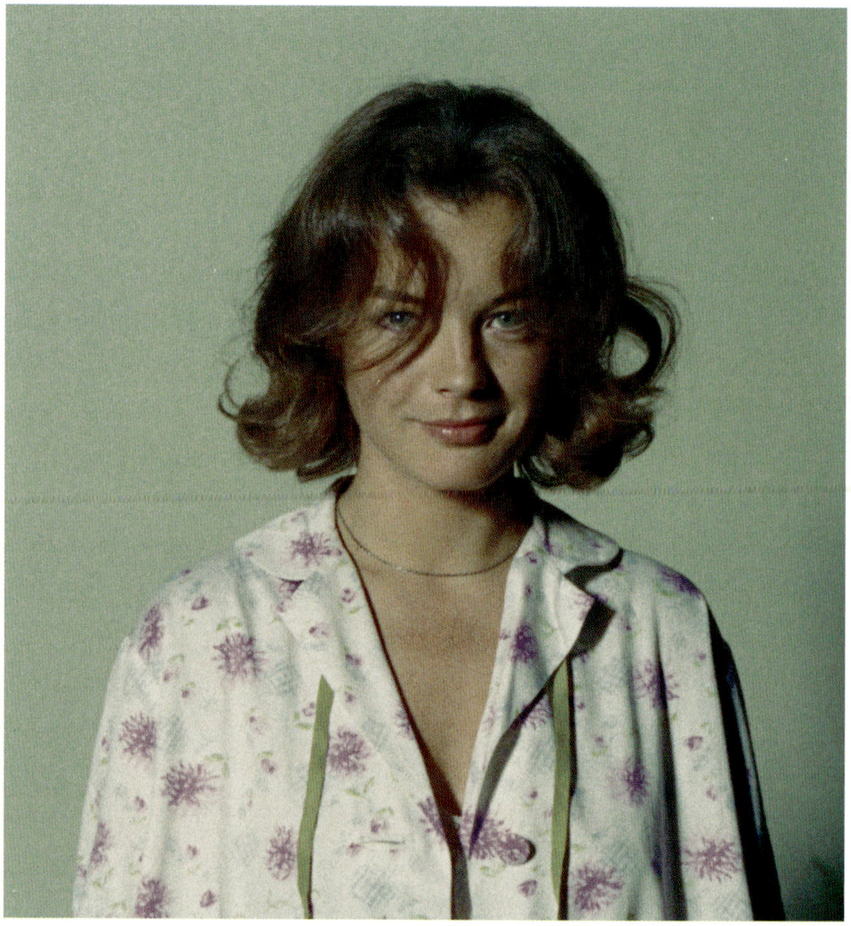

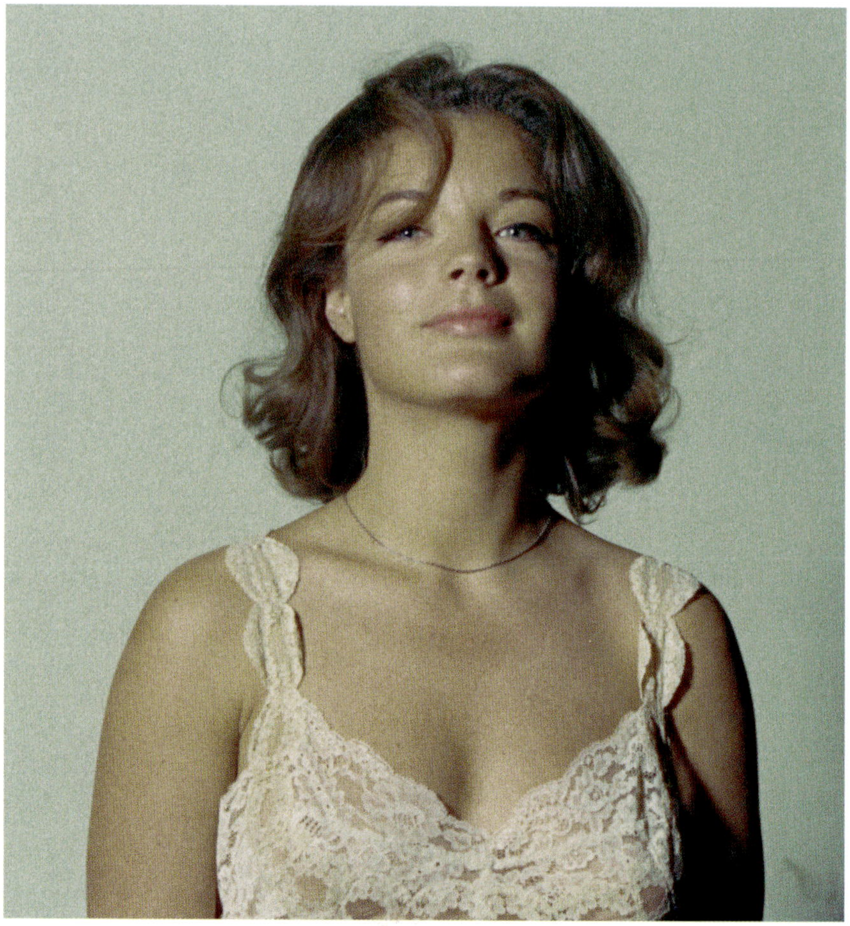

Dieser Anruf war der tatsächliche Beginn des Abenteuers. Nahezu frei von allen finanziellen Zwängen geht Clouzot diesen Film nun mit einer viel ehrgeizigeren Perspektive an als vorgesehen. Und fortan wird sich das Schicksal von *L'Enfer* in den Studios von Boulogne entscheiden.

Bald schon kommt er nicht mehr mit einem, sondern mit drei Drehteams ins Studio. Auch wenn die Dreharbeiten erst Ende Juni beginnen sollen (und Anfang Juli wirklich anfangen) – er muss alles filmen, alles ausprobieren, alles sehen.

Und unter größter Geheimhaltung, in Studios, deren Zutritt Besuchern verboten ist, und oft begleitet von allgemeiner Verständnislosigkeit, führt er seine Teams und seine Schauspieler, filmt sie aus allen Blickwinkeln, erforscht die Möglichkeiten der kinetischen Effekte so weit wie möglich.

Ich bin in diese Szene hineingekommen, ziemlich wahnsinnig, gerade für mich, der ich vom ruhigen, traditionellen französischen Film kam. Ich entdeckte diese wahnsinnige Welt, in der alle Elemente des traditionellen Films vereint waren, die größten Kameraleute der Zeit, die erfahrensten Techniker, alle damit beschäftigt, die absurdesten Sachen anzustellen. Eigentlich war mir sofort klar, dass sie nicht genau wussten, was sie da taten.

Bernard Stora

Er hat sich in eine für den französischen Film völlig unbekannte Welt von Experimenten begeben, das war das Geheimnis. Und wenn es ein Geheimnis gibt, gibt es manchmal auch viel Ironie. Auf jeden Fall war es ein erstaunliches Phänomen. Aber Clouzot war fasziniert von Kafka, und Clouzot hatte auch etwas von Kafka. Also warteten wir darauf, dass bei diesen Proben etwas Außergewöhnliches herauskommt: Mit Clouzot musste einfach etwas Außergewöhnliches herauskommen.

Costa-Gavras

Um optimal von den kinetischen Effekten zu profitieren, bittet er zwei Künstler dieser Bewegung, Joël Stein und Jean-Pierre Yvarral, die Experimente mit den visuellen Effekten zu überwachen.

Wir haben eine kleine Gruppe gegründet, um unser Vorgehen etwas zu rationalisieren. Clouzot war fasziniert von der visuellen Neuheit unserer Arbeit, von den Effekten des Moiré, der Instabilität, der Reversibilität zwischen Form und Hintergrund. Später stellten wir jedoch fest, dass er das alles seltsamerweise ganz und gar nicht so sah wie wir es uns vorstellten, wie wir dachten, wie wir es erarbeiteten.

Joël Stein

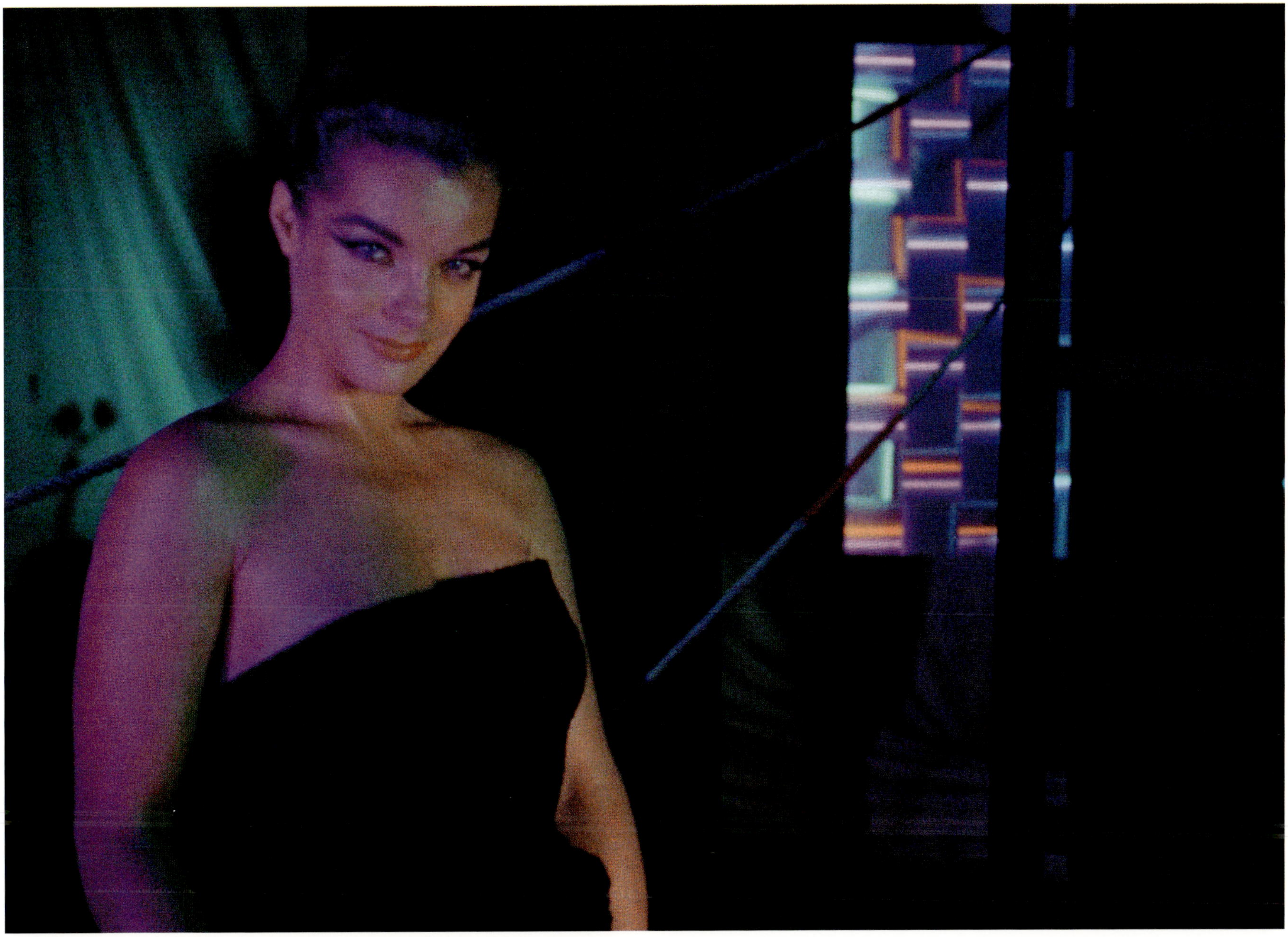

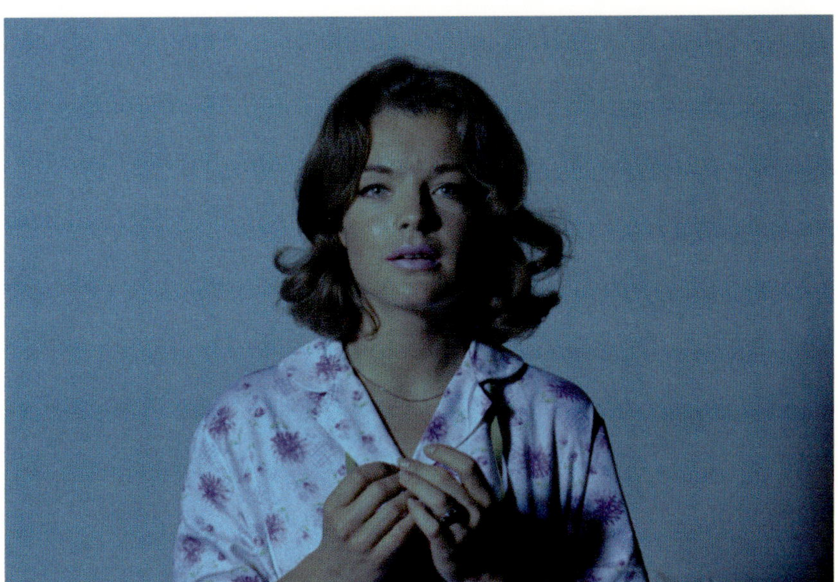

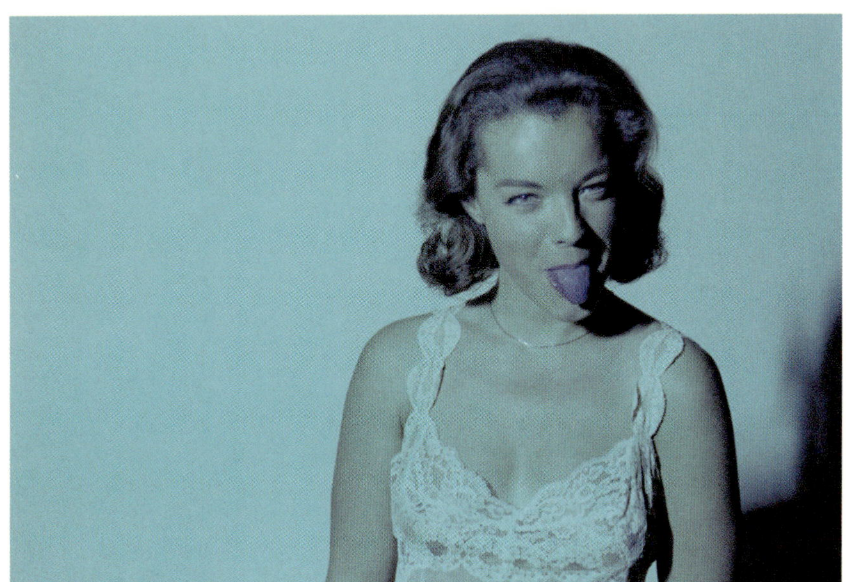

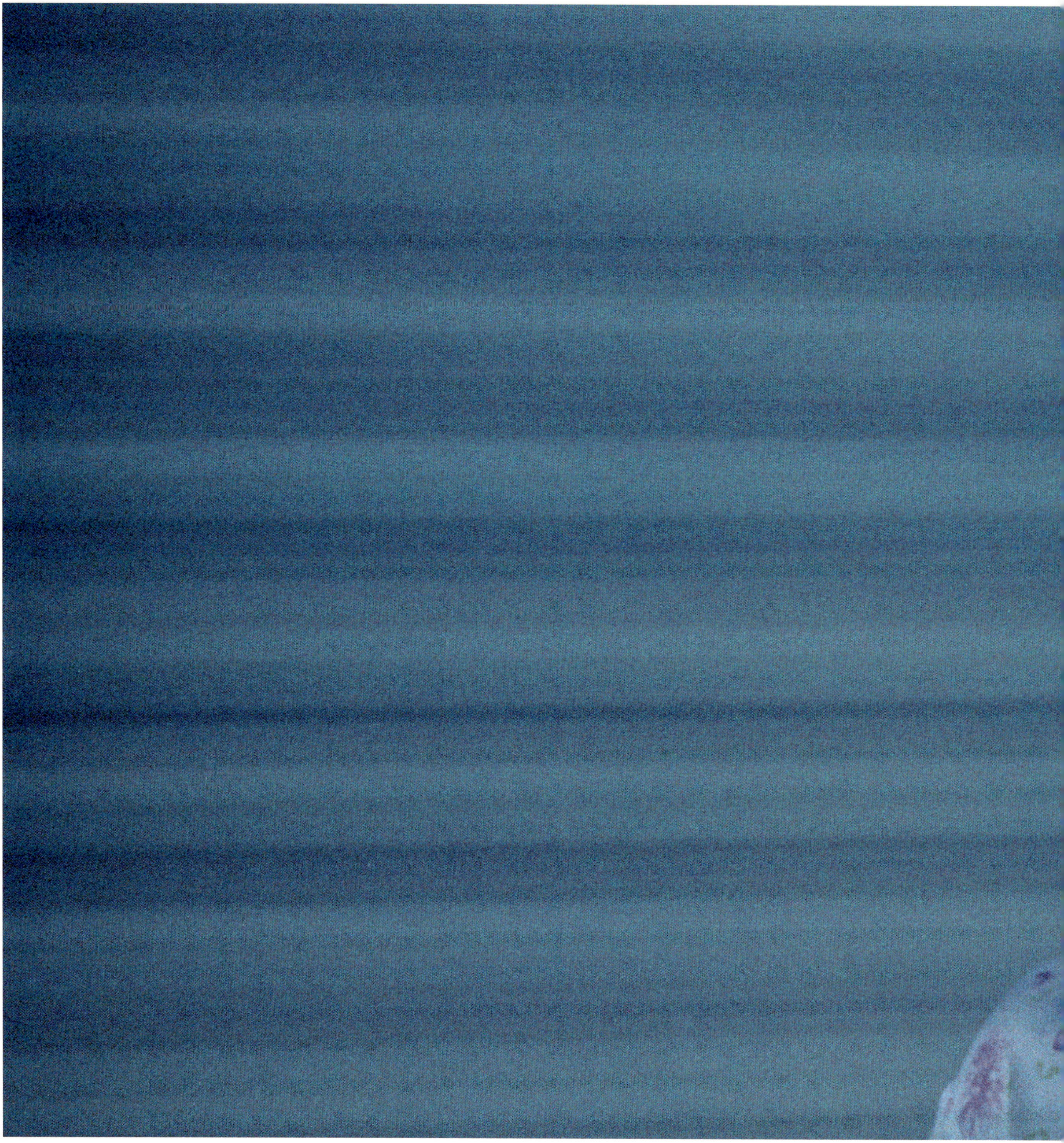

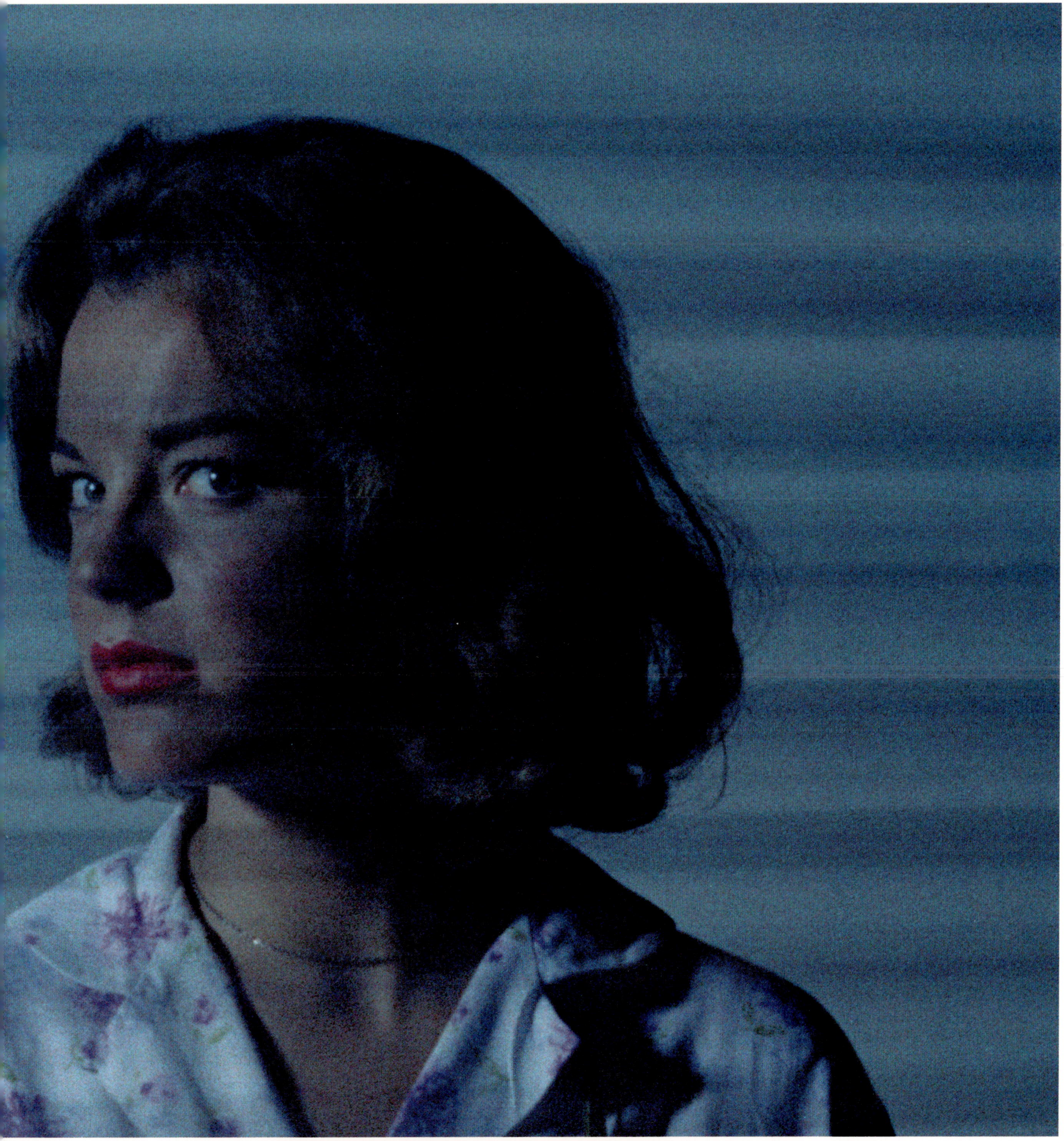

Bei Clouzot sollte man besser pünktlich sein. Also kommen wir früh. Es ist lustig, denn wir haben alle technischen Möglichkeiten der Studiobühne für uns. Wenn wir Farbe brauchen, wird sie für uns vorbereitet. Wenn wir Farbproben brauchen, müssen wir nur auf eine Farbpalette zeigen, und schon wird sie für uns angerührt usw. Und wir arbeiten in absoluter Freiheit. Clouzot lässt uns machen, was wir wollen. Ab und zu kommt er vorbei, ganz sympathisch, ganz nett, manchmal etwas spöttisch, aber ganz in Ordnung. Und dann, wenn die Objekte fertig sind, ohne dass ein Termin für die Fertigstellung vereinbart war oder besondere Dringlichkeit für irgendwas, probieren wir es vor der Kamera aus.
(…)
Clouzot war wegen der Neuheit dieser kinetischen Effekte zu uns gekommen, mit denen er noch gar nicht vertraut war. Er war sehr überrascht zu sehen, was dabei herauskam, und er fand es toll.
Er schlug Jean-Pierre Yvarral und mir vor, einige Elemente im Studio zu rekonstruieren. Sehr bald wurde aus dieser Vorführung von Objekten im Studio der Auftrag, bestimmte Effekte für den Film zu schaffen.

Joël Stein

Auch die Schauspieler werden auf harte Proben gestellt. Clouzot versucht vergeblich, Romy Schneider ihren Akzent abzugewöhnen.

Wir hatten das Gefühl, dass er nicht so richtig verstand, was wir machten und warum. Und er hatte das Gefühl, man könnte sehr viel weiter gehen und wir würden viel zu früh aufhören. Es gab also eine Spannung, aber diese Spannung war nichts im Vergleich zu dem, was die Schauspieler erleiden mussten.

Joël Stein

Wir haben auch mit dieser verrückten Feder gespielt, die allein die Treppen herunterspringt. Er hatte sie im Museum of Modern Art in New York gesehen. Damals war dieses Spielzeug sehr in Mode und Romy musste es von ihrem Geschlecht bis zu ihren Brüsten springen lassen. Bei dieser Geschichte mit der Feder hatten wir trotz allem einiges zu lachen … Wir haben einen Tag damit verbracht, das mit Romy zu probieren, die auf einem etwas geneigten Bett lag, damit die Feder weitersprang, und haben im Rückwärtsgang gedreht, damit sie sich aufwärts bewegt. Das war komisch, ihr Körper war etwas feucht, damit man ihn besser sah … Das war nicht ganz harmlos.

William Lubtchansky

Neben den traditionellen Proben mit Kostümen und Accessoires müssen Romy, Serge Reggiani, Jean-Claude Bercq und Dany Carrel auch endlose Proben der visuellen Effekte über sich ergehen lassen, von denen sie nicht viel verstehen: zweigeteilte Gesichter (mit einem einfachen Spiel von Spiegeln, die quer in der Mitte des Kamerafeldes stehen) oder deformierte Gestalten hinter Federn, Dampfwolken, Kristallgegenständen.

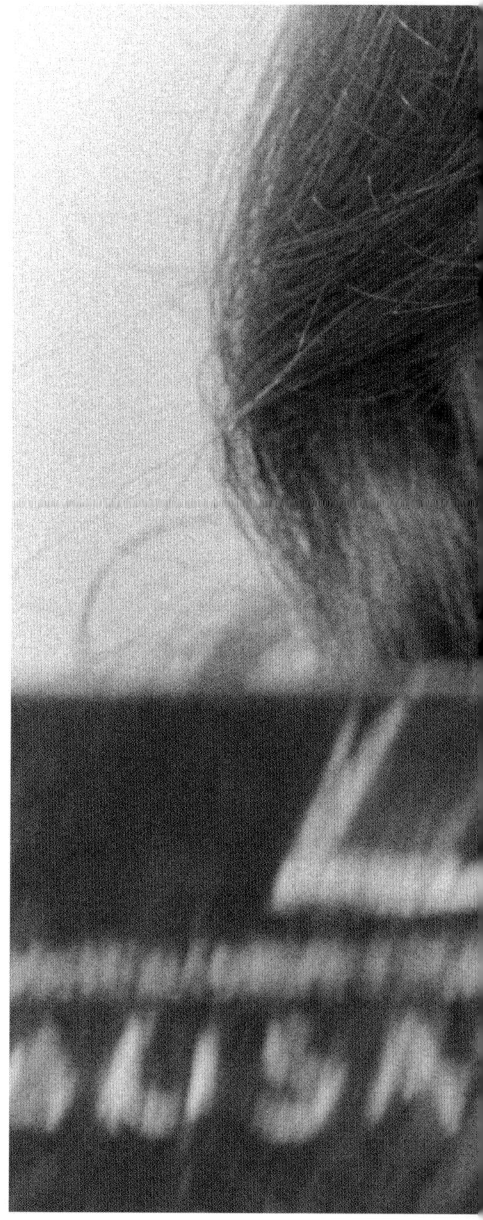

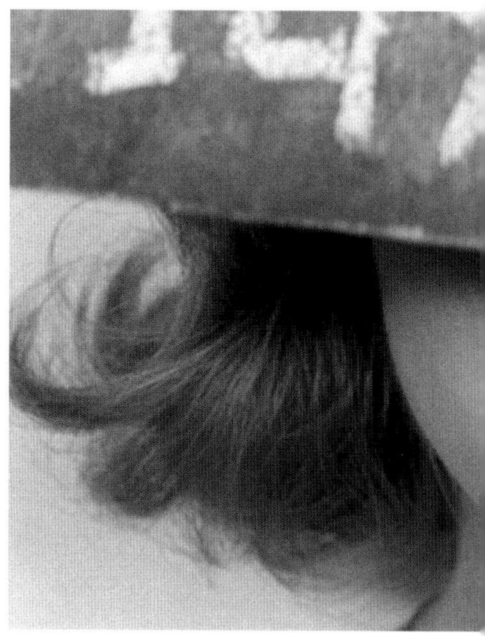

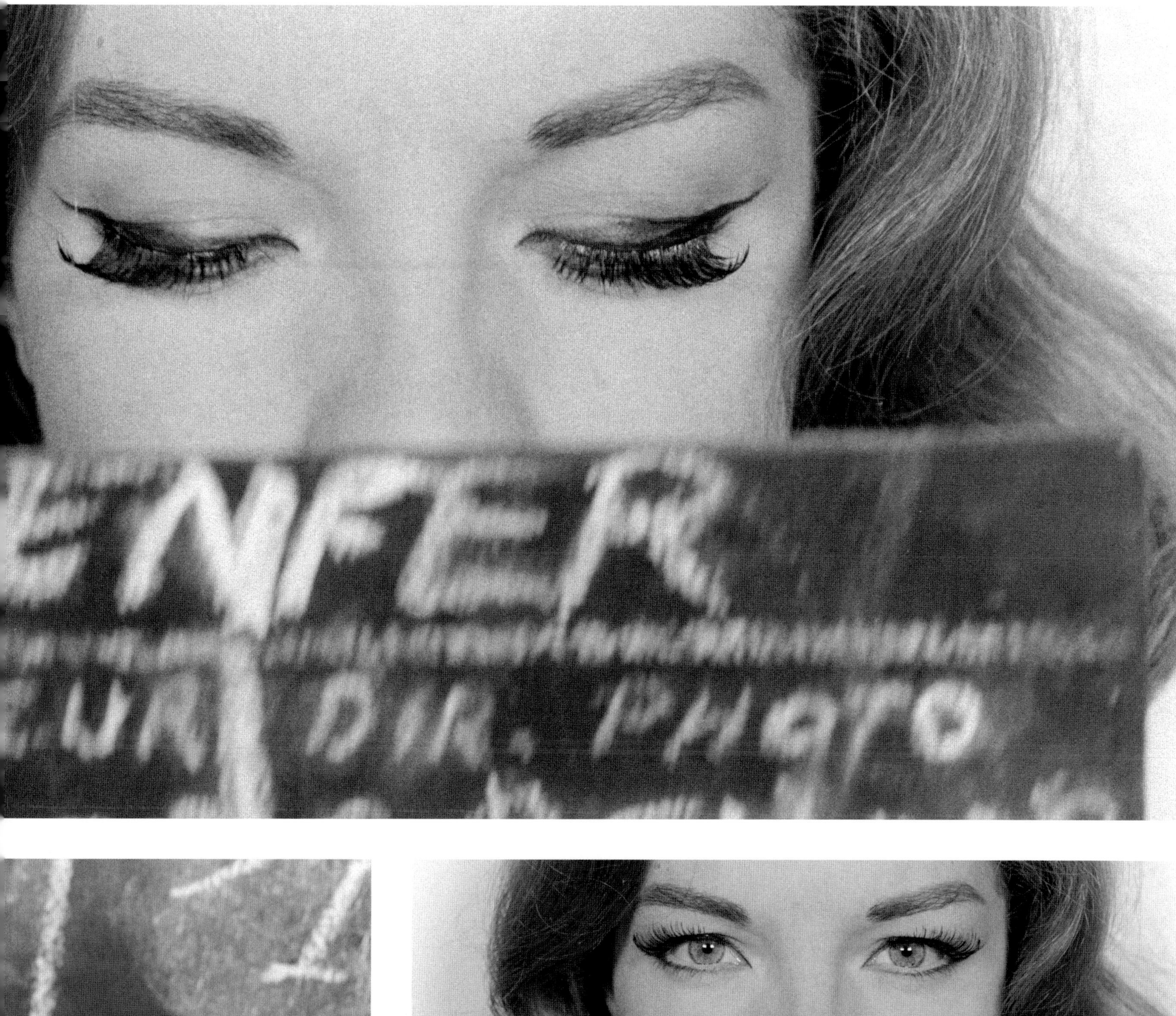
ENFER
DIR.

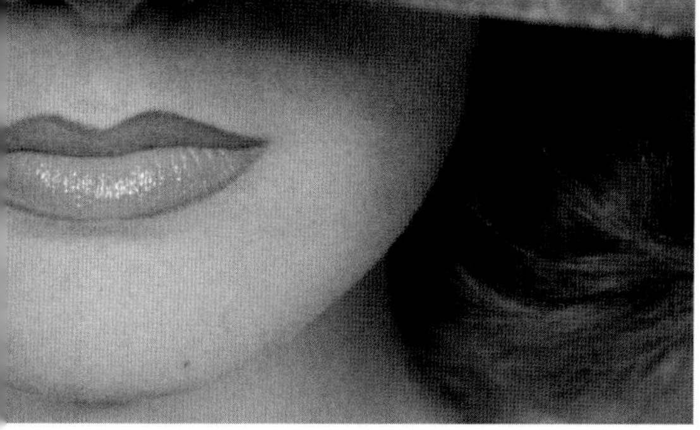

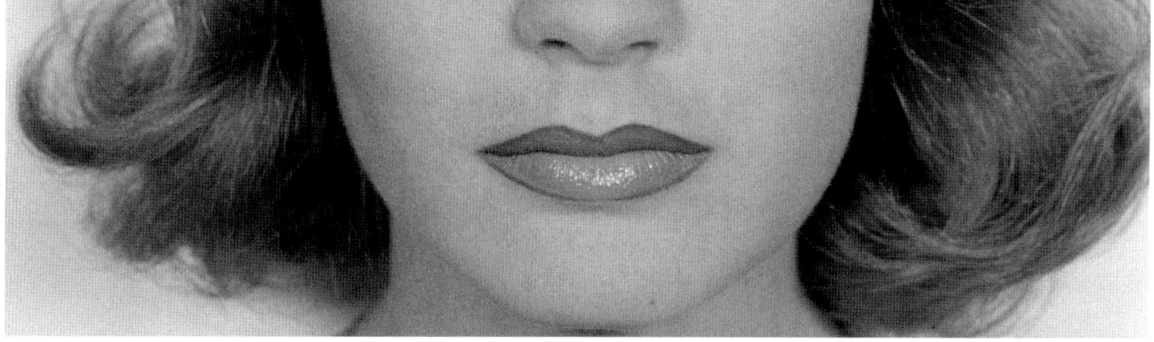

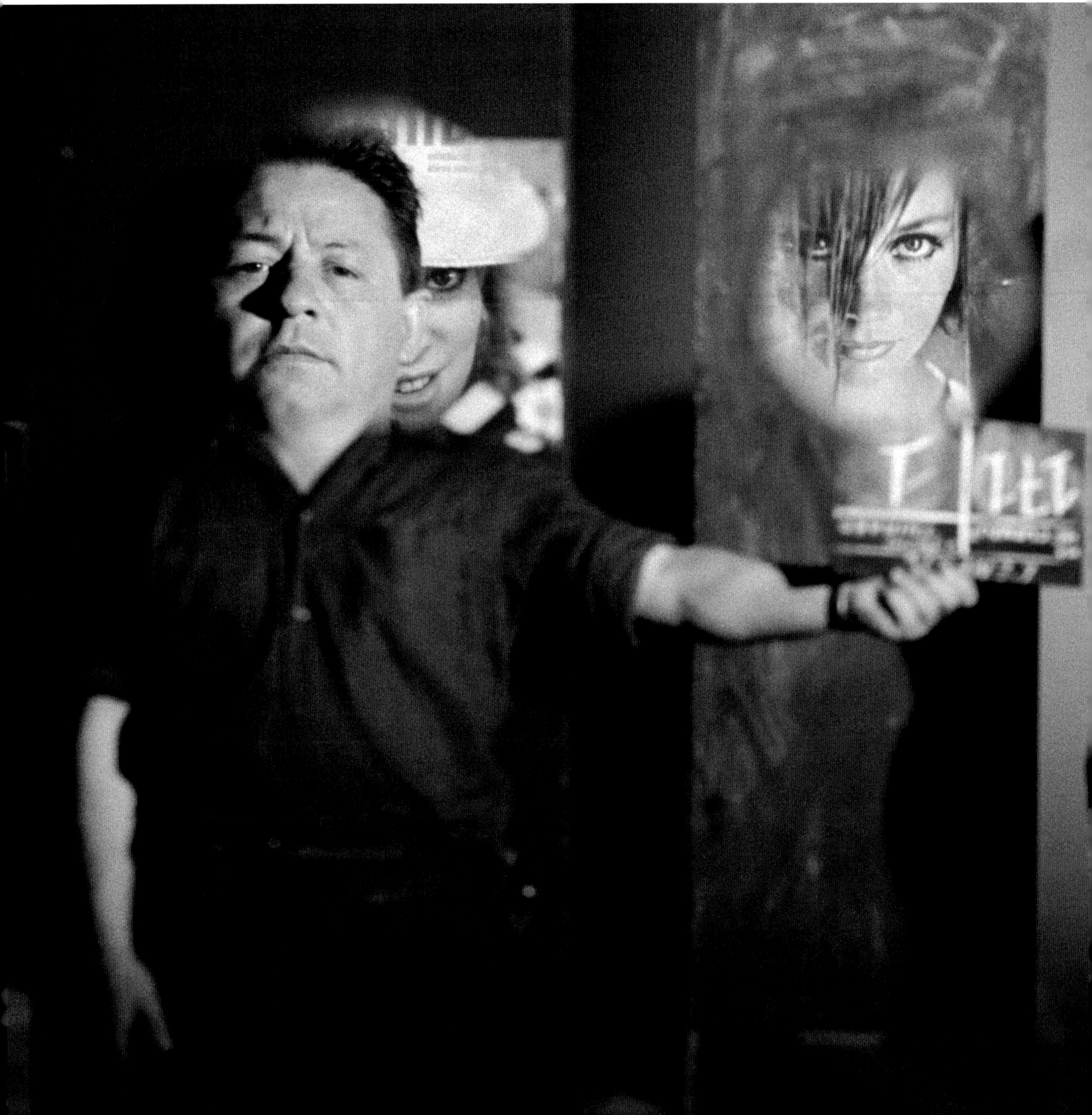

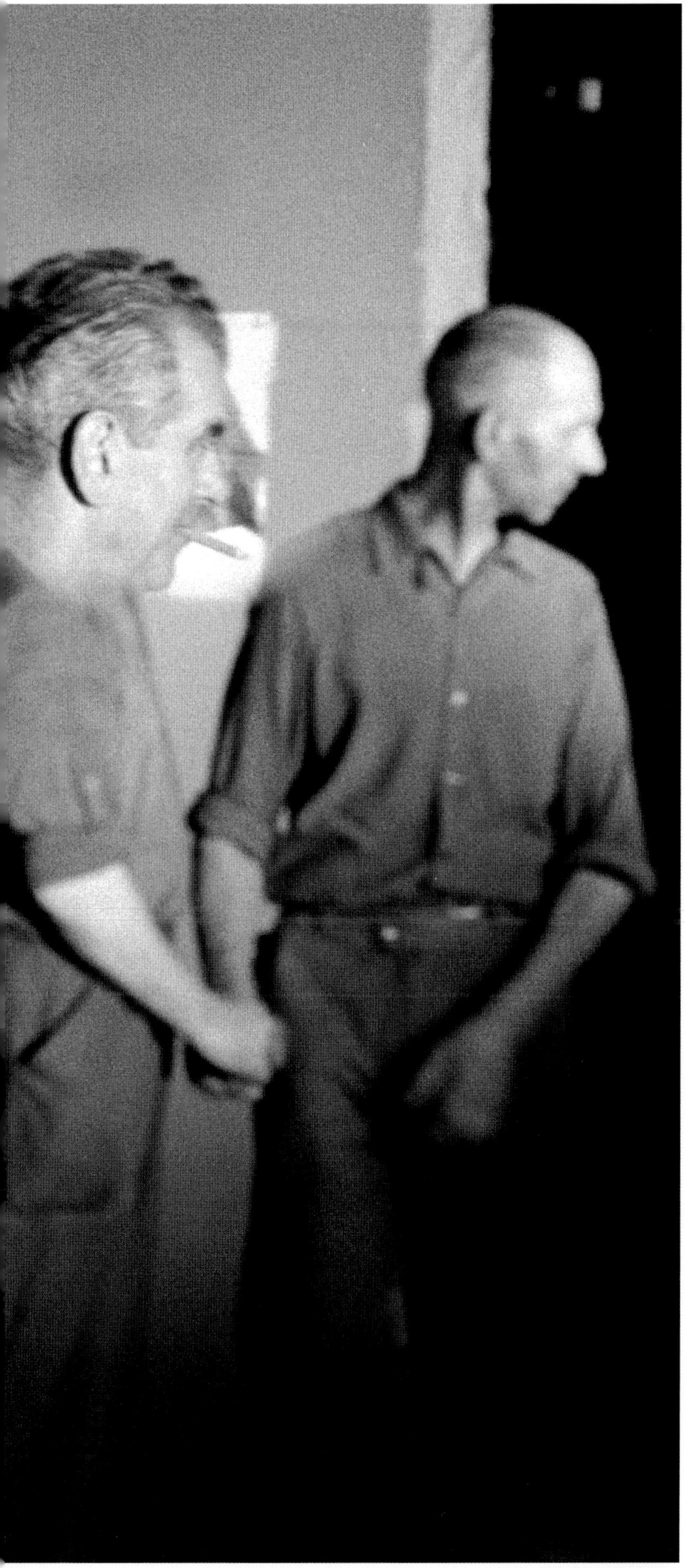

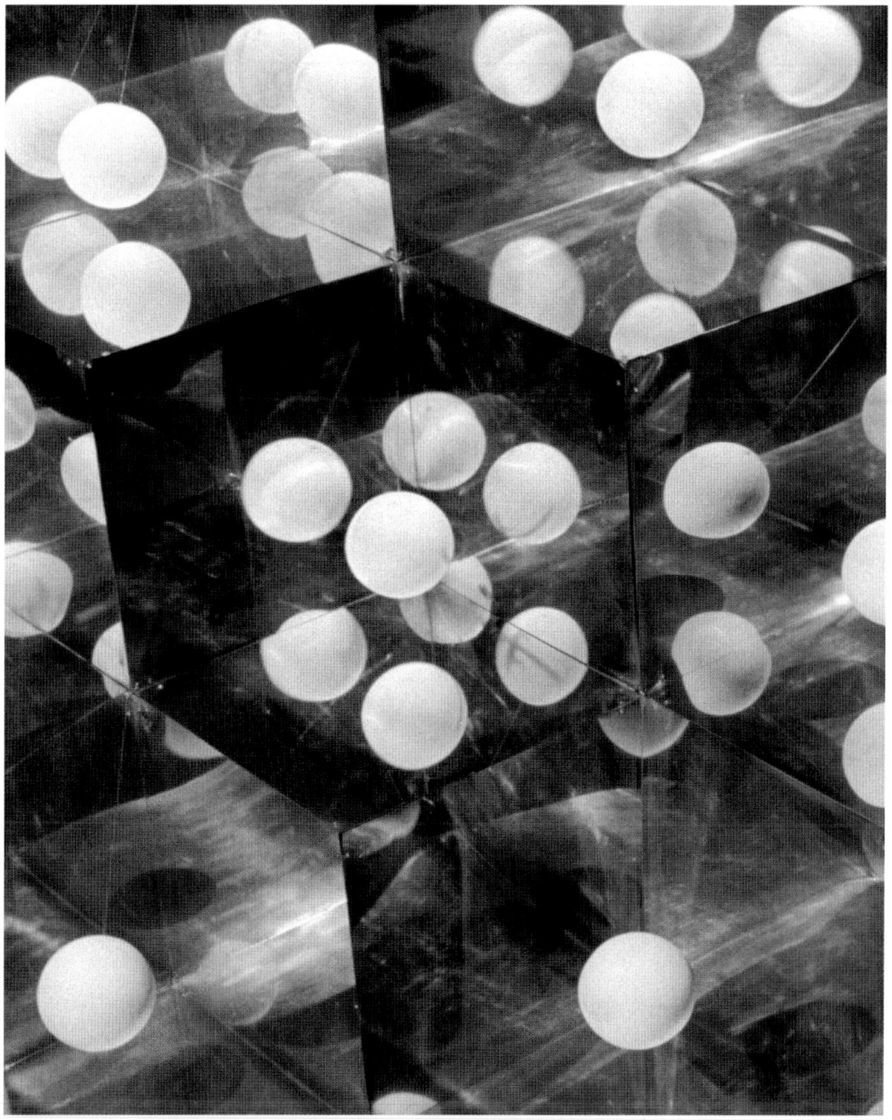

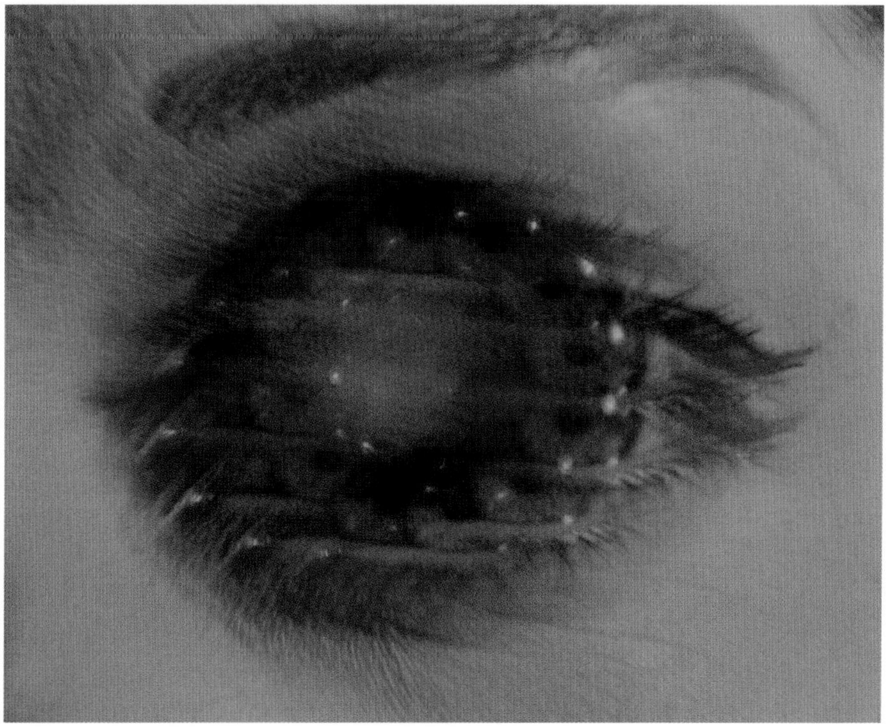

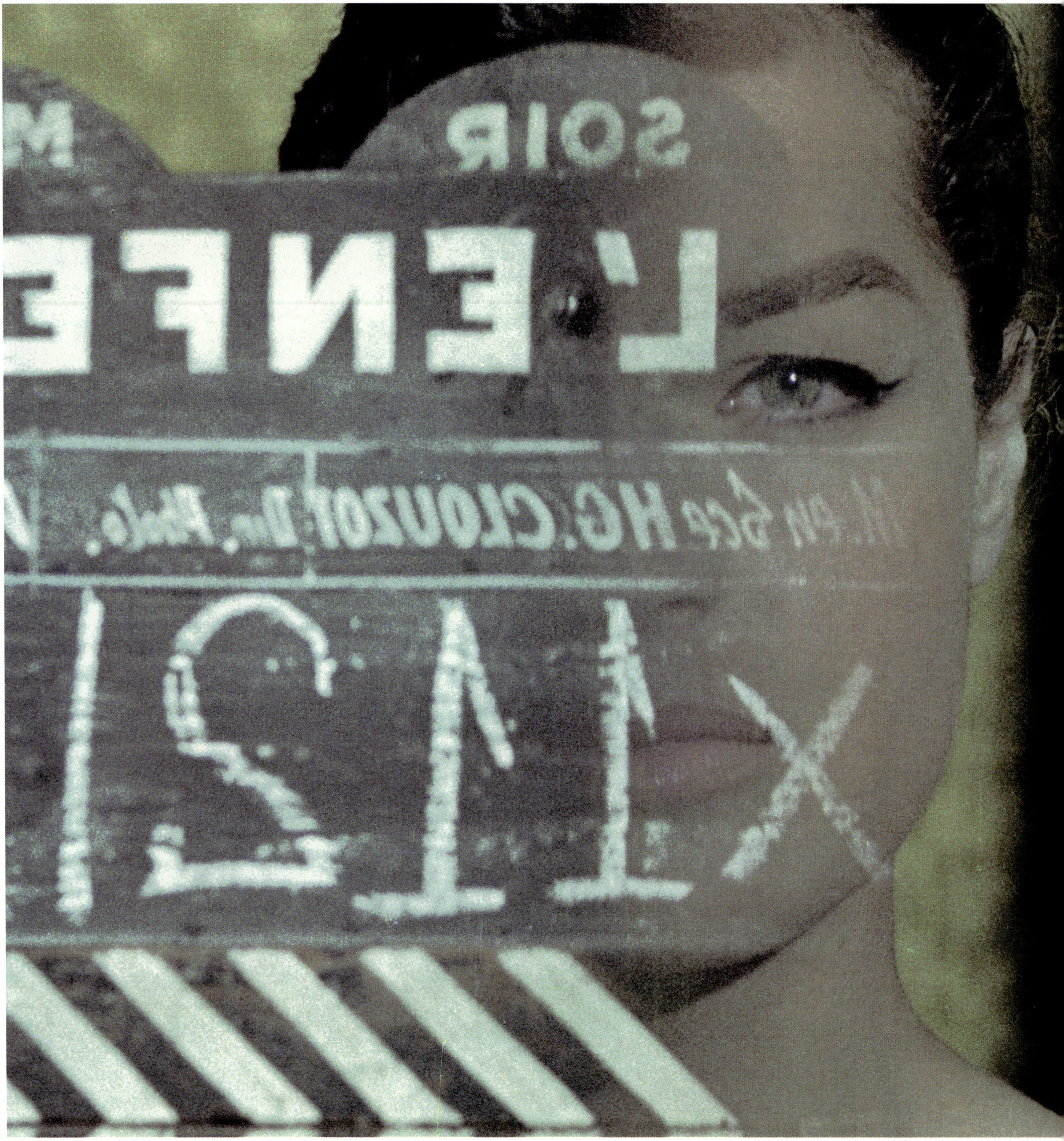
SOIR
L'ENFE
H.G. CLOUZOT

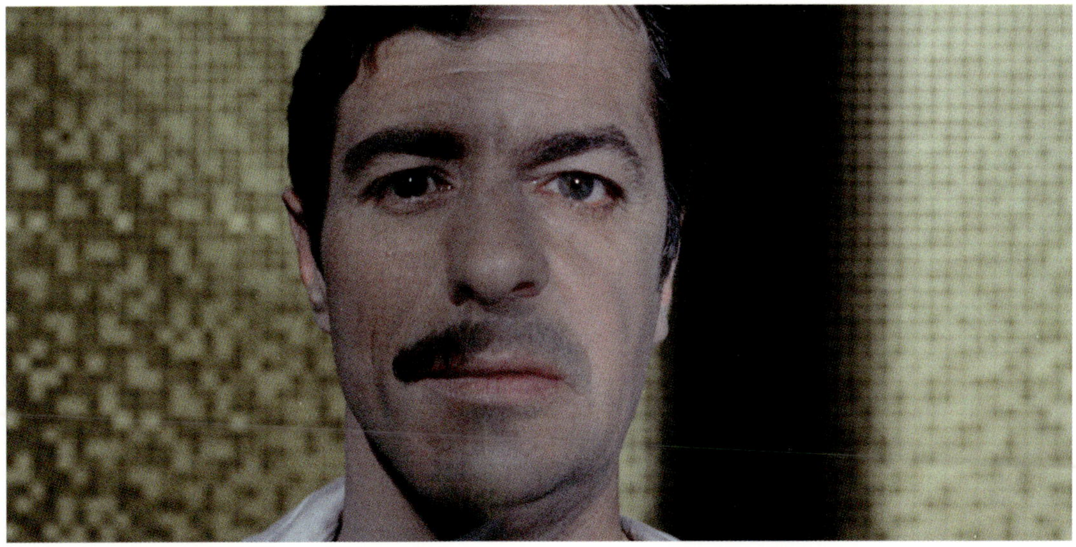

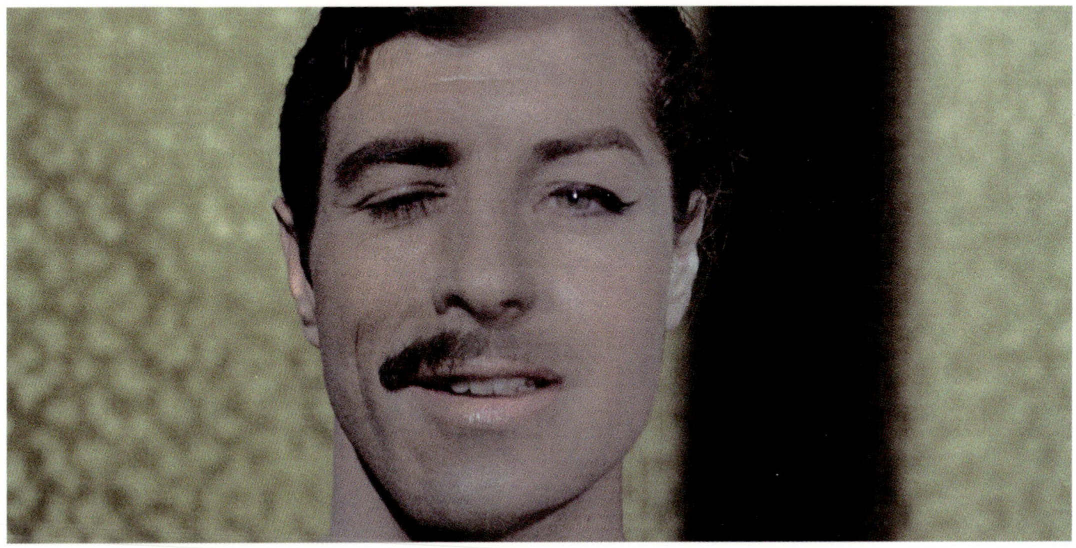

Das kleine Rad des *Héliophore* von Éric Duvivier wird nun durch ein Rad mit acht Metern Durchmesser ersetzt, auf dem zwei bis acht Scheinwerfer befestigt werden, dazu Filter in den gewünschten Farben. Die Schauspieler werden von dem genialen Maskenbildner Michel Deruelle mal mit blauem, mal mit grünem Make-up und mit vielfarbigem Lippenstift geschminkt.

Diese Probeaufnahmen dauerten sehr lange. Die Leute wussten, dass Clouzot in dem Studio drehte, aber es war absolut verboten, irgendetwas zu sehen, auch nur zu wissen, was er da tat. Ich glaube übrigens, dass er recht hatte, das Geheimnis zu wahren. Wie soll man solche Bilder interpretieren, ohne zu wissen, was der Regisseur vorhat? Die Leute hätten womöglich viel dummes Zeug geschrieben.

Costa-Gavras

Bei den Probeaufnahmen stellte ich fest, dass Clouzot der schwierigste Regisseur war, dem ich je begegnet bin. Schwierig nicht im negativen Sinn! Dieser Mann ist nie zufrieden, er ist ein Perfektionist, der will, dass jeder Ton, jede Beleuchtung, jede Bewegung bis auf die kleinste Nuance dem gleicht, was er sich vorgestellt hat. Ich fragte mich: Wie wirst du achtzehn Wochen Drehzeit mit Henri-Georges aushalten?

Romy Schneider

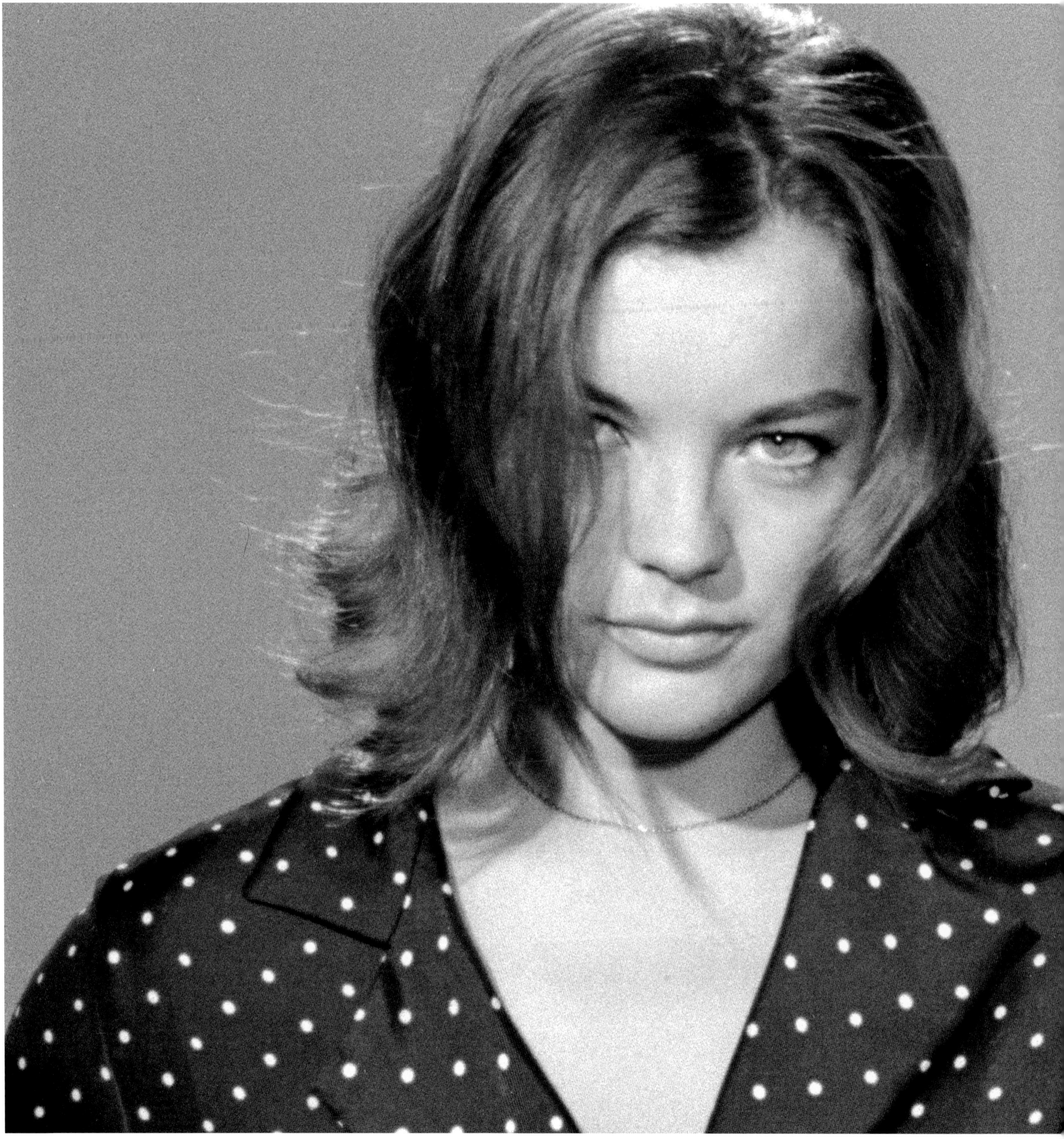

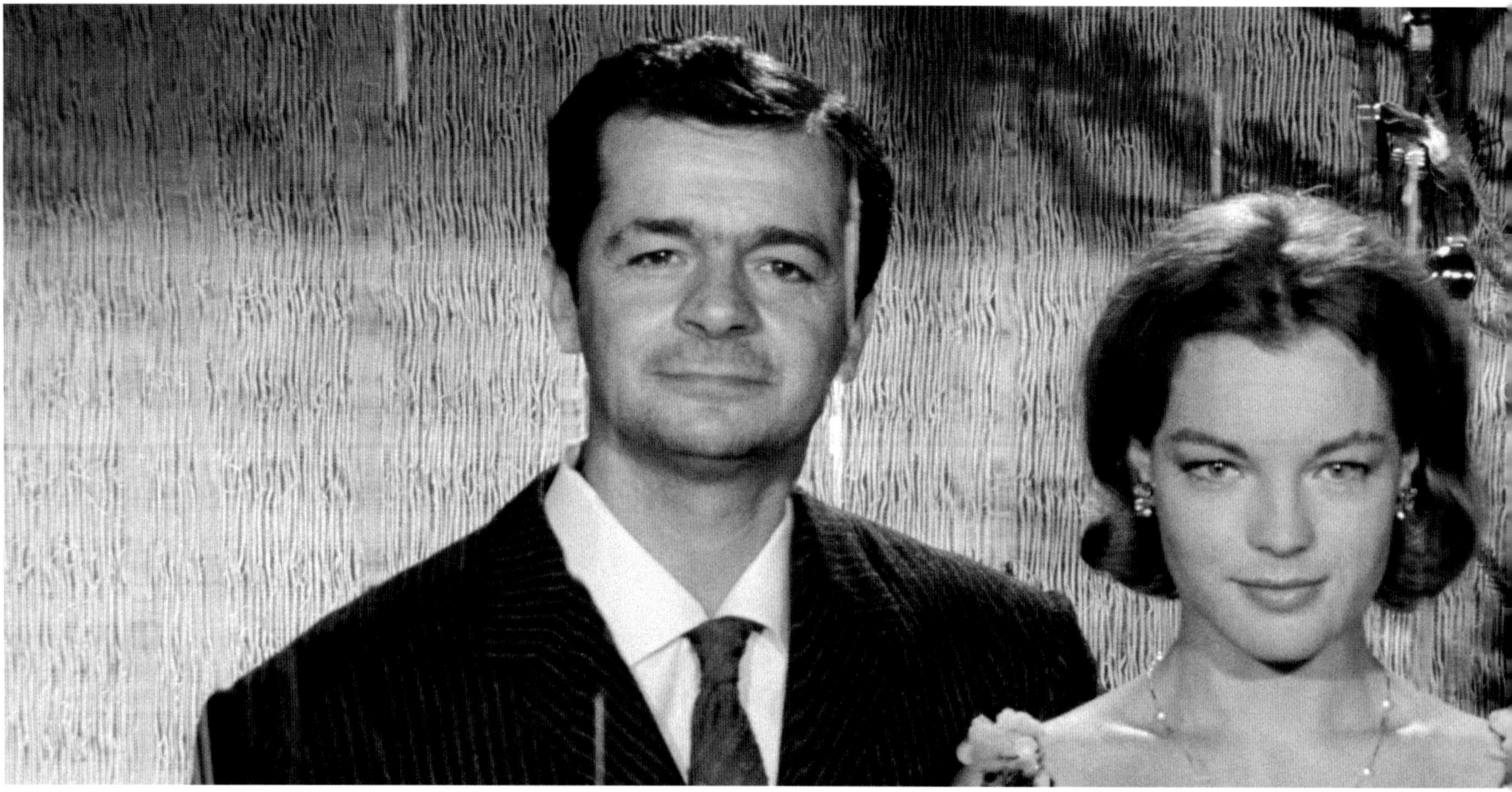

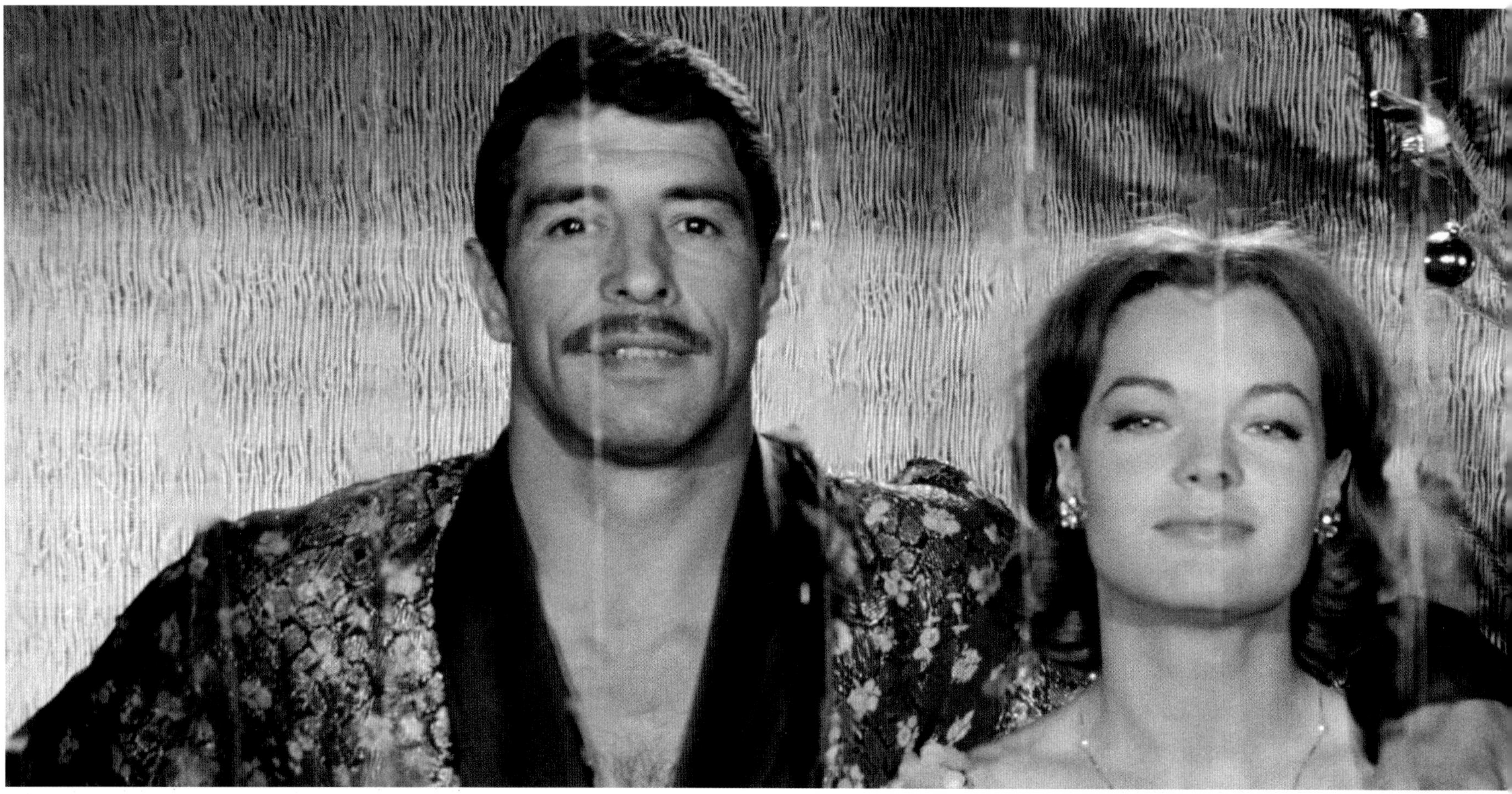

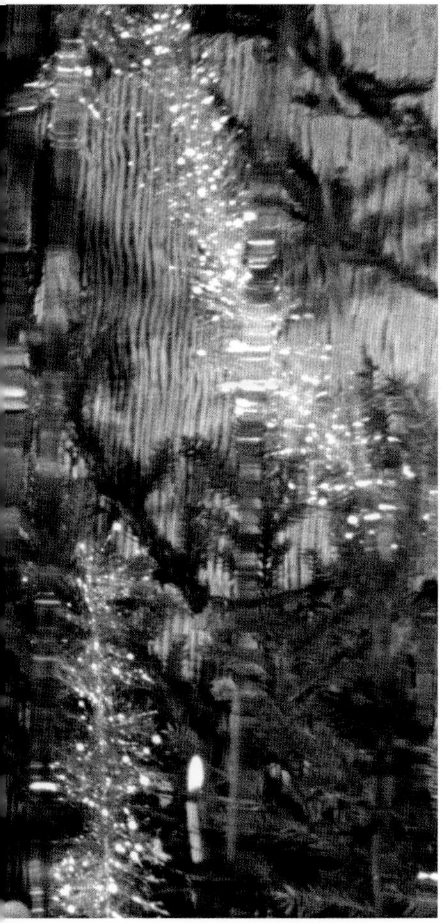

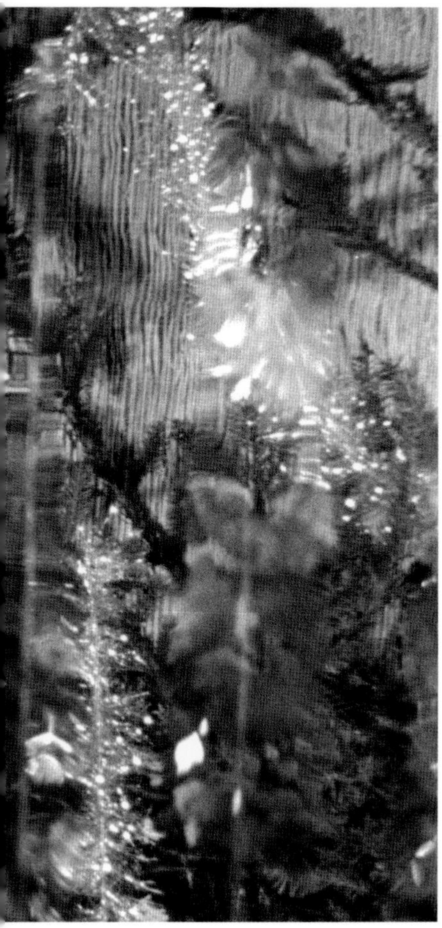

SO ERWÄHNT ROMY DIE LANGEN TAGE, AN DENEN IHR AUGE ODER NUR IHRE LIPPEN GEFILMT WURDEN.

Zur gleichen Zeit drehte Burt Lancaster in den Studios von Boulogne Der Zug *von John Frankenheimer. Georges machte abends bis zehn, elf Uhr den Schnitt von dem, was er am Tag gedreht hatte, manchmal auch die ganze Nacht. Dann schlief ich hin und wieder im Studio. Burt Lancaster hat uns sogar bei den Dreharbeiten besucht. Er war sehr nett und sehr schön. Mein Gott, war er schön! Er war groß, und ich traute mich nicht, mich neben ihn zu stellen.*

Inès Clouzot

So erwähnt Romy die langen Tage, an denen ihr Auge oder nur ihre Lippen gefilmt wurden. Clouzot bat sie immer wieder, sich mit der Zunge über die Lippen zu fahren oder ihre Zähne blitzen zu lassen.

Clouzot wollte Romys Mund in Großaufnahme vor schwarzem Hintergrund filmen.
Er hat sie aufgefordert, Bewegungen zu machen, und das hat ich weiß nicht wie viele Aufnahmen gedauert. Zuerst wurde die Zunge gefilmt, die um den Mund kreist, und das ist nie perfekt; sie wurde von links nach rechts gefilmt, dann von rechts nach links, etwas mehr … etwas weniger Zunge … etwas länger die Zunge … etwas kürzer. Ich habe das Gefühl, wir haben einen ganzen Tag mit ihrem Mund verbracht, vielleicht auch länger.
Und Romy wurde ungeduldig, sie verstand es nicht. Nachdem sie mit so viel Sorgfalt die Sissi-Filme gedreht hatte, musste sie nun endlos ihre Zunge um ihren Mund kreisen lassen, stundenlang.

Lan Nguyen
Skriptgirl zweites Team

Clouzot wollte eine ganz große Aufnahme vom Auge einer Person, ihre Pupille sollte sich schließen und öffnen, ohne dass sich das Licht auf dem Auge änderte. Wir haben lange daran gearbeitet, und das Licht änderte sich ständig. Es klappte einfach nicht. Irgendwann haben wir festgestellt, dass beide Augen reagieren, auch wenn man das Licht nur auf einem Auge verändert. Wenn man ein Auge anstrahlte, schloss sich auch das nicht beleuchtete, unsere Augen reagieren immer synchron. Das war so die Art von Problemen, die uns Clouzot zu knacken gab, und daran konnte man länger als eine Woche arbeiten, bis man die Lösung fand.

William Lubtchansky

Ich erinnere mich, dass wir irgendwann, ich weiß nicht mehr warum, das Fenster einer Caravelle auf der Bühne hatten. Können Sie sich das vorstellen? Das war damals kaum aufzutreiben. Es gab so viel Geld, dass wir alles bekamen, was wir wollten. Wenn jemand sagte, es wäre gut, das Fenster einer Caravelle zu haben, man könnte es vielleicht versuchen … hopp! Man erteilte einen Auftrag, ging zur Produktionsleitung und sagte: Wir brauchen das Fenster einer Caravelle.

William Lubtchansky

Ich treffe Clouzot, er sagt zu mir »Sie machen meinen nächsten Film!« Ich bin fassungslos. »Aber Monsieur, ich … habe einen Jahresvertrag beim Radio.« Er ruft die Sekretärin, sagt zu ihr: »Mademoiselle rufen Sie bitte den Direkt… den Innenminister an.« Er spricht mit ihm, duzt ihn, und am nächsten Tag teilt man mir mit, dass es mir auf Anordnung des Ministers freistehe, zu bleiben oder das Radio zu verlassen, und ich habe unbezahlten Urlaub genommen … das war 1963 … heute, 2008, habe ich immer noch unbezahlten Urlaub beim Rundfunk. Das war's!

Jean-Louis Ducarme
Toningenieur

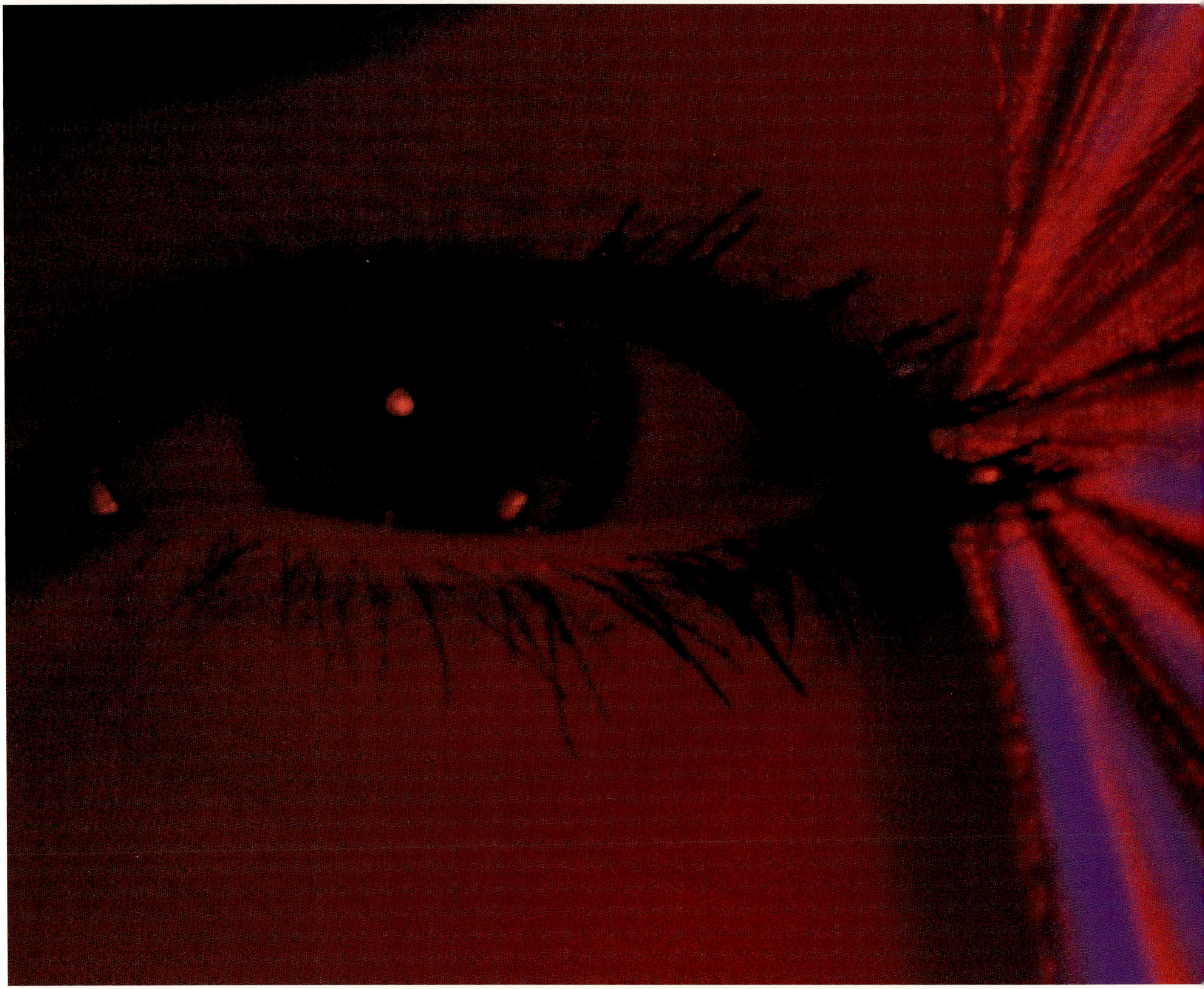

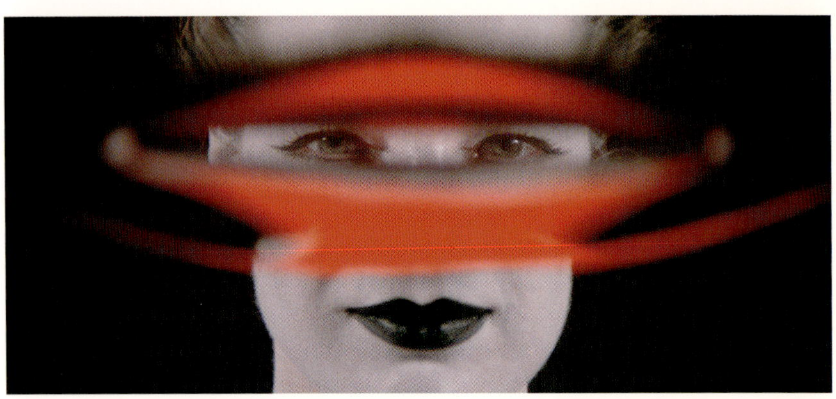

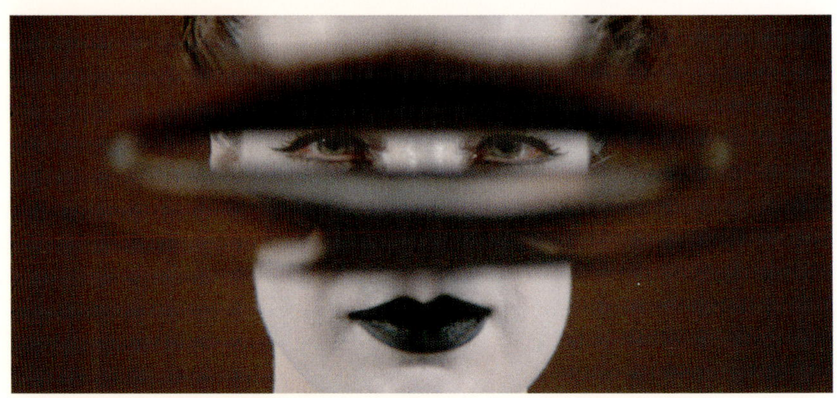

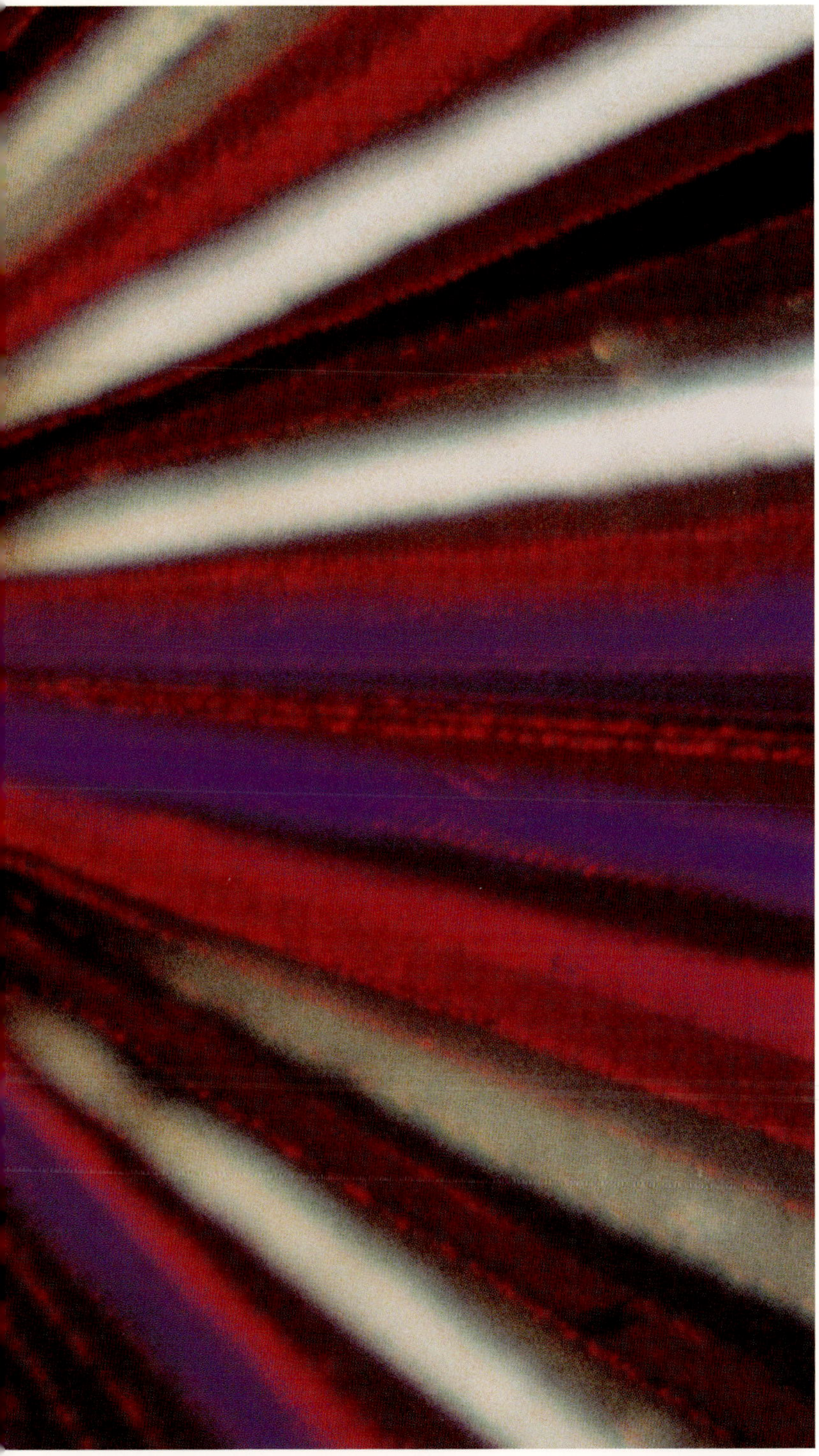

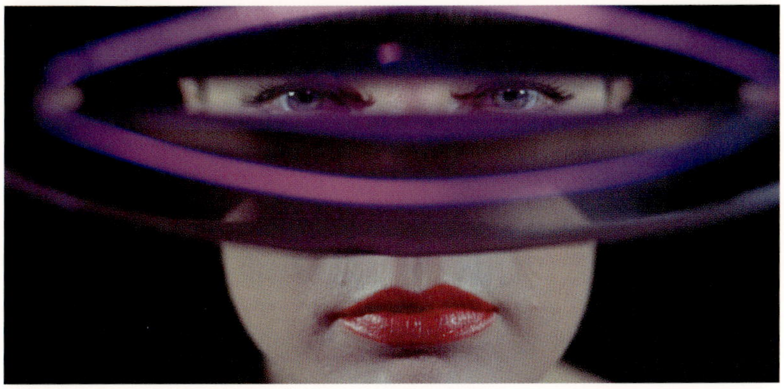

DIE FARBE

Anders als im Centre National du Cinéma angegeben, wird der Film nicht in Schwarzweiß gedreht. Die Zeiten ändern sich, die Zuschauer wollen immer mehr Farbe, die Clouzot, ausgenommen bei *Picasso*, nie eingesetzt hat.

Im endgültigen Drehbuch von *L'Enfer* wird das Alltagsleben in Schwarzweiß gedreht, Marcels Visionen und Hirngespinste in Farbe, den unmöglichen Farben des Wahnsinns. Das sind die Schockbilder, die beklemmenden Wahnvorstellungen, die den Helden quälen, die man mit großer Präzision ins Bild setzen muss.

Um diese Bilder der Besessenheit umzusetzen, hat Clouzot zwei hervorragende Techniker.

Michel Deruelle, der stundenlang damit experimentiert, ungekannte Wege zu gehen: mit Pailletten oder Olivenöl bedeckte Schauspieler, blauem Lippenstift, bunter Schminke.

Claude Léon, Produktionsdirektor bei LTC (Laboratoire de tirage cinématographique), wagt sich ebenfalls auf das Experimentierfeld und lotet die Grenzen der technischen Möglichkeiten des Kinofilmmaterials jener Zeit aus. Der Film wird auf Eastmancolor gedreht, das Material ist geschmeidiger als Technicolor. Andere im LTC arbeitende Regisseure erzählen, dass Claude Léon ohne zu zögern das ganze Labor zum Stillstand brachte, weil ihn Clouzot gebeten hatte, eine seiner seltsamen Versuchsaufnahmen zu entwickeln.

Die wiedergefundenen Filmrollen zeigen, dass diese Versuche im Juli 1964 immer noch weiter perfektioniert wurden. Durch die Trennung der drei Grundfarben (Rot, Blau, Grün) und ihre unterschiedliche Behandlung wollte Claude Léon das Feld möglicher Effekte noch erweitern.

58-59

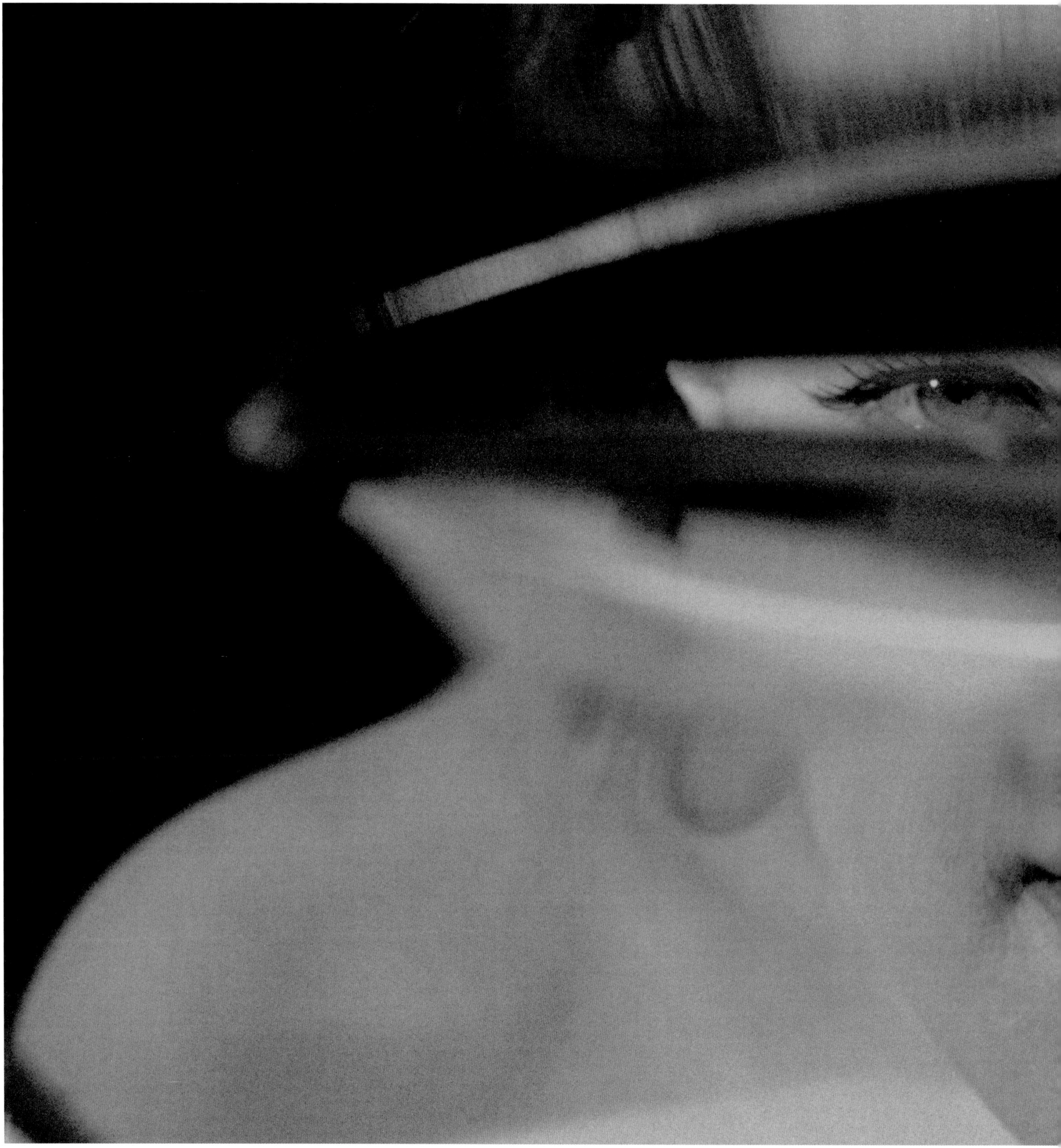

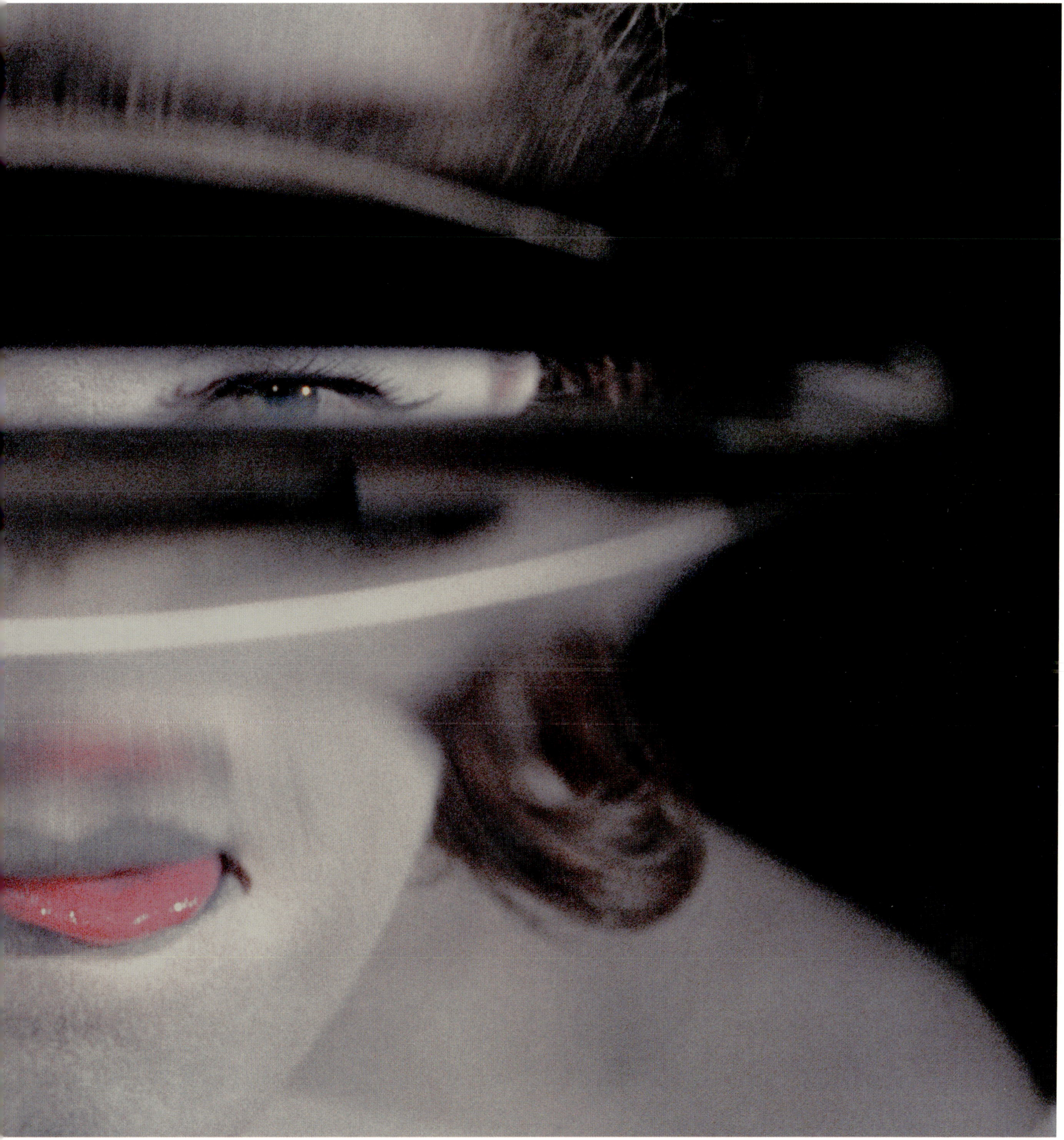

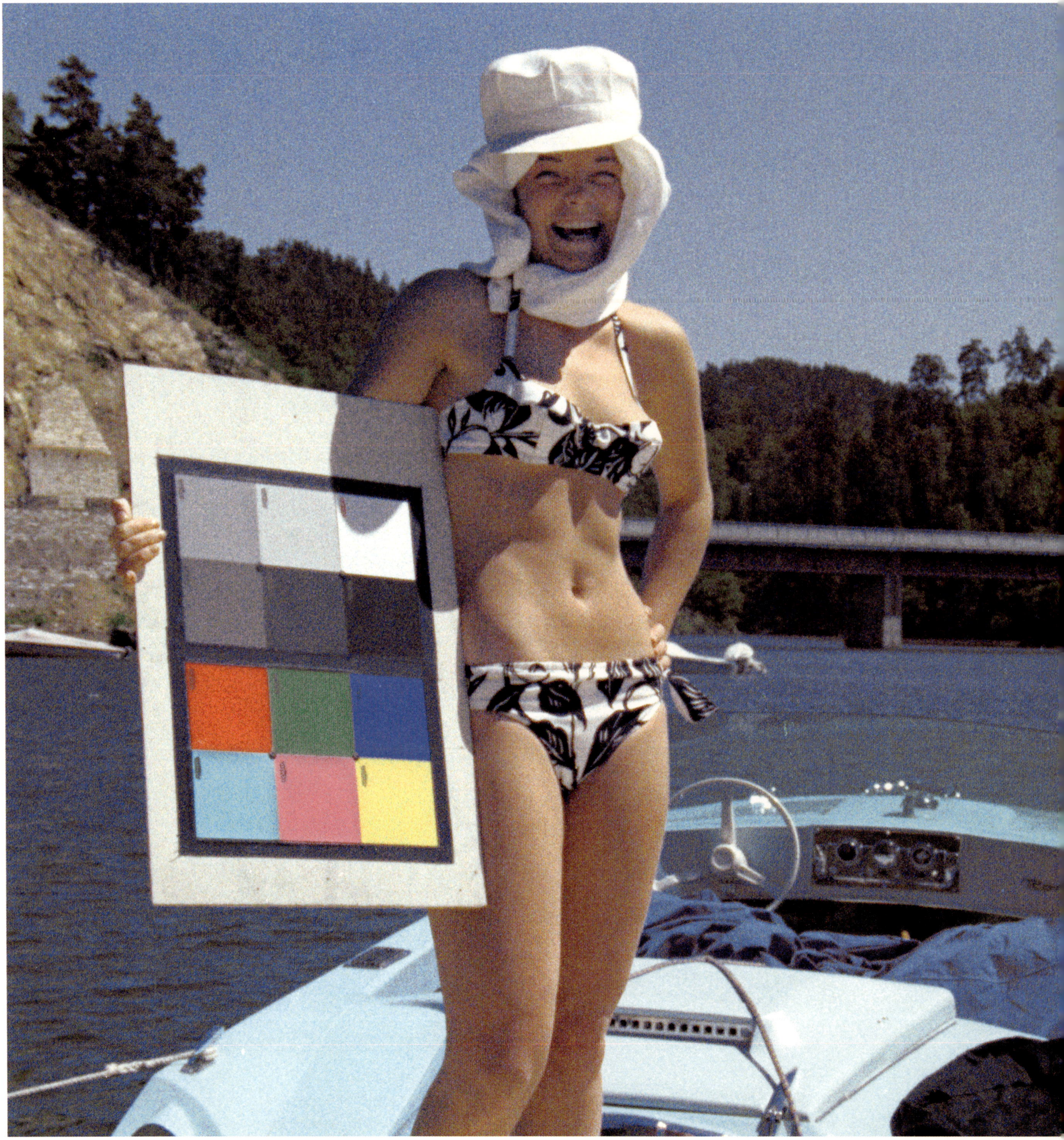

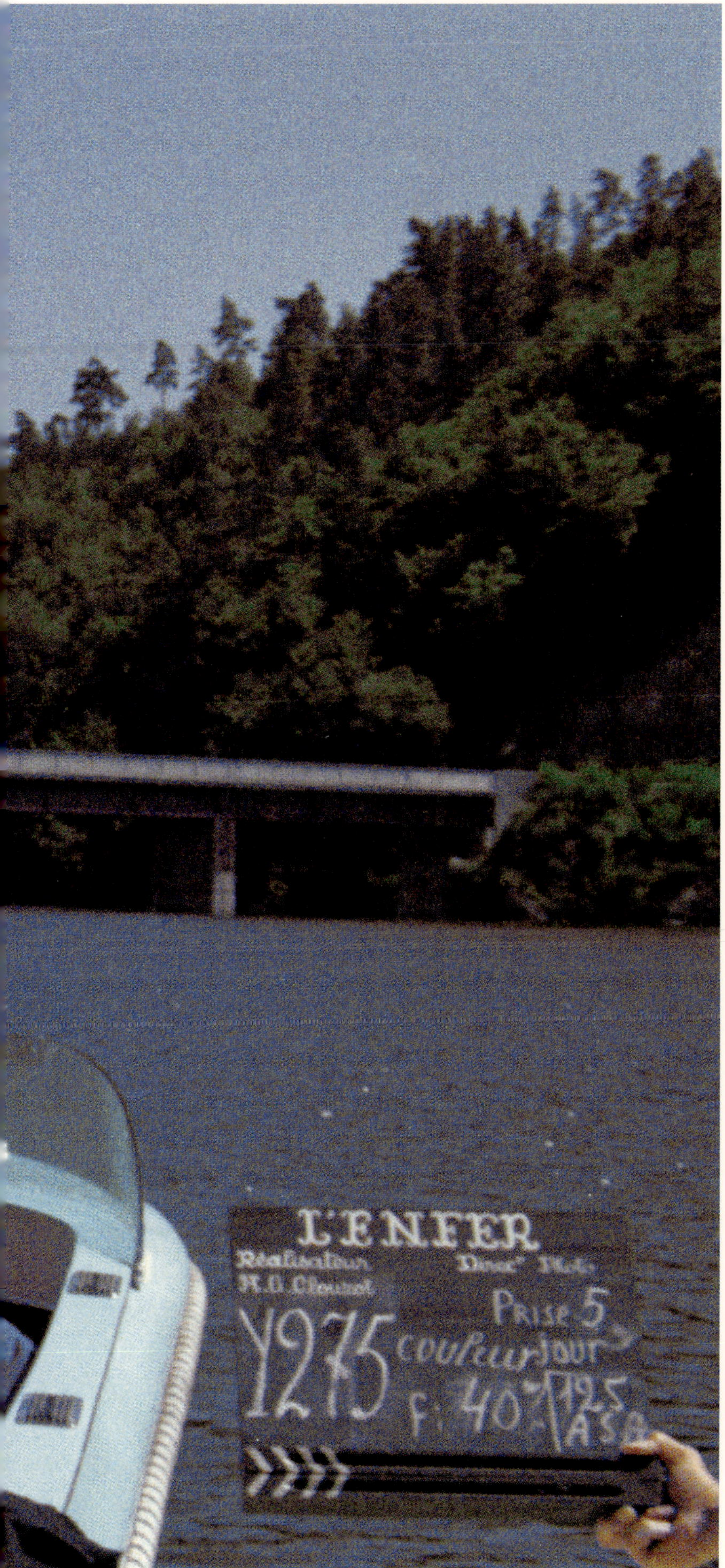

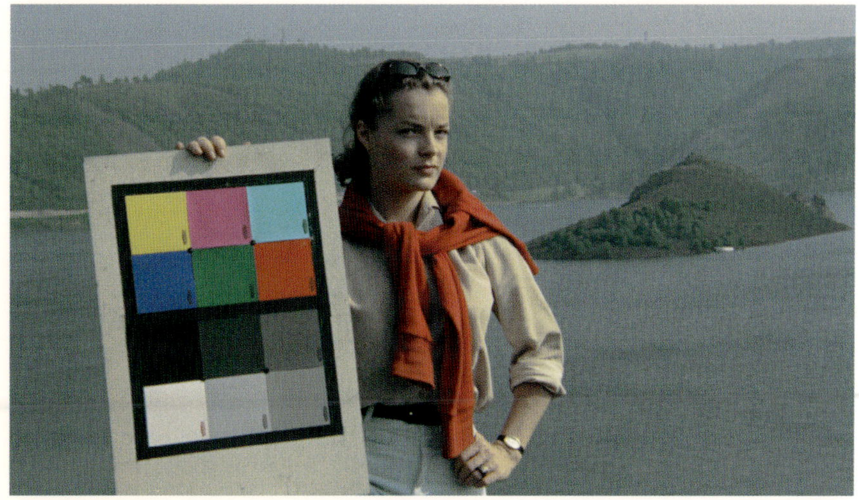

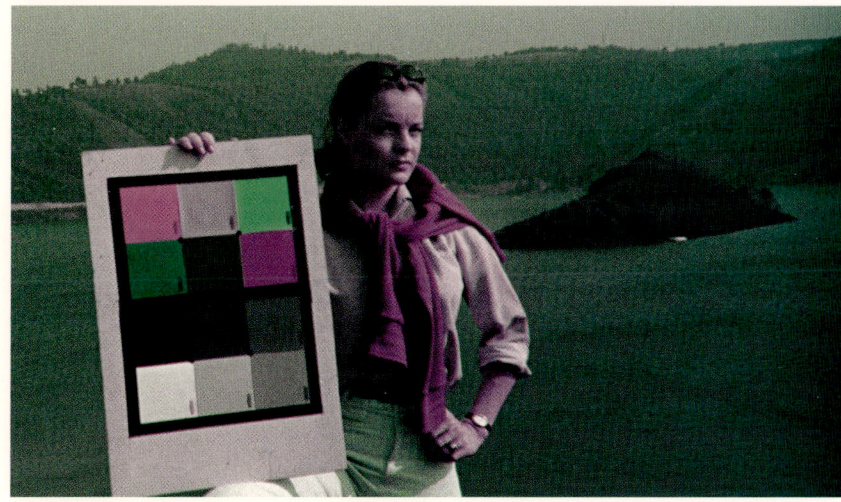

Ausgehend von ein und demselben Bild können im LTC die drei Grundfarben ausgewählt und variiert werden, um ganz unterschiedliche Ergebnisse zu erzielen.

Um die Trickaufnahmen vorzubereiten, hält Romy eine Testtafel in der Hand, die später vom Labor verwendet wird, und trägt einen Hut, um nicht braun zu werden und »Anschluss zu halten«.

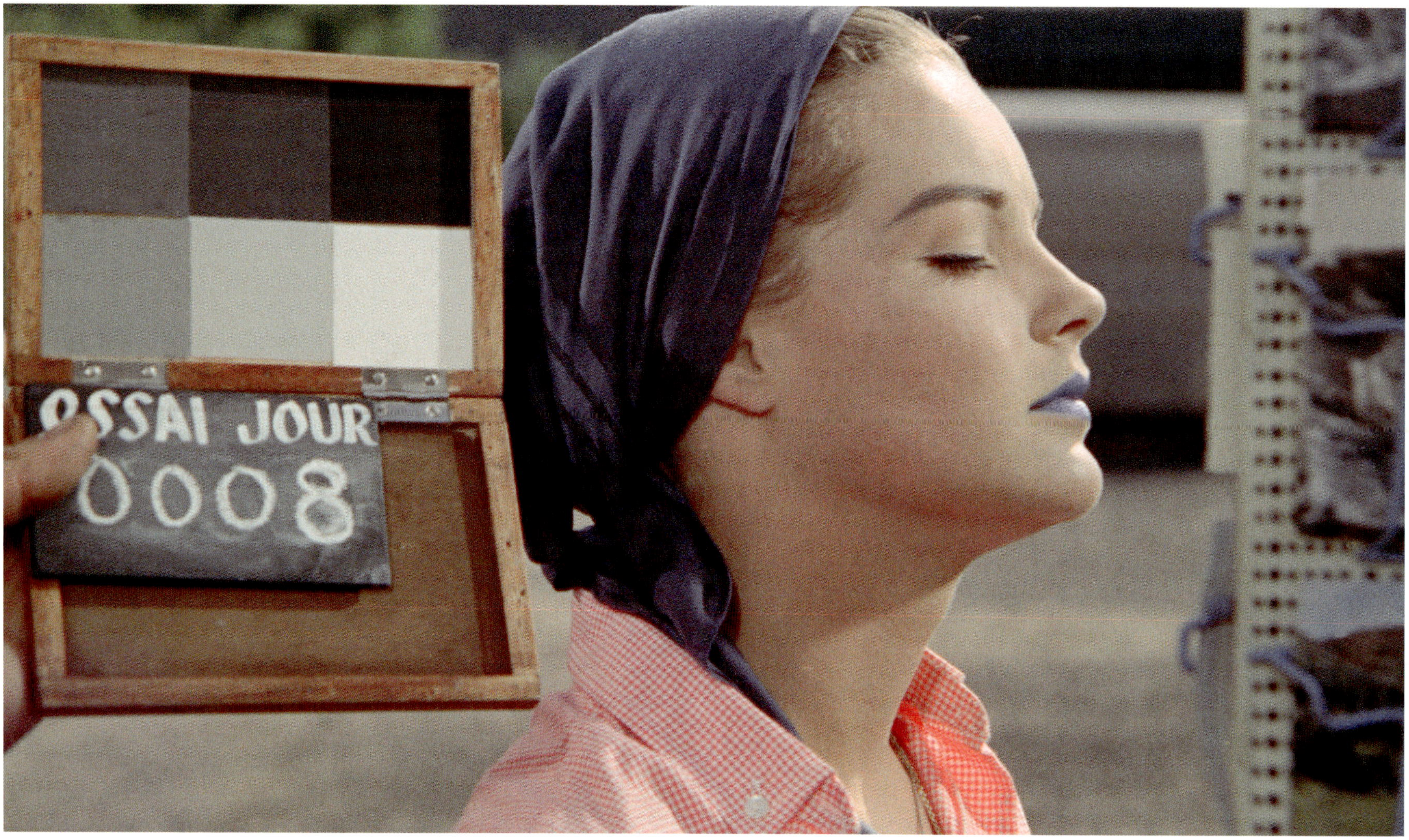

Da war ein Typ, Jaconelli, Fachmann für Spezialeffekte, der seine Arme ganze Tage lang in roten Farbstoff tauchte. Am Ende waren sie ganz rot und man konnte die Farbe nicht mehr entfernen.

William Lubtchansky

Irgendwann soll Marcel seine Frau auf einem See sehen, wo sie mit jemandem rudert, und er denkt, dass sie ihn betrügt. Dieser See, der eigentlich blau war, wird blutrot, während das Bild nicht die Farbe ändert: Das ist wirklich ziemlich erstaunlich. Mit der Digitaltechnik ist das heutzutage ziemlich leicht zu erreichen. Aber damals haben wir mit Farbumkehr gearbeitet, weil wir keine Labortricks wollten. Das heißt, man musste die Personen grau-grün schminken, damit sie, wenn die Farben umgekehrt wurden, rosa wurden. Auch alle Kleidungsstücke mussten in Komplementärfarben sein, damit nach der Farbumkehr eben die Originalfarben da waren … Das war eine Riesenarbeit!

William Lubtchansky

Während der Proben spielte ich noch abends Theater und Clouzot ließ mich erst in letzter Minute gehen. Einmal hat er mich bis 19 Uhr festgehalten, und ich kam mit der Maske von den Proben auf die Bühne, also apfelgrün!

Dany Carrel
Schauspielerin

Zwei Monate der blanke Wahnsinn. Braune, blonde oder rote Perücken, Bikinis und Kleider, kurze Fingernägel, lange Fingernägel. Rote Nägel, blaue Nägel. Alles musste blau sein, sogar die Lippen, sogar die Zunge. Clouzot pinselte mir den Mund mit Methylen blau an. Und mit jeder Frisur, jeder Maske, jeder Bekleidung wurde gefilmt. Unterschiedliche Brennweiten. Unterschiedliches Filmmaterial. Clouzot filmte, Clouzot prüfte. Clouzot korrigierte. Clouzot arbeitete an der Farbe wie ein Maler. Genauigkeit. Geduld. Es zählte nur, was auf dem Film war.

Dany Carrel

Wir wussten nicht, wozu dieser ganze Berg Probeaufnahmen gut sein würde. Jeden Abend trafen wir uns vor den Mustern, und wir waren fasziniert, begeistert oder krümmten uns vor Lachen, weil es völlig verpatzt war, was natürlich auch vorkam … Aber diese riesige Sammlung von Experimenten in alle Richtungen kam uns vor wie ein Reservoir, aus dem er im rechten Moment schöpfen würde, um etwas daraus zu erschaffen.

Joël Stein

Clouzot fährt auf Motivsuche, er will einen Ort finden, an dem drei Schlüsselelemente des Drehbuchs vereint sind: ein Hotel, ein See und die Züge, deren schrilles Pfeifen Marcels Angstattacken und Visionen auslöst.

Schließlich fällt seine Wahl auf das Hôtel du Lac am Fuße des Garabitviadukts im Cantal, ein paar Kilometer von Saint-Flour entfernt.

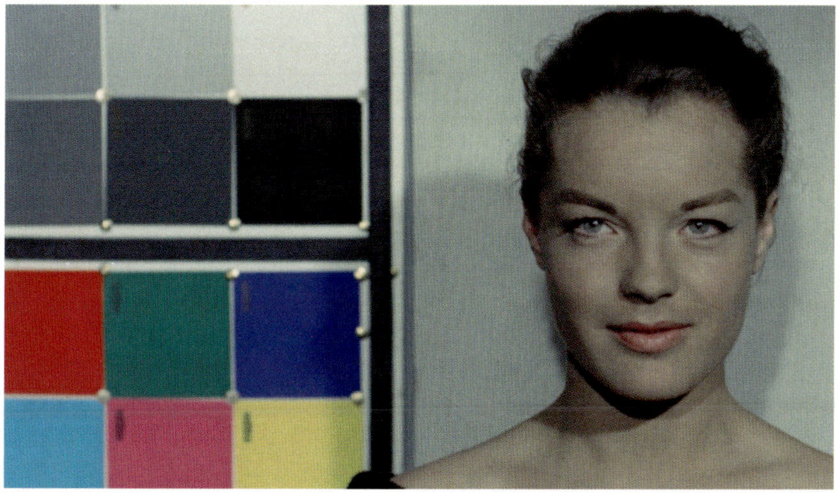

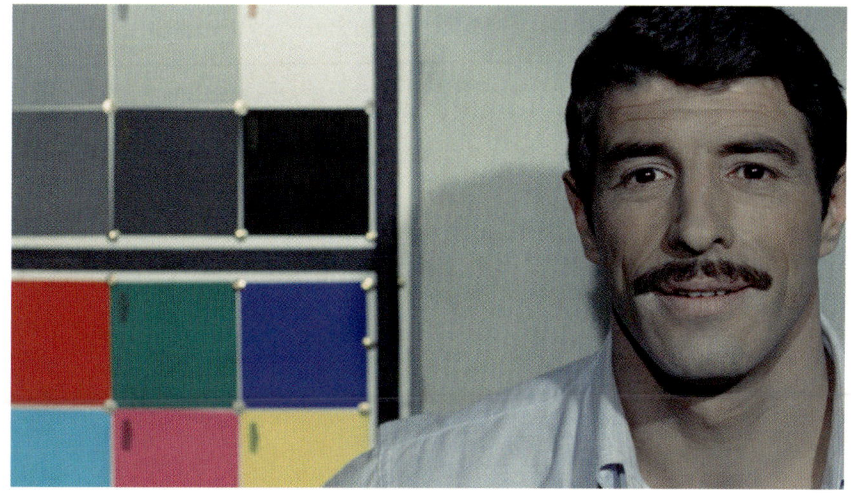

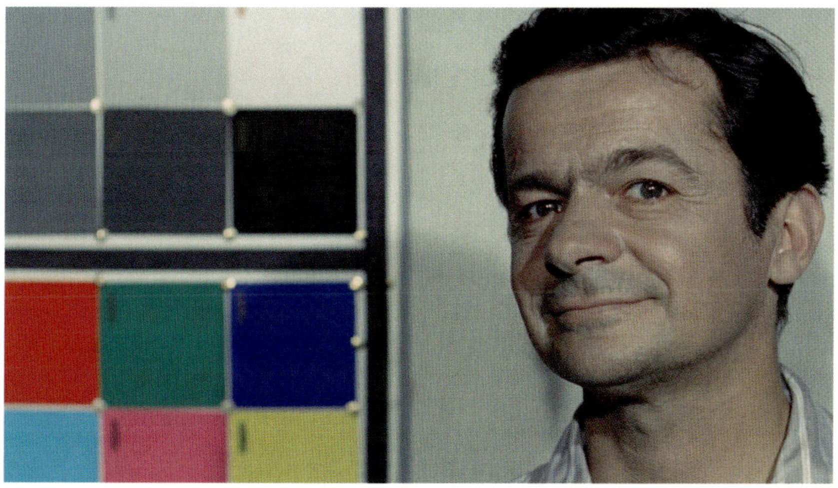

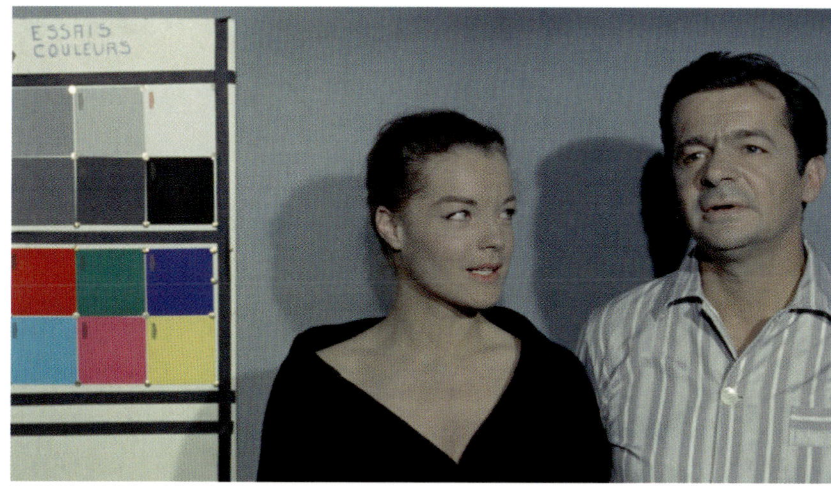

Der Dampfzug, den er im Kopf hat, kann zwar nicht mehr über die elektrifizierten Gleise des Viadukts fahren, aber so einem Projekt kann auch die SNCF nichts verweigern.
Und weil das Grollen des Zugs ein wesentliches Element des Films ist, nimmt Clouzot zusammen mit Jean-Louis Ducarme mit sehr empfindlichen Mikrophonen Fahrgeräusche auf. Dafür lässt er die Linie mehrere Tage sperren, eine Dampflokomotive auf ein Gleis setzen, auf dem sie nicht mehr zugelassen ist, acht, dann zehn, dann zwölf Waggons anhängen, erst leer, dann mit Sand gefüllt … bis er den gewünschten Ton erreicht. Schließlich ist die SNCF einverstanden, warum soll man sich zurückhalten?

Schwieriger ist die Verpflichtung, die Dreharbeiten in zwanzig Tagen abzuschließen, denn der künstliche See, der vier Jahre zuvor gefüllt wurde, muss dann von der Elektrizitätsgesellschaft geleert werden, um die Region mit Strom zu versorgen. Und dann sind keine Anschlussaufnahmen mehr möglich.

Das Problem mit dem See ist langfristig geplant, Clouzot kennt es gut. Es gibt andere Hotels, andere Bahnstrecken an anderen Seen, aber Clouzot hat von diesem Ort geträumt, also wird er sich beeilen. Außerdem ist er überzeugt, dass die Dreharbeiten schnell gehen werden, er hat alles, was er dazu braucht!

Bei der ersten Besichtigung hatte Clouzot beschlossen, alle Bäume zu fällen, die auf einer Insel in der Mitte des Stausees standen. Eine Truppe Bühnentechniker fuhr von Paris aus hin und sie fällten einen Monat lang Bäume. Als sie wiederkamen, waren sie so braun wie Indianer. Als Clouzot die Insel später mit Claude Renoir besuchte, um das Ergebnis zu sehen, ging irgendwas schief. Alle sind abgefahren und haben Clouzot und Renoir auf der Insel vergessen. Claude Renoir musste zurückschwimmen, um Hilfe zu holen.

William Lubtchansky

Die Vorbereitungen gehen zu Ende, die Teams scheinen bereit. In Garabit wurden ein künstlicher Strand und ein Steg gebaut, außerdem eine Terrasse und eine falsche Fassade vor dem Hotel.

Alles ist millimetergenau vorbereitet, jede Einstellung auf mehreren Photogrammen gefilmt, mit einer Bestätigungsklappe, die die Kameraposition, ihre Höhe und vorgeschlagene Brennweite enthält. Jeder hat seinen Fahrplan.

Aber Clouzot ist nach diesen Vorbereitungen erschöpft, zeigt große Müdigkeit, hat schon erste beunruhigende Symptome und Herzschmerzen. Er wird medizinisch versorgt, bekommt eine Behandlung auf Basis von Nitroglyzerin (!) und die strikte Anweisung, sich nicht zu übernehmen. In diesem Monat Juni erlebt er einen weiteren emotionalen Schock: Seine Mutter Suzanne, an der er sehr hängt, stirbt mit 83 Jahren.

Es ist also ein nervöser, müder Mann, der in den letzten Junitagen des Jahres 1964 den Zug in die Auvergne besteigt, um das phantastische Werk umzusetzen, das er persönlich vorbereitet hat.

DIE DREHARBEITEN
DÄMONISCHE ROMY

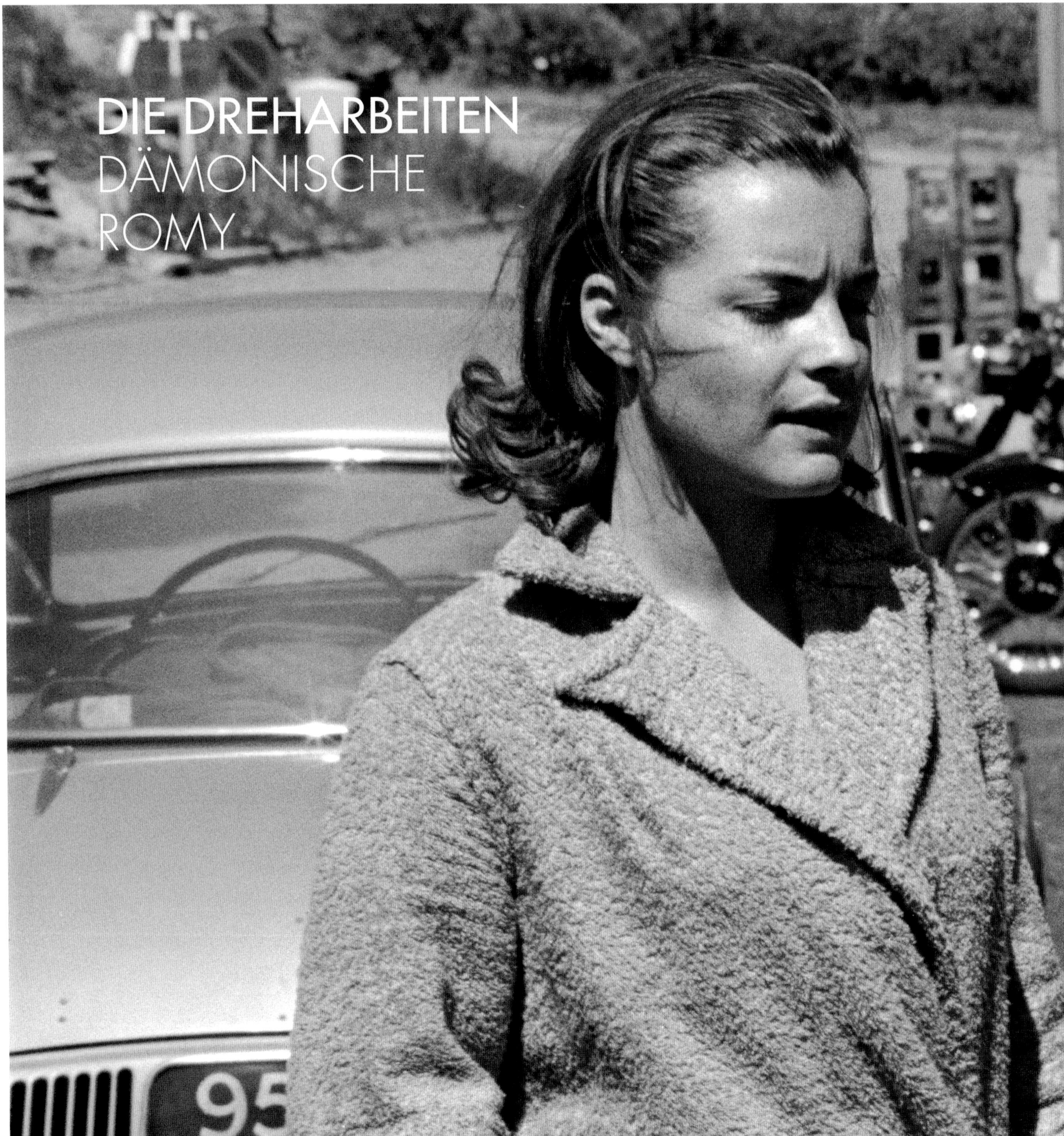

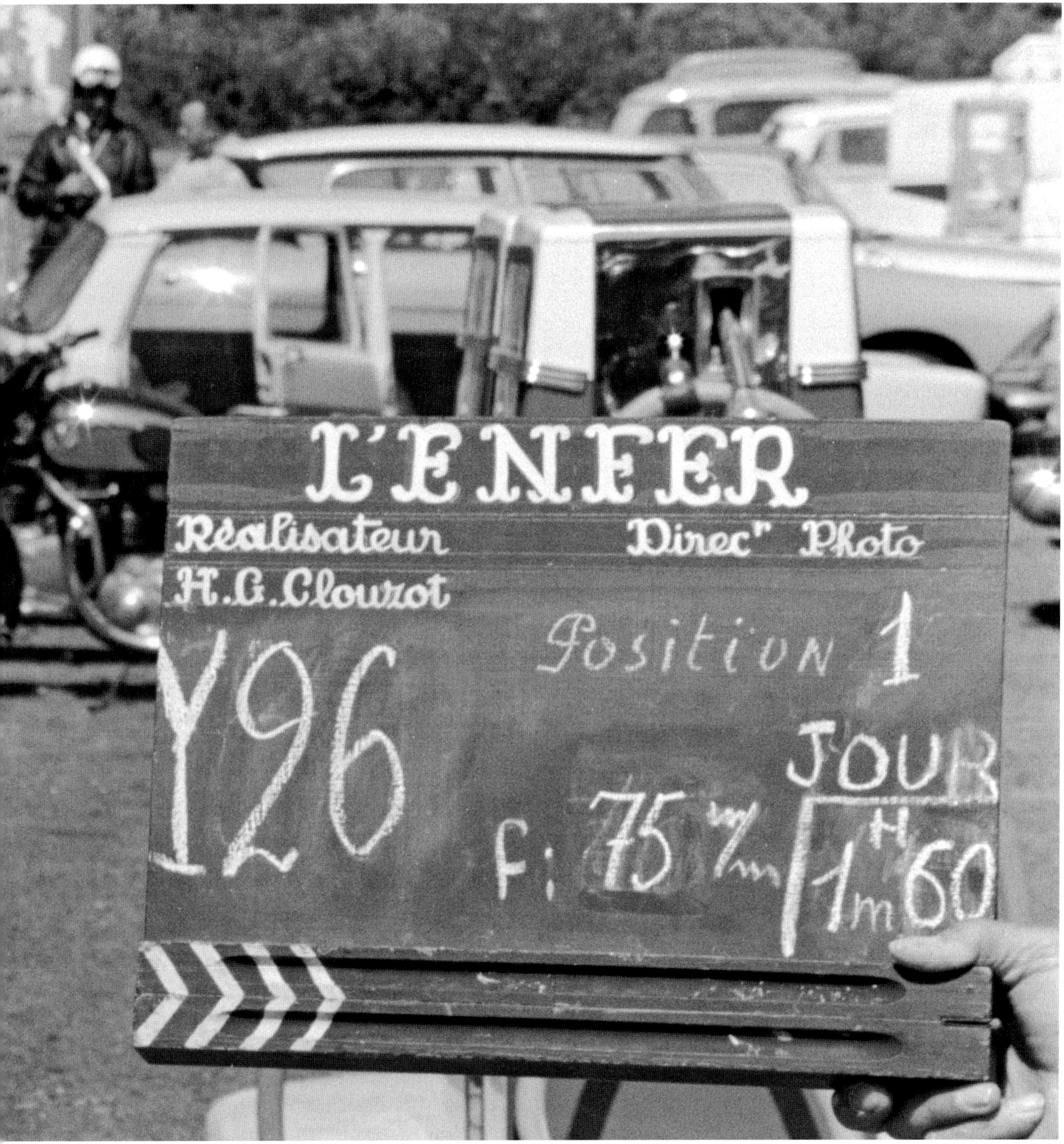
L'ENFER
Réalisateur
Direc^r Photo
H.G.Clouzot
Position 1
Y26
JOUR
f: 75 m/m
1m60

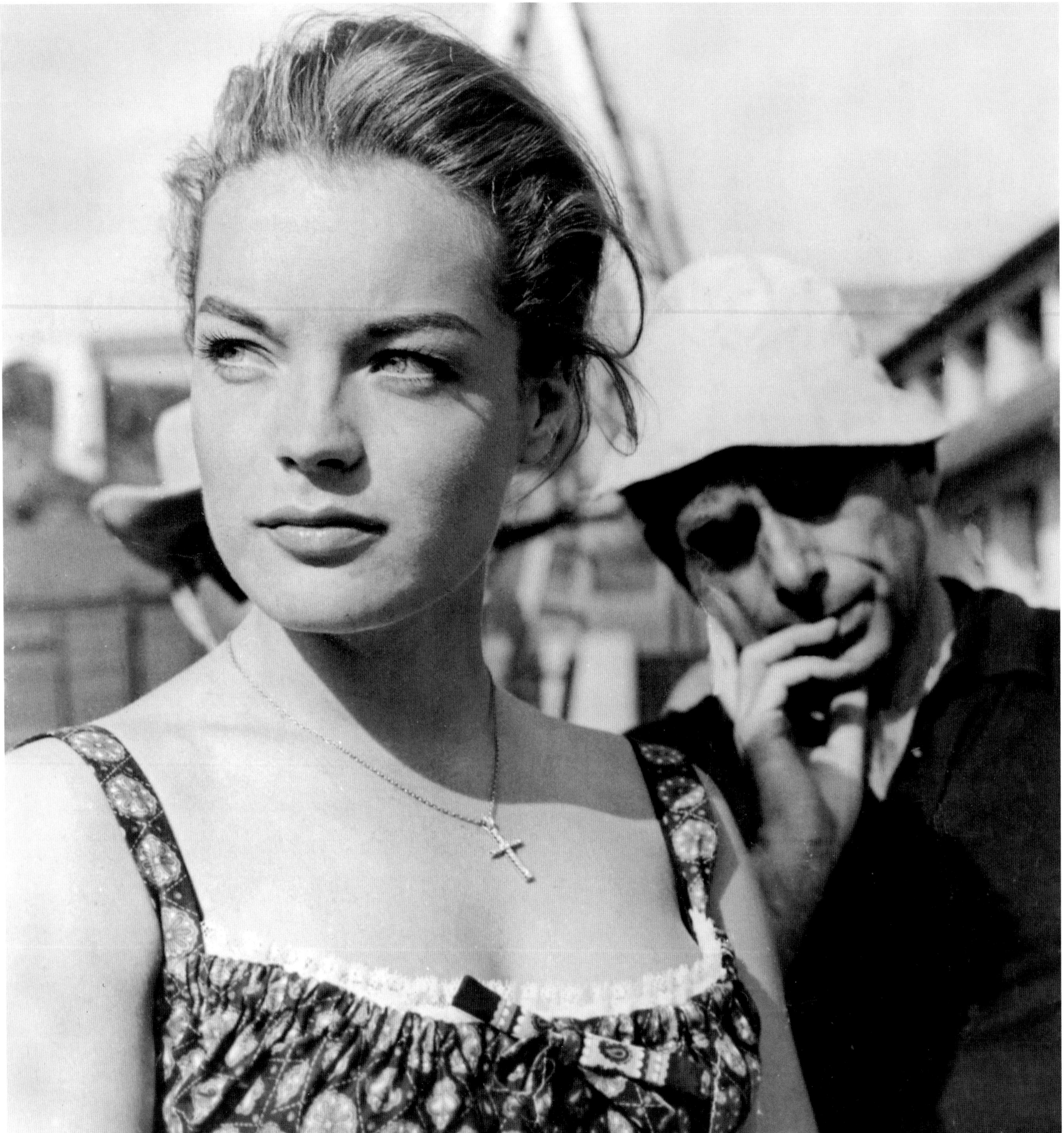

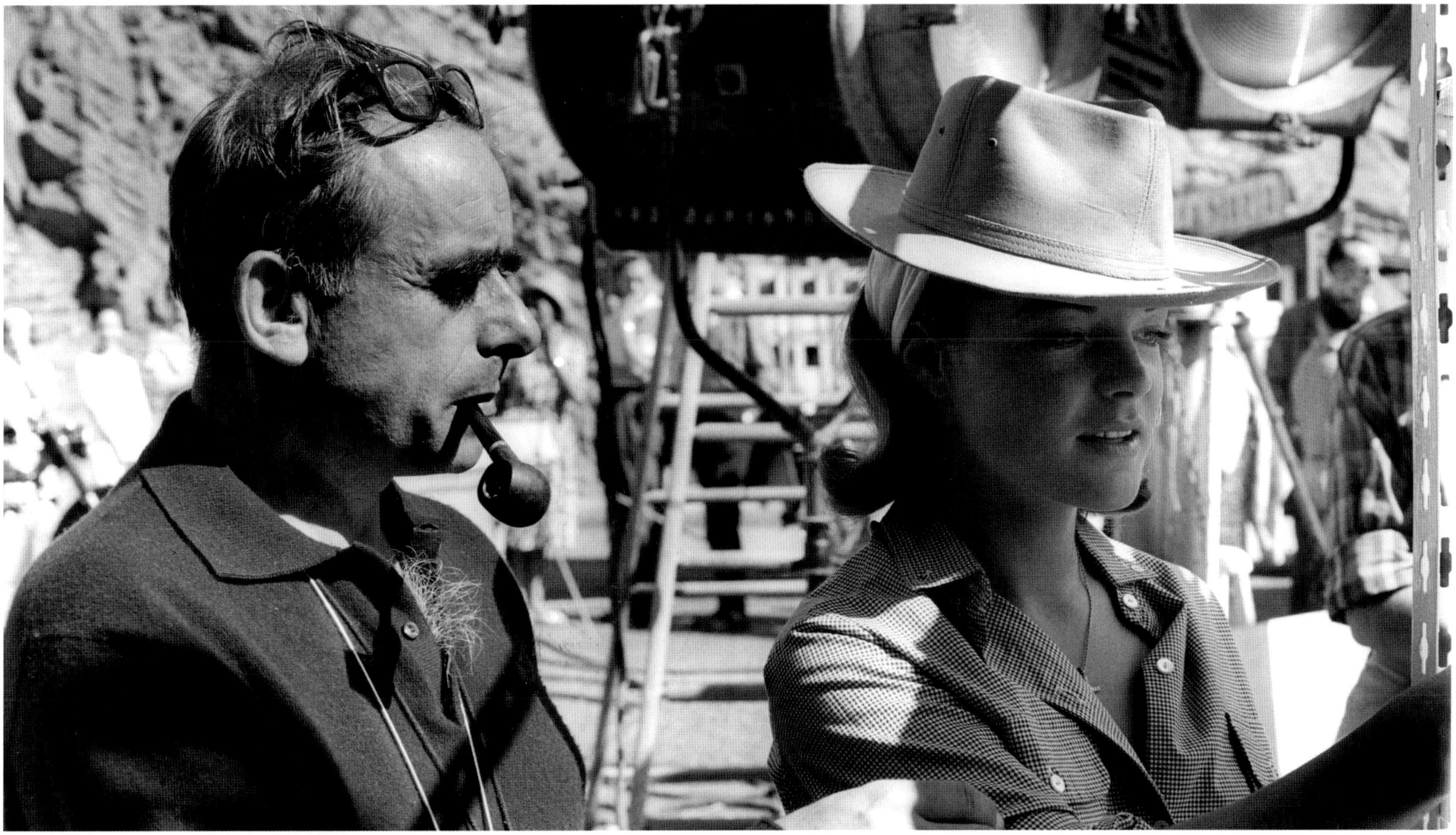

DIE DREHARBEITEN

Die Dreharbeiten beginnen am 2. Juli 1964 (laut verschiedenen Versicherungsdokumenten am 6. Juli), unter der Sonne und in der sengenden Hitze einer Landschaft ohne Bäume, weil die Landschaftsgestaltung des künstlichen Sees am Lauf der Truyère erst seit vier Jahren abgeschlossen ist.

Nachdem monatelang halluzinatorische Bilder gedreht und Spezialeffekte umgesetzt worden waren, geht es jetzt darum, in 17 Tagen alle Außenaufnahmen zu drehen: Zurschaustellung, Beschattung, Verfolgung rings um den See, Außenaufnahmen des Hotels. Wenige Dialoge, aber Schlüsselszenen, um die dramatischen Innensequenzen zu gliedern, die anschließend 14 Wochen lang in den Studios von Boulogne gedreht werden sollen.

Schon seit einigen Tagen hat sich das kleine Touristenhotel sehr verändert. Die Atmosphäre ist jetzt gar nicht mehr familiär. Die Techniker berechnen die letzten Winkel, die Ankunft der Stars wird vorbereitet, die alle im Hotel wohnen werden, und die ersten Assistenten Bernard Paul und Christian de Chalonge klären die letzten Details.

Die Lokalpresse hat die Anwesenheit der größten Stars des französischen Films angekündigt, deshalb kommen die Touristen, die nicht mehr im Hotel wohnen dürfen, in Scharen, um Technikern und Schauspielern bei der Arbeit zuzusehen und sich eine Zeitlang von dem prächtigen Viadukt abzuwenden, den Gustave Eiffel 1884 erbauen ließ.

Aber die Ankunft von Clouzot und der Beginn der Dreharbeiten sind auch der Anfang einer Flucht nach vorn, wie sie niemand geplant hatte.

SERVICE " BEAU TEMPS " — J.C. Bercq — LUNDI 6 JUILLET 1964
1° Jour de tournage

EQUIPE WINDING : Horaire: 7 h 30/16 h 30

Lieu de tournage : GARABIT.
Séquence : PARTIE DE SKI :
JOUR, n° 25 A- 25 B - 25 BB - 25 C.
1 - 1 A -

ROLES	ACTEURS	COST.	MAQUILLAGE	PRET A
ODETTE	ROMY SCHNEIDER	3	7 H 30	8 H
MARCEL	SERGE REGGIANI	13		8 H
MARYLOU	DANY CARREL	3		8 H
MARTINEAU	J.C. BERCQ	2		8 H
JULIEN	MARIO DAVID	2		8 H

Doublures : L.PAGANELLI 7h30
BAILLOT 7h30

Silhouettes: 40 Hollandais 10 h
1 guide 7 h 30
le chauffeur 7 h 30
10 adultes (H.et F) 7 h 30
(Plongeurs et nageurs avec cost.ville été et bain.)
6 enfants baignade. 7 h 30

VEHICULES : le car Mercédès (hollandais) 10 h

DECORATION : Equipement ponton et plage - pédalos, canots et skis.
Prévoir, pour 17 H, barge en bout du ponton, enlever la pancarte "Club Nautique " -
Après-midi : équipement de l'hotel en construction, échaffaudages, échelles, tas de sable, ciment, brouettes - matériel maçons et peintres -
Décoration du car - inscriptions et plaques minéralogiques hollandaises.
Bateaux sur place -

ACCESSOIRES : Bagages, serviettes de bain, jouets gonflables (à renouveler) verres, coca-cola praticable, rondelles de citron, chalumeaux, skis nautiques,-

COSTUMES : Melle SCHNEIDER portera son maillot de bain 1 pièce sous son costume n° 18 (facilité de passer d'une séq.à l'autre) - Bonnet de bain très serré.
Tenue du chauffeur du car, tenue du guide, tenue des hollandais: chemises bariolées, cravates voyantes, casquettes à visière transparente, chapeaux fabriqués avec journaux, shorts longs, etc...

PRESENCE DE M. Mick BESSON .... s/place à .... 8 H 00
DE M. CHAUVIRET " 8 H 00
des HOMMES-GRENOUILLES " 8 H 00
EQUIPE MACHINISTES (BICHOU)+ 3) .... s/place à .... 7 H 30
EQUIPE ELECTRICIENS (TOUILLAUD + 5)................... s/place à..... 7 H 30
CAMIONNETTE CAMERAS - CAMION STAB - GROUPE .... s/place à..... 7 H 30

Dienstplan für Jean-Claude Bercq für den ersten Drehtag

Henri-Georges Clouzot und Lan Nguyen auf einem Boot am Fuß des Viadukts

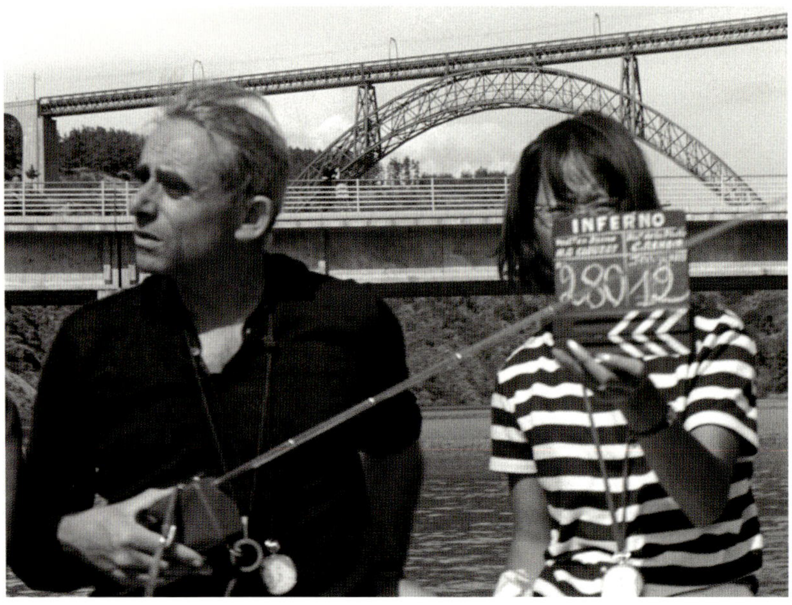

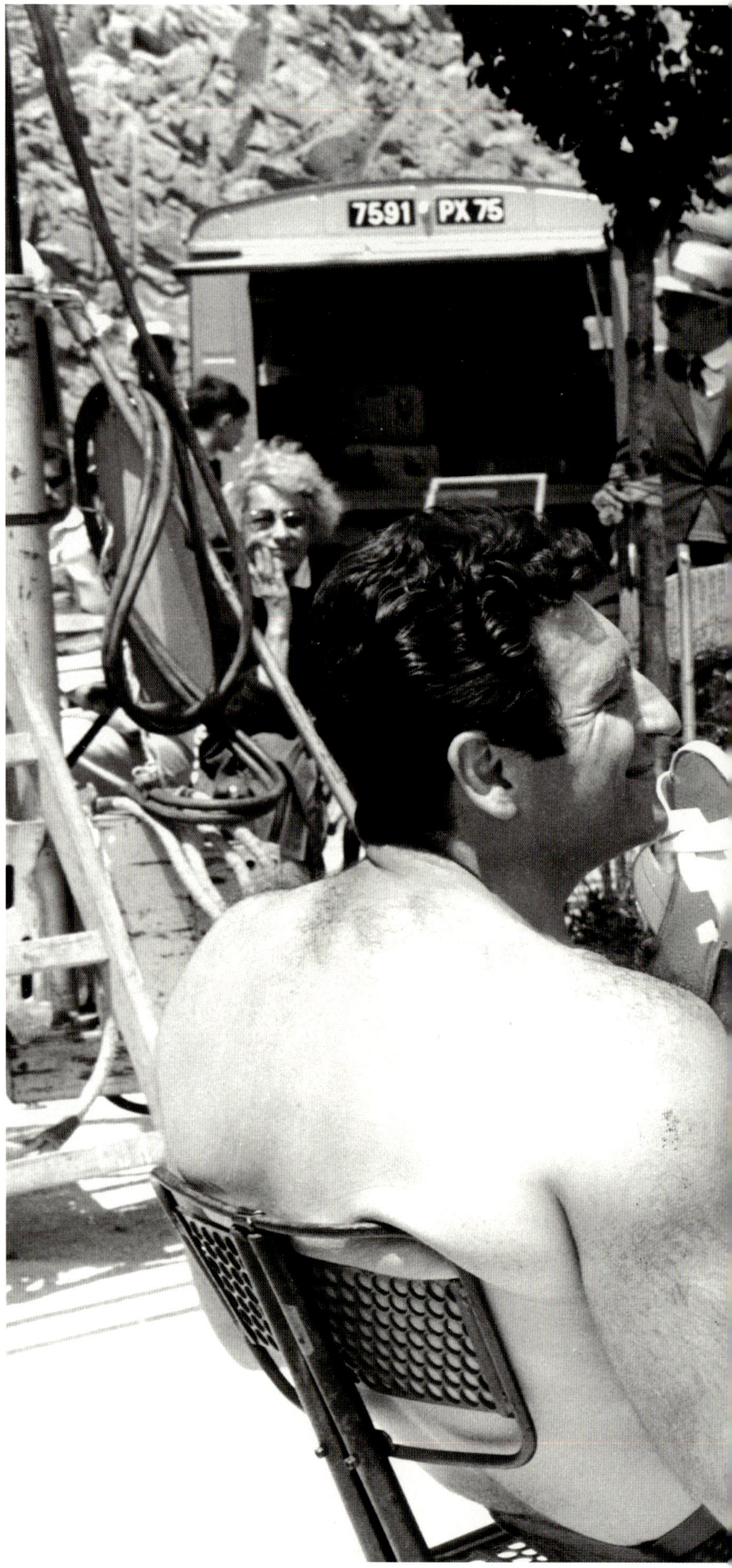

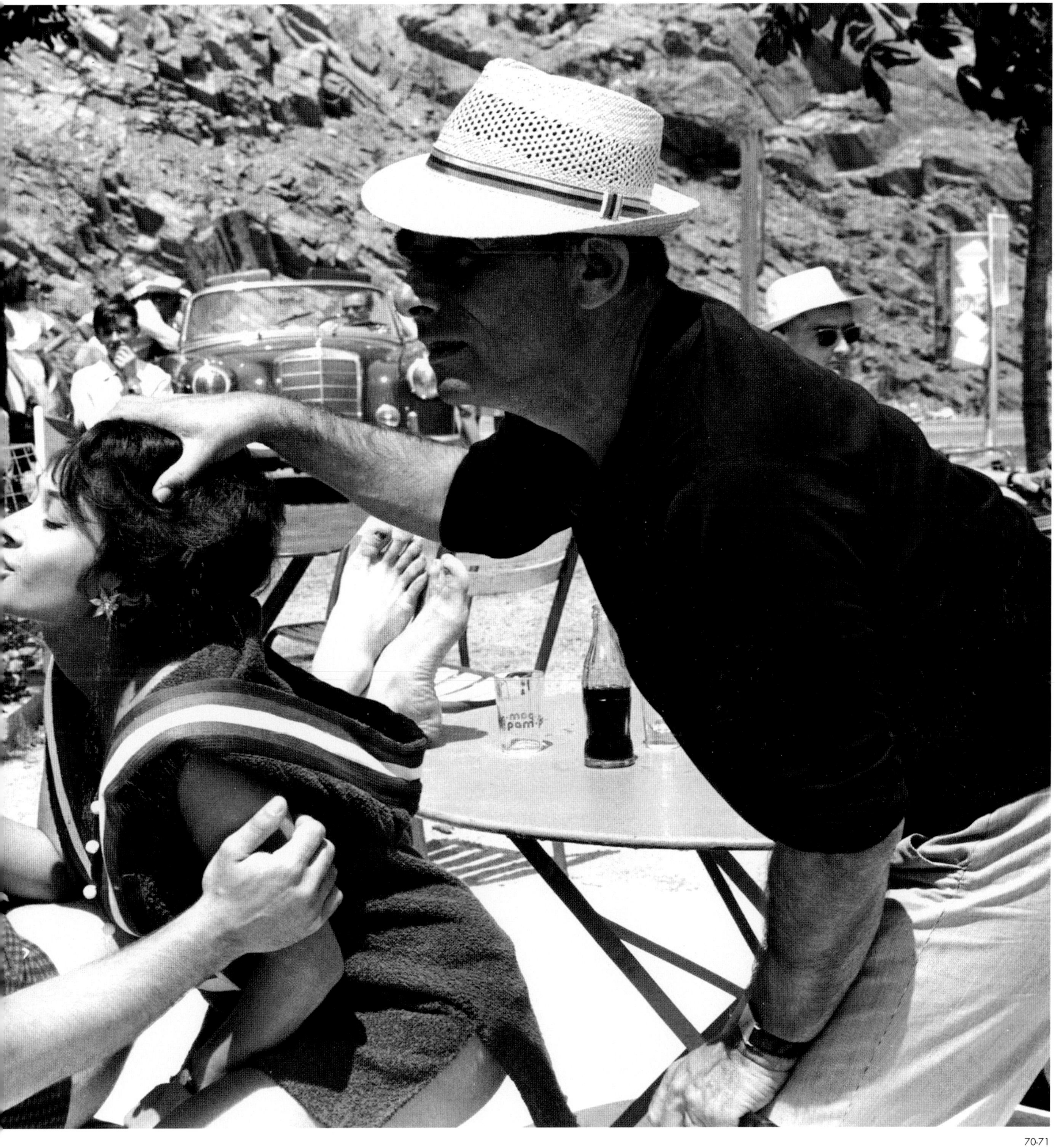

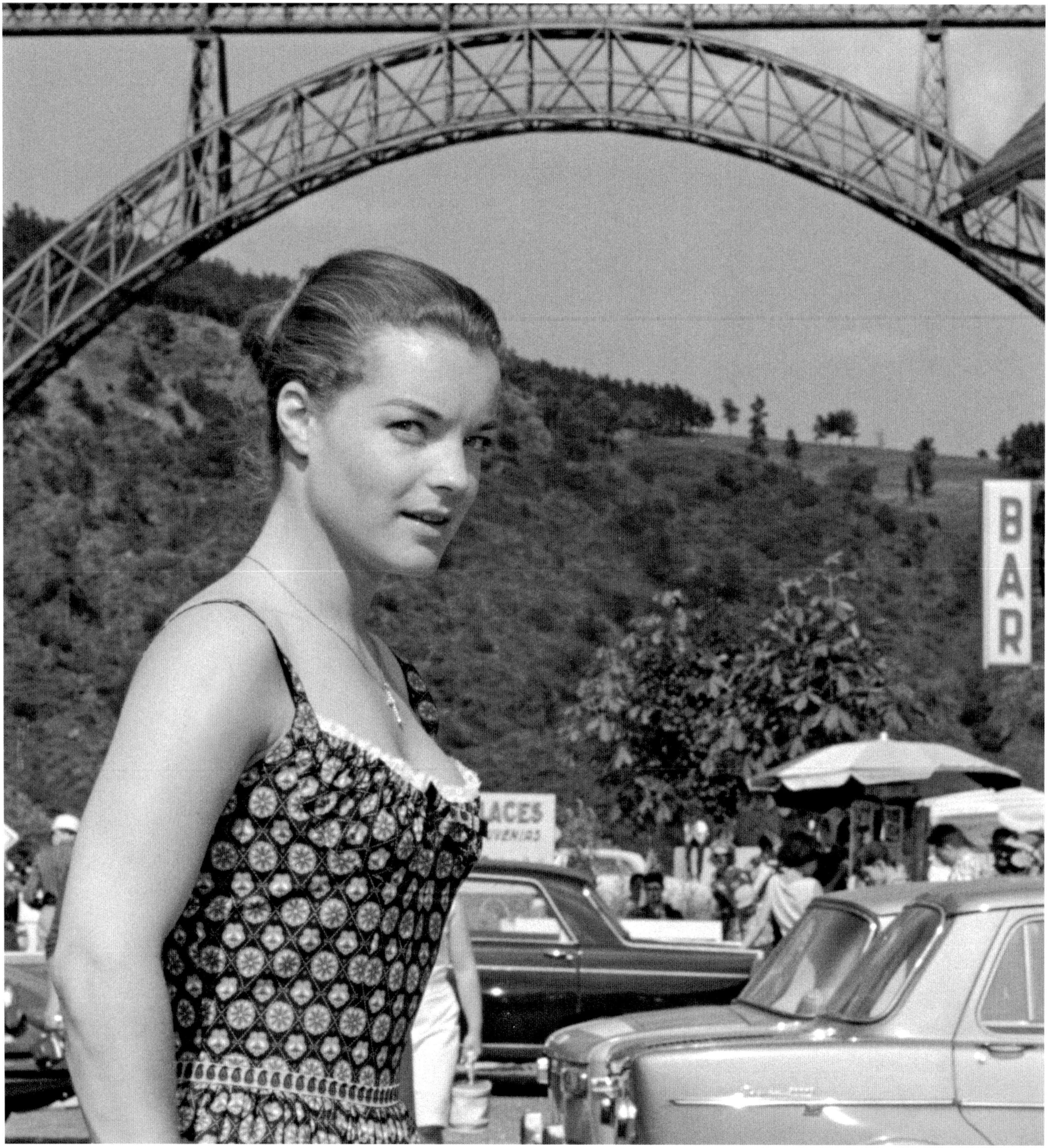
BAR

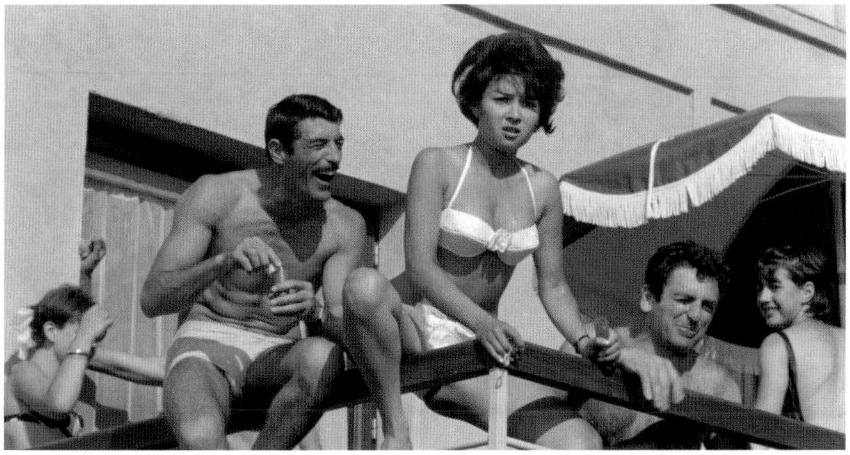

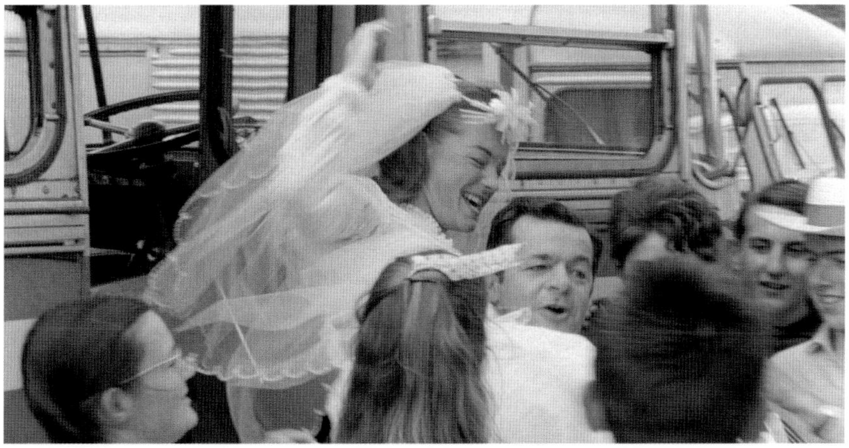

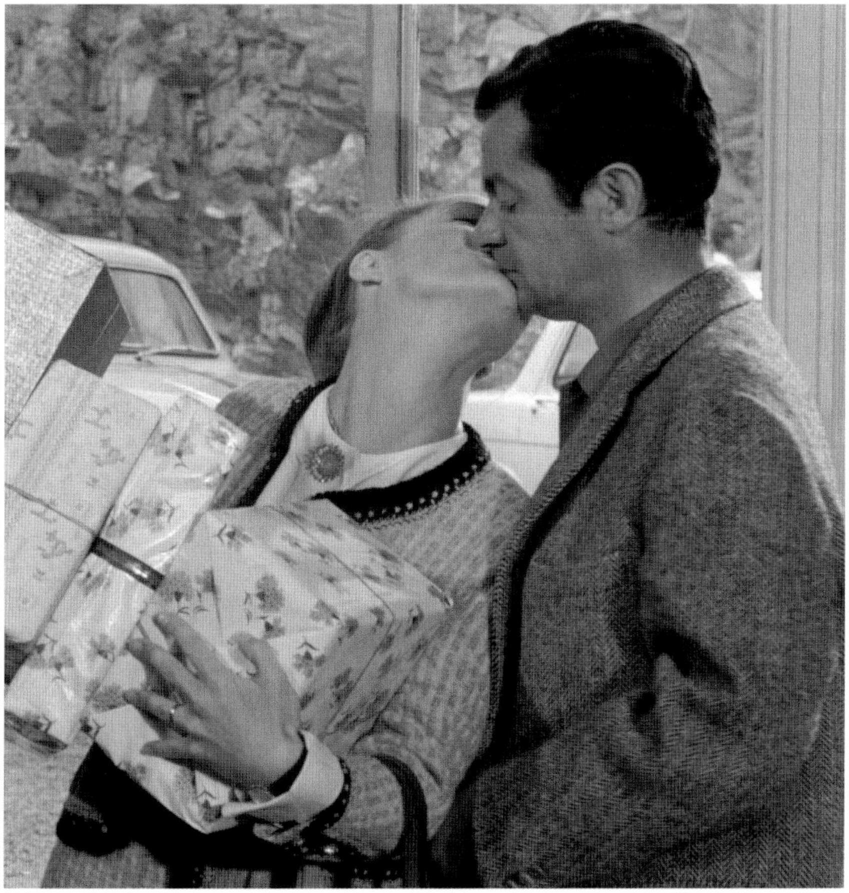

CLOUZOT KANN SICH GANZ AUF DAS WESENTLICHE KONZENTRIEREN: DIE FÜHRUNG DER SCHAUSPIELER.

Um im Produktionsplan Zeit zu gewinnen, hat Clouzot in Garabit das Prinzip der drei Teams wieder aufgenommen, von denen sich jedes um eine Szene kümmert. Während also eine Sequenz vorbereitet wird und das erste Team Licht und Kameras installiert, führt der Regisseur die Schauspieler auf der zweiten Bühne. Das dritte Team macht inzwischen Probeaufnahmen oder transportiert das Material zum nächsten Drehort.

Dadurch wird die verlorene Zeit, in der man auf die Techniker wartet, theoretisch auf ein Minimum reduziert, und Clouzot kann sich ganz auf das Wesentliche konzentrieren: die Führung der Schauspieler.

Leider funktioniert dieses Prinzip nicht, das eine hervorragende Koordination zwischen den Teams verlangt. Um die 150 Techniker und fast ebenso viele Schauspieler und Statisten zu lenken, müsste alles bis ins Detail wie vorgesehen ablaufen. Und das ist natürlich nie der Fall.

Jeder der drei Produktionsleiter hatte ein komplettes Team zur Verfügung, also Kameramann, ersten Assistent, zweiten Assistent, Cheftechniker plus ein, zwei, drei Bühnenarbeiter, ein, zwei Elektriker … eine ganze Armee sozusagen! Dazu die Statisten … Ich weiß noch, dass wir nicht in einem Durchgang essen konnten, mittags gab es zwei Durchgänge, so viele waren wir.

William Lubtchansky

Die ganze Region vibriert im Rhythmus der Dreharbeiten, die das große Ereignis sind. Man könnte Romy oder Reggiani erspähen, also hält man die 8-mm-Kameras oder Fotoapparate bereit: So ein Schauspiel muss man für die Nachwelt festhalten.

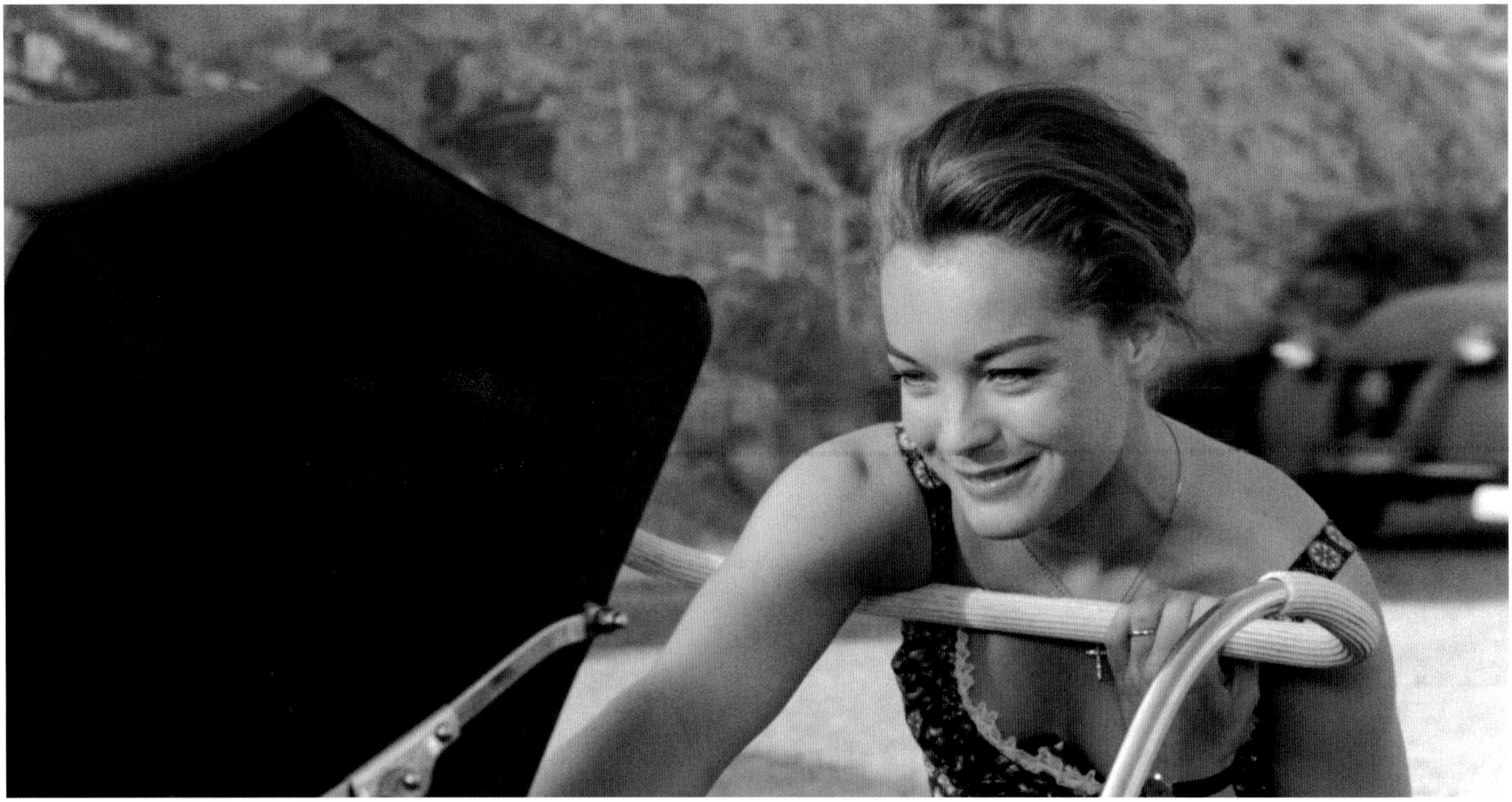

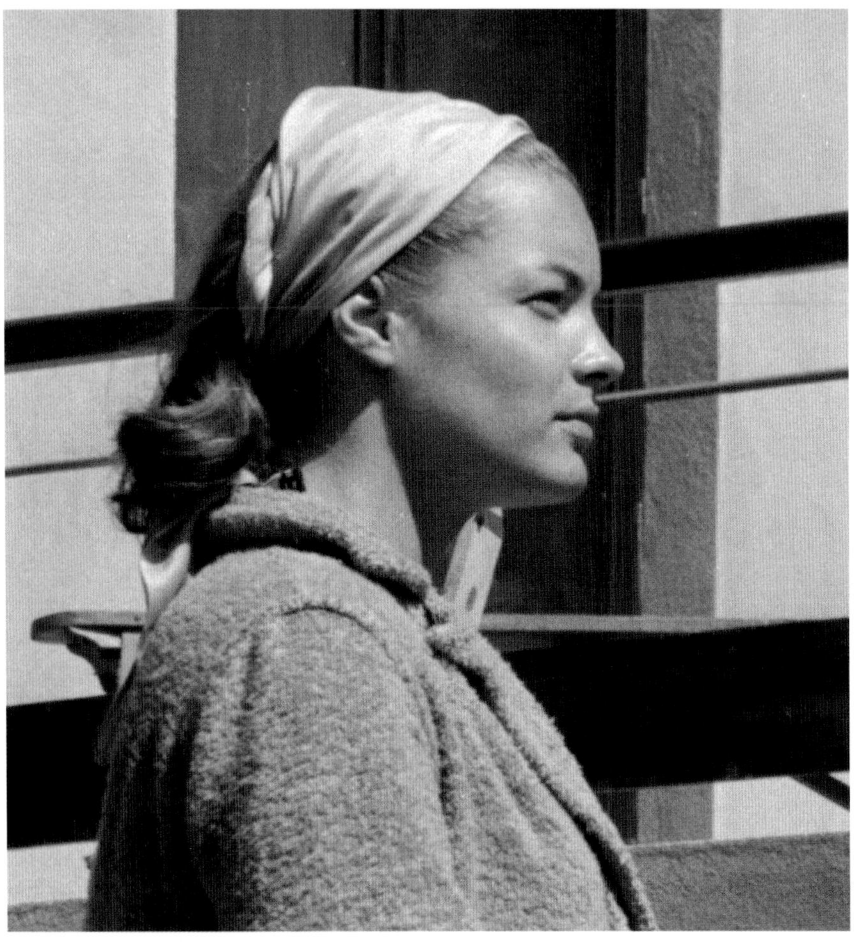

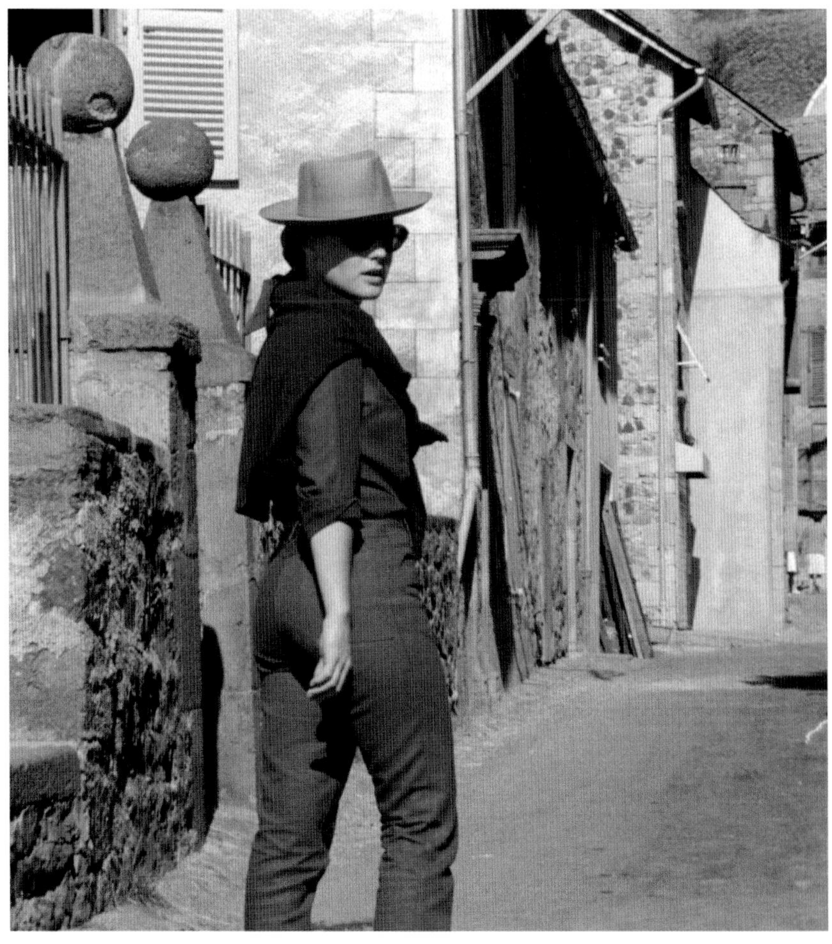

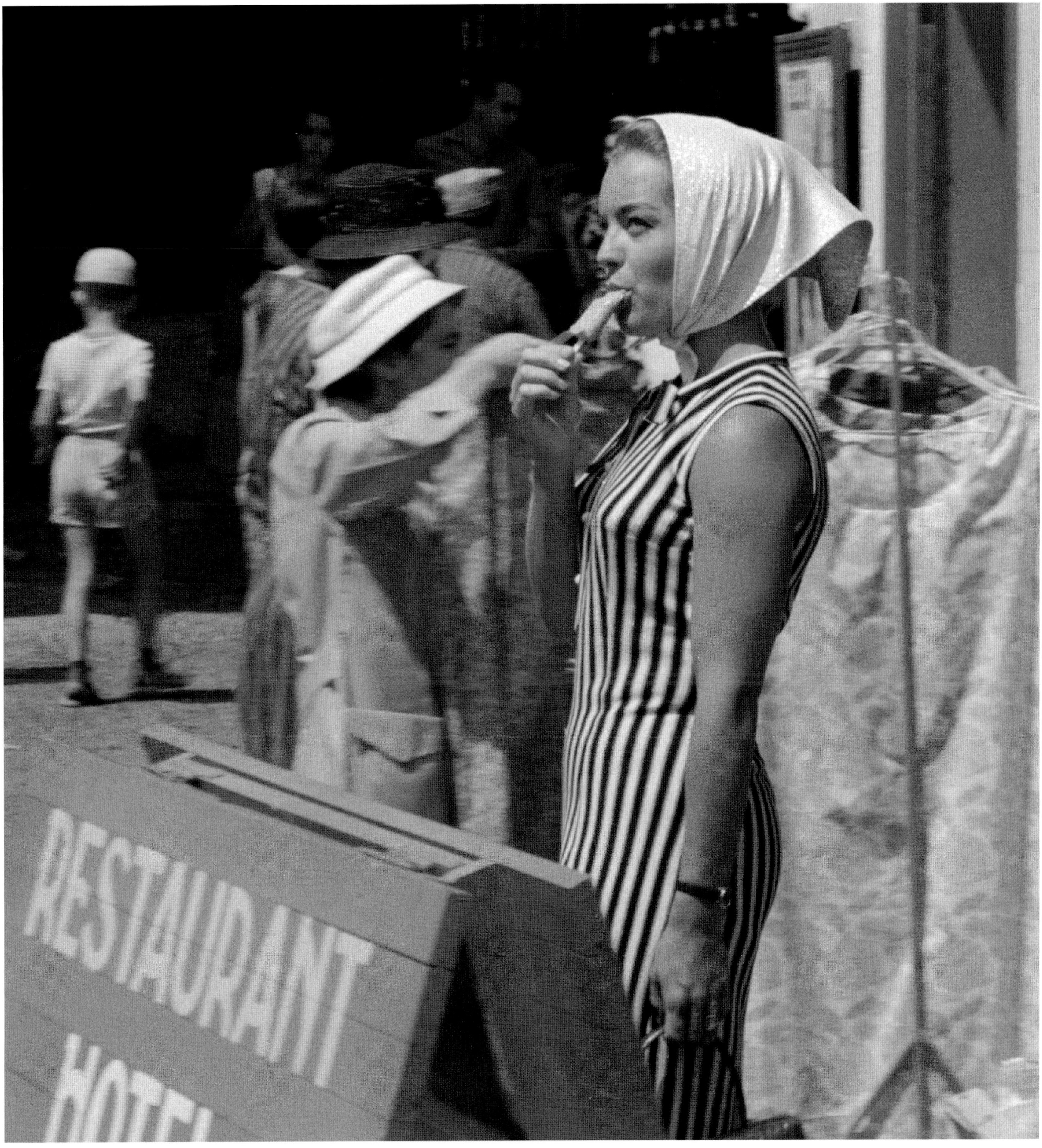
RESTAURANT

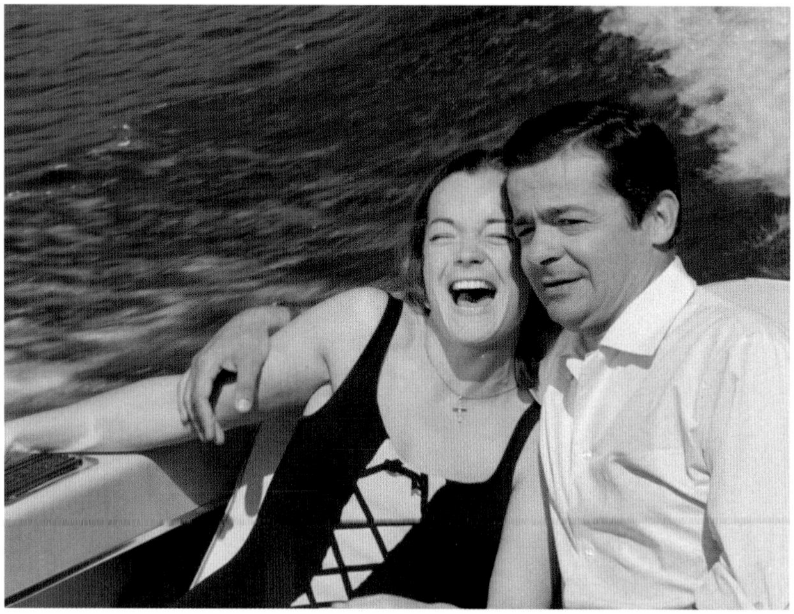
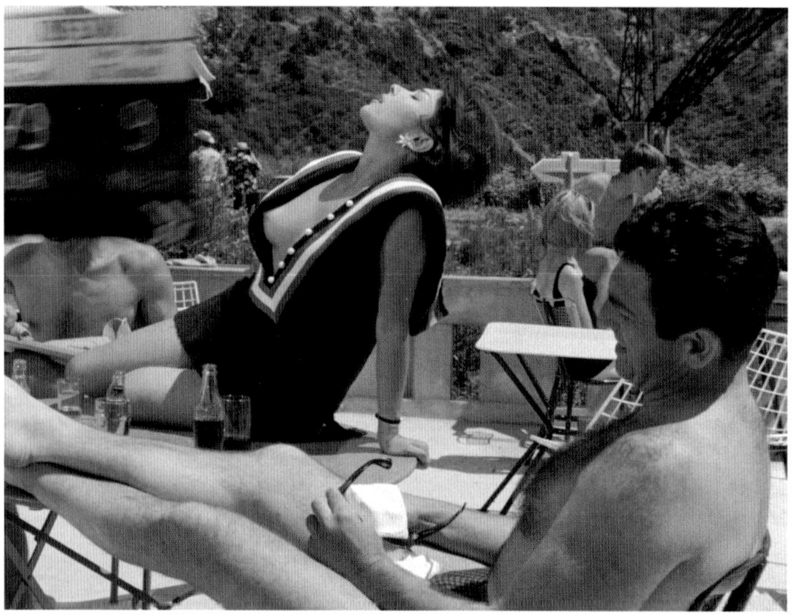
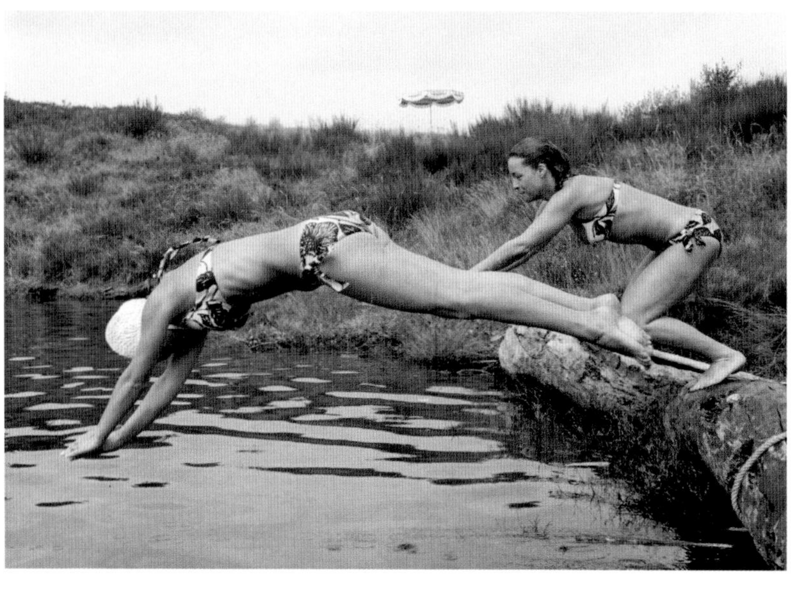
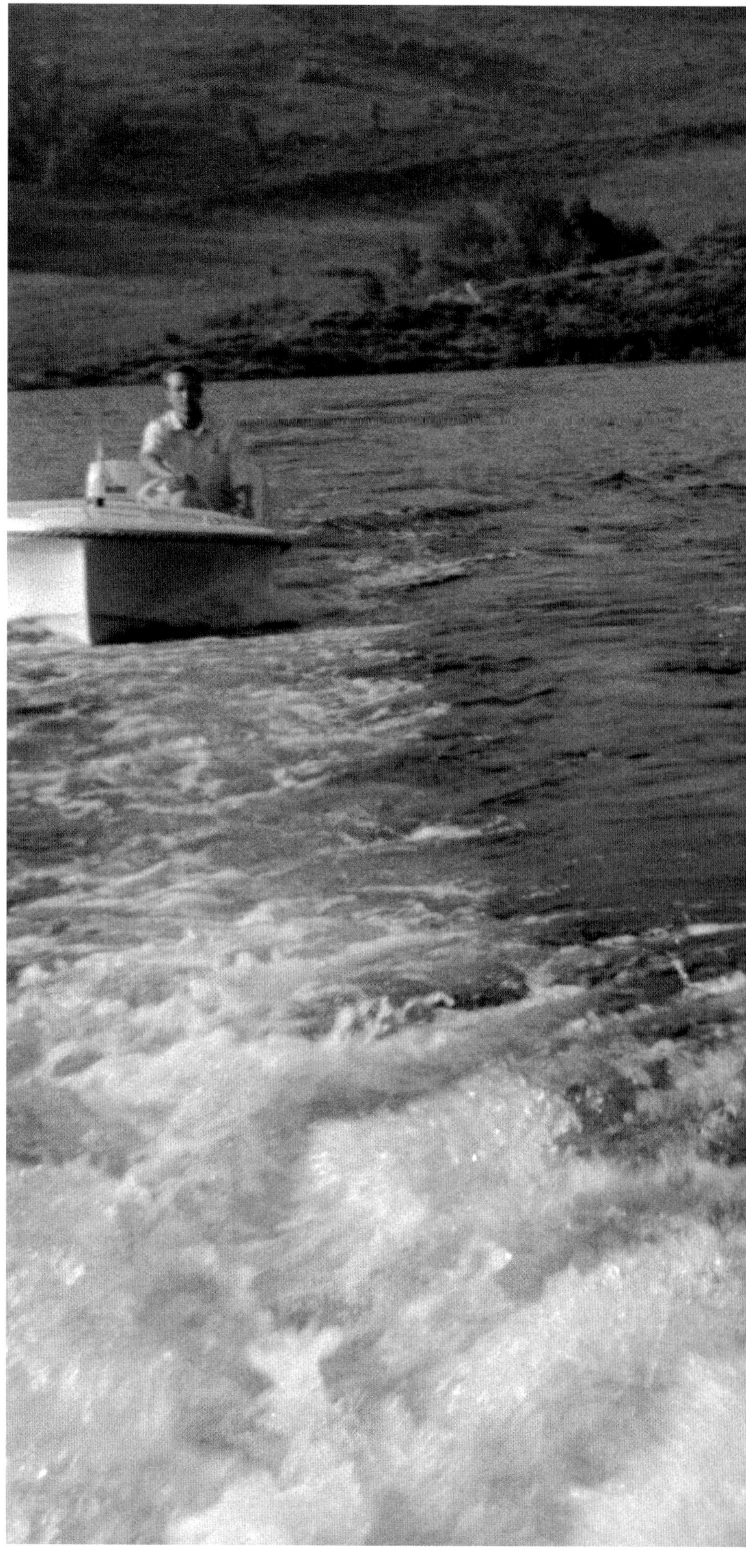

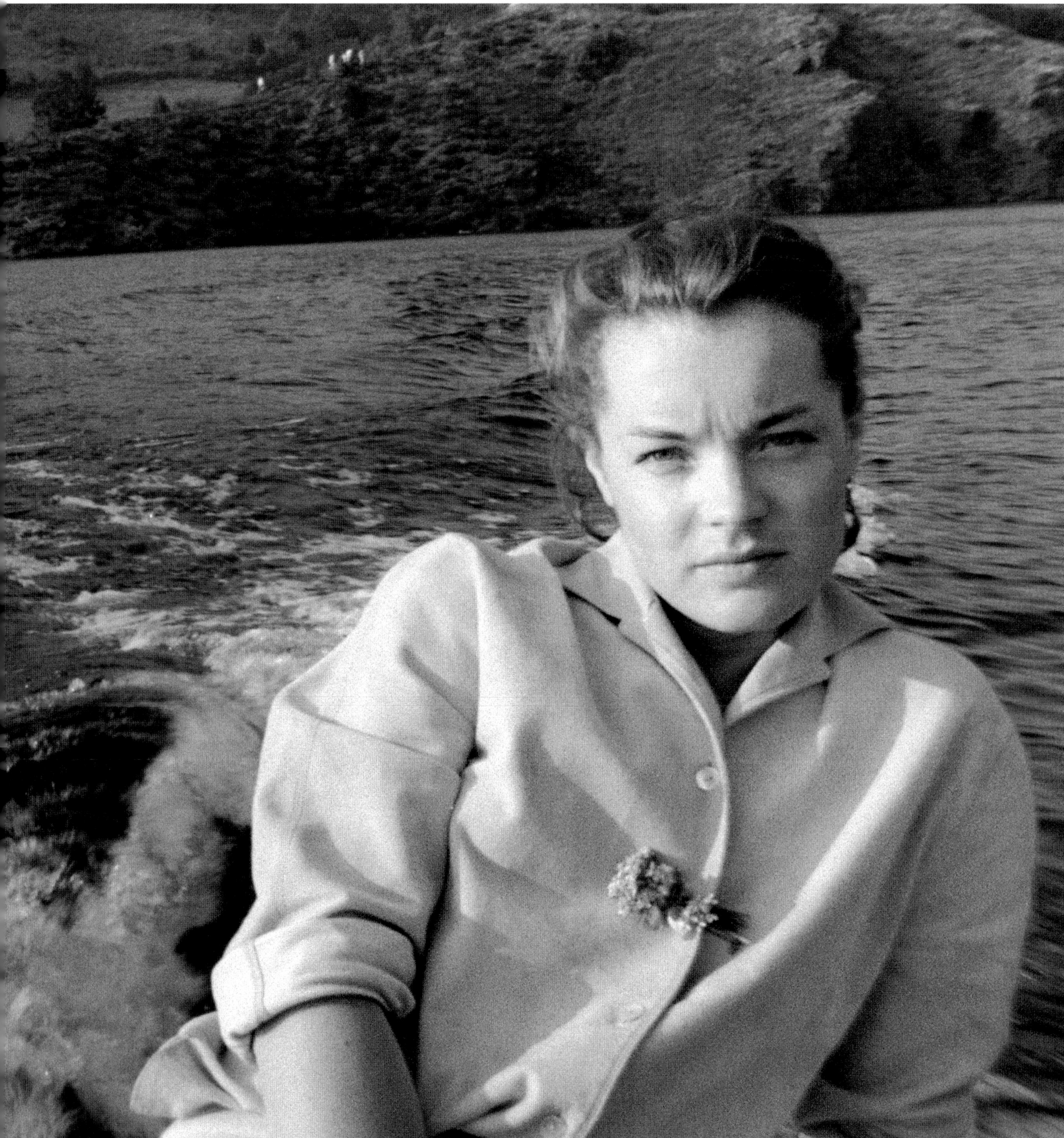

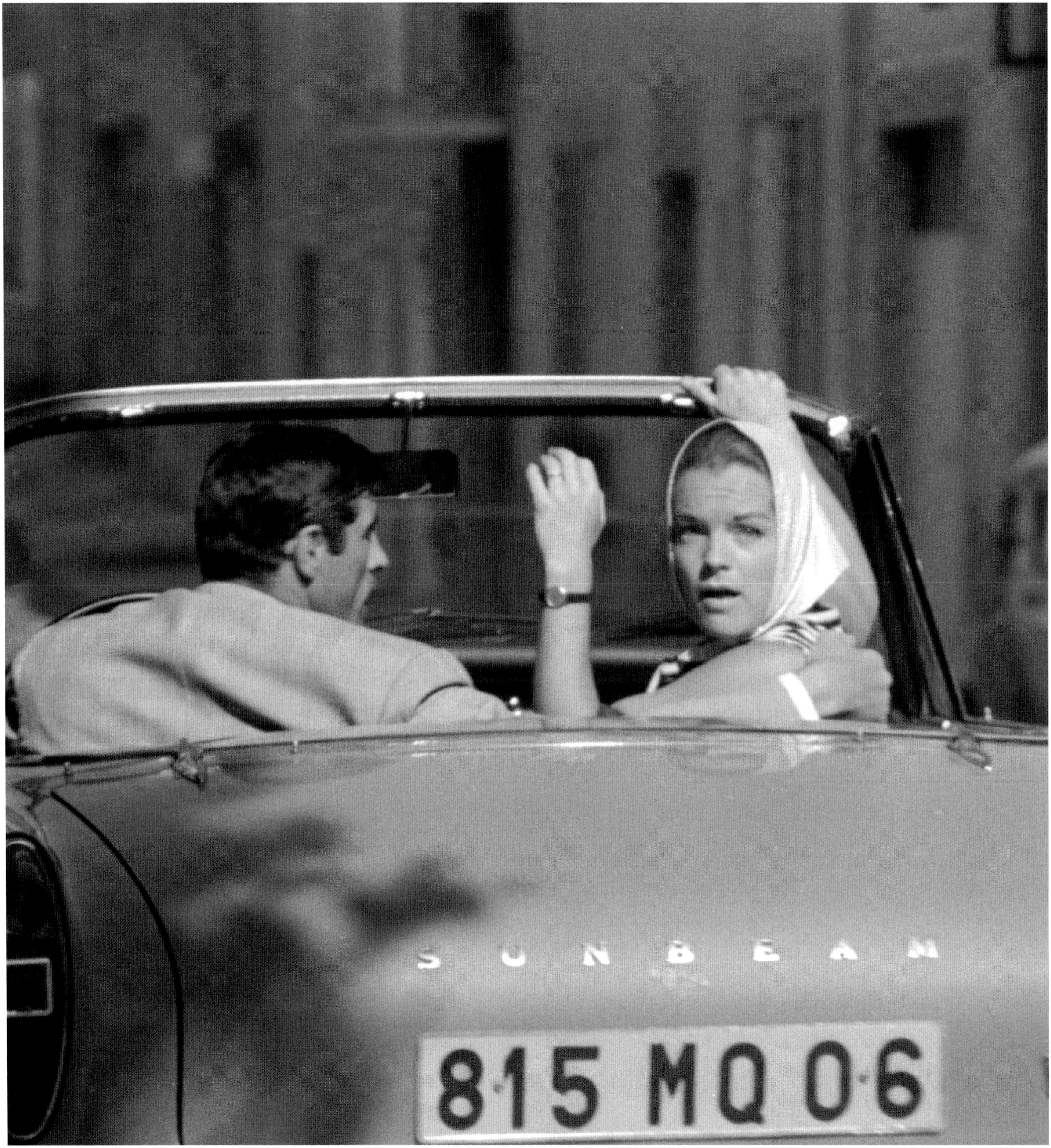
SUNBEAM
815 MQ 06

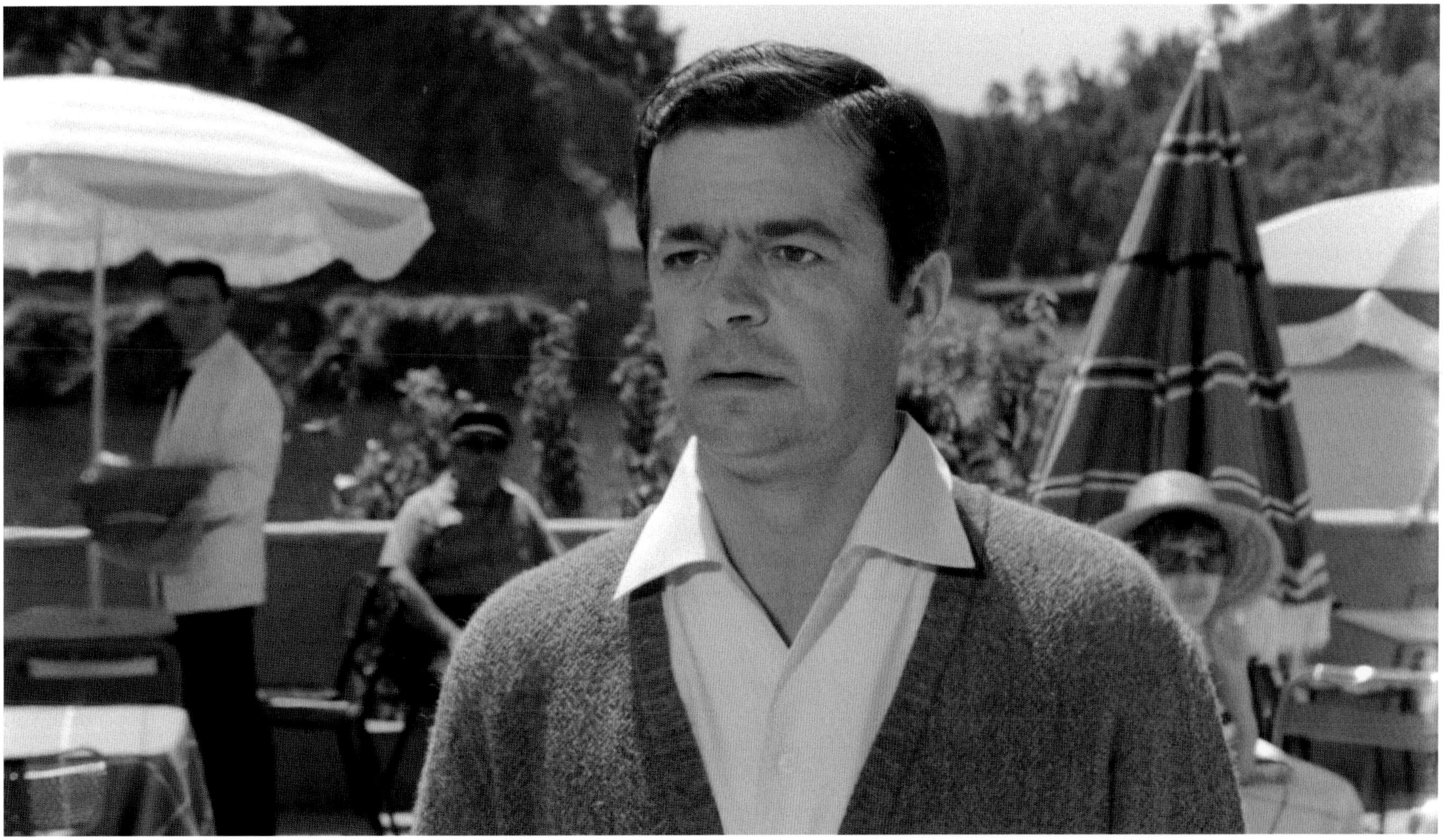

In Saint-Flour wurde das Dorfkino mit einem Zweibandvorführgerät ausgestattet, so dass man jeden Tag die Aufnahmen vom Vortag mit der entsprechenden Tonspur ansehen kann. Jeden Abend starten die gedrehten Negative per Flugzeug von Clermont-Ferrand, sie werden nachts in Saint-Cloud entwickelt und am nächsten Morgen zurück nach Garabit geschickt.

Bei jeder Vorführung der Muster im Labor in Saint-Cloud musste ich Claude Ganz, den Produzenten, anrufen, dem noch die Proben in den Knochen steckten. Er verließ sich darauf, dass ich ihn über alle ernsten Probleme informierte: unscharfe Aufnahmen, Wackler beim Dolly, Pannen beim Negativ und andere Gründe möglicher Erstattungen durch die Versicherung. Ganz, gewöhnlich so ruhig und ausgewogen, verlor seine Kaltblütigkeit bei einem Clouzot, der gleichzeitig seine drei Teams lenkte, wie Ben Hur auf seinem Wagen. Ich wurde zum Vermittler befördert, wurde sein Vertrauter und sein Freund.

Claude Léon
Technischer Direktor Labor LTC

Nicht selten transportiert Claude Léon die kostbaren Aufnahmen selbst, um die Ergebnisse der Probeaufnahmen zu besprechen.

Damit sie die Bilder so oft wie nötig sehen und schon die Kontinuität zwischen den verschiedenen Aufnahmen simulieren kann, hat die Cutterin Madeleine Gug im Keller des Hotels ein komplettes Schnittstudio eingerichtet, mit einer Assistentin, um den Ton zu synchronisieren. Sobald ein Dreh vorbei ist, kann Clouzot also die Schnittproben sehen und die Richtigkeit seiner künstlerischen Entscheidungen beurteilen.

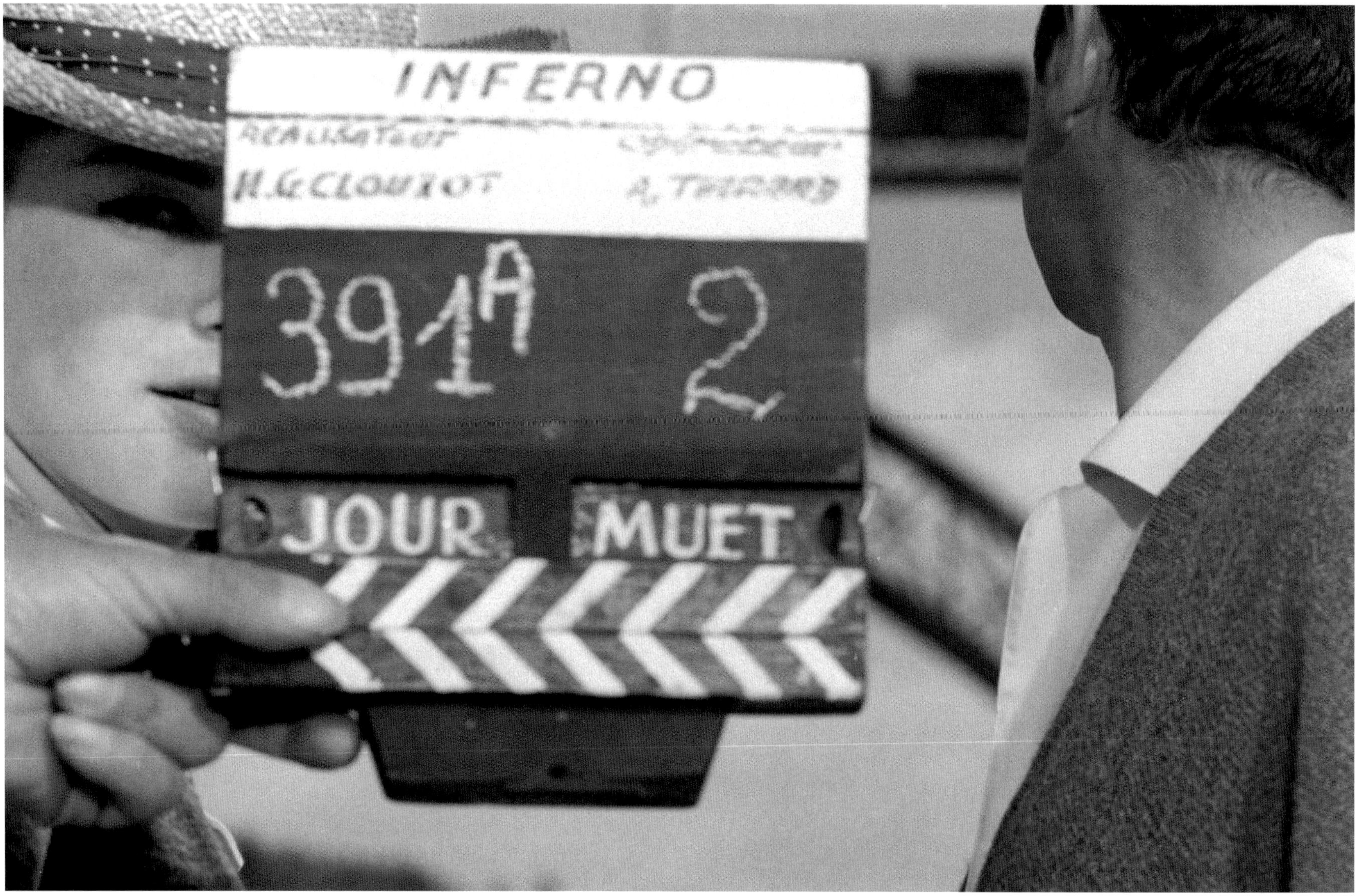

Damals war Film noch ein richtiges Handwerk. Das Handwerkliche war sehr wichtig, und die Teams waren viel zahlreicher, mit viel mehr Bühnenarbeitern, weil das Material viel schwerer war. Um eine Mitchell-Kamera zu bewegen, brauchte man vier Männer, die Holzbalken unterlegten und das Gerät hochhoben, das mit dem Bleimantel, der die Kamera schalldicht machen sollte, schrecklich schwer war. Außerdem brauchte man Elektriker, Kameragehilfen … Pro Team gab es fünfzehn, zwanzig Leute, das war unheimlich viel!

Bernard Stora

Eines Tages hat Valon etwas Wunderbares zu Clouzot gesagt:
»Ich habe ein Büchlein über den Bau des Garabitviadukts gekauft. Stell dir vor, auf der Baustelle des Viadukts waren weniger Leute als beim Dreh von L'Enfer.*«*
Clouzot hat es übrigens sehr gut aufgenommen, er hat gelacht.

Jacques Douy

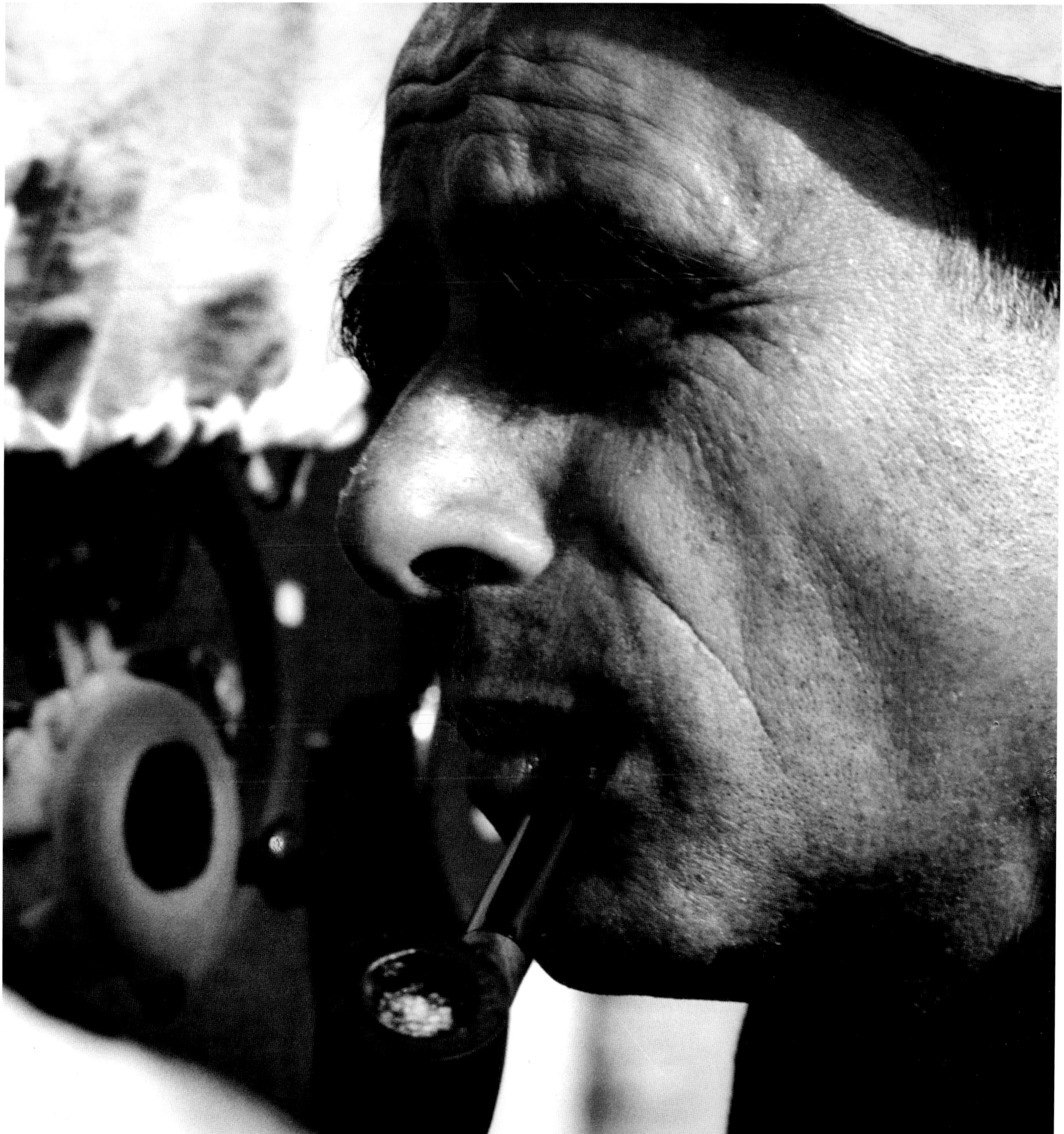

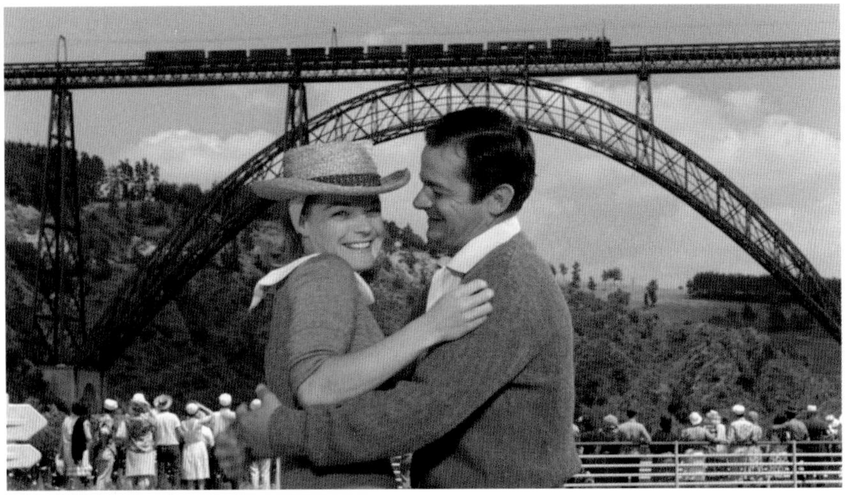

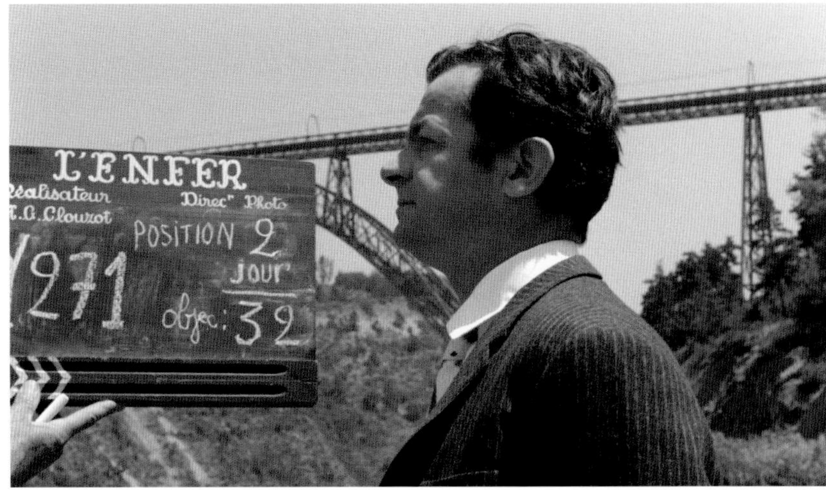
L'ENFER
éalisateur
Direc" Photo
.G. Clouzot
POSITION 2
271
Jour
Objec: 32

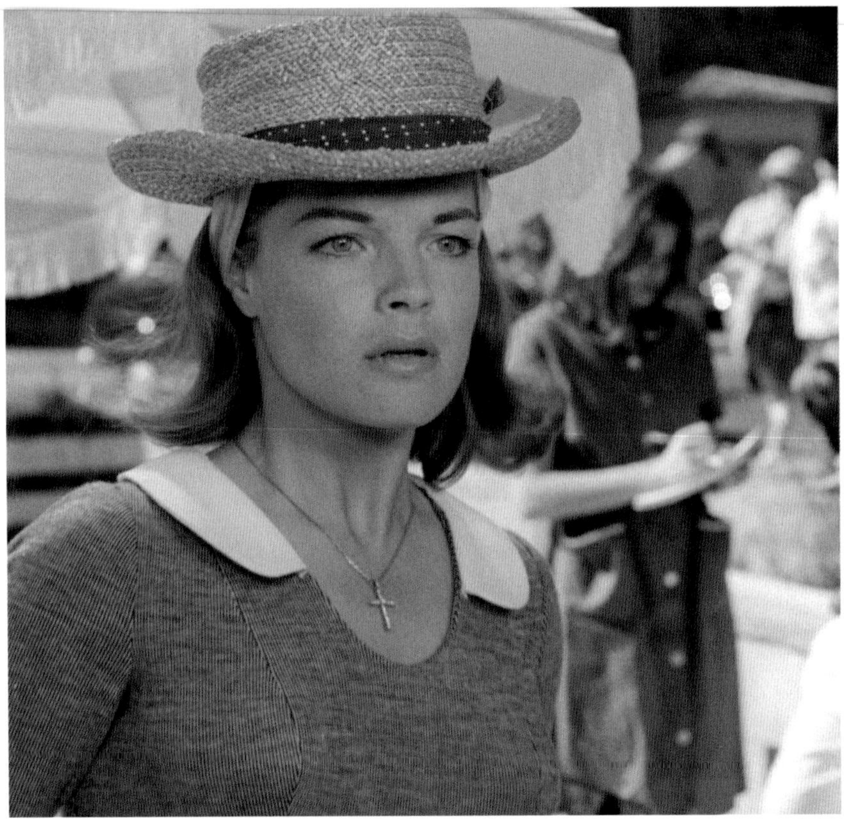

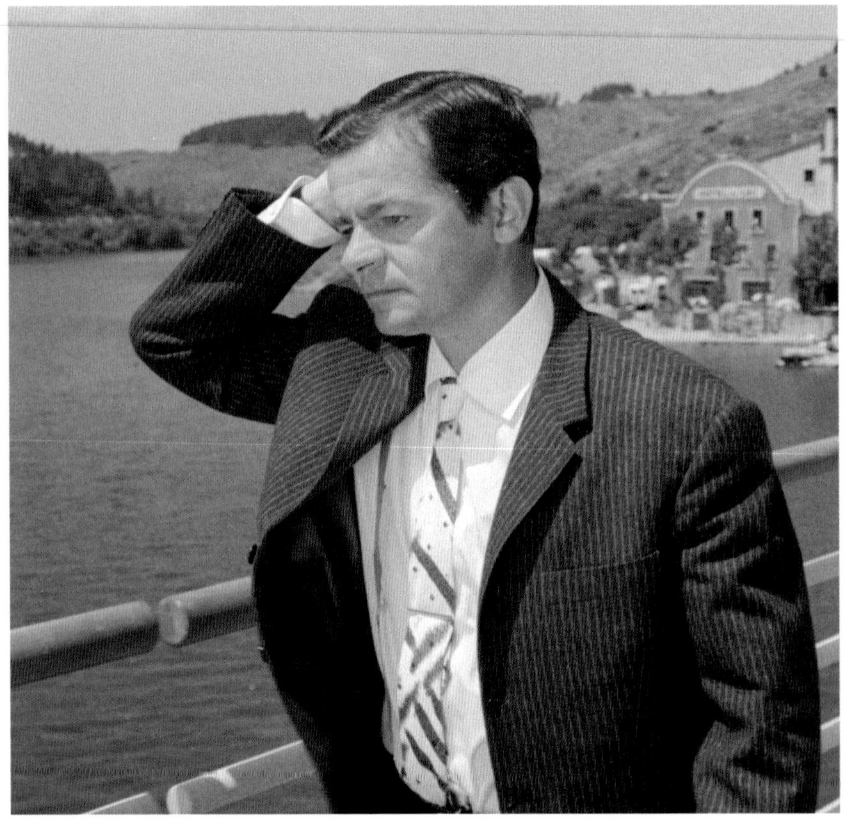

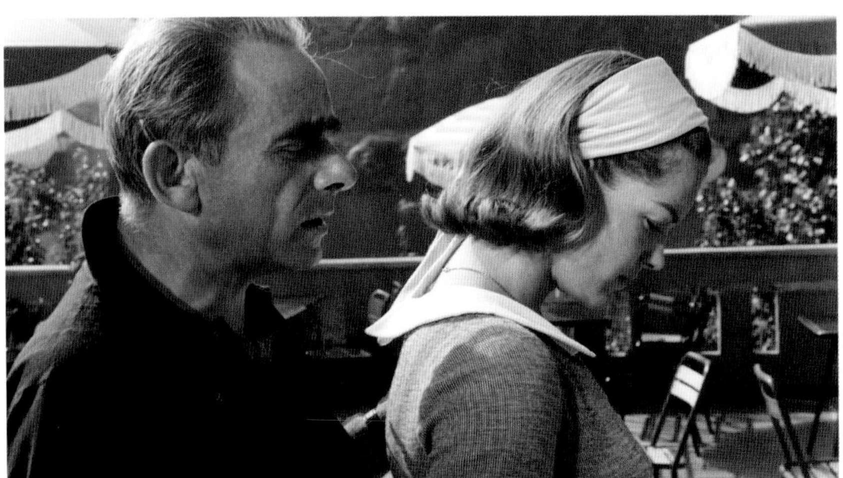

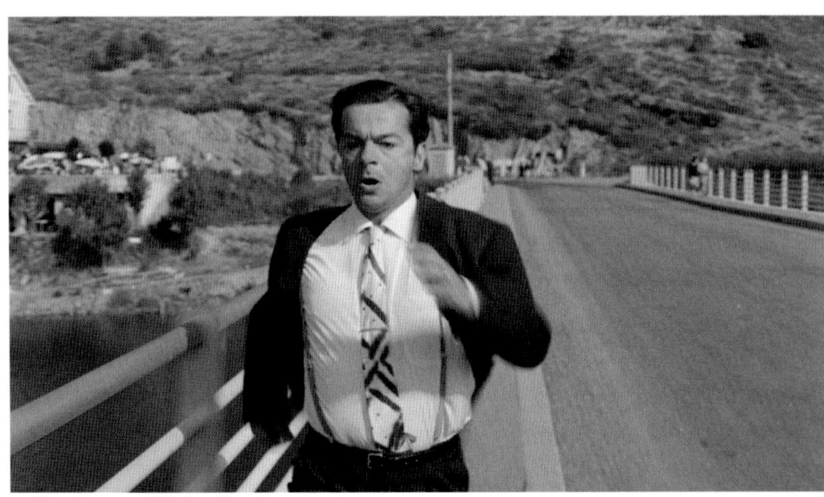

Wenn er auf Bühne A fertig war, nahm er den Mercedes, kam zur B, und auf der B drehte er mit uns, und wenn er fertig war, peng, fuhr er zurück zur A und so weiter den ganzen Tag! Aber oft warteten wir stundenlang, bis er auf Bühne A fertig war, um mit uns auf Bühne B zu drehen. Die Bühnenarbeiter hatten im Lastwagen einen Kühlschrank aufgestellt, den sie mit Weißwein, Essen usw. gefüllt haben. Wir haben unter dem Fuß der Kamera eine Klingel installiert und mit dem Fernglas beobachtet, wann er Bühne A verließ. Dann klingelte es und hop, machten wir uns alle wieder an die Arbeit, als wenn nichts wäre. Aber die meiste Zeit verbrachten wir damit, rumzualbern und Schmetterlinge zu fangen.

Lan Nguyen
Skriptgirl Zweites Team

Morgens ging er zu Team A, und dann rührte er sich nicht mehr vom Fleck. Er hatte keine Lust, zu den anderen zu gehen, er wollte bei der Vorbereitung dabei sein. Inzwischen machten die anderen gar nichts, sie warteten. Sie wussten nicht mal, welche Aufnahmen sie machen würden. Und so war es fast jeden Tag!
(…)
Die Leute wurden über dem gewerkschaftlichen Mindestlohn bezahlt. Ich war Assistent, aber ich habe nie im Leben so gut verdient wie bei diesem Film, nicht mal heute, als Kameramann. Ich erinnere mich, dass wir zu unmöglichen Zeiten arbeiteten. Wir fingen mittags an, also mussten wir früh am Morgen kommen, um den Dreh vorzubereiten, etwa gegen zehn, und wenn wir erst mal losgelegt hatten, wollte Clouzot immer weiter drehen, oft ging es bis Mitternacht.

William Lubtchansky

Die elektrischen Geräte waren damals riesig, vor allem die Bogenlampen. Wir waren mitten im Juli, die Sonne brannte, es war sehr heiß, und Armand Thirard, der Beleuchter, stellte diese riesigen Scheinwerfer auf der Terrasse auf, um gegen die Sonne anzukommen, und sie produzierten wiederum eine höllische Hitze. Außerdem musste man sie ständig »verkohlen«, das heißt, die Kohleelektroden der Lichtbögen auswechseln.

Bernard Stora

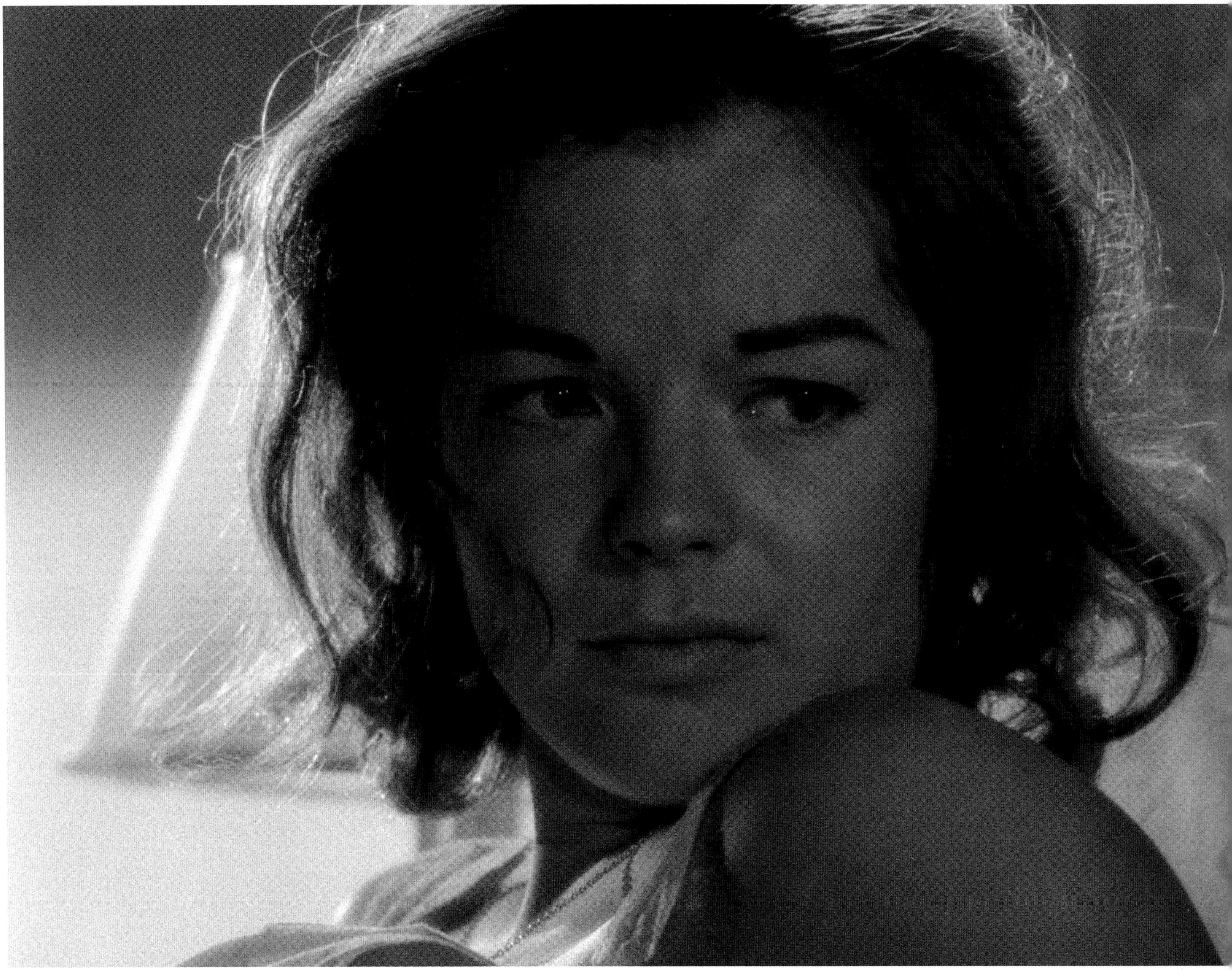

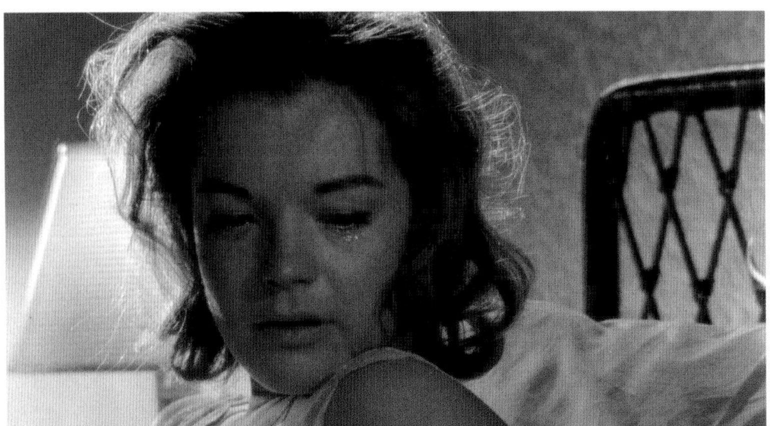

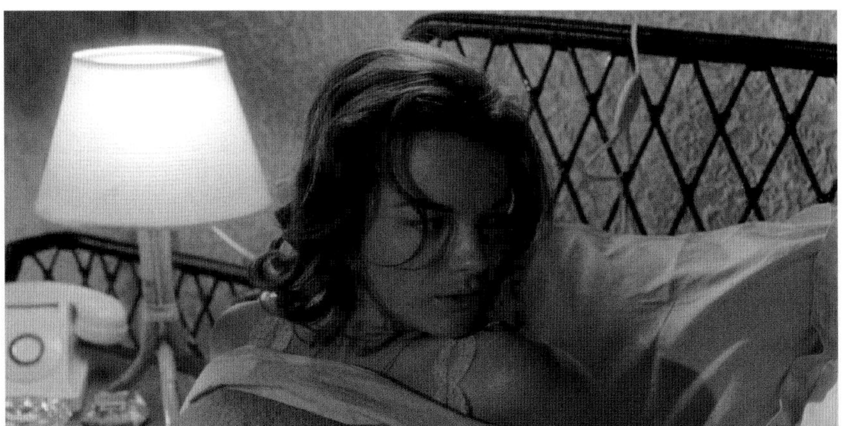

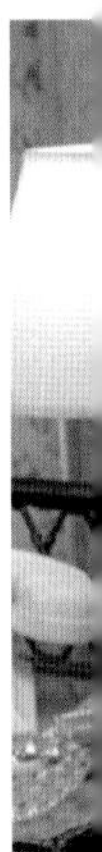

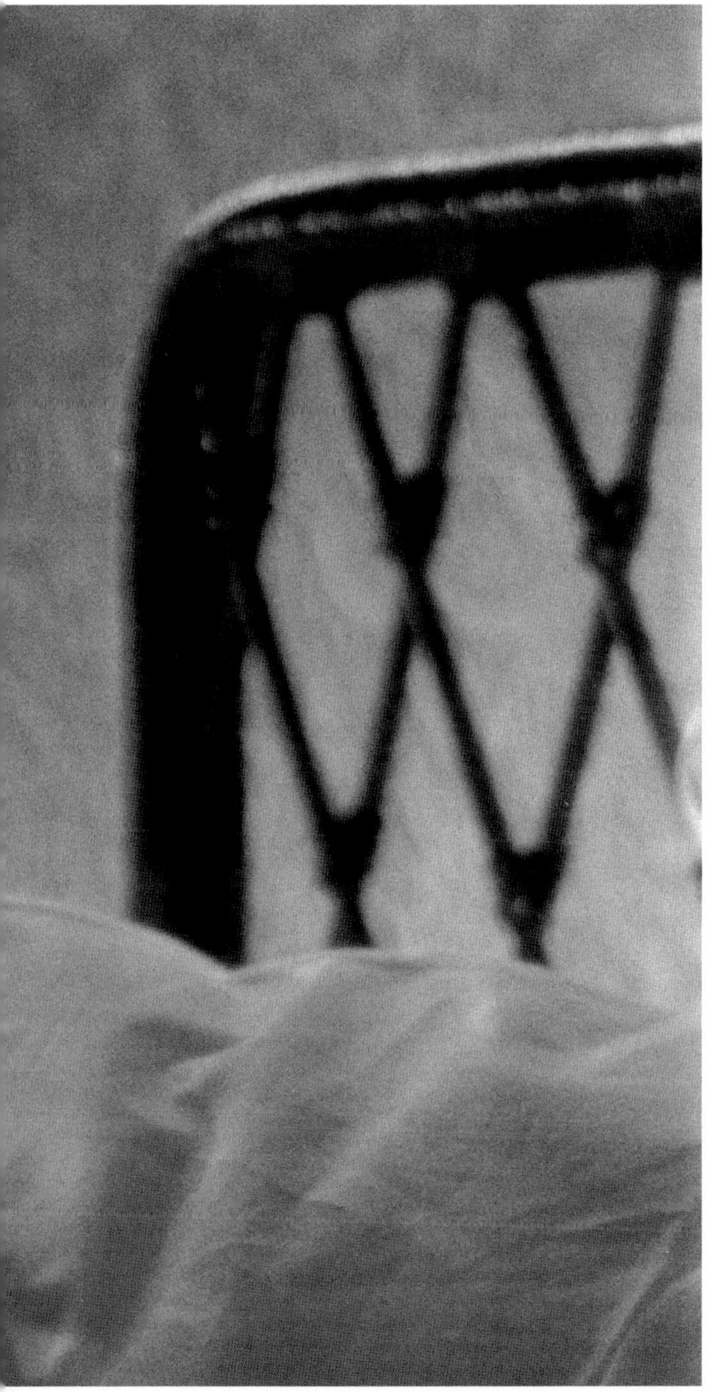
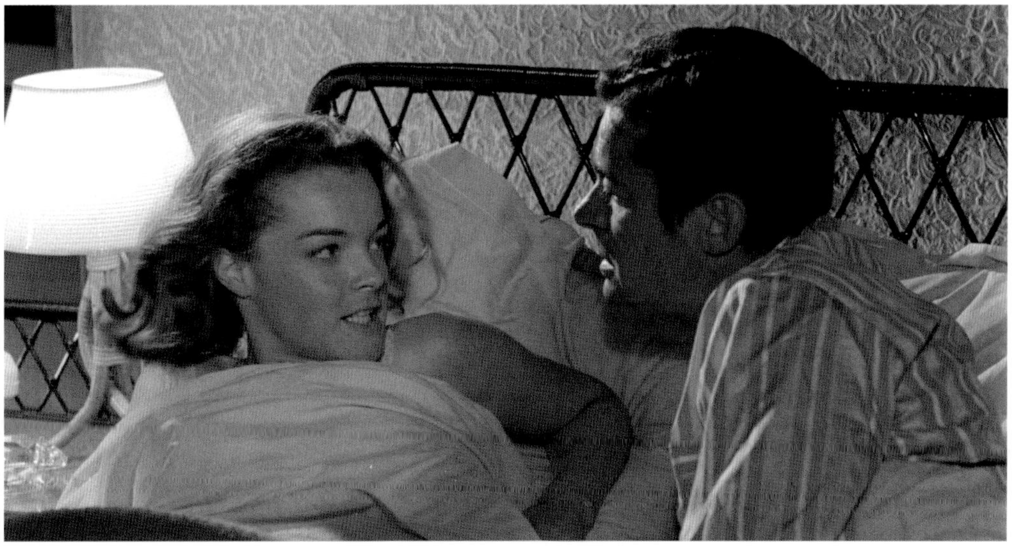
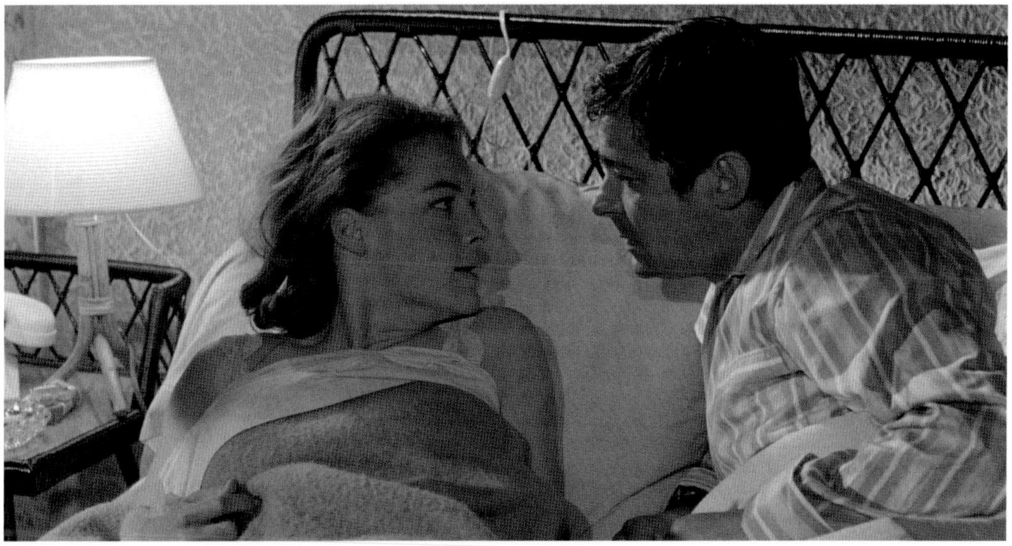
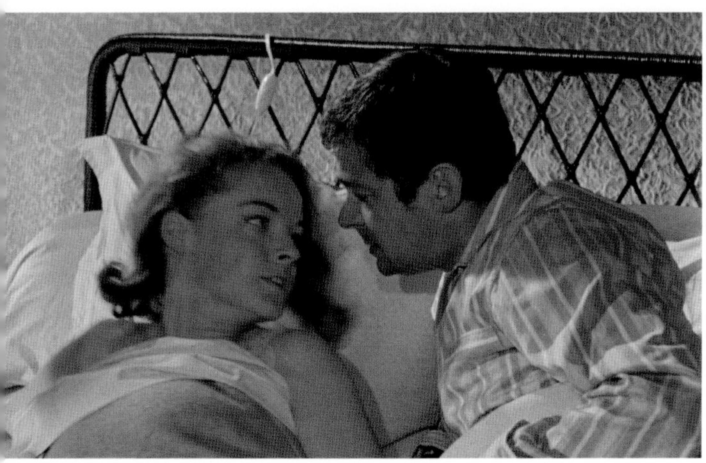
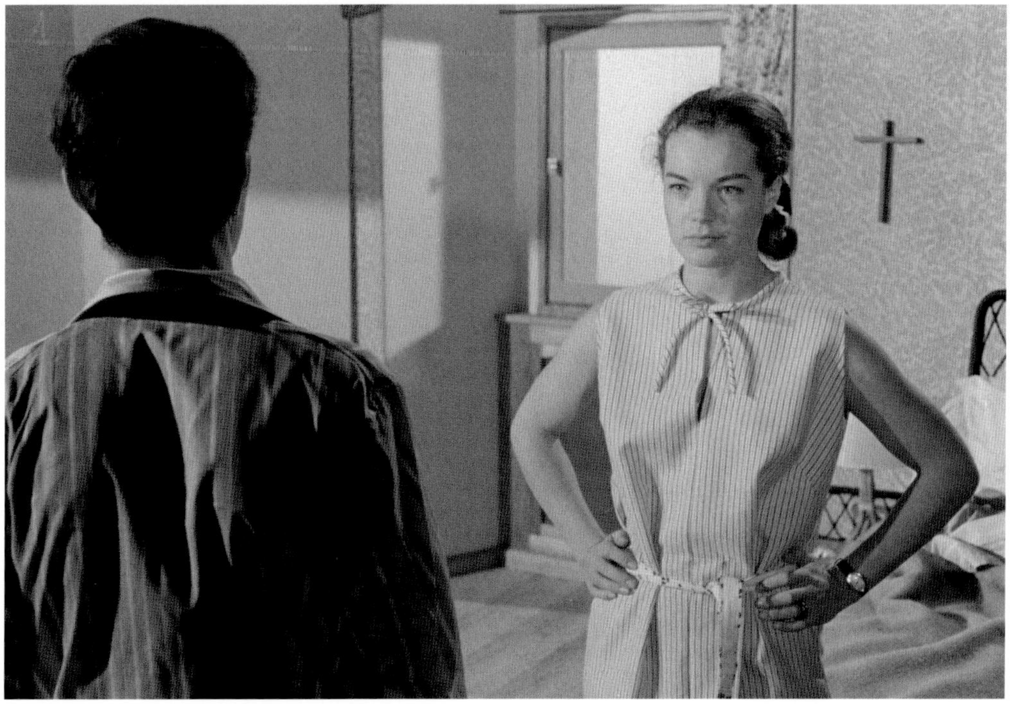

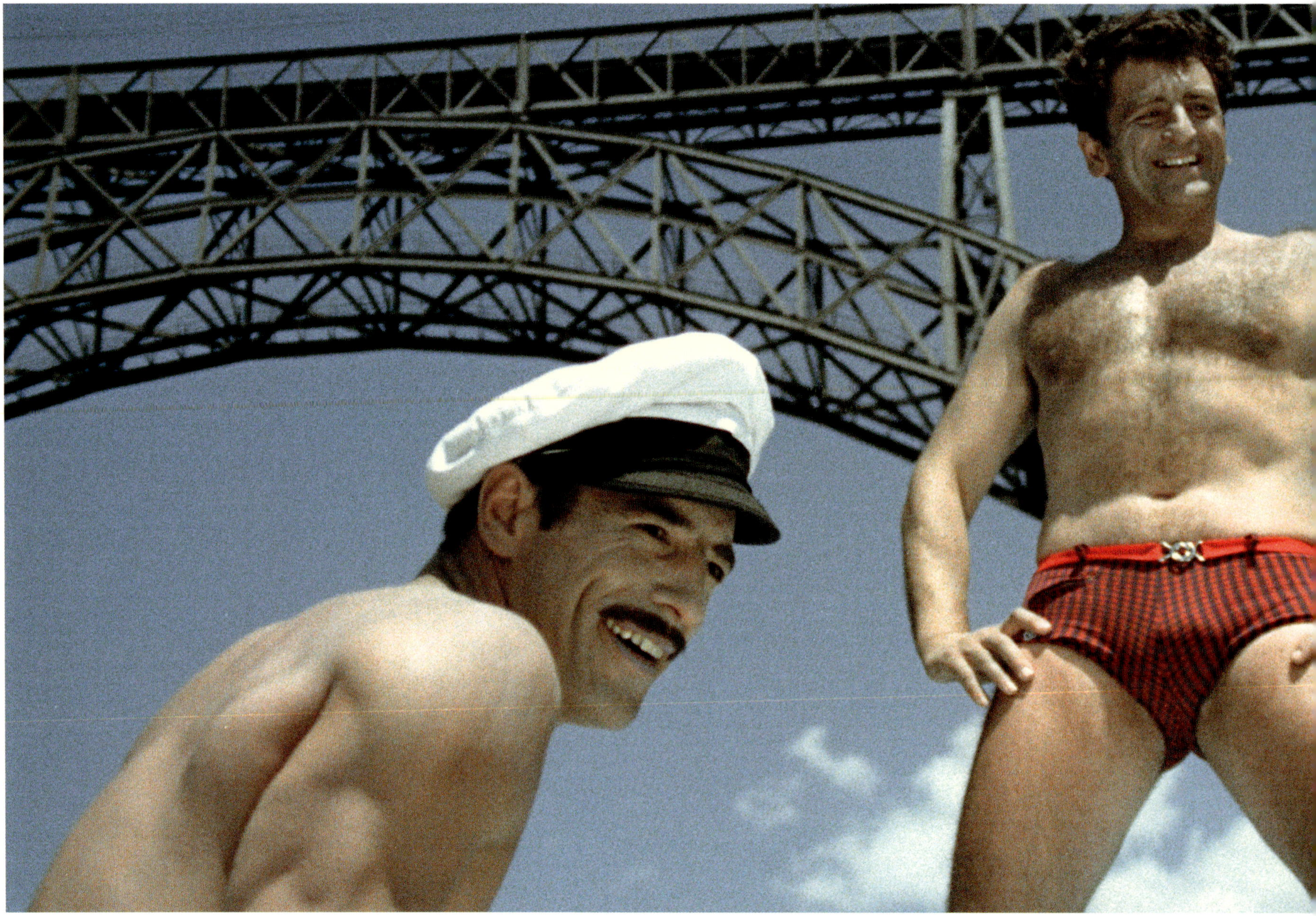

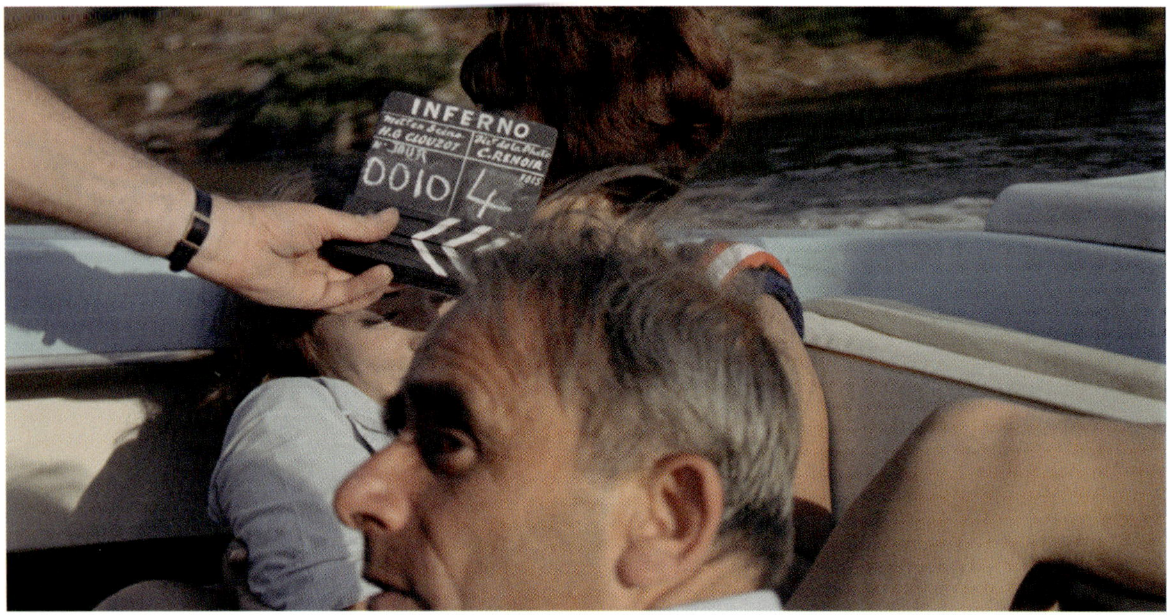
INFERNO
H.G CLOUZOT
C.RENOIR
D010
4

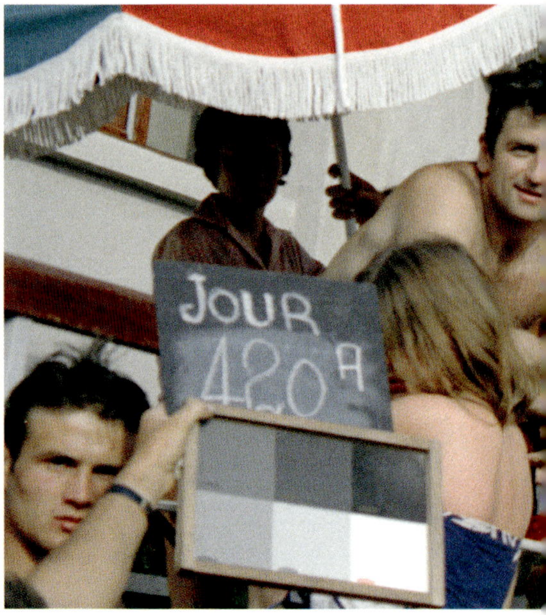
JOUR
420 A

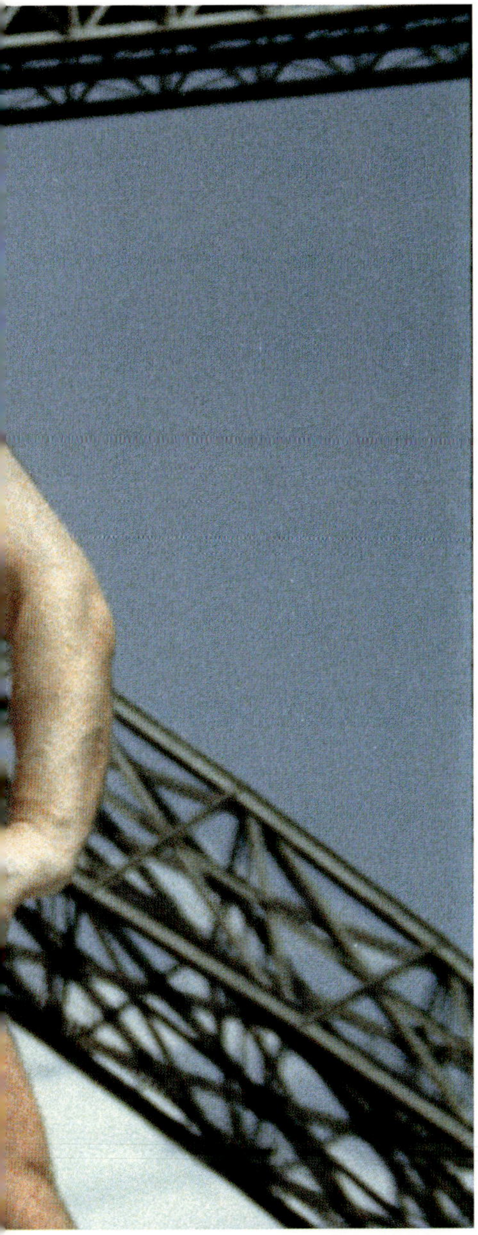

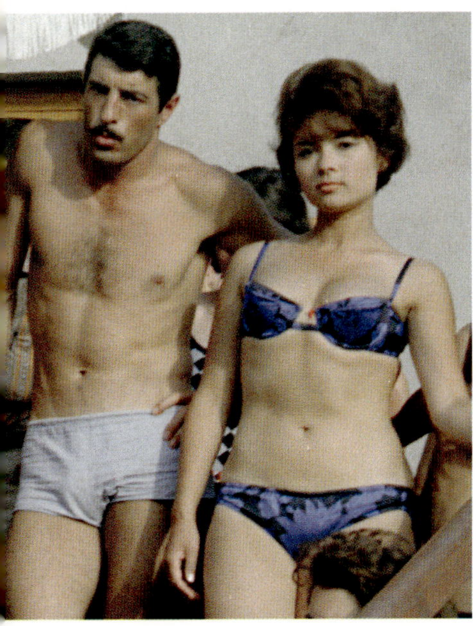

Clouzot, ein manischer Perfektionist, treibt seine Teams in einem wilden Rhythmus voran und will alles kontrollieren. Cheftechniker, Skriptgirls, Cutterin, Kameraleute und Hauptdarsteller müssen alle in diesem Hotel wohnen, das gleichzeitig Schauplatz des Films ist.

Clouzot ist überall zur selben Zeit. Er sieht alles, kümmert sich um alles. Er überwacht das Kommen und Gehen jedes Einzelnen, mischt sich in alles und jedes ein. Das Stück, das sich in den Mauern dieses Hotels abspielt, hat er geschrieben. Das ist seine Herausforderung, das wird wahrscheinlich sein Meisterwerk, und er wird es ganz ausleben, bis zum bitteren Ende.

Ich erinnere mich noch gut: Auf dem Markt von Murat fand er, die Statisten, eine ganze Menge, würden nicht gut geführt. Da sagte er zu uns: »Meine Herren, Sie können die Statisten nicht führen. Ich werde Ihnen zeigen, wie ich die Statisten führte, als ich Assistent bei der UFA war.« Er ist auf ein Fass geklettert und hat geschrien: »Alle Statisten, deren Namen mit a, b, c, d, e, f anfangen, zu mir.« Und alle kamen zu ihm. Hatten die Einwohner von Murat nicht richtig verstanden, worum er sie bat? Oder fangen im Cantal wirklich alle Namen mit einem Buchstaben zwischen a und f an? Auf jeden Fall hat es nicht geklappt, da hat er gesagt: »Na gut, ihr versteht jedenfalls das Prinzip«, er ist von seinem Fass gestiegen und hat wieder seine Rolle als Regisseur eingenommen.

Bernard Stora

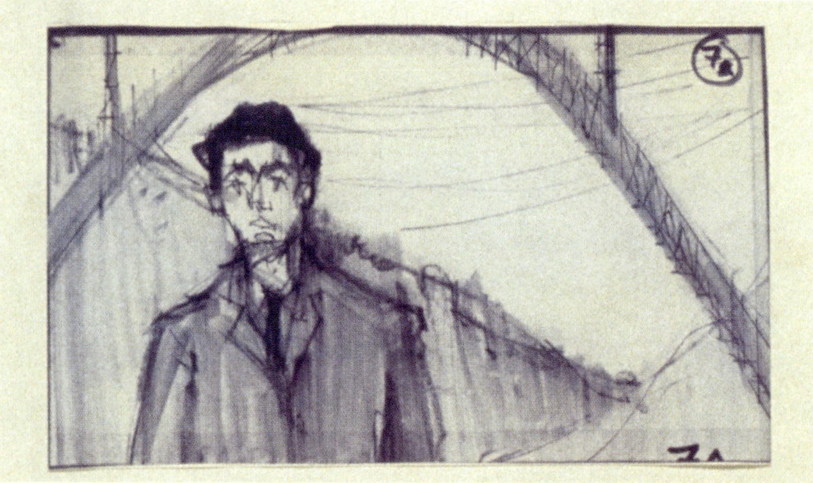

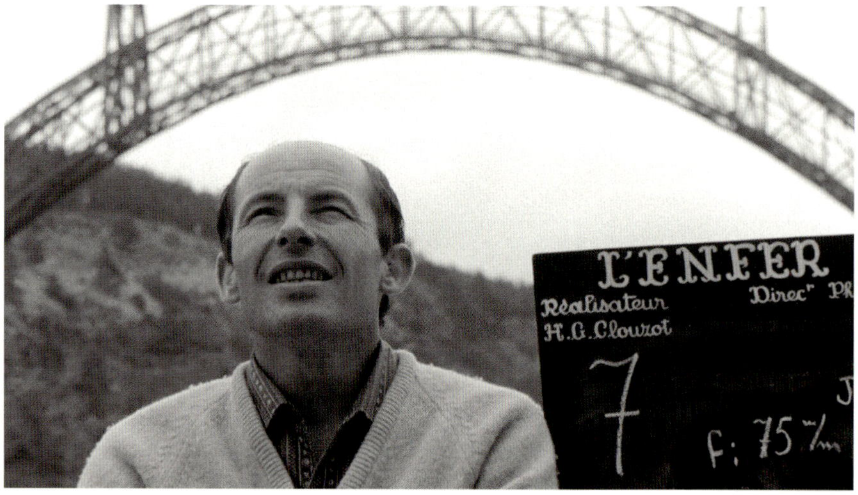
L'ENFER
Réalisateur
H.G. Clouzot
7

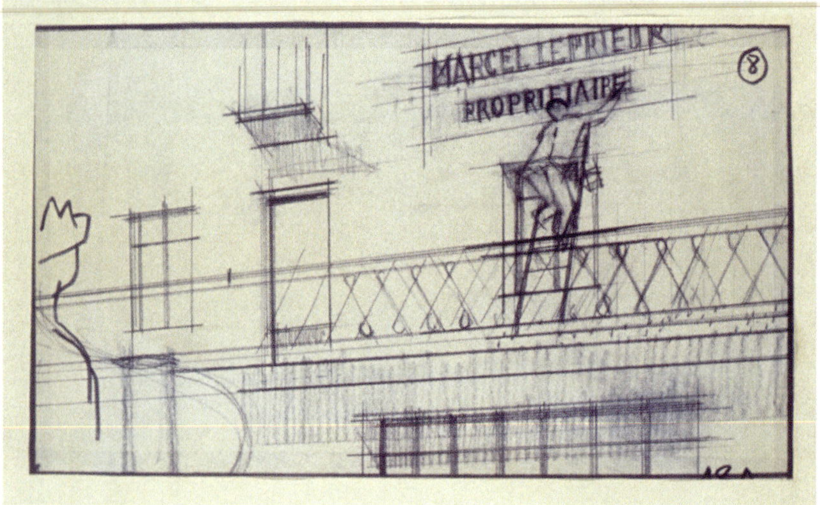
MARCEL LEPRIEUR
PROPRIETAIRE
8

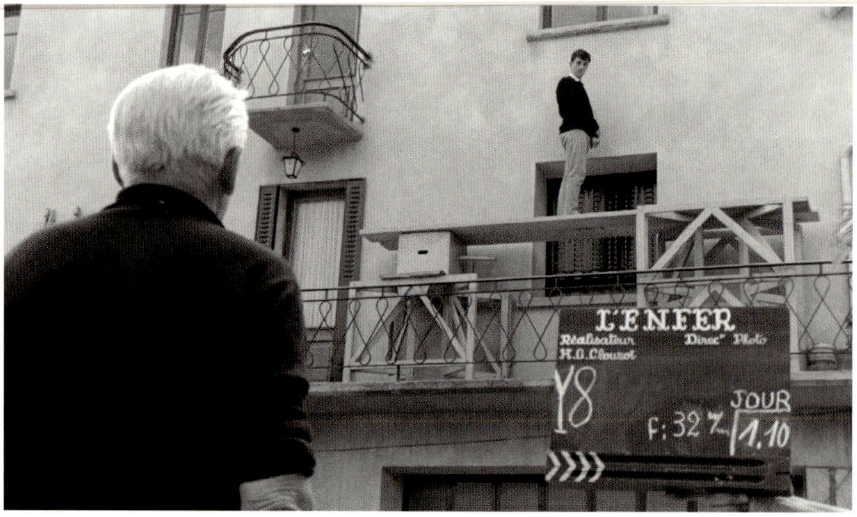
L'ENFER
Réalisateur
Direc' Photo
H.G. Clouzot
Y8
JOUR
1,10

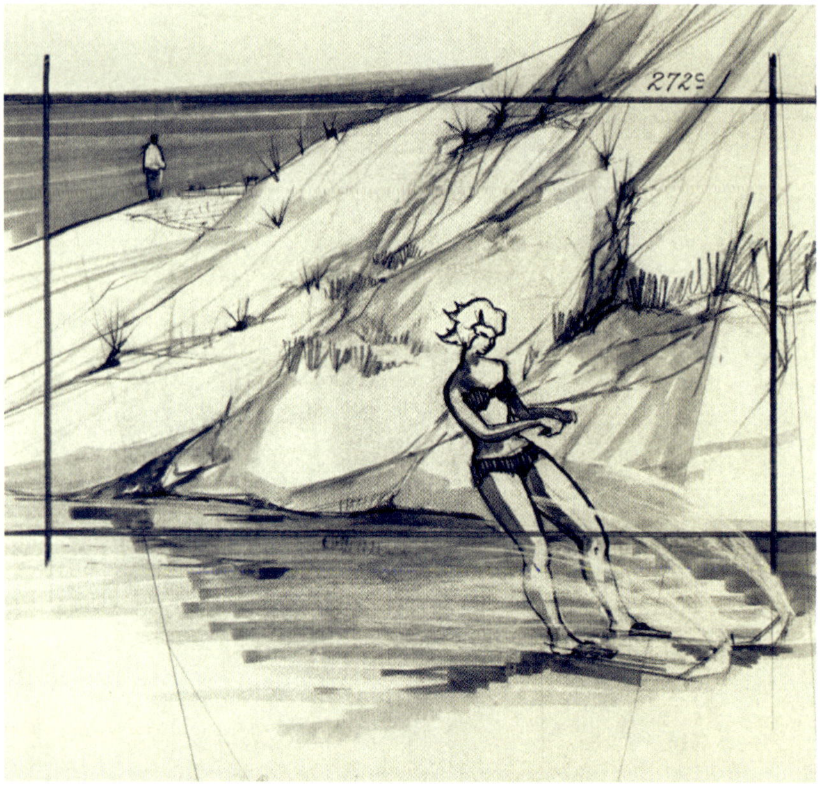

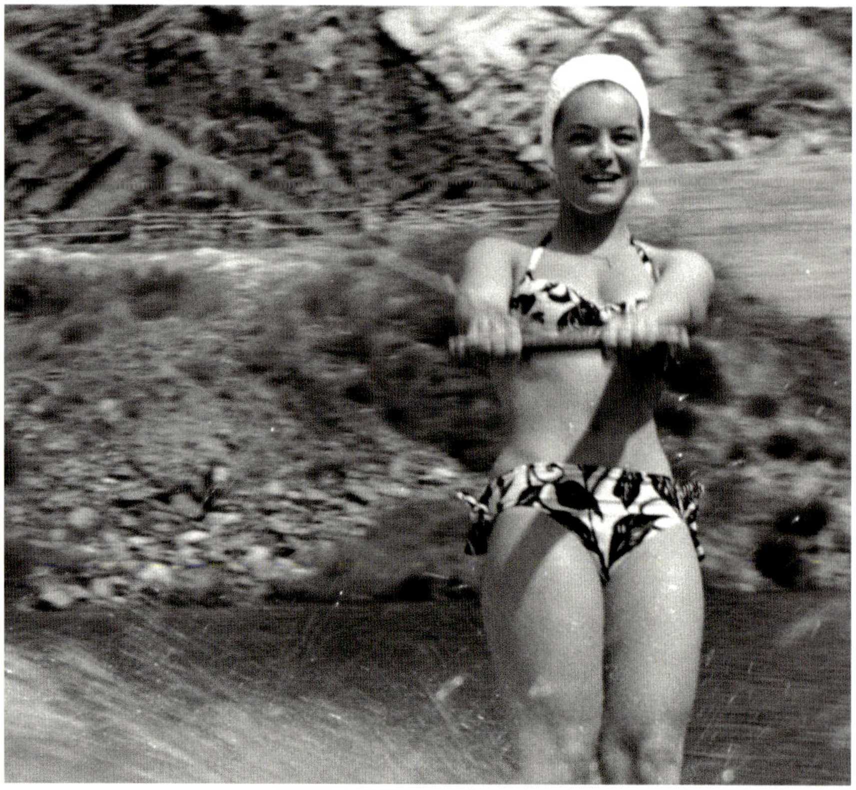

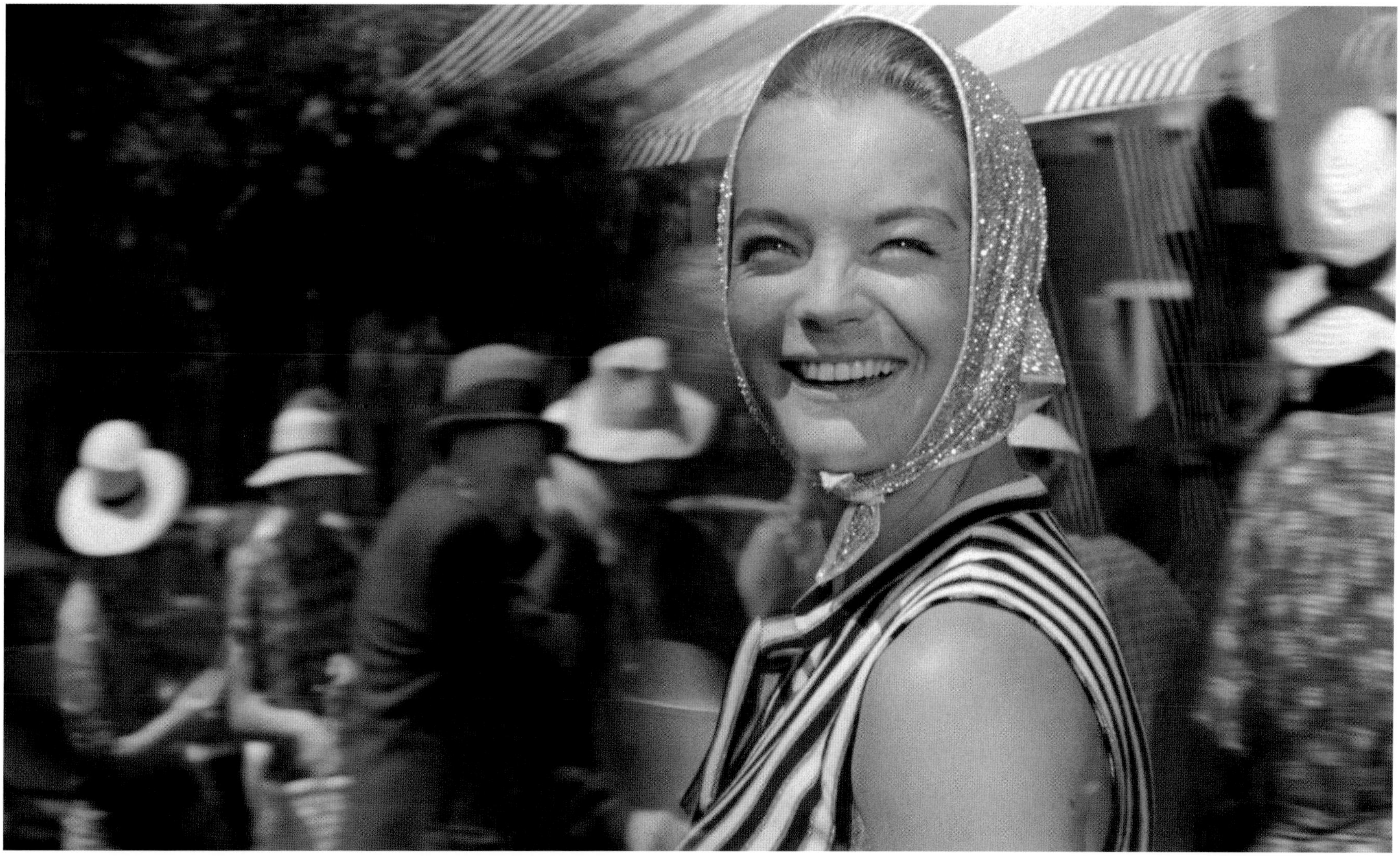

DAS IST DER IN GLEICHUNGEN ÜBERTRAGENE WAHNSINN. AUCH DIE BEREITS BEI »LOHN DER ANGST« ERPROBTE TECHNIK DER STORYBOARDS WIRD EINGESETZT.

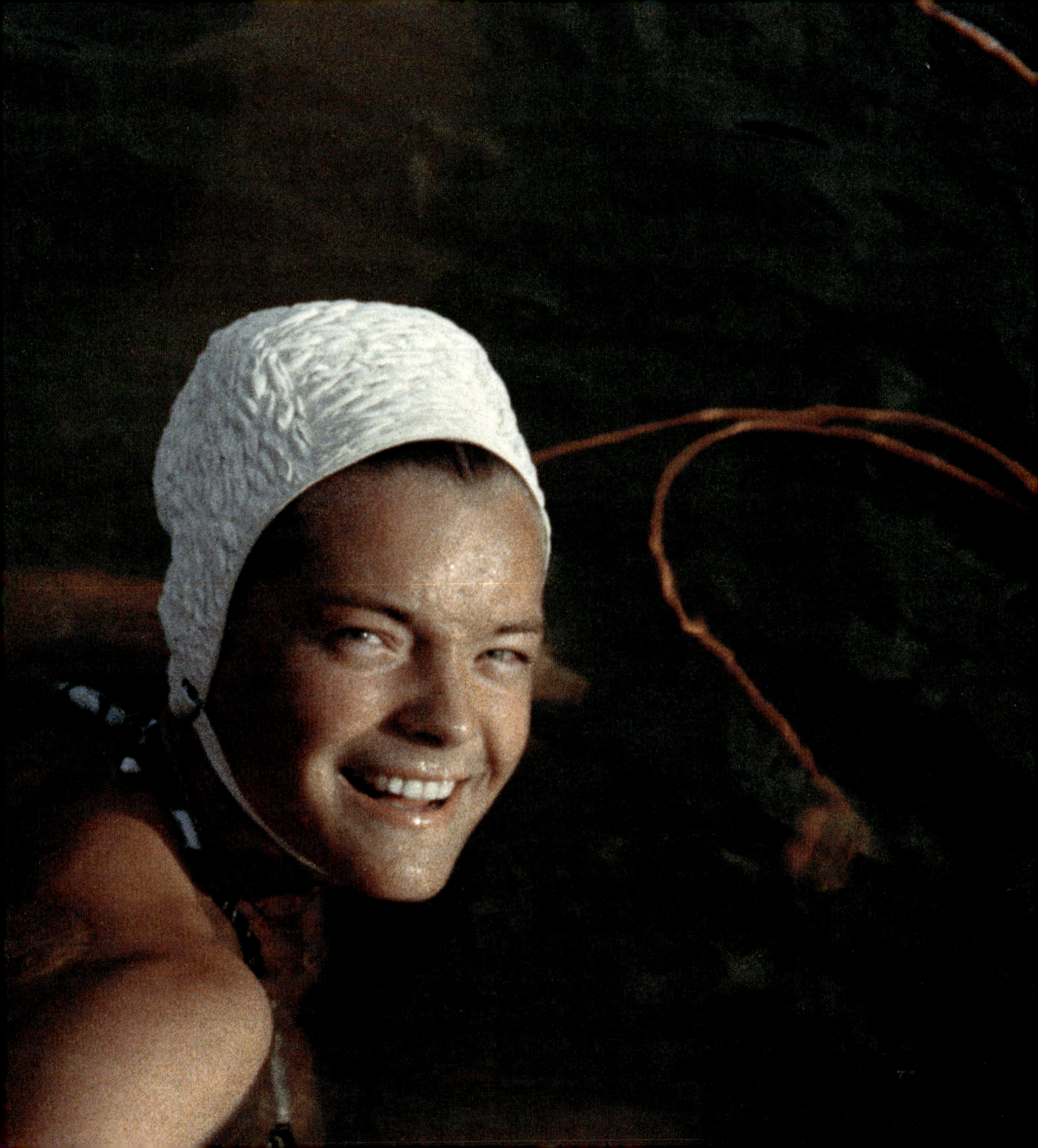

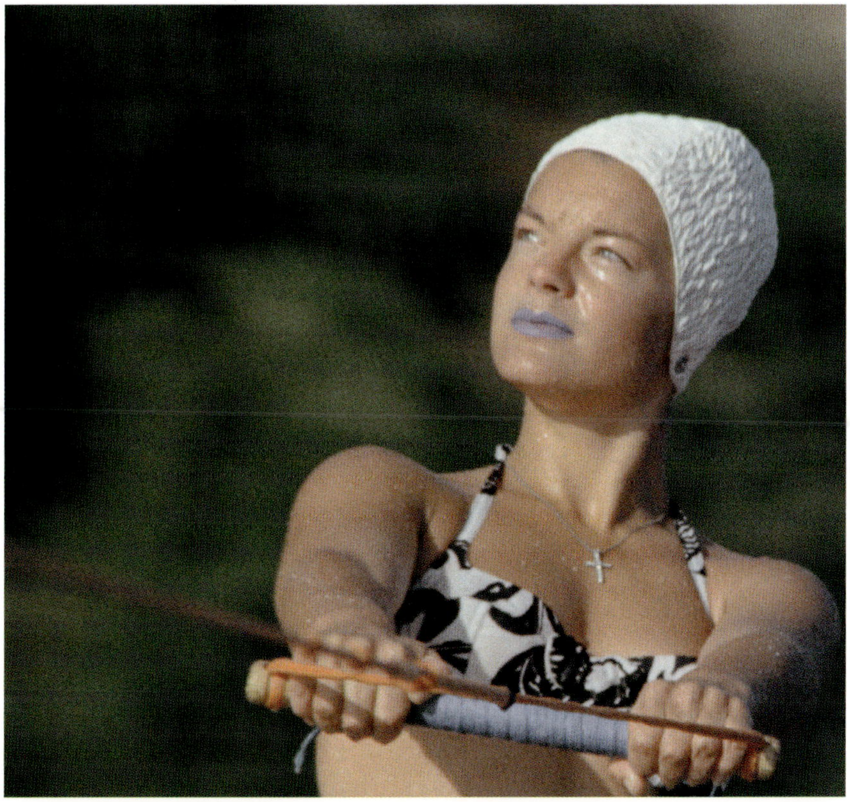

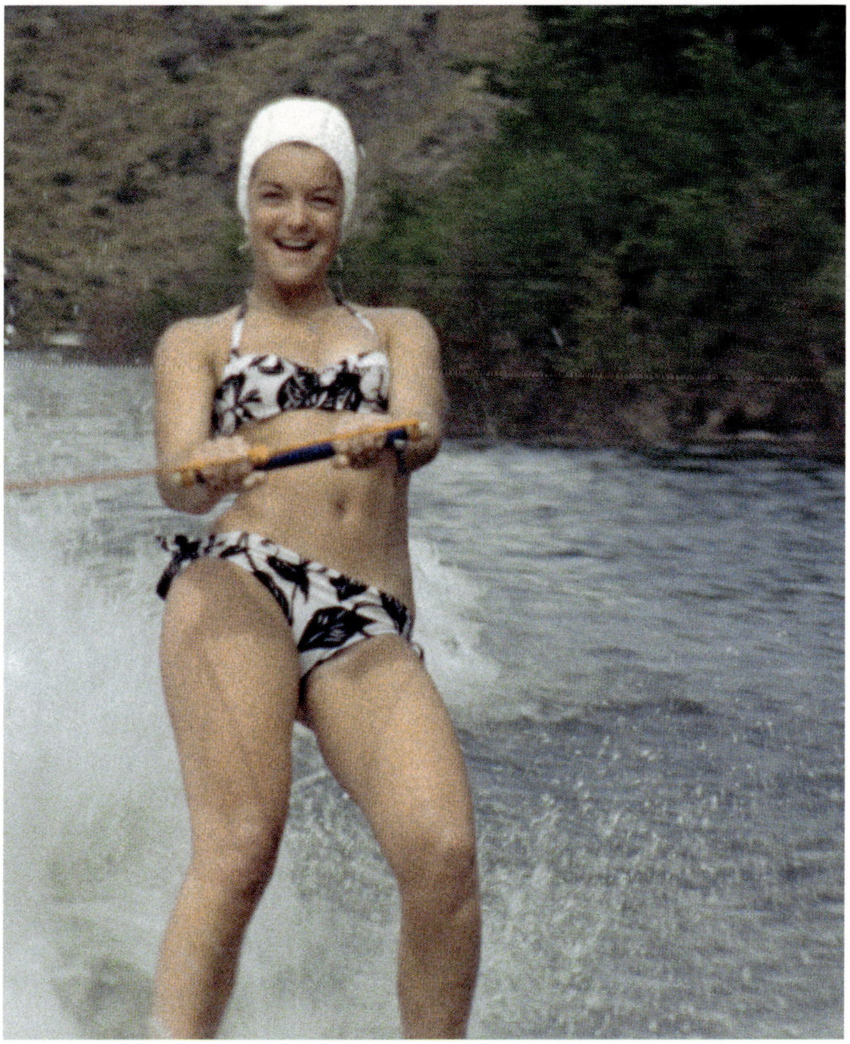

Irgendwann geht Danny Carrel an Mario David vorbei, der ihr einen Klaps auf den Hintern gibt; sie zieht ihren Pantoffel mit spitzem Absatz aus und schlägt ihm mit der flachen Sohle gegen die Stirn. Wir drehen einmal, zweimal, zehnmal, fünfzehnmal, es klappte nie, es war nie gut. Dannys Hintern war schon lila von den ganzen Schlägen, er wurde geschminkt, aber der Bluterguss wurde immer stärker.

Und weil sie nicht richtig mit ihrem Pantoffel zuschlägt, will Clouzot es ihr zeigen. Er nimmt den Schuh, schlägt aber mit dem Absatz zu und verpasst Mario David ein Loch im Kopf …

Mario war ein kräftiger Kerl mit dickem Blut, das ordentlich zirkulierte. Es war wie in einem Trickfilm, das Blut sprudelte förmlich heraus. Wir hatten auf der einen Seite Dannys blauen Hintern und auf der anderen den blutenden Mario, dazwischen Clouzot, fassungslos, weil alles gegen ihn war.

*Da sagte er den berühmten Satz, den ich seither hundertmal gehört habe: »Bernard, holen Sie mir Claude Ganz (Produzent). Holen Sie mir Georges Valon (Produktionsleiter). Holen Sie mir alle!« Ich hole also Valon und Ganz: »Sie wollen uns sprechen, Georges?« und er antwortet: »Hören Sie. Sehen Sie. Die Kleine hat einen blauen Hintern und der andere verspritzt sein Blut, was soll ich machen?«
Und Valon sagt: »Unterbrechen, Georges, was sonst?« Also haben wir unterbrochen und sind zurück ins Hotel gegangen.*

Bernard Stora / Catherine Allegret

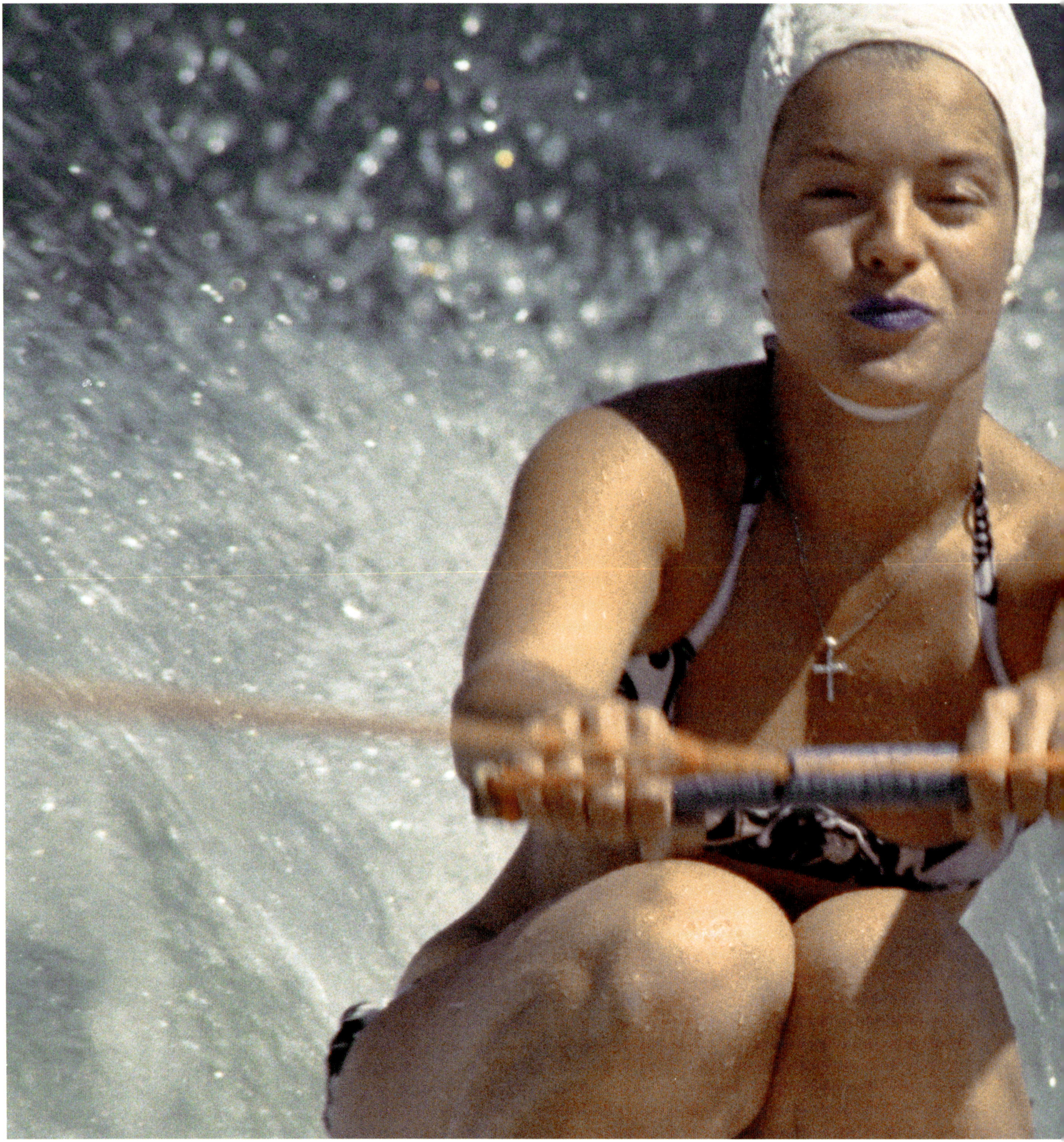

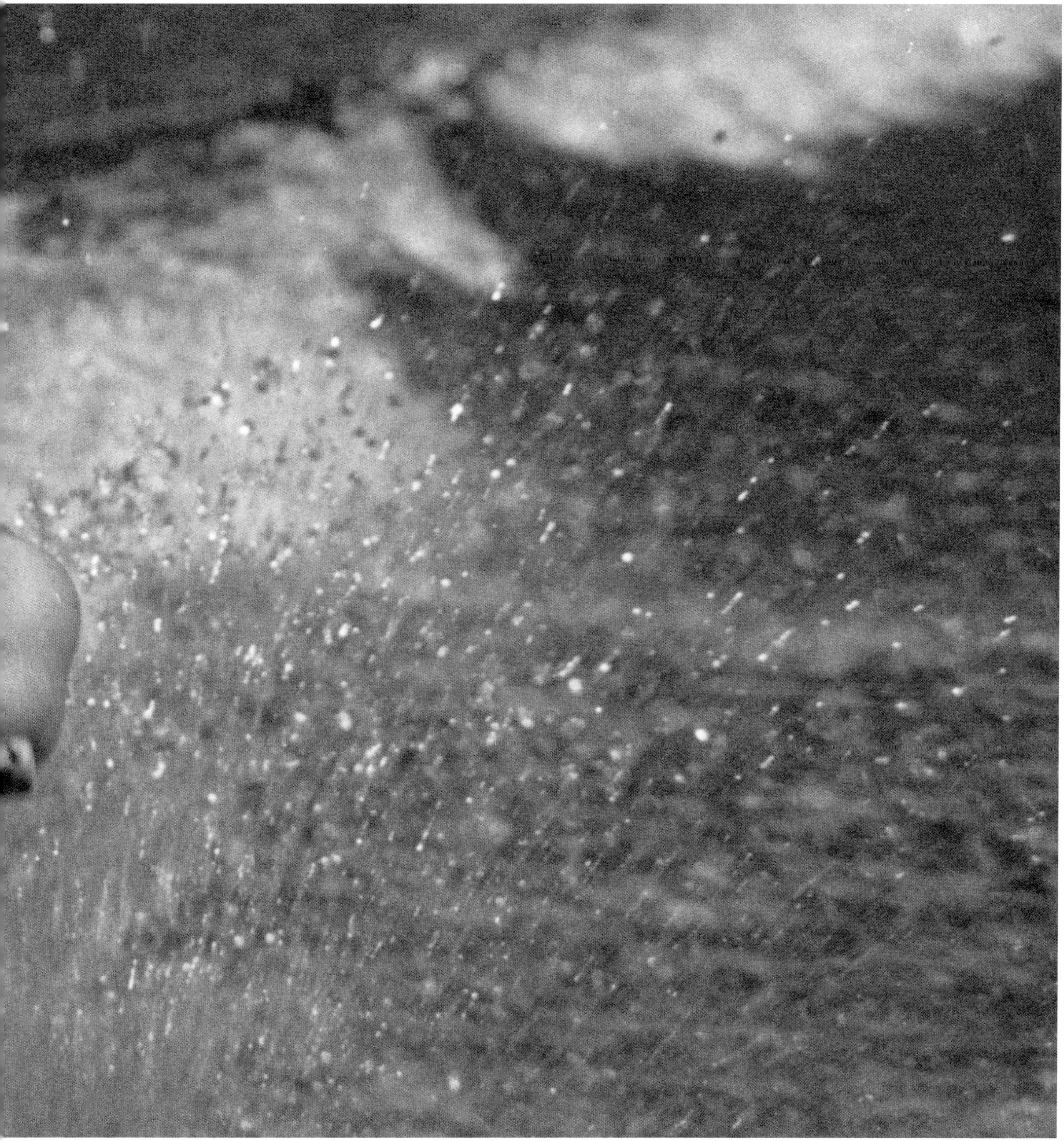

Da Clouzot an Schlaflosigkeit leidet, lässt er niemanden schlafen. Er weckt seine Techniker mitten in der Nacht, fragt sie um Rat oder diskutiert mit ihnen ein technisches Detail oder das Drehbuch. Am Ende anstrengender Arbeitstage bespricht er mit diesem und jenem die nächsten Aufnahmen. Und sogar am Sonntag, einem freien Tag, nimmt er seine Kameramänner mit auf eine ungeplante Motivsuche oder erkundigt sich nach der Machbarkeit dieser oder jener Aufnahme.

Wenn er eine Idee hatte, musste man sofort da sein, immer in den Startlöchern, und Notizen machen. Und weil er an Schlaflosigkeit litt, ließ er auch niemanden von denen, die den Film für ihn, mit ihm machten, in seiner Umgebung schlafen. Alle waren totmüde. Denn wenn er nicht schlief, duldete er auch nicht, dass die anderen schliefen.

Catherine Allégret

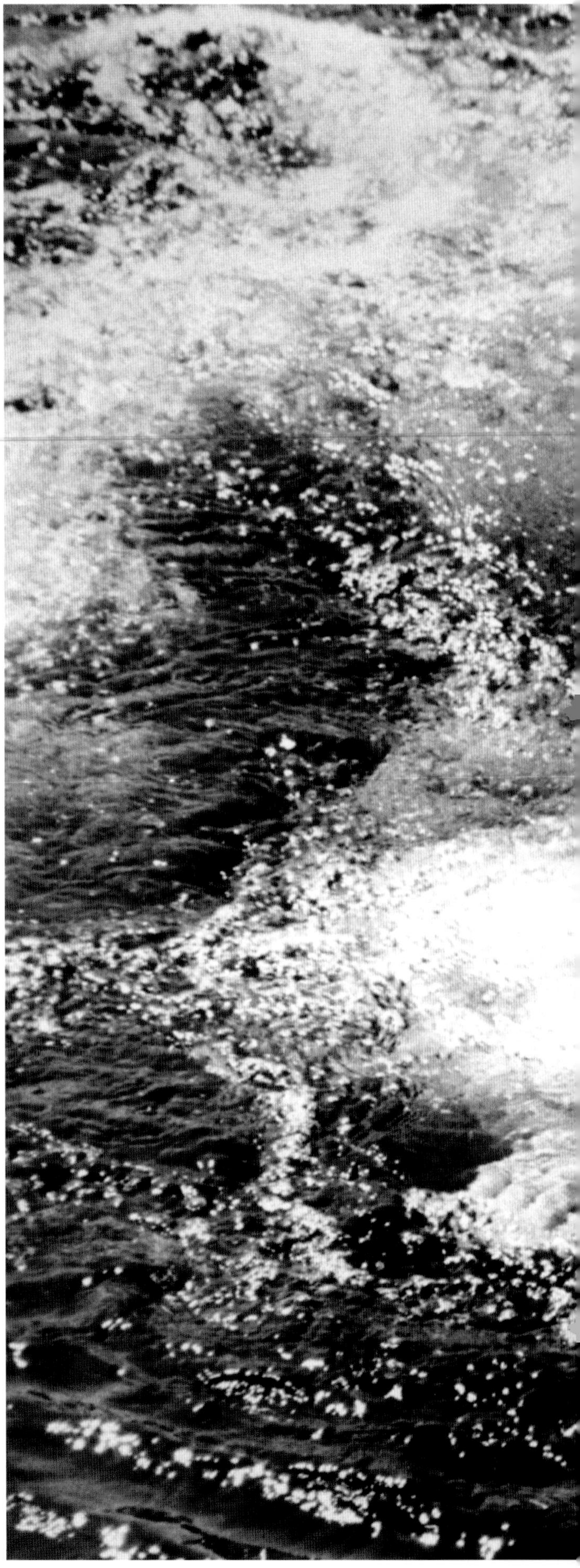

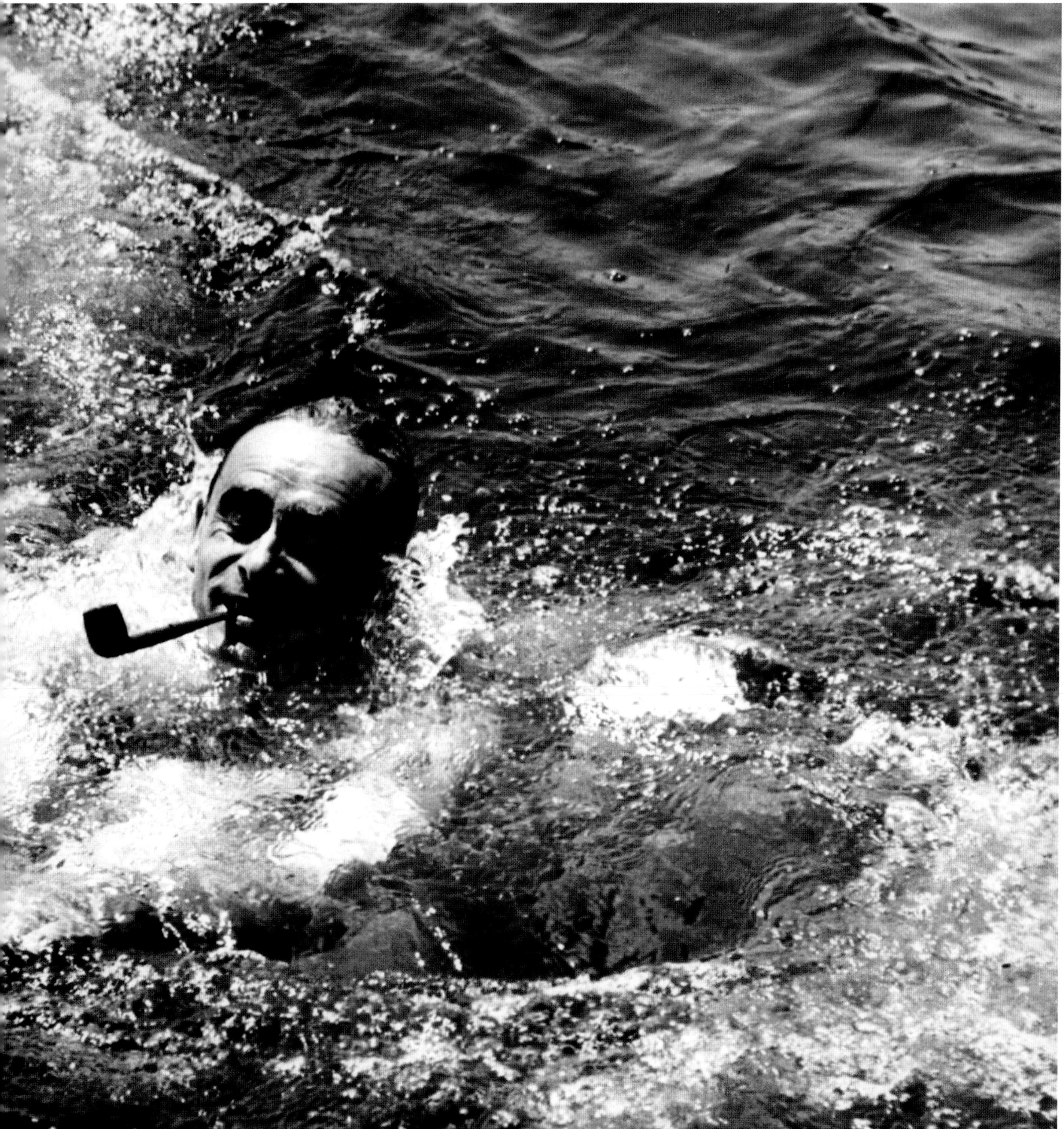

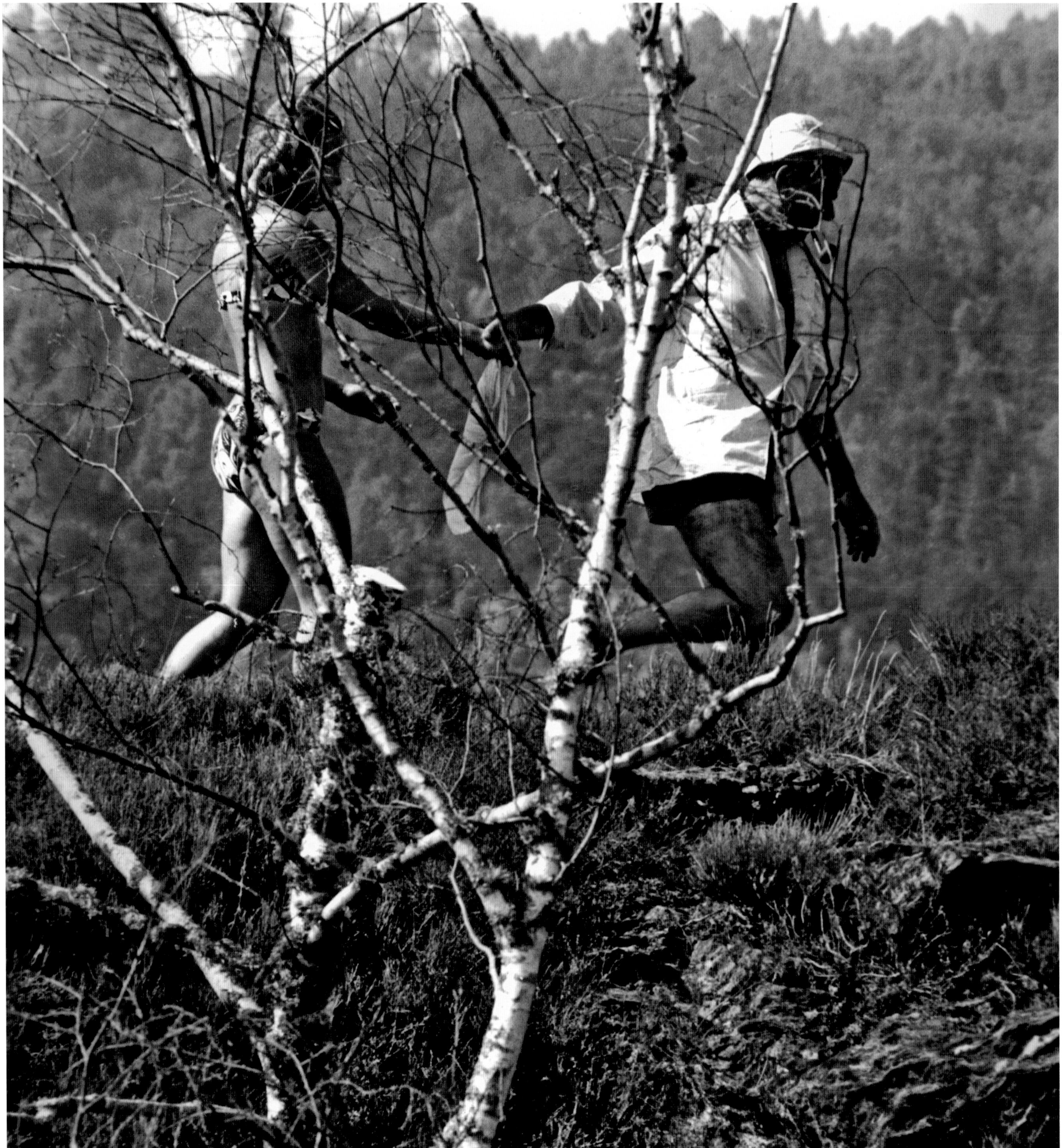

Wir haben uns oft gefragt, ob Henri-Georges schlief, sich ausruhte, ob er aß, ob er irgendwas so machte wie alle … Er war ständig in Bewegung. Ich habe nie einen so unruhigen Menschen gesehen.

Lan Nguyen

Clouzot ist Perfektionist. Wie er häufig erklärt hat, realisiert er eine Szene, indem er die Augen schließt oder »zur Decke starrt«, bis er sie genau vor sich sieht. Dann kommt er zurück zur Bühne und muss nur noch das Spiel der Schauspieler in Übereinstimmung mit seiner Vision, seiner Intuition bringen. Und solange es ihr nicht genau entspricht, wird die Aufnahme wiederholt, was bei den nahezu unbegrenzten Filmreserven problemlos möglich ist.

Jede Nacht schreibt er ganze Seiten des Drehbuchs um, in den Morgenstunden gehen sie zur Schreibkraft, werfen alle Vorbereitungen des Vortags um. Die Teams sind bald erschöpft und haben Mühe, diesem Gewaltrhythmus zu folgen. Christian de Chalonge, ein erfahrener Assistent, ist außerstande, sich diesen ständigen Umstellungen zu beugen. Eines Morgens erfährt man, dass er den Drehort verlassen, das Handtuch geworfen hat.

Sogar wir, die Scriptgirls, wussten nicht genau, was wir am nächsten Tag drehen würden, weil Henri-Georges die Sachen nachts regelmäßig umschrieb.

Lan Nguyen

Wir waren wirklich im Hotel eingesperrt, richtige Gefangene des Inferno.
Sonntags, wenn Clouzot und Inès bei der Messe waren, musste Ludovic, der Chauffeur, sofort zurückkommen und die Hoteltür bewachen, damit wir uns nicht in alle Winde zerstreuten. Also nutzten wir die kurze Zeit ihrer Abwesenheit, um zu flüchten. Das war ziemlich verrückt: Wir gingen hoch auf den Speicher und kletterten durch die Rundfenster wie Schulkinder kichernd hinunter zu den Autos, die wir hinter dem Haus geparkt hatten.

Lan Nguyen

Ich glaube, niemand verstand genau, warum für den Dreh dieses Films so viel Geld aufgebracht wurde und wir irgendwie trotzdem nichts zustande brachten.

Bernard Stora

Das ist schon seltsam … Ich hatte ihn als so effizient erlebt … Wissen Sie, wenn man sich Unter falschem Verdacht *ansieht, das ist von phantastischer Präzision. Kein Detail, das nicht stimmt. Wahre Goldschmiedekunst. Und dort stand er minutenlang neben der Kamera, wirkte fast etwas ratlos.*

Jacques Douy

Clouzot kann hervorragend Schauspieler führen, er setzt alle Mittel ein, um das Ergebnis zu erreichen, das er sich vorstellt. Die Ohrfeige, die er der Bardot beim Dreh von *Die Wahrheit* verpasst hat, war auf allen Titelseiten.

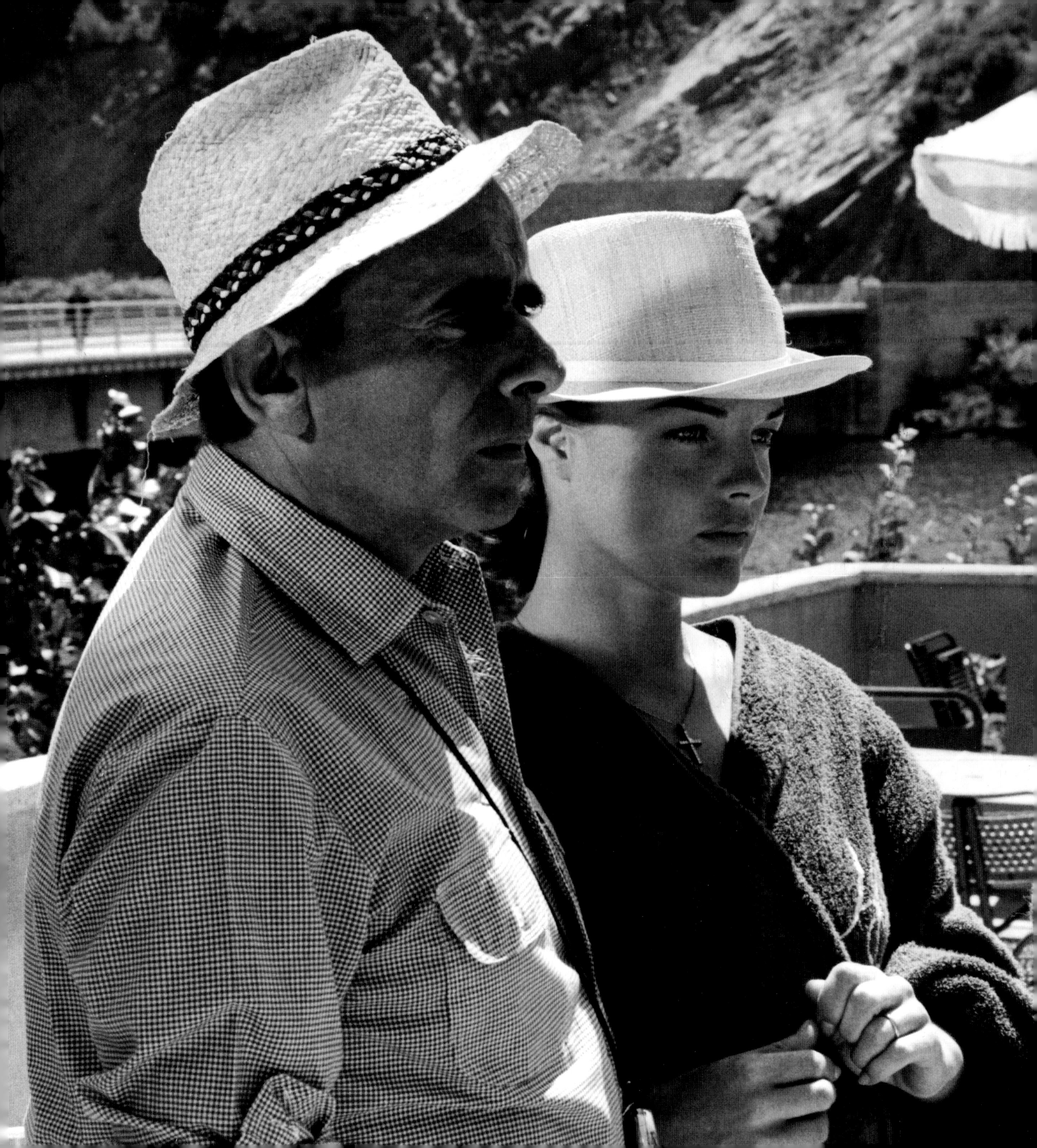

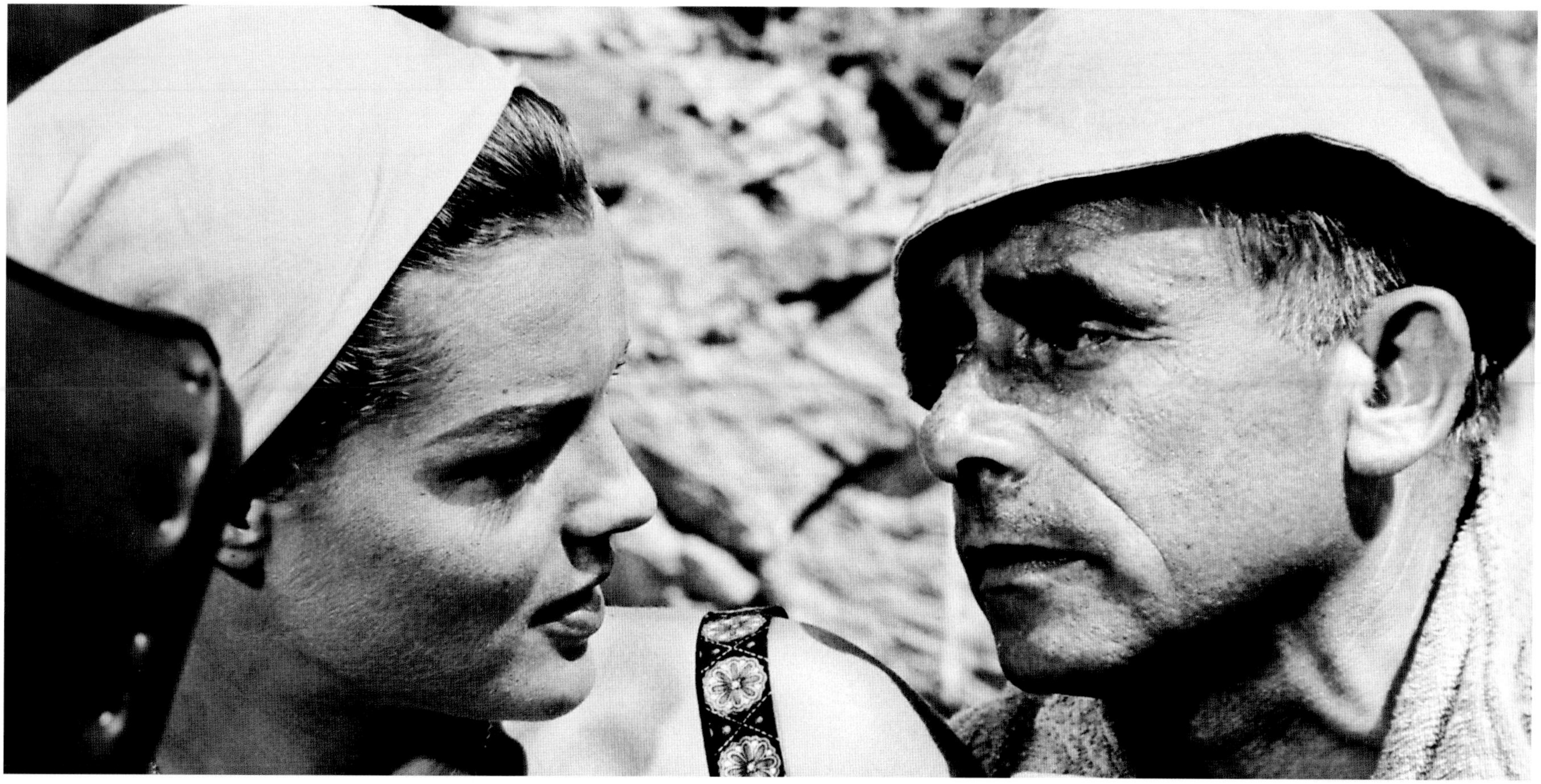

Schon seit Jahren kommen die Schauspieler etwas verkrampft an seinen Drehort, denn er hat den Ruf, extrem hart zu ihnen zu sein. Man nennt ihn zynisch, erbarmungslos … Das gehört zu seinem Markenzeichen.

Alle Schauspieler wussten, dass sie es mit einem ziemlich speziellen Charakter zu tun hatten. Meine Mutter (Simone Signoret) erzählte oft, dass es in Die Teuflischen *eine Szene gab, wo sie mit dem Rücken zur Kamera abgeht, nachdem man ihr etwas Unangenehmes gesagt hat. Clouzot hat bei der ersten Klappe unterbrochen und gesagt: »Simone, Sie sind nicht wütend.« Darauf entgegnete sie mit ihrer losen Zunge: »Was interessiert Sie das, wenn man mich nur von hinten sieht?« Sie hatte ihre Szene gespielt, ging ab … Clouzot: »Aber wenn man geht, geht man nicht mit den Händen in den Taschen oder man ballt zumindest die Fäuste.« Selbst von hinten hatte er gesehen und gefunden, dass ihr Körper nicht wütend war!*
Mama sagte zu mir: »Ich warne dich, sieh dich vor, dass dich Clouzot nicht fertigmacht.«

Catherine Allégret

Serge Reggiani wird ganz sicher ein Opfer dieser Härte. Hinreichend vor Clouzot gewarnt (»Der Kerl kriegt mich nicht«, sagte er), bietet er ihm ständig Paroli und lacht auch mal über die Anweisungen, die Clouzot ihm gibt. Der Konflikt zwischen den beiden Männern ist vom ersten Tag an spürbar, die Spannung steigt immer weiter.

Die Beziehung zwischen Reggiani und Clouzot war, ich würde sagen, ziemlich hart. Ich weiß nicht, welche Rechnungen sie zu begleichen hatten, aber irgendwas war da auf jeden Fall. Reggiani musste kilometerweit hinter einem Dolly herrennen, tagelang … Er konnte nicht mehr.

William Lubtchansky

Clouzot treibt seine Schauspieler bis zum Äußersten, bis sie zusammenklappen, und dann ist er zufrieden, dann sagt er: Das ist gut, jetzt können wir. Kamera!

Lan Nguyen

Ich habe schlimme Erinnerungen … Romy war sehr unglücklich, denn es war kurz nach ihrer Trennung von Alain Delon. Sie sagte immer: »Ich gehe einen Marie Bizarre trinken, wie bizarr!« Und sie war sehr, sehr unglücklich. Aber sie war so entzückend.

Catherine Allégret

Romy Schneider hat beschlossen, alles zu tun, was der Regisseur von ihr verlangt. Dieser Film ist nicht einer unter vielen, das ist ihr ständig bewusst; wenn er ein Erfolg wird, macht ihre Karriere einen Sprung. Und Clouzot ist der ideale Regisseur, um ein solches psychologisches Drama zu wagen und zu bewältigen.

Für Clouzot steht Romy im Mittelpunkt des Films. So wie Odette im Zentrum der Obsessionen ihres Mannes steht, wird Romy diejenige sein, um die sich *L'Enfer* entwickelt. Sie ist faszinierend, berückend, hypnotisch. Sie wird das ideale Objekt von Obsessionen und Paranoia sein.

Romy war sehr glücklich, diesen Film zu machen, weil sie seit langem nichts Wichtiges gedreht hatte. Sie war ein Profi. Und wenn man sie gebeten hat, Wasserski zu fahren, hat sie nicht nein gesagt. Sie konnte nicht schwimmen, aber sie hat für den Film gelernt, Wasserski zu fahren.

Inès Clouzot

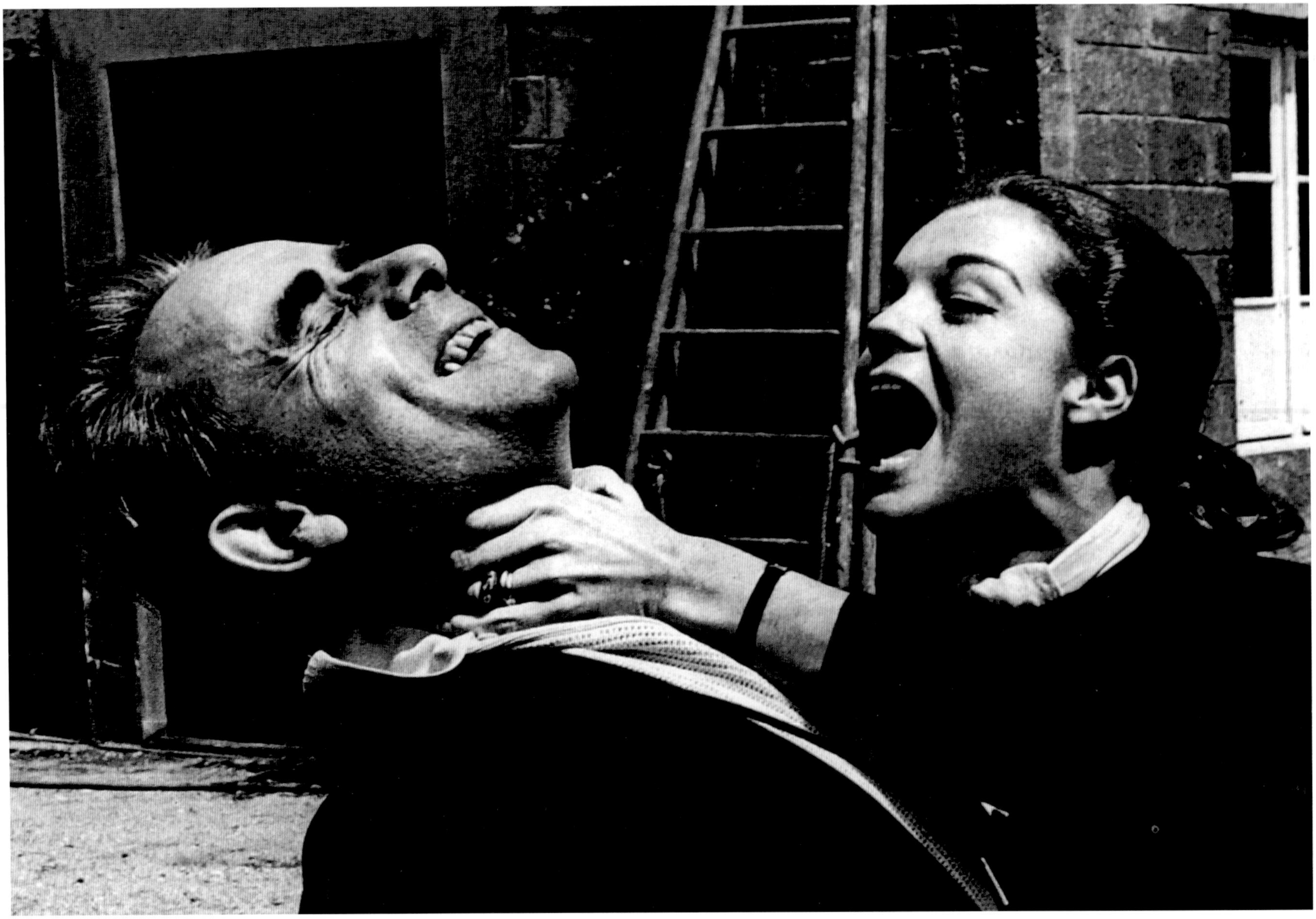

»ROMY, MIT DER ICH SPÄTER GEARBEITET HABE, LEHNTE NACKTSZENEN AB. ABSOLUT. UND ICH FINDE, SIE HATTE ABSOLUT RECHT.«

COSTA-GAVRAS

Auch wenn die Sequenzen, die hier als Außenaufnahmen in Garabit gedreht werden sollen, oft nur Übergangsmomente sind, in denen sie nicht allzu sehr Theater spielen muss, verspricht das, was sie bei den Proben gezeigt hat, für die Innenaufnahmen in den Studios von Boulogne in einigen Wochen doch große Momente der Tragödie.

Obwohl eher scheu und zurückhaltend, wird Romy für Clouzot alles akzeptieren. Sie hat beschlossen, ihm zu vertrauen, bis zum Schluss, wie keinem anderen Regisseur zuvor. Ohne dieses von Anfang an versprochene Vertrauen hätte sie auch niemals eingewilligt, bei dem verrückten Versuch mitzumachen, die krankhafte Eifersucht im Innern des Gehirns einer der Hauptfiguren zu filmen.

Natürlich hat sich die Frage der Nacktheit von Anfang an gestellt. Der Vertrag, den Romy mit der Produktionsfirma unterschrieben hat, legt klar fest, dass es keine Nacktszenen geben wird. Und trotzdem hat sie eingewilligt, die berühmte Sequenz von unglaublicher Erotik und Gewalt mit den Gleisen und dem Zug zu drehen, obwohl sie nicht ausdrücklich im Drehbuch auftaucht.

Ich habe Romy wütend weggehen sehen, sie sagte »Nein, das will ich nicht machen. Du kotzt mich an, ich hab das schon mal gemacht!« Sie verließ die Bühne und ging in ihre Garderobe. »Ich will dich nicht sehen!«
Das waren ziemlich alberne Szenen, sie waren lustig, eine ständige »Zähmung der Widerspenstigen«. Na ja, ein bisschen.

Lan Nguyen

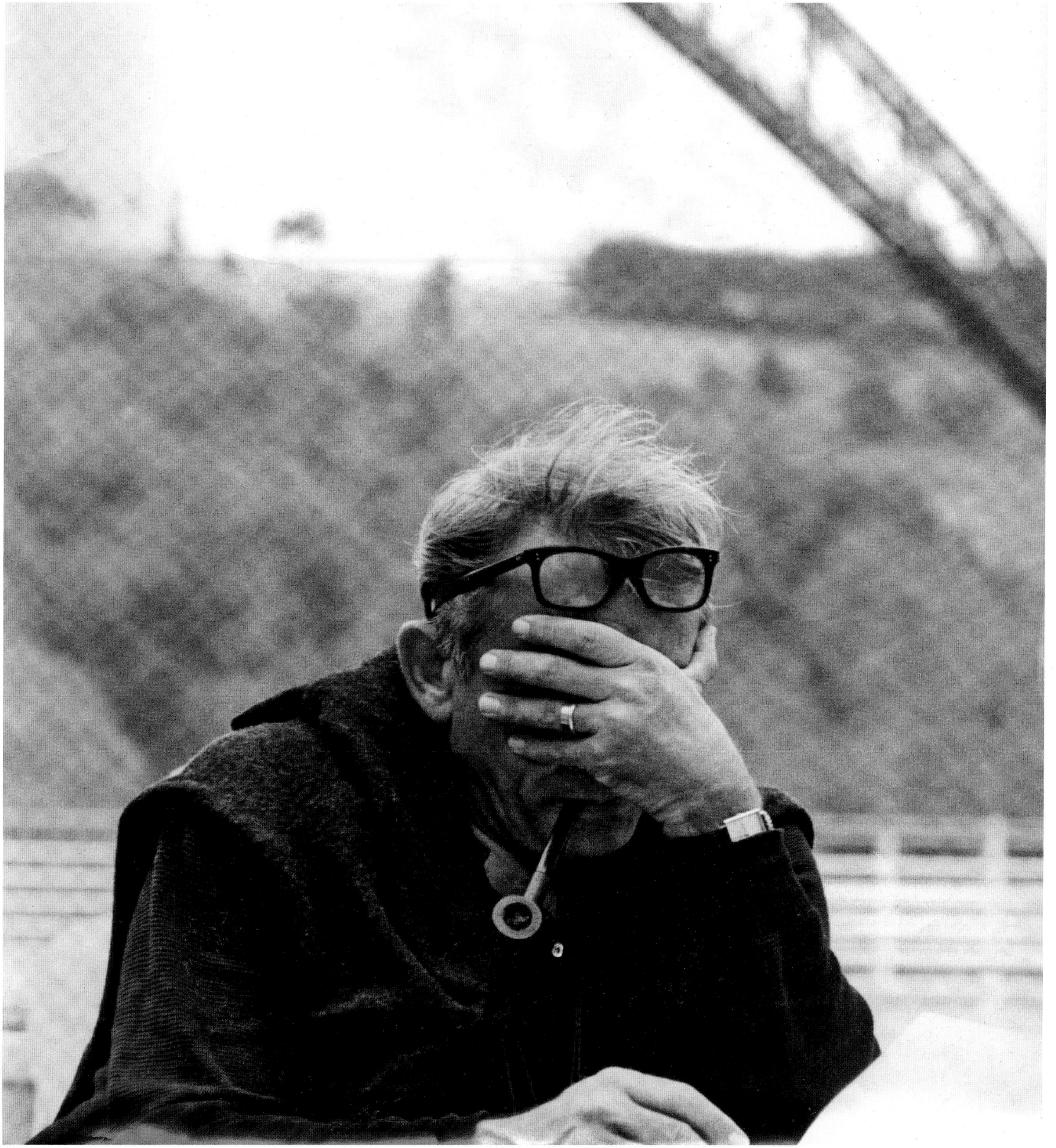

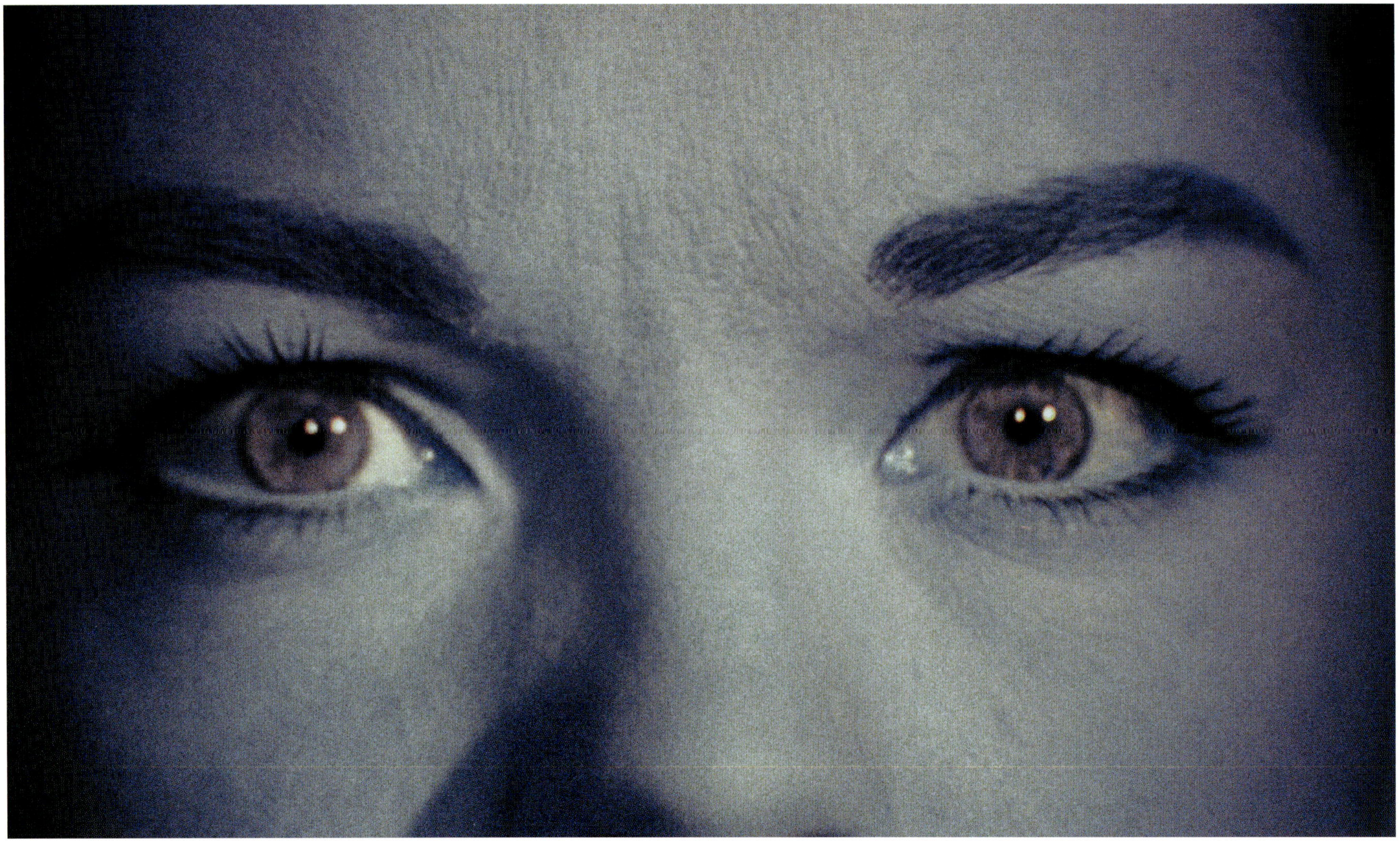

EIN VERFLUCHTER FILM

Je weiter die Dreharbeiten vorangehen, desto angespannter ist die Atmosphäre. Schon vom ersten Tag an ist zu spüren, dass etwas nicht stimmt, ohne dass man das allgemeine Unbehagen benennen könnte.

Am 7. Juli 1964 der erste Alarm: Serge Reggiani muss unverzüglich ins Krankenhaus, erste Anzeichen einer Depression. Er kommt zurück zu den Dreharbeiten, aber deutlich geschwächt, und wie es die Tagesdispos belegen, die Jean-Claude Bercq aufbewahrt hat, wird er praktisch nie mehr drehen.

So werden die Beschattungsszenen in der Stadt Murat, die unter den Probeaufnahmen entdeckt wurden, tatsächlich mit seinem Double, dem Schauspieler Pierre Baillot, gedreht.

Während alle darauf hoffen, dass der Hauptdarsteller bald wieder in Form ist, verlässt dieser den Drehort und unternimmt geheimnisvolle Reisen, um einen Arzt in Paris zu konsultieren. Man sagt, er leide an Maltafieber, übertragen durch den sehr trockenen Ziegenkäse, den er sich immer aus Korsika liefern lässt. Heute wissen wir, dass es die ständige Auseinandersetzung mit Clouzot war, die Serge Reggiani in diese Depression stürzte, wegen der er nicht mehr drehen konnte.

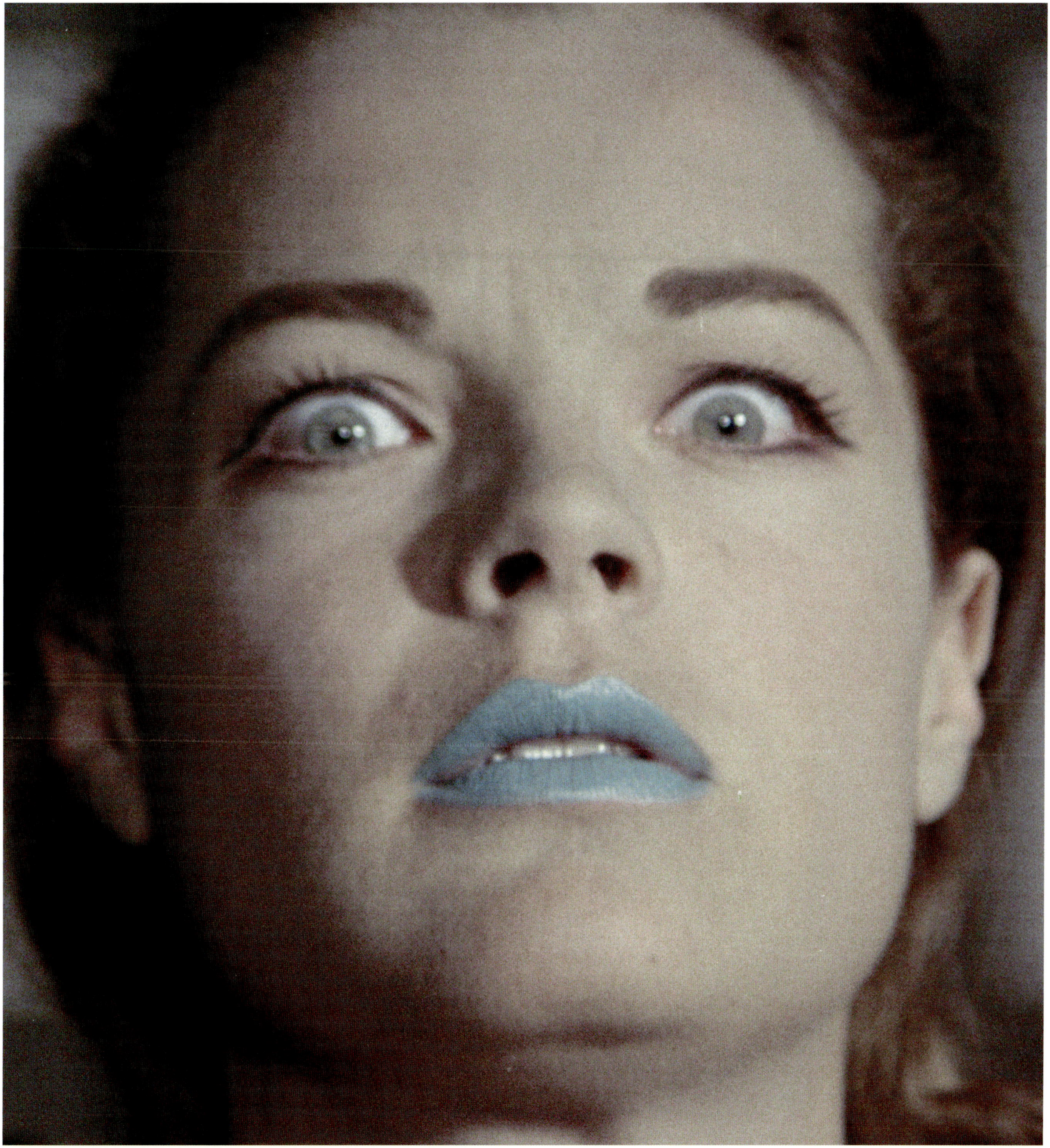

102-103

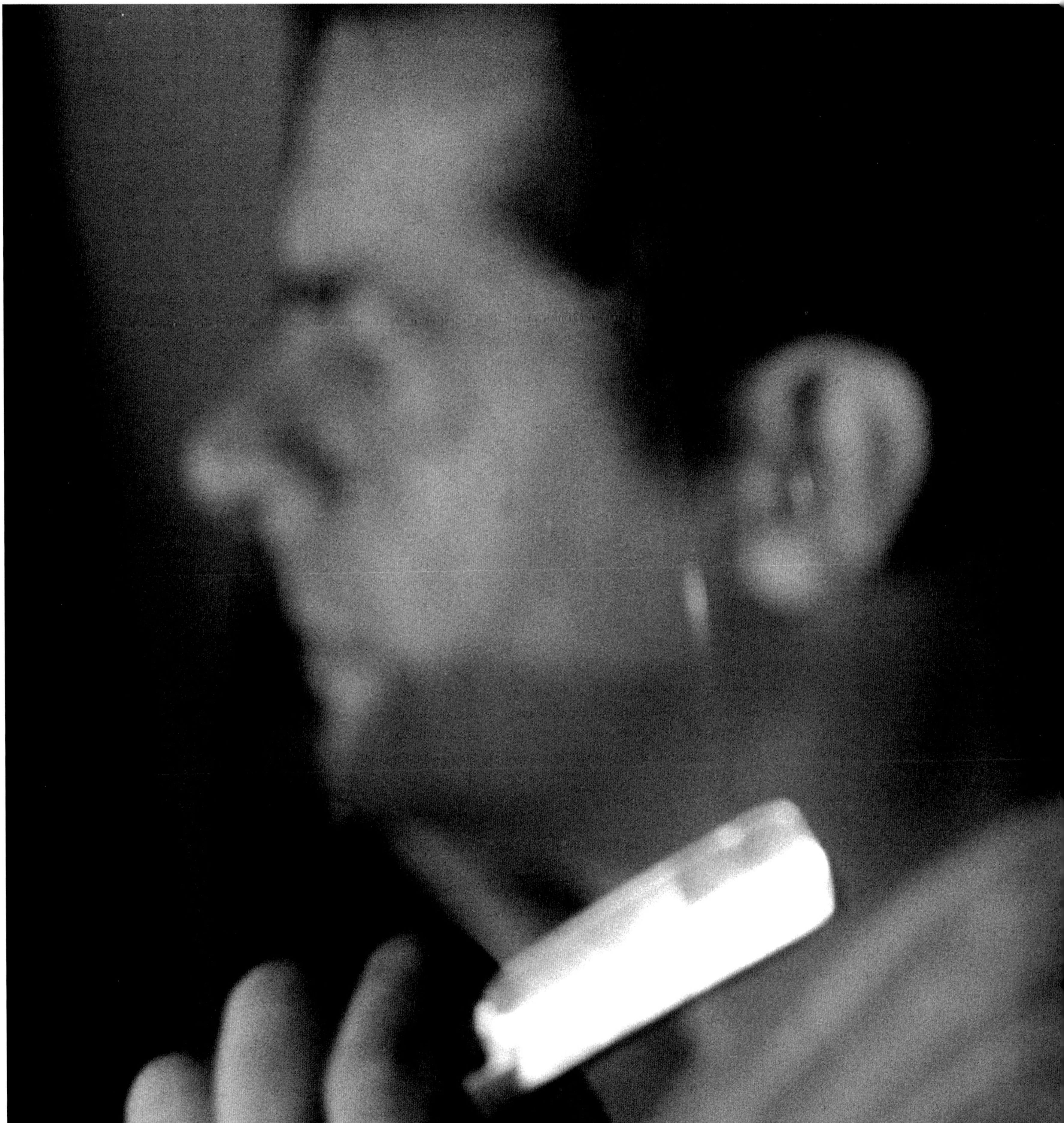

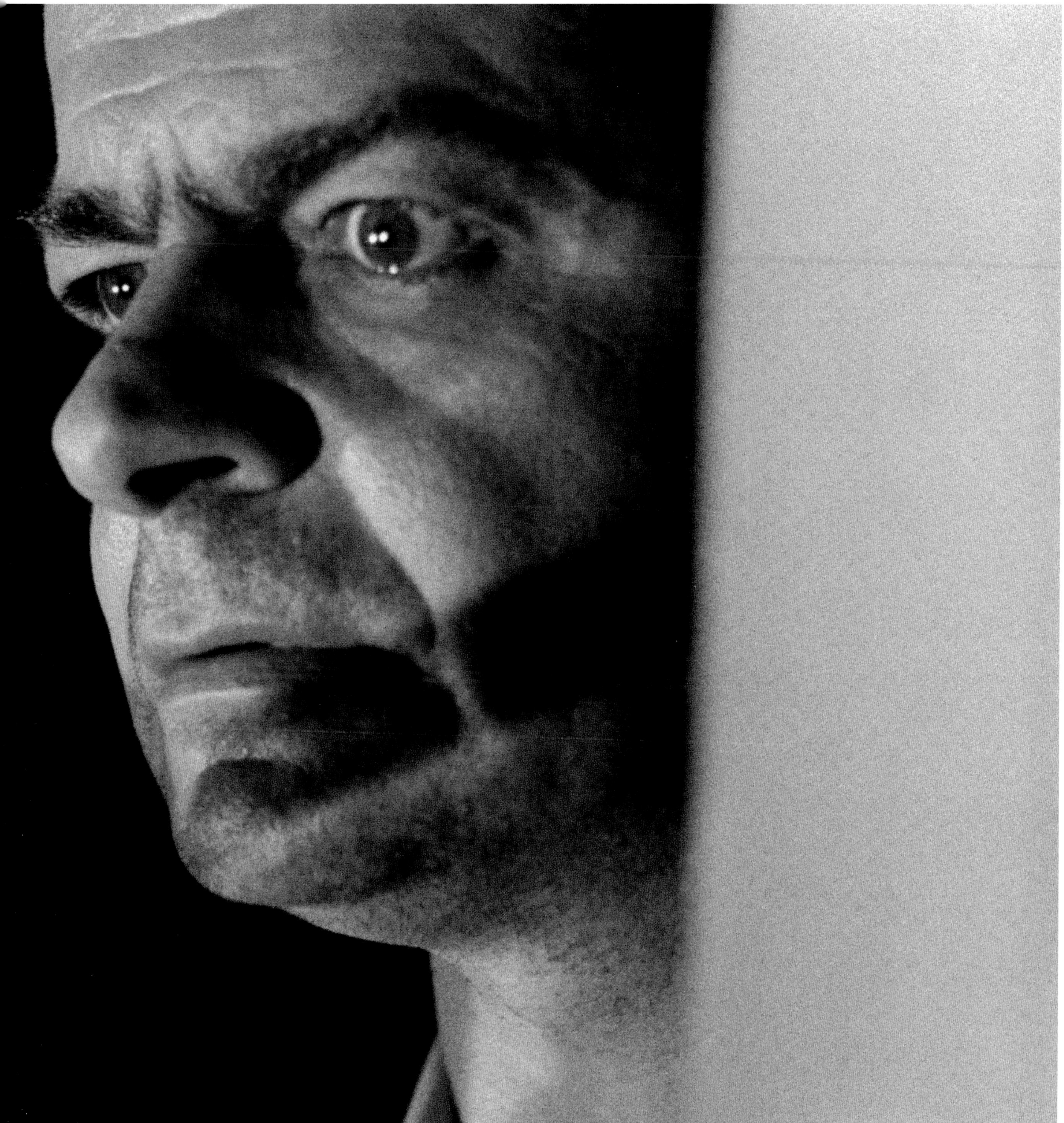

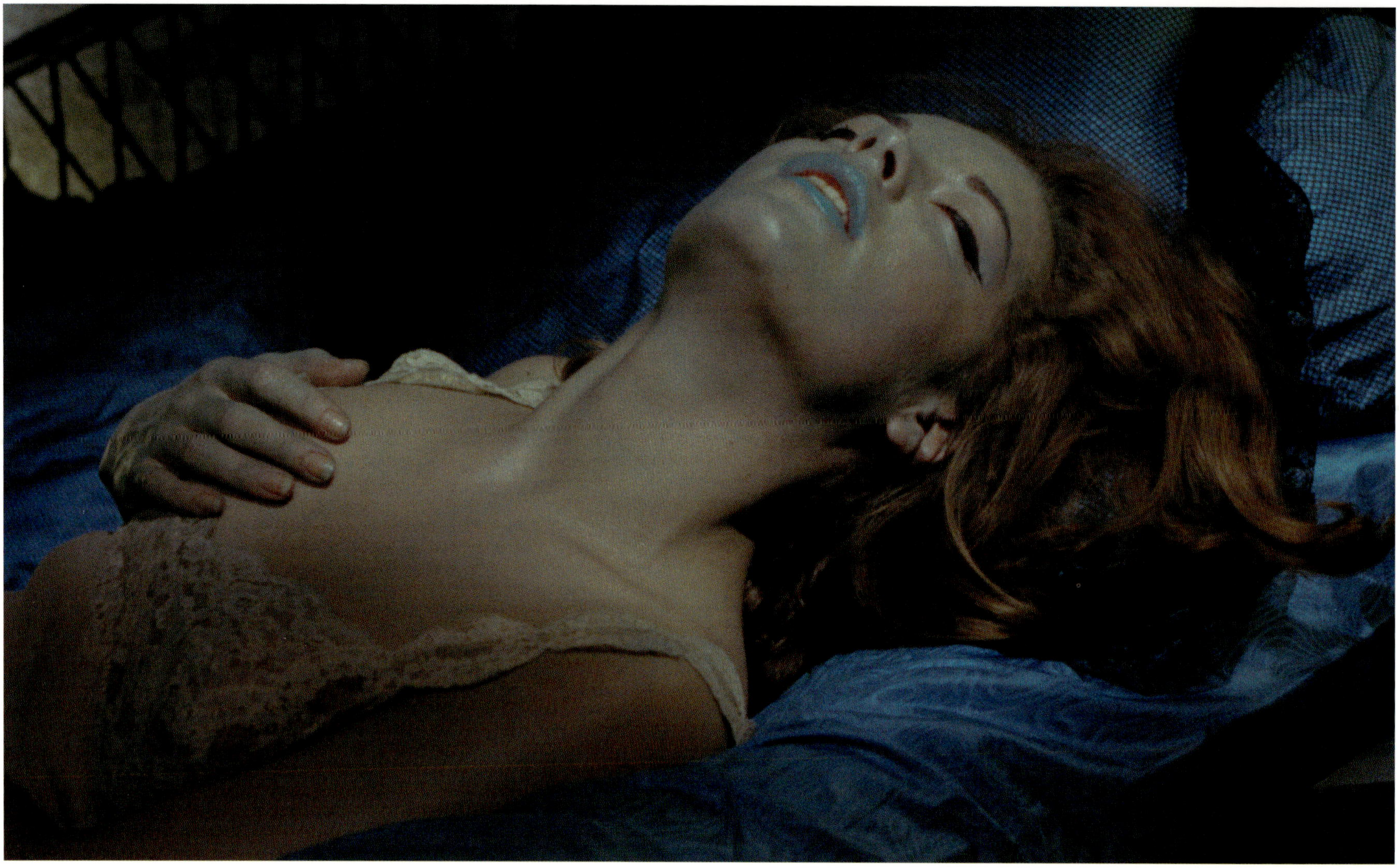

ABER DAS PHANTASTISCHSTE IST DER UNGLAUBLICHE ANSPRUCH VON HENRI-GEORGES CLOUZOT.

Henri-Georges machte zu viel.
Zunächst war der Druck durch den Ausstieg von Reggiani sehr gewachsen, außerdem geriet er in Zeitnot. Es war Anfang Juli, der See sollte am 11. oder 12. geleert werden. Wir hatten zwar die Zusicherung bekommen, der Termin würde um einige Tage verschoben werden, aber das war nicht zu schaffen. Reggiani war immer abwesend, und es war klar, dass er nicht drehen wollte.

Inès Clouzot

Unter diesen Umständen müssen Clouzot und sein Team mehrere, kaum kompatible Baustellen gleichzeitig vorantreiben. Über die Nachfolge von Serge Reggiani nachdenken, die Aufnahmen bestmöglich vorbereiten, falls man die Szenen mit einem anderen Schauspieler wiederholen muss, die Dreharbeiten nach Plan fortsetzen und der Erschöpfung der im Hotel eingesperrten Techniker und Schauspieler entgegenwirken.

Aber das Phantastischste ist der unglaubliche Anspruch von Henri-Georges Clouzot, der die Dreharbeiten weiter nach nie erlebten Perfektionskriterien durchführt, Sequenzen immer wieder neu dreht, Aufnahmen und Proben vervielfacht, mit seinen drei Teams jongliert, als wenn nichts wäre, obwohl die Produktion in eine immer heiklere Situation gerät.

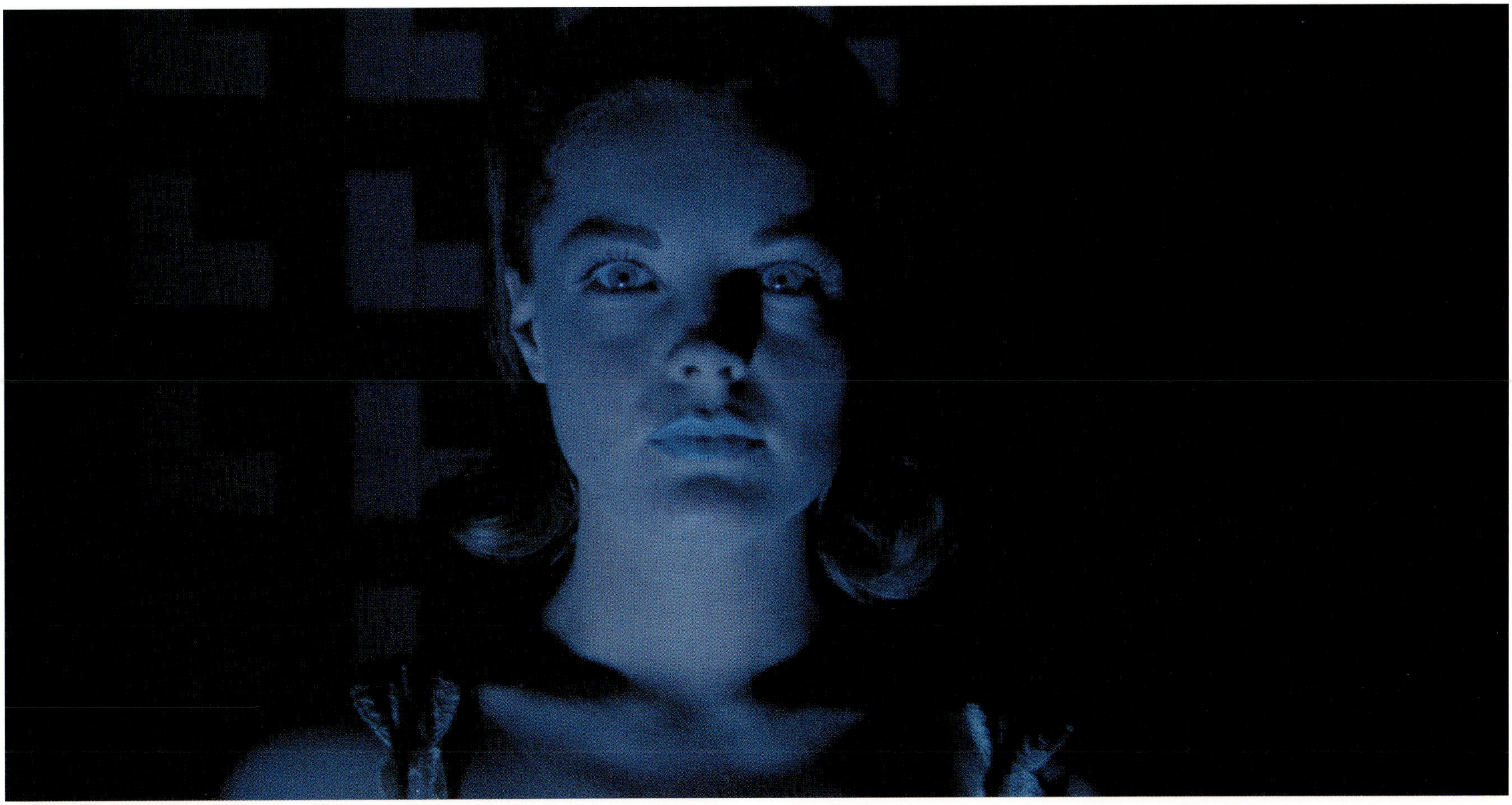

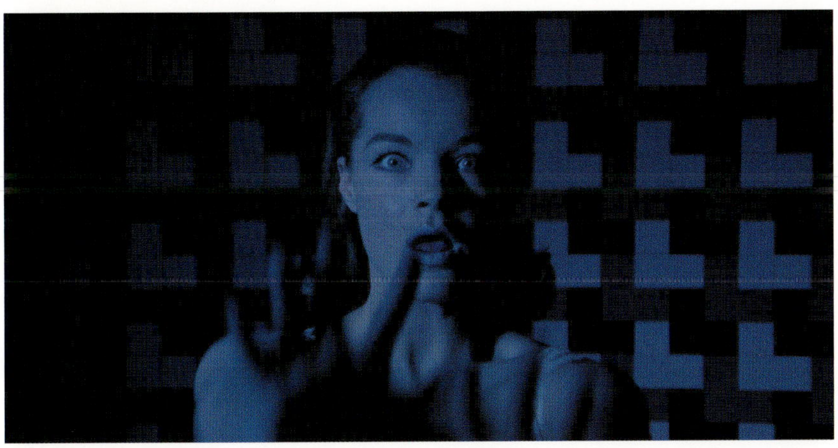

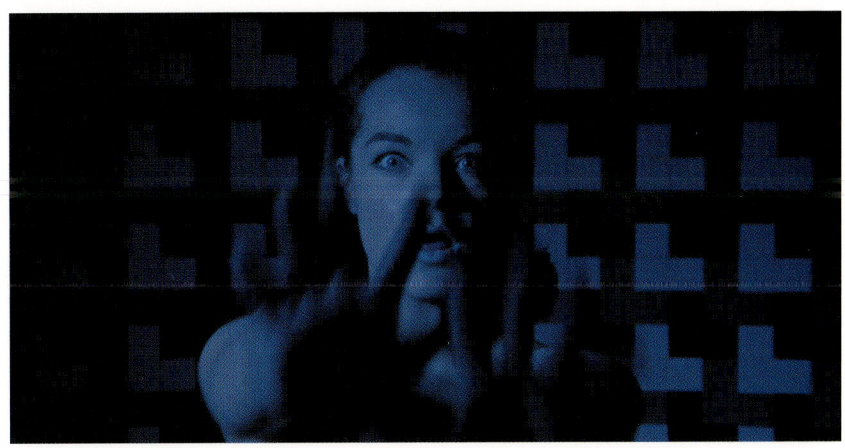

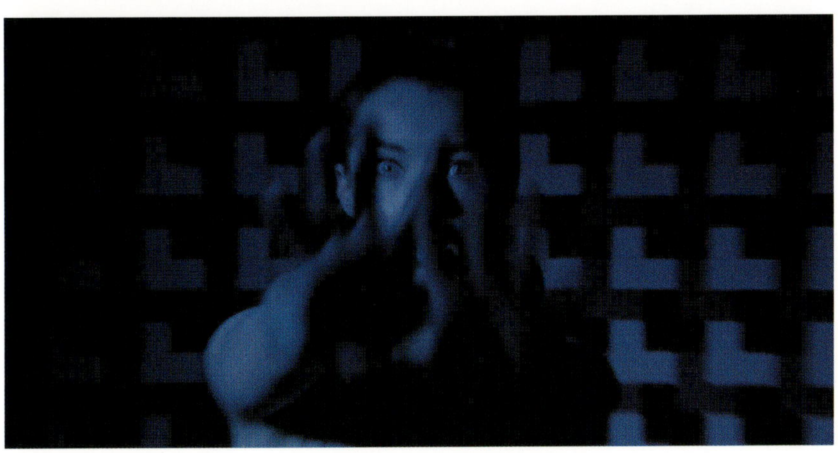

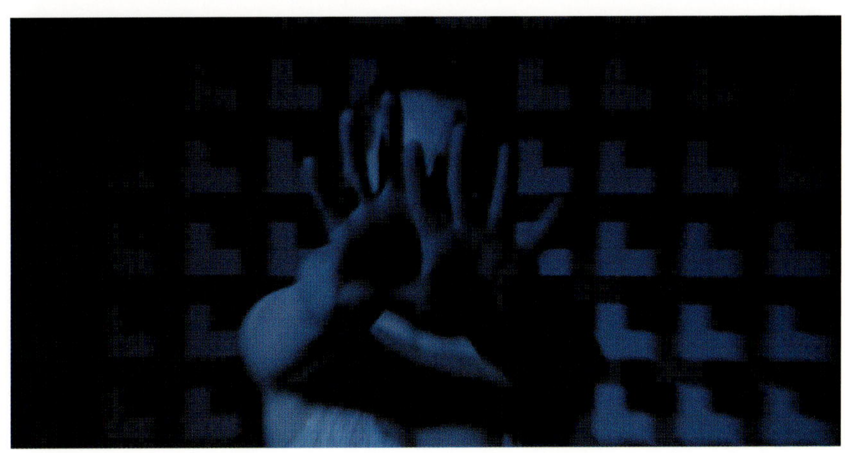

106-107

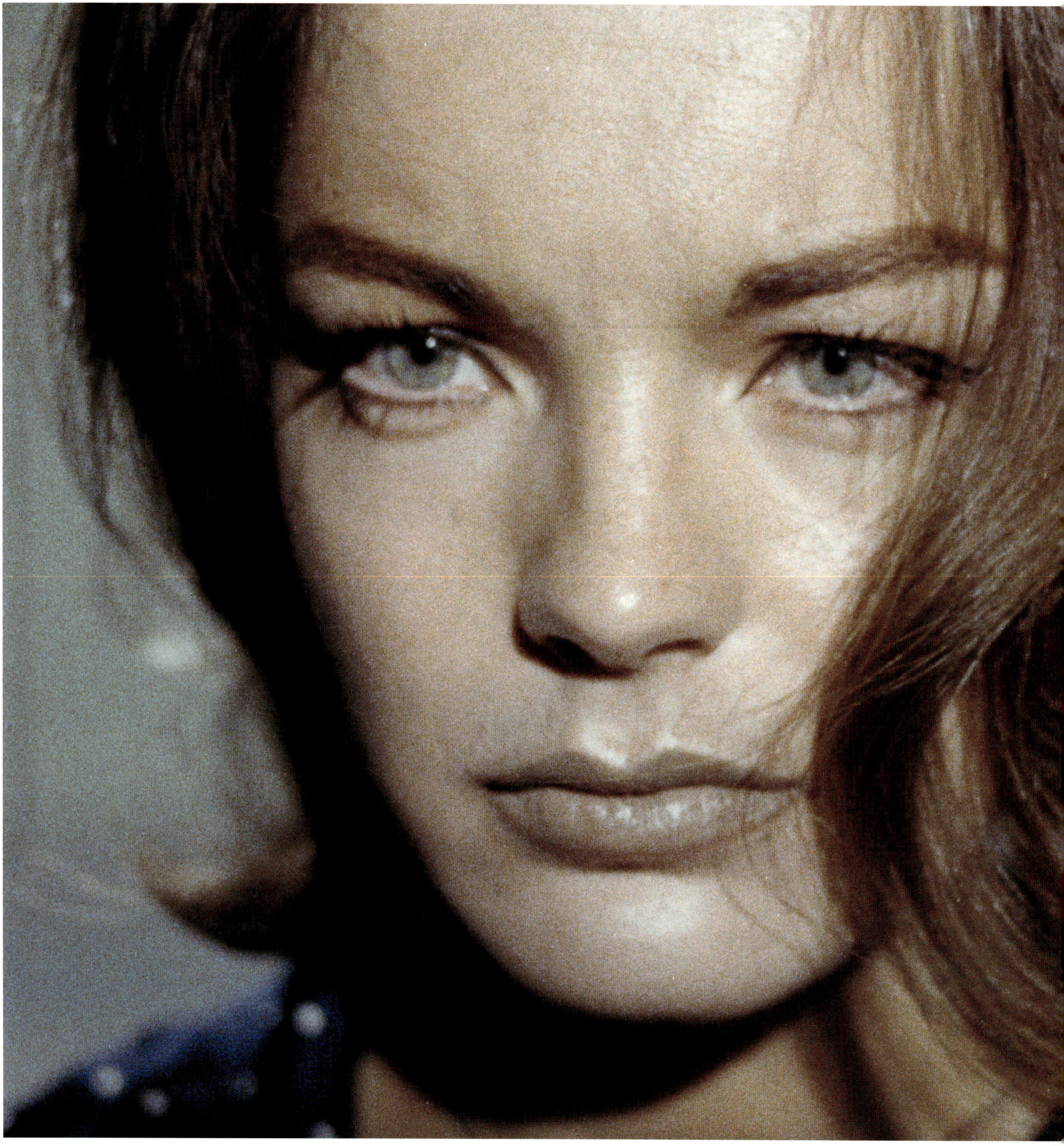

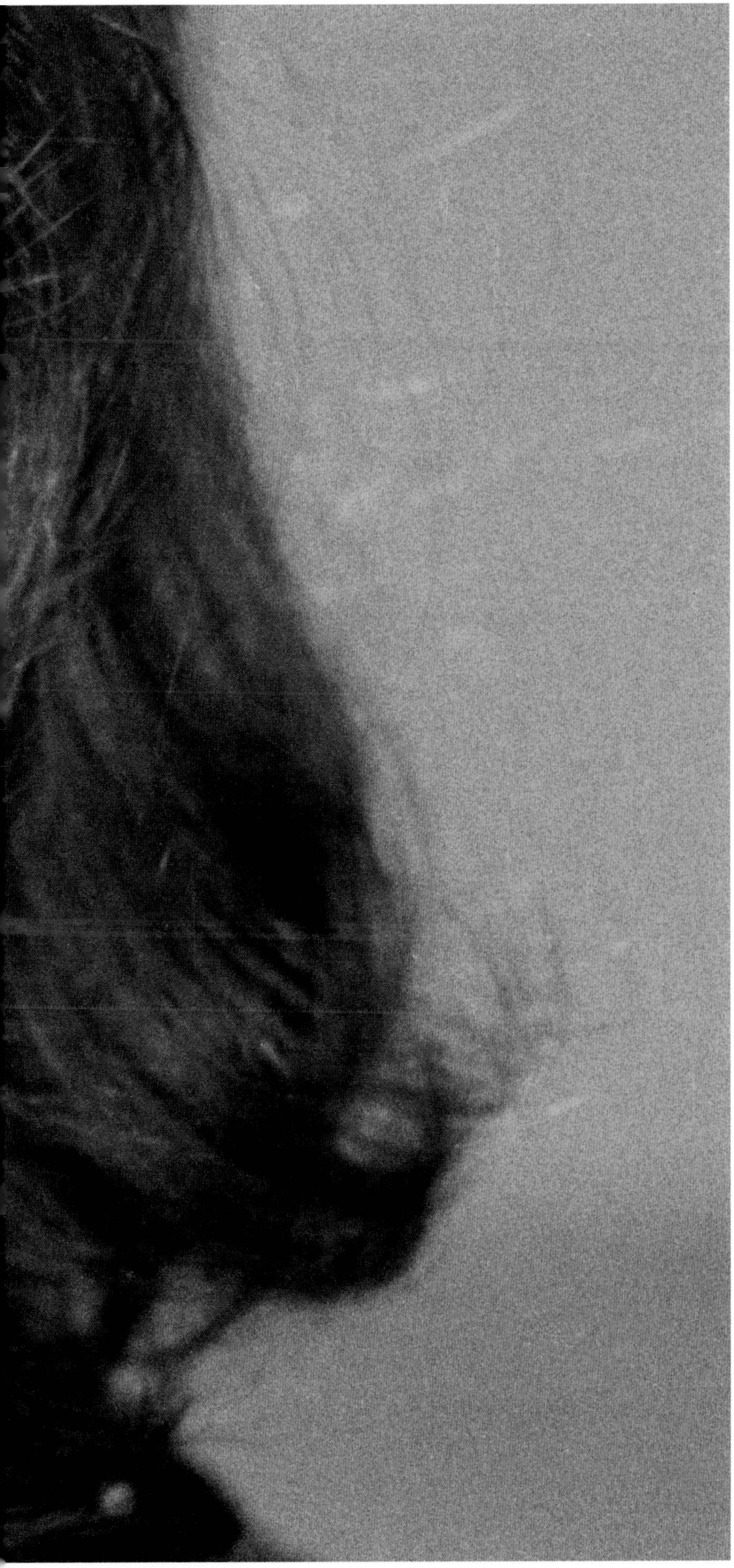

Clouzot litt ohnehin an Schlaflosigkeit, und da er sich um sein Projekt sorgte, hörte er gar nicht mehr auf zu arbeiten. Er war außerstande, einen Punkt zu machen, das konnte er nicht. Bei ihm hieß es immer und jederzeit …

Jean-Louis Ducarme

Alles zog sich übermäßig in die Länge, wir drehten eine Minute am Tag, anderthalb höchstens. Und da trotzdem nichts genau so war, wie Clouzot es wollte, wiederholten wir die Aufnahmen vom vorvorigen Tag, nachdem er die Muster gesehen hatte.

Lan Nguyen

Es gibt heute kein Archiv mehr, das genau angibt, an welchen Tagen die endgültige Abreise von Serge Reggiani und der Infarkt von Henri-Georges Clouzot stattgefunden haben. Die Privatklinik von Saint-Flour, wo die beiden Männer als Notfälle behandelt wurden, und ihre Archive wurden zerstört. Und ob es nun wegen der Versicherung war oder wegen negativer Schlagzeilen, die französischen Zeitungen haben darüber erst berichtet, als die Entscheidung, die Dreharbeiten abzubrechen, endgültig gefallen war.

Es gibt nur Zeugenaussagen, die nicht übereinstimmen.

Alle dachten, zumindest am Anfang, dass Reggiani seinen Platz wieder einnehmen würde. Aber die Tage vergingen, der See würde geleert werden, bald stellte sich die Frage eines Ersatzes für Reggiani. Margot Capelier, die für das Casting zuständig war, hat sich auf die Jagd gemacht und erste Vorschläge unterbreitet. So tauchte der Name Trintignant auf. Trintignant kam vorbei, ganz kurz, ein paar Tage, zwischen zwei Zügen. Aber er ist ein sehr anständiger Mensch und er wollte auf keinen Fall Reggiani rauswerfen, so lange der offiziell noch im Rennen war.

(…) Inzwischen war ich viel rumgerannt, um Anschlussaufnahmen, Dolly-Zooms usw. zu machen. Clouzot liebte es, mich rennen zu sehen: Das brachte alle zum Lachen. Irgendwann kam der Moment, wo das Problem vor allem darin bestand, einen Schauspieler zu finden, der seinem Double ähnelte, was doch irgendwie paradox ist. Damals sah ich Trintignant ziemlich ähnlich, Körperbau und Gesicht. Clouzot war begeistert. Er hat uns nebeneinander gestellt und gesagt: »Natürlich, das klappt hervorragend.« Voilà!

Bernard Stora

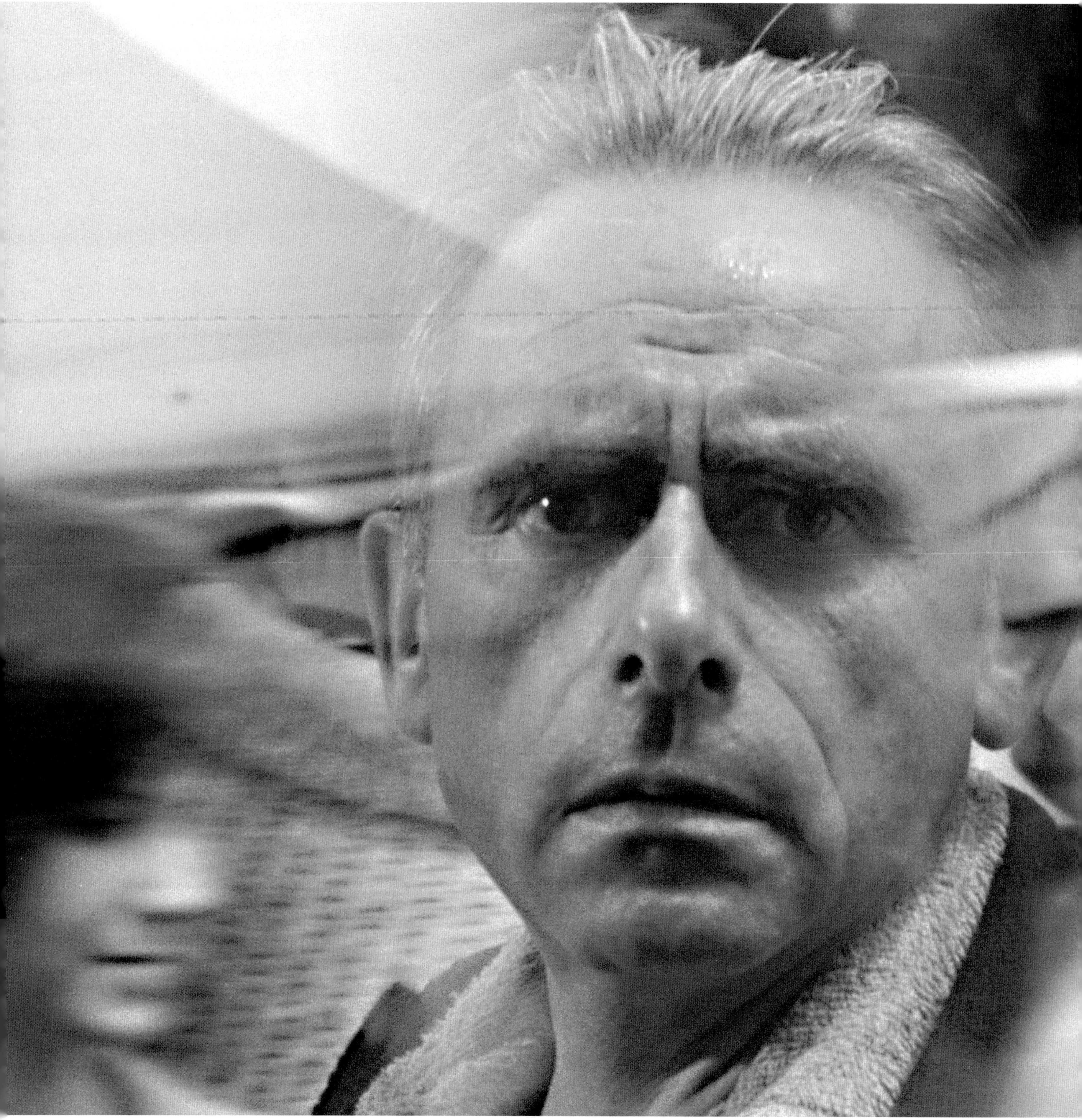

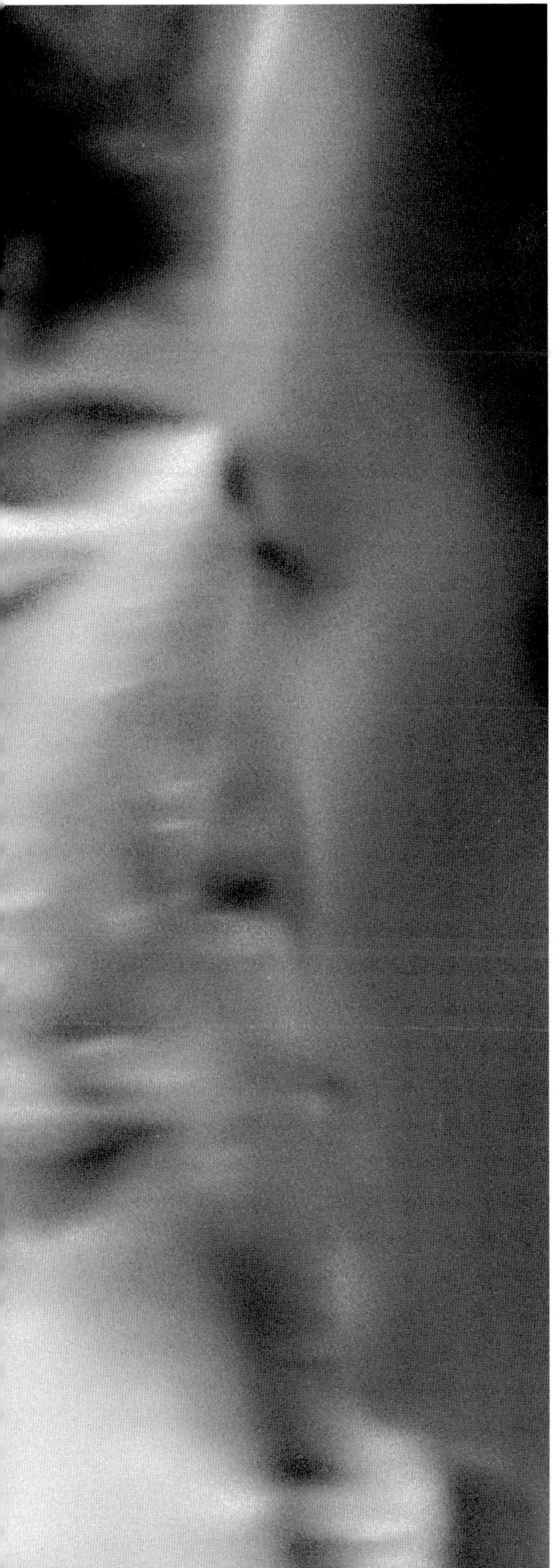

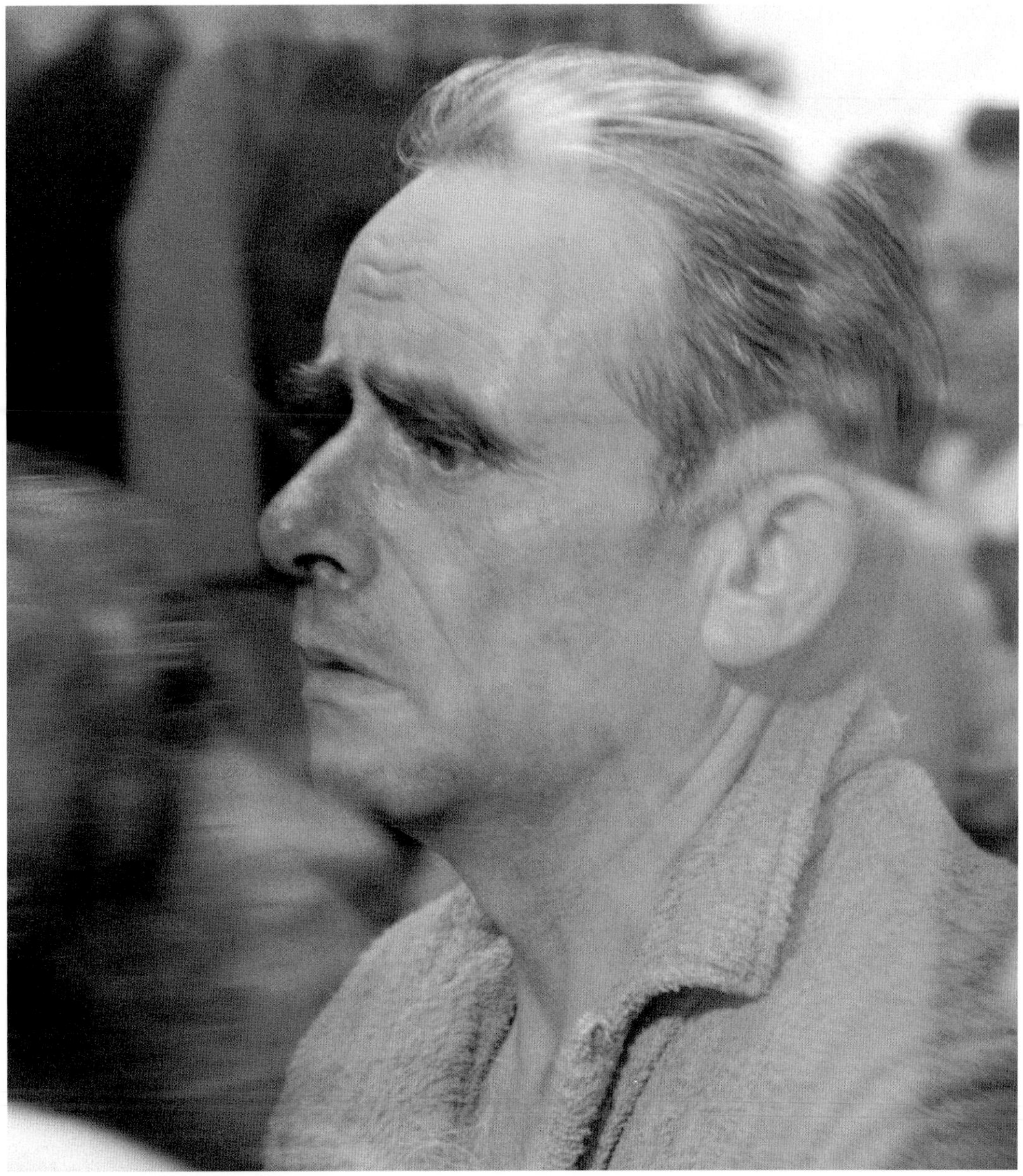

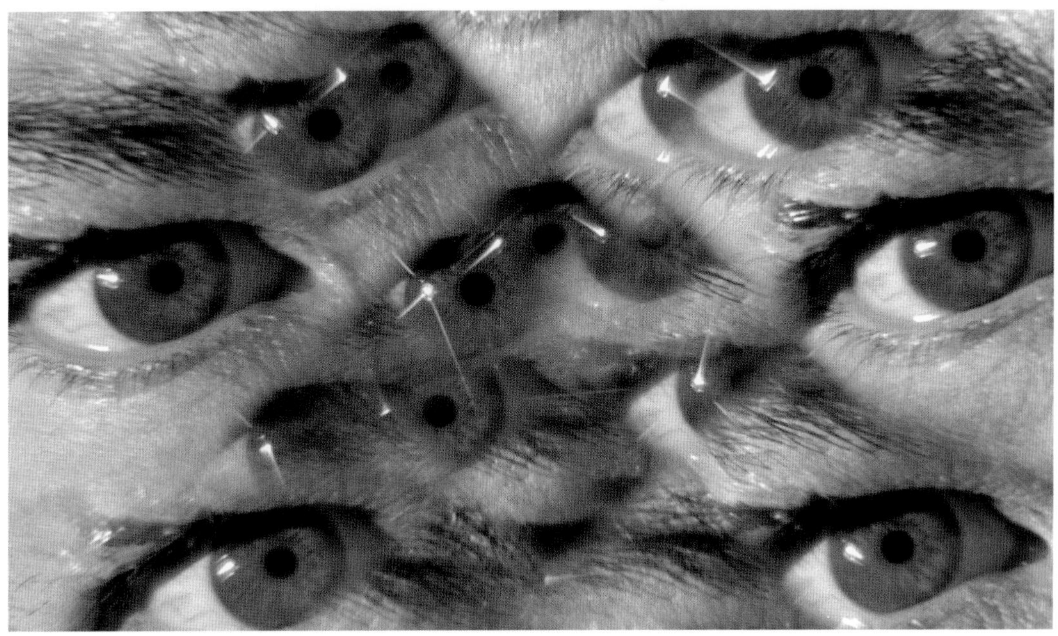

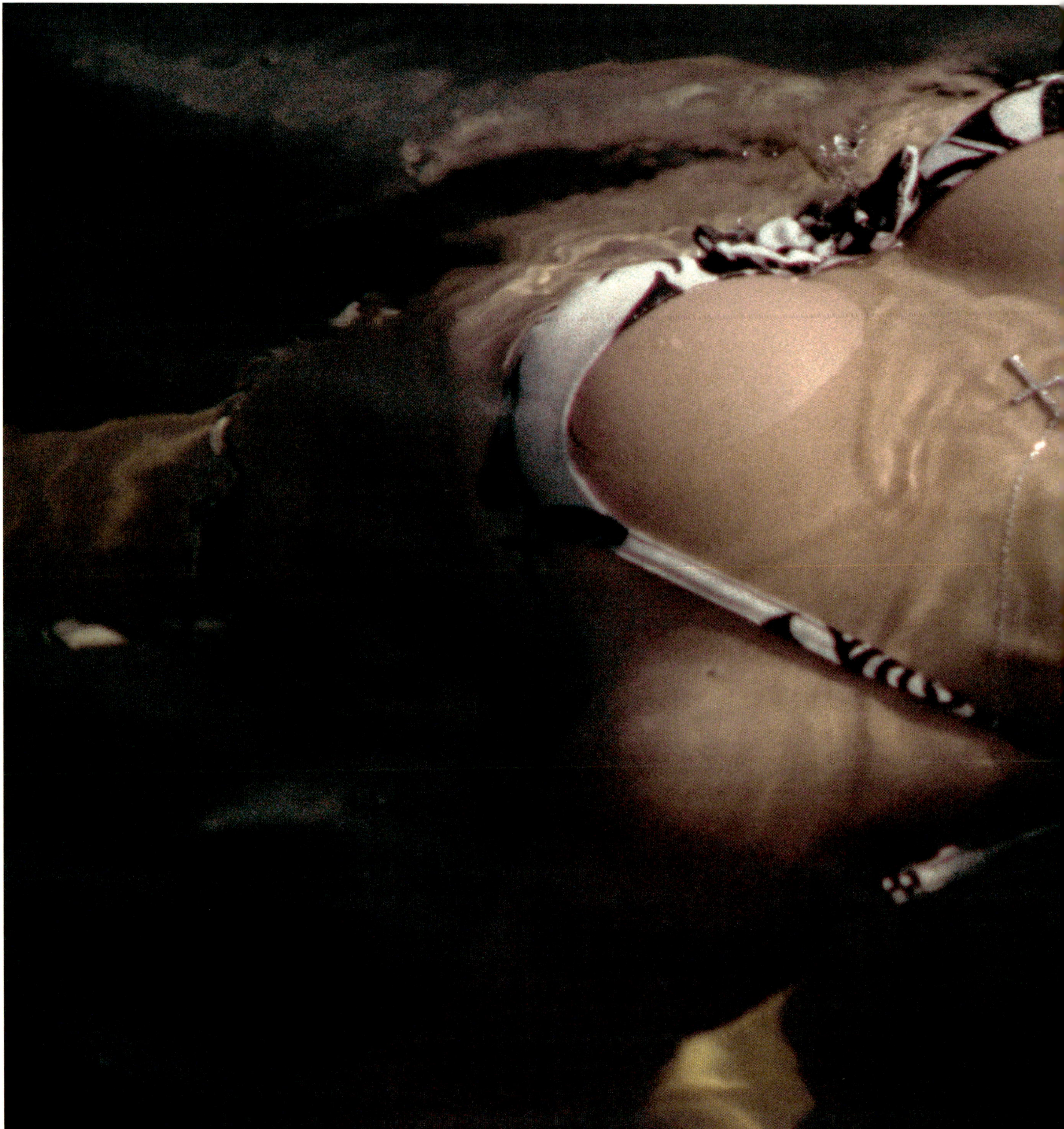

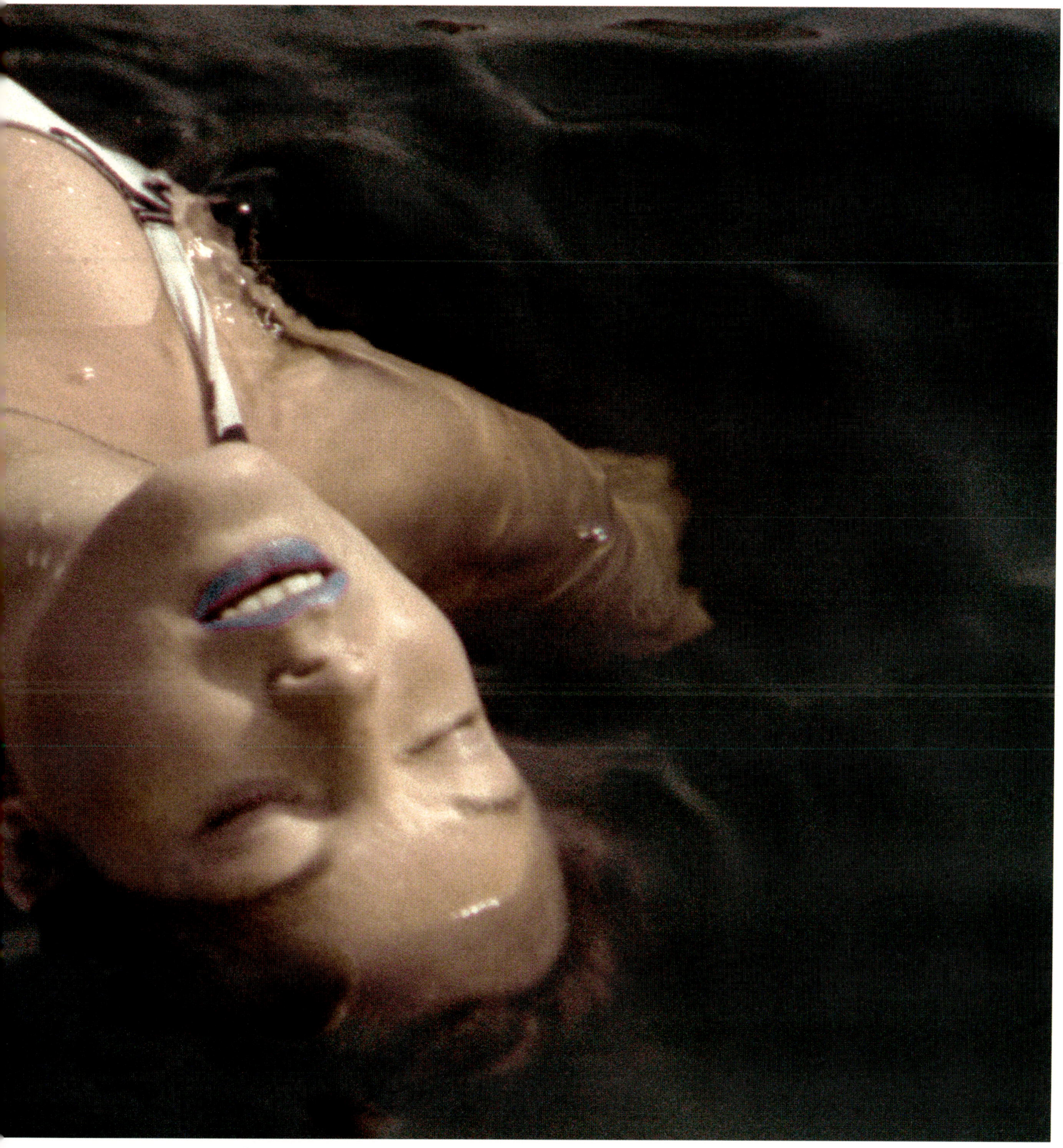

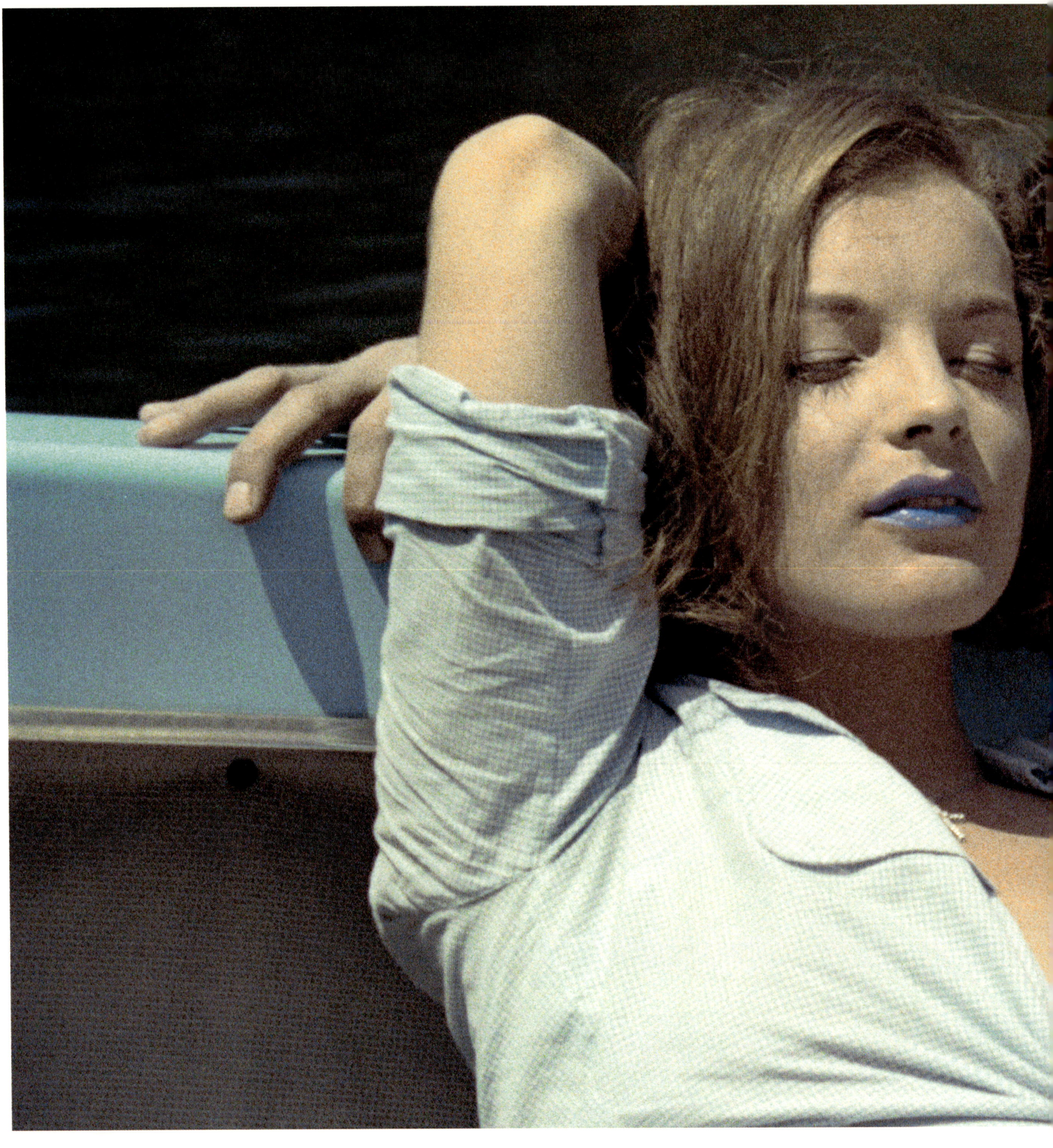

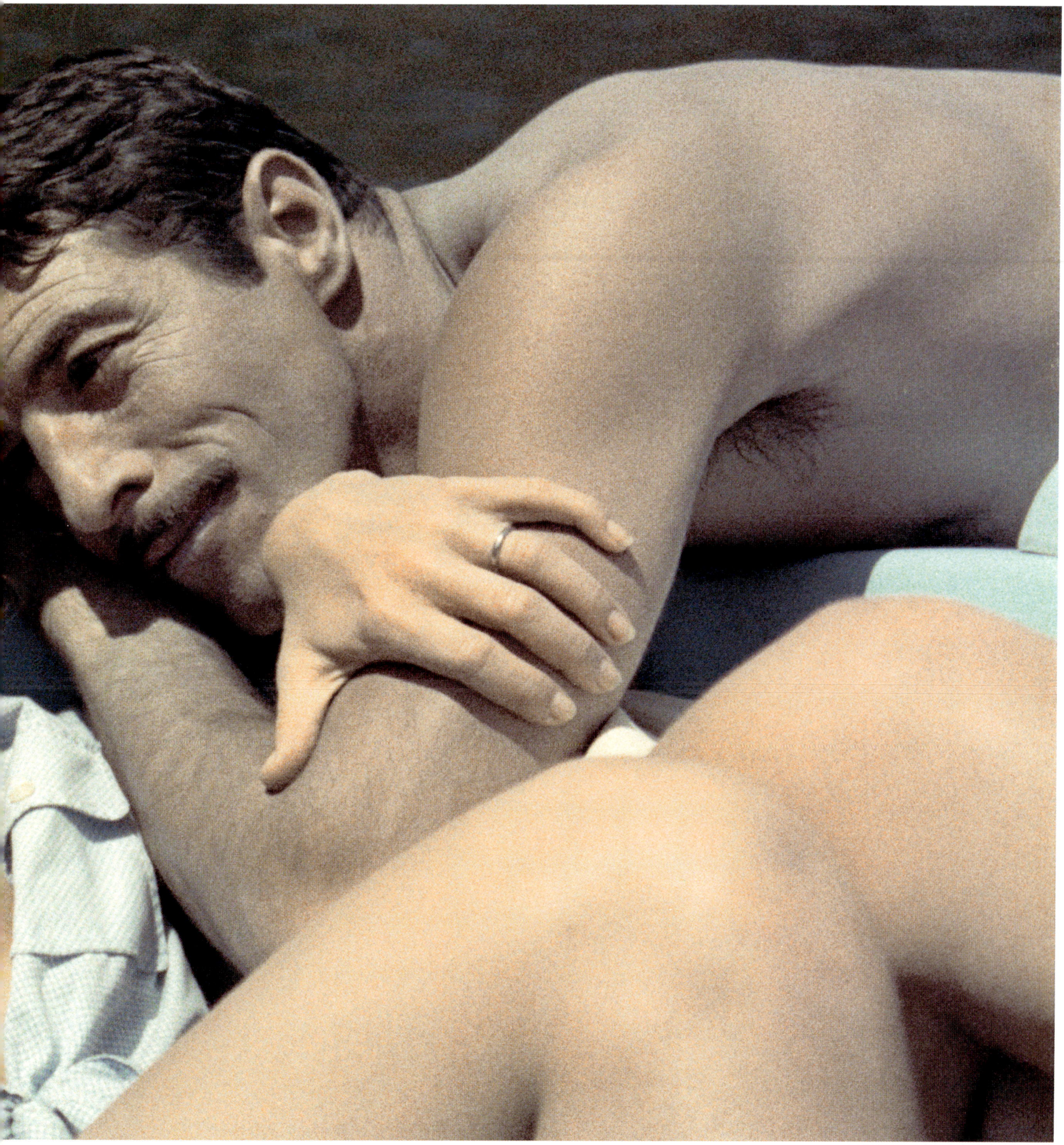

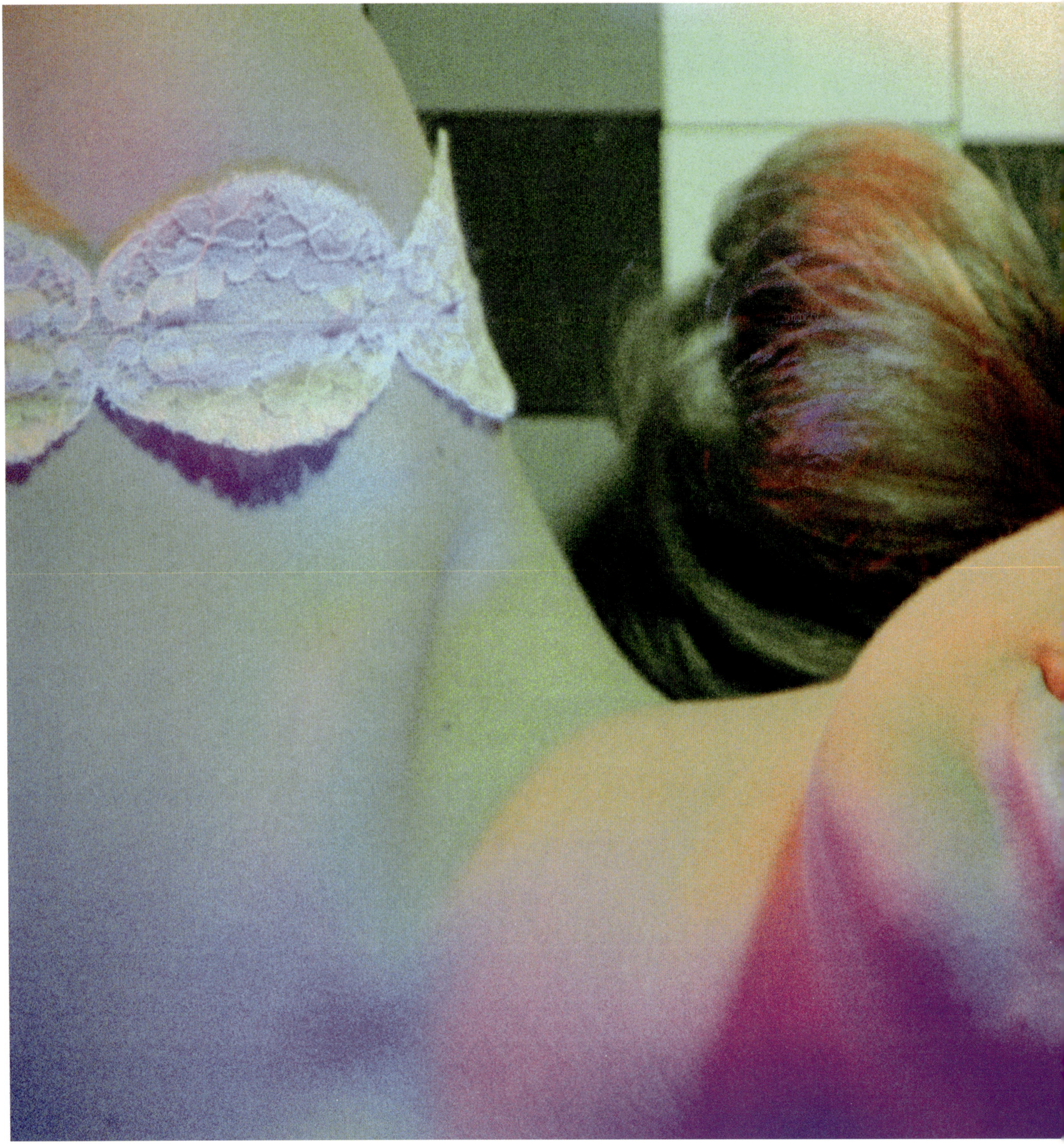

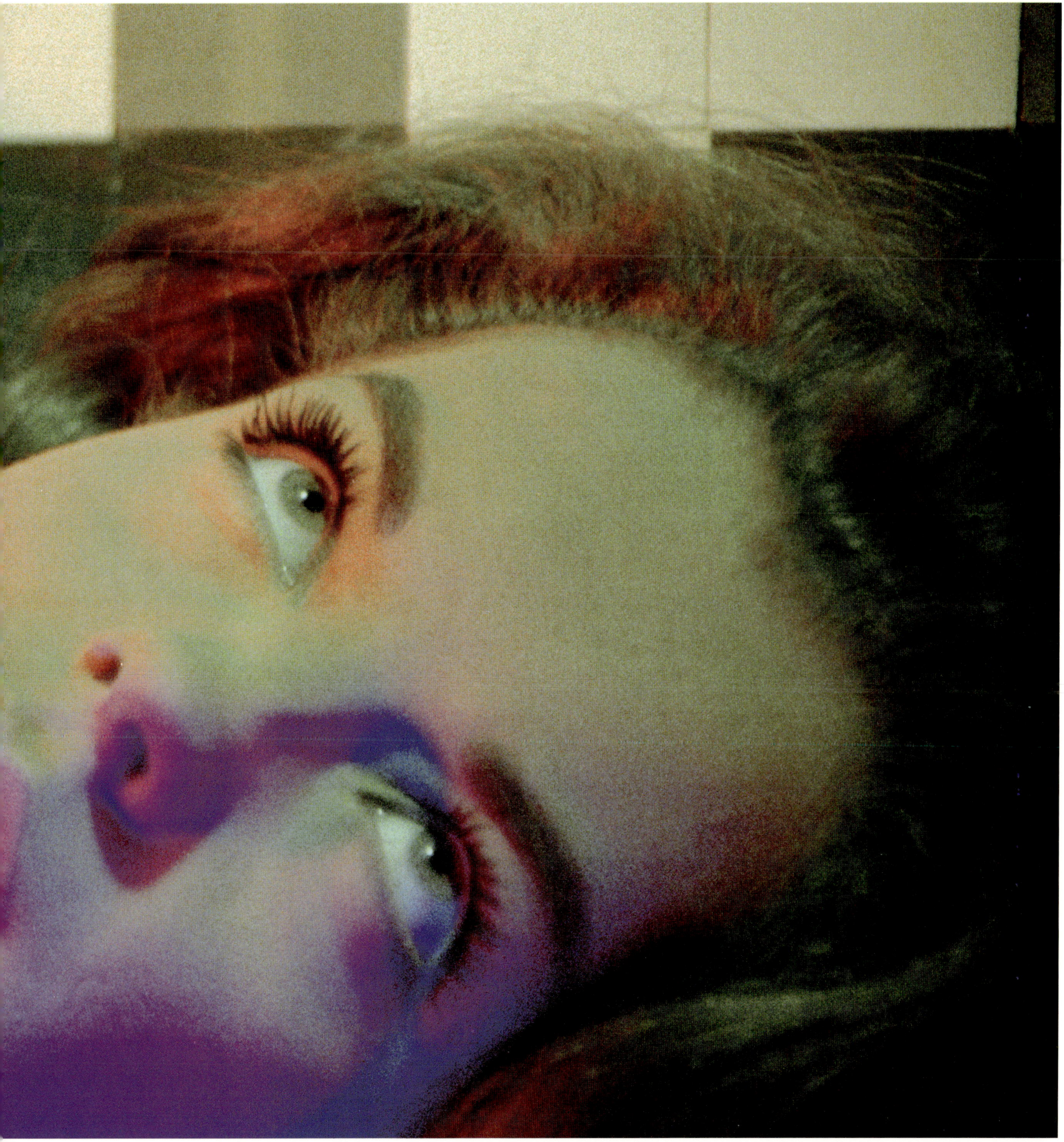

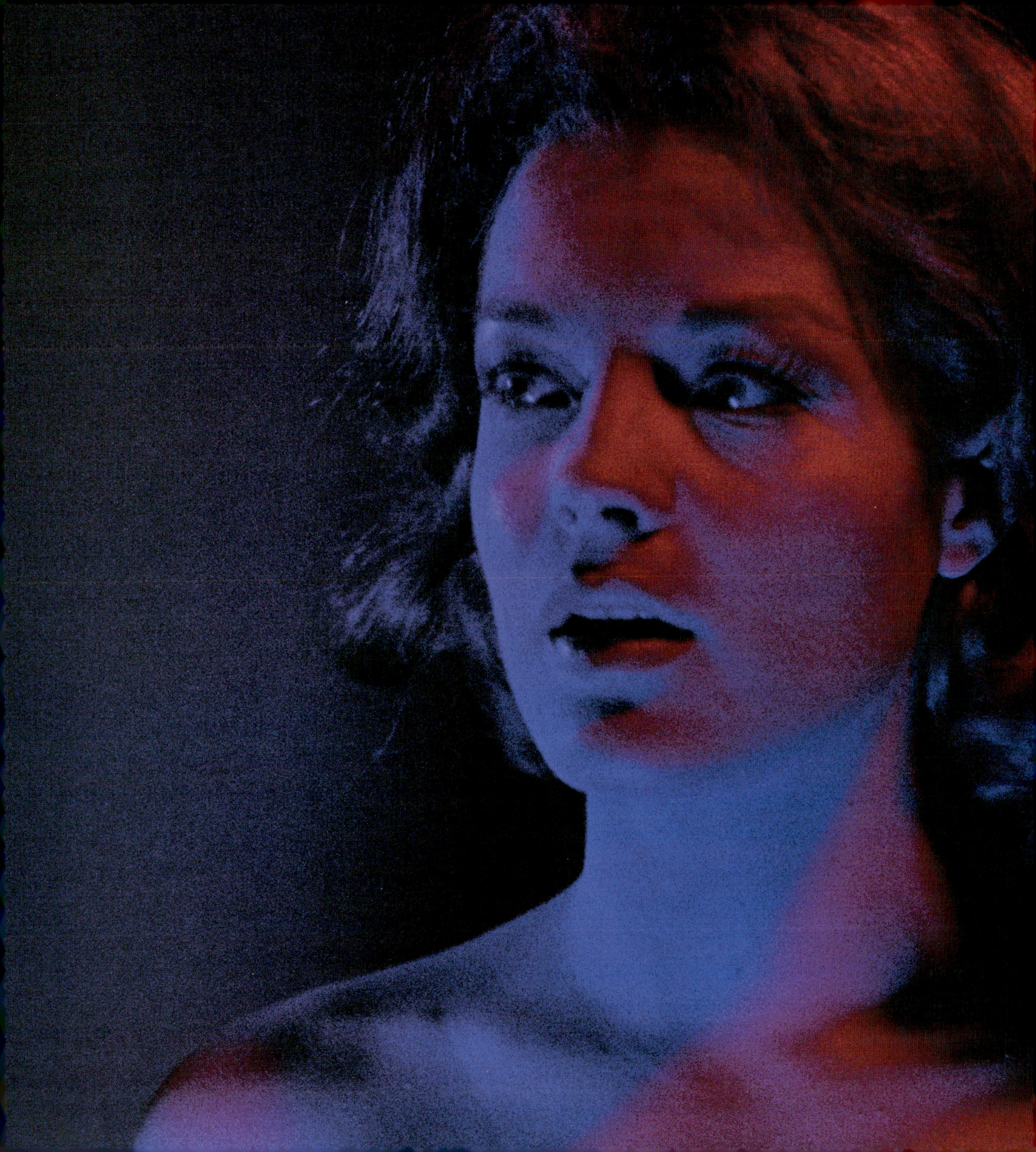

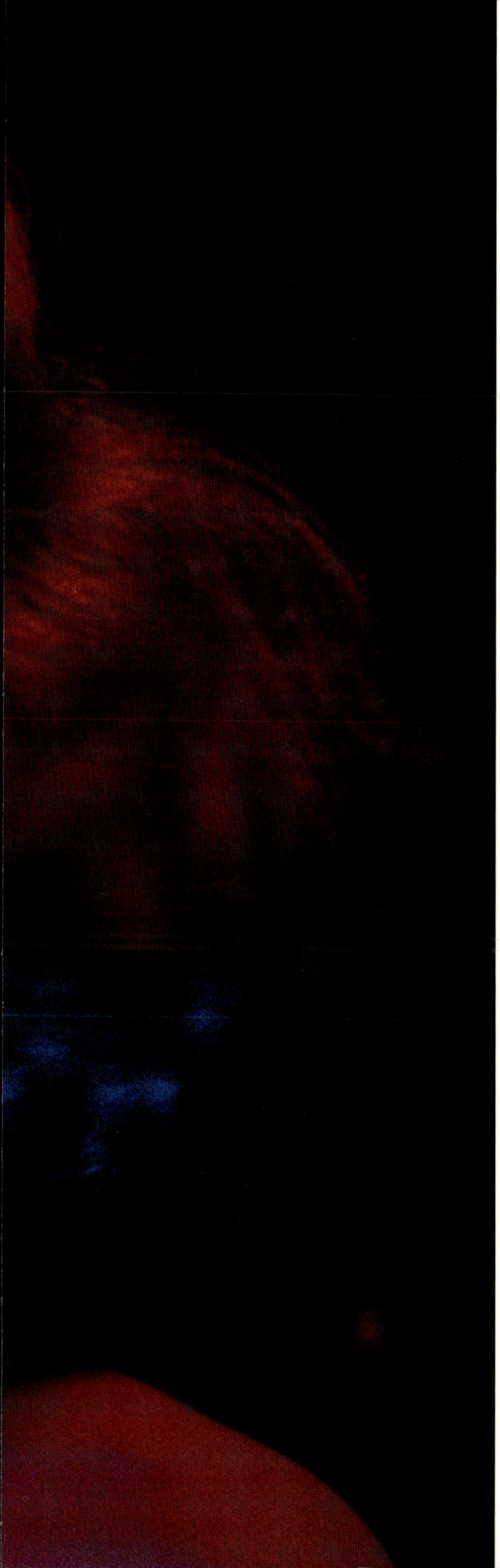

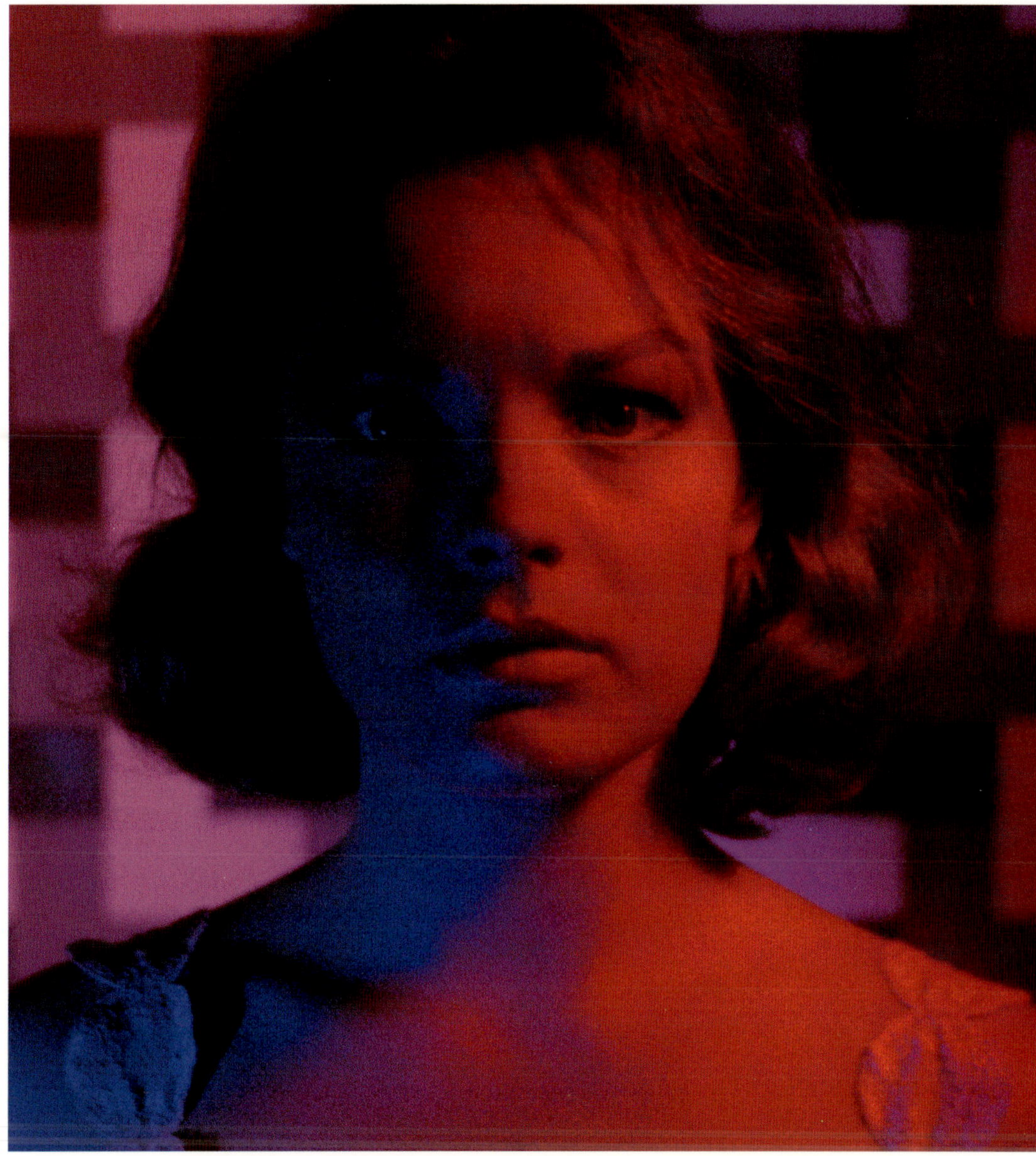

Manche erinnern sich, dass Reggiani zum Zeitpunkt von Clouzots Infarkt schon lange abwesend war, aber noch nicht endgültig aufgegeben hatte.

Für andere war es die Nachricht von Reggianis endgültigem Ausstieg, ein paar Tage vor Öffnung des Staudamms, der den See auf »Drehniveau« hielt, die den Infarkt des Regisseurs ausgelöst hat.

Auch die unmittelbaren Umstände des Infarkts sind unklar.

Inès erinnert sich, dass Trintignant, der an den Drehort gerufen wurde, um Serge Reggiani zu ersetzen, stundenlang mit Clouzot sprach, der versuchte, den neuen Schauspieler mit der Persönlichkeit von Marcel vertraut zu machen. Aber diese Gespräche waren nicht überzeugend und verlangten dem Regisseur viel Energie ab.

Eines Abends kommt Clouzot aus seinem Büro und sagt zu seiner Frau: »Gib mir Natirose, ich habe Schmerzen.« Das Medikament, ein Herzmittel, wirkt nicht sofort. Inès ruft Georges Valon: ›Georges hat einen Infarkt.‹ Und Clouzot wird ins Krankenhaus in Saint-Flour gebracht.

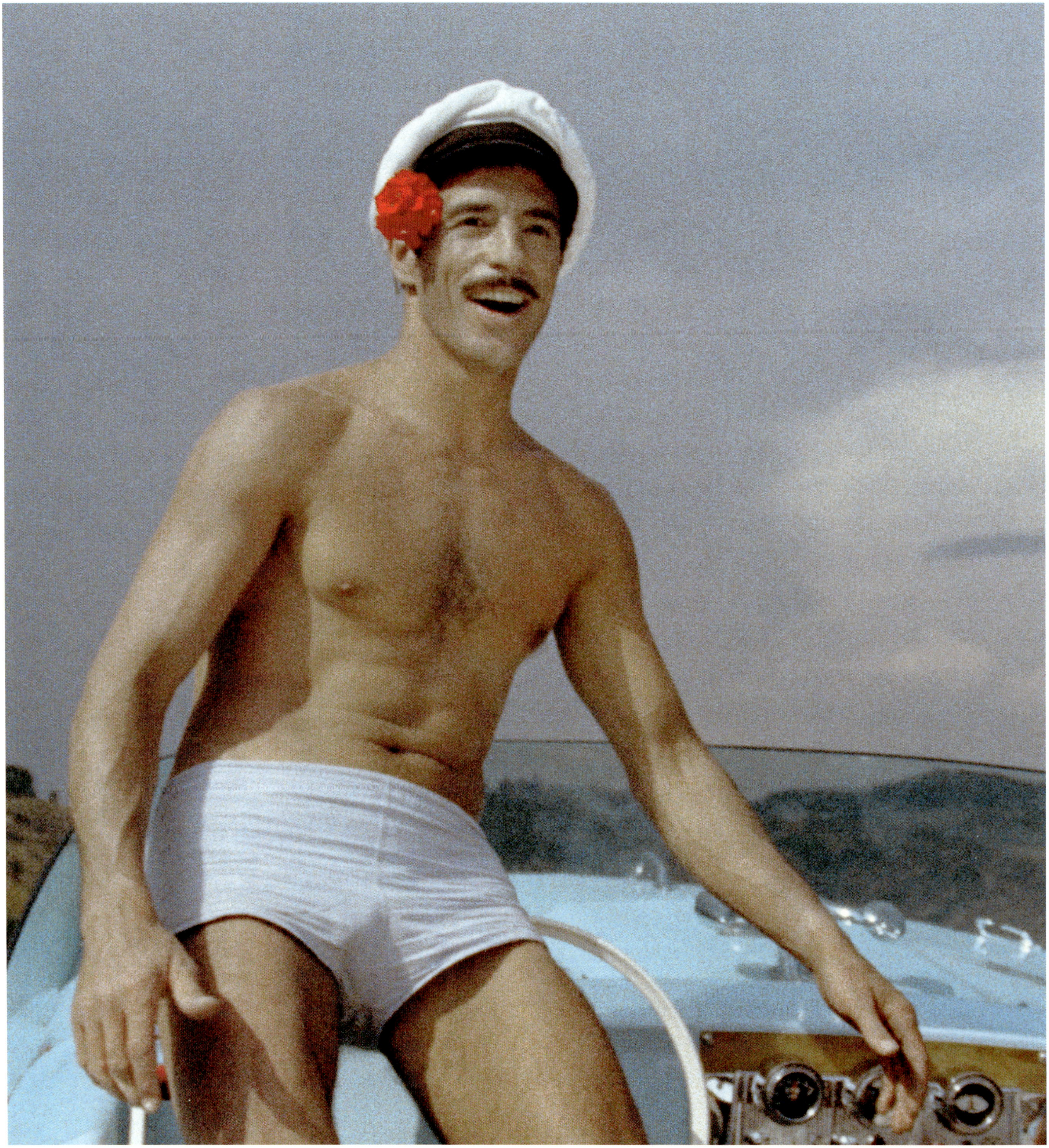

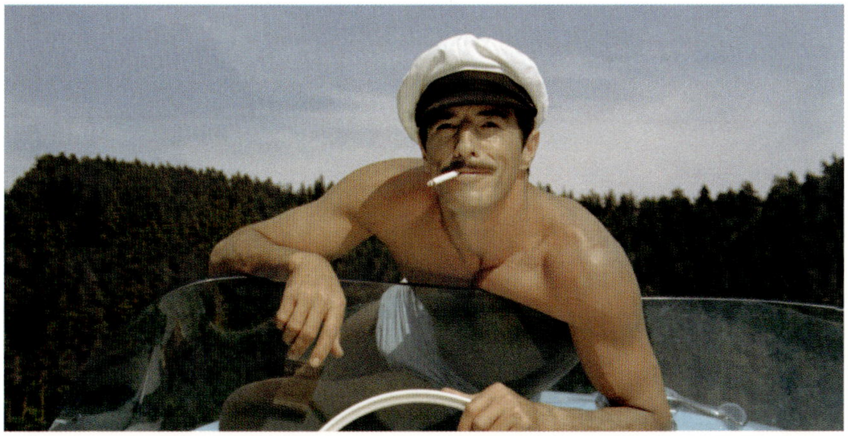

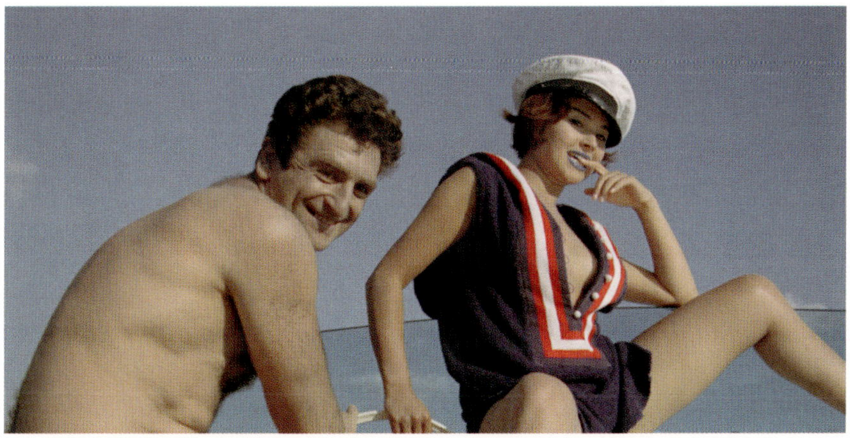

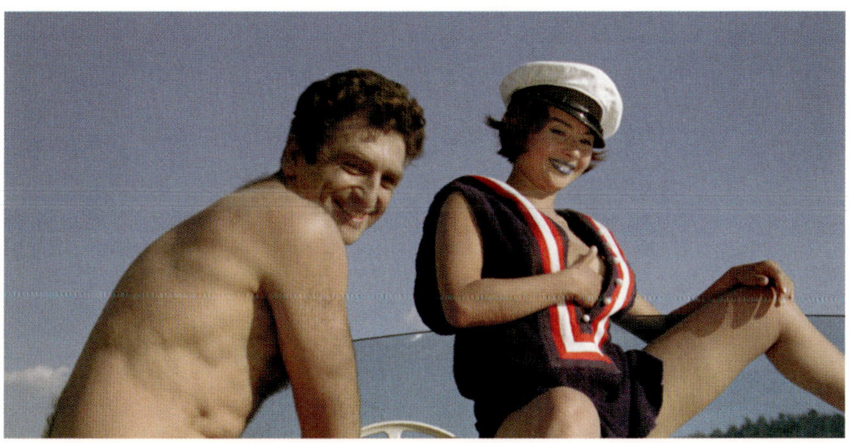

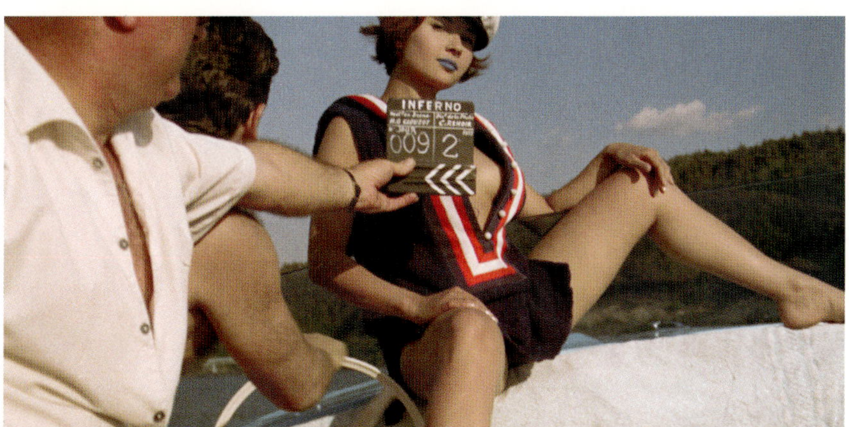

Der Bericht von William Lubtchansky liefert eine ganz andere Version.

Clouzot war dabei, eine Szene auf einem Boot zu drehen, mitten auf dem See, meiner Meinung nach mit zwei Frauen, Romy Schneider und Dany Carrel, eine lesbische Liebesszene. Die beiden Frauen mussten sich stundenlang umarmen. Es war sehr heiß. Clouzot stand mit seiner Pfeife da, und ich glaube, Thirard war an der Kamera – auf jeden Fall nicht Winding. Wir waren drei oder vier Meter entfernt, als Clouzot ganz plötzlich einen Infarkt hatte. Alle stürzten zu ihm. Der Krankenwagen kam, er wurde ins Krankenhaus gebracht. Das ging alles sehr schnell, und die Produktionsleitung hat die Sache sofort in die Hand genommen.

Auch wenn die Erinnerungen nach einem halben Jahrhundert etwas verschwimmen, scheint es doch wahrscheinlich, dass Clouzots Infarkt einige Warnungen vorausgingen, dass der Regisseur, sich selbst gegenüber ebenso rücksichtslos wie gegenüber seinen Teams, sich jedoch weigerte, darauf zu hören und etwas kürzer zu treten.

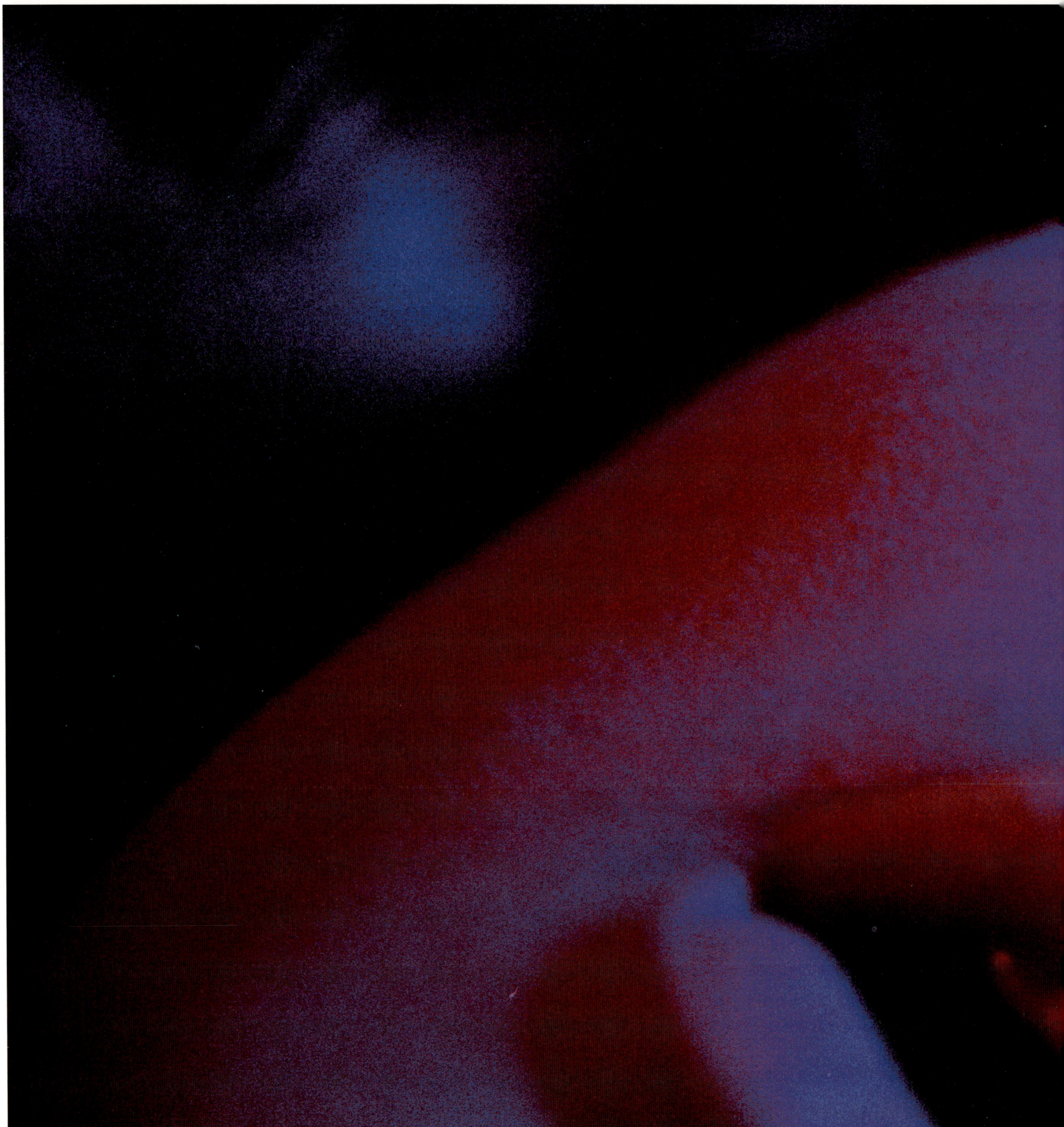

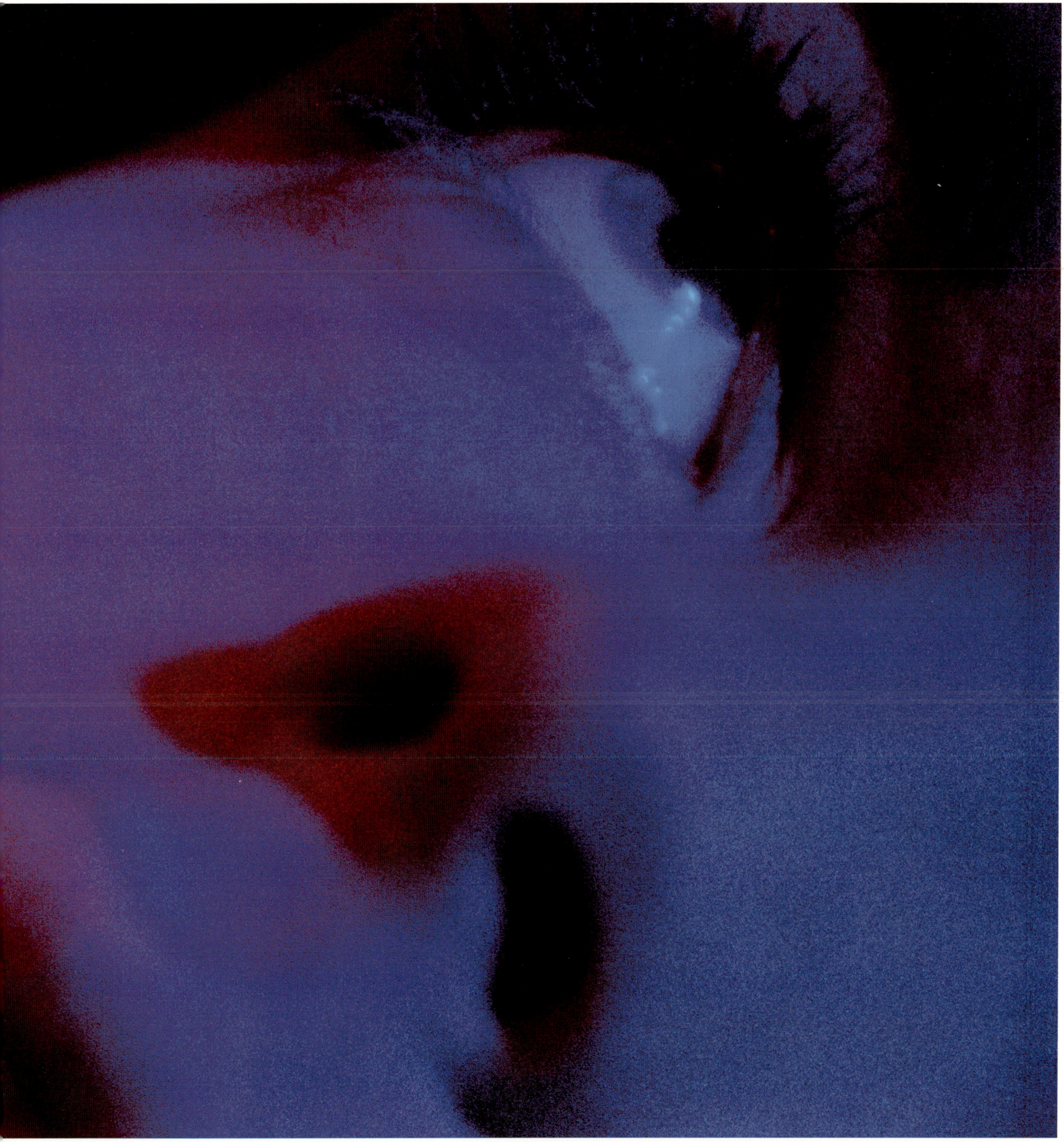

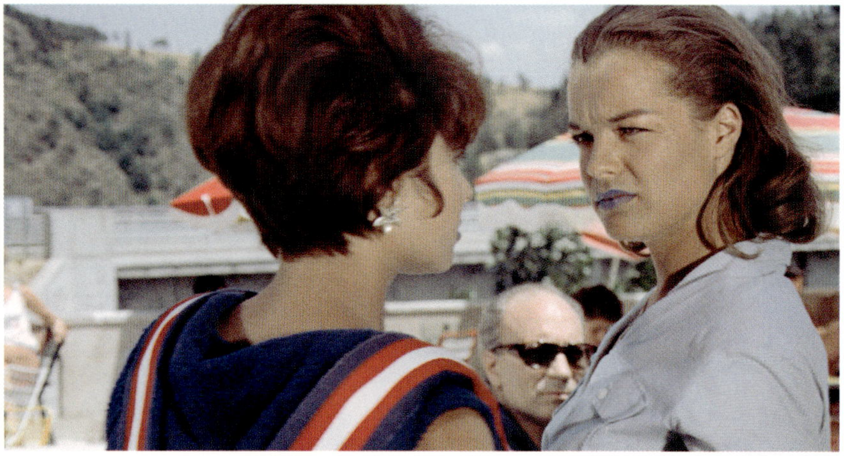
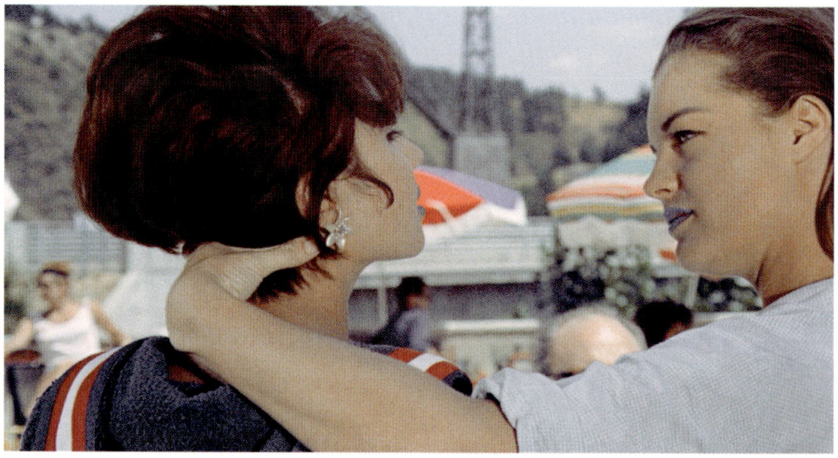
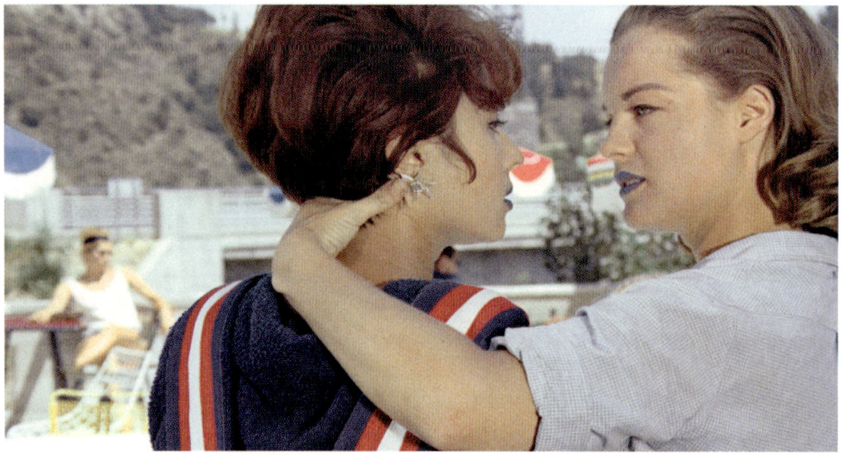
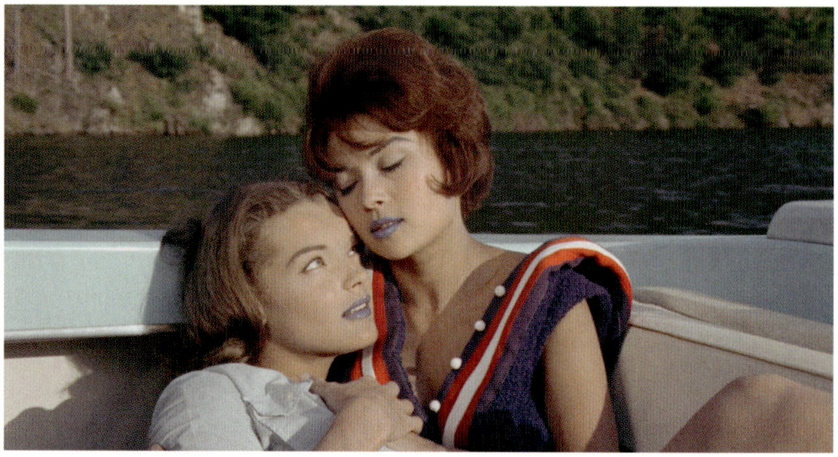
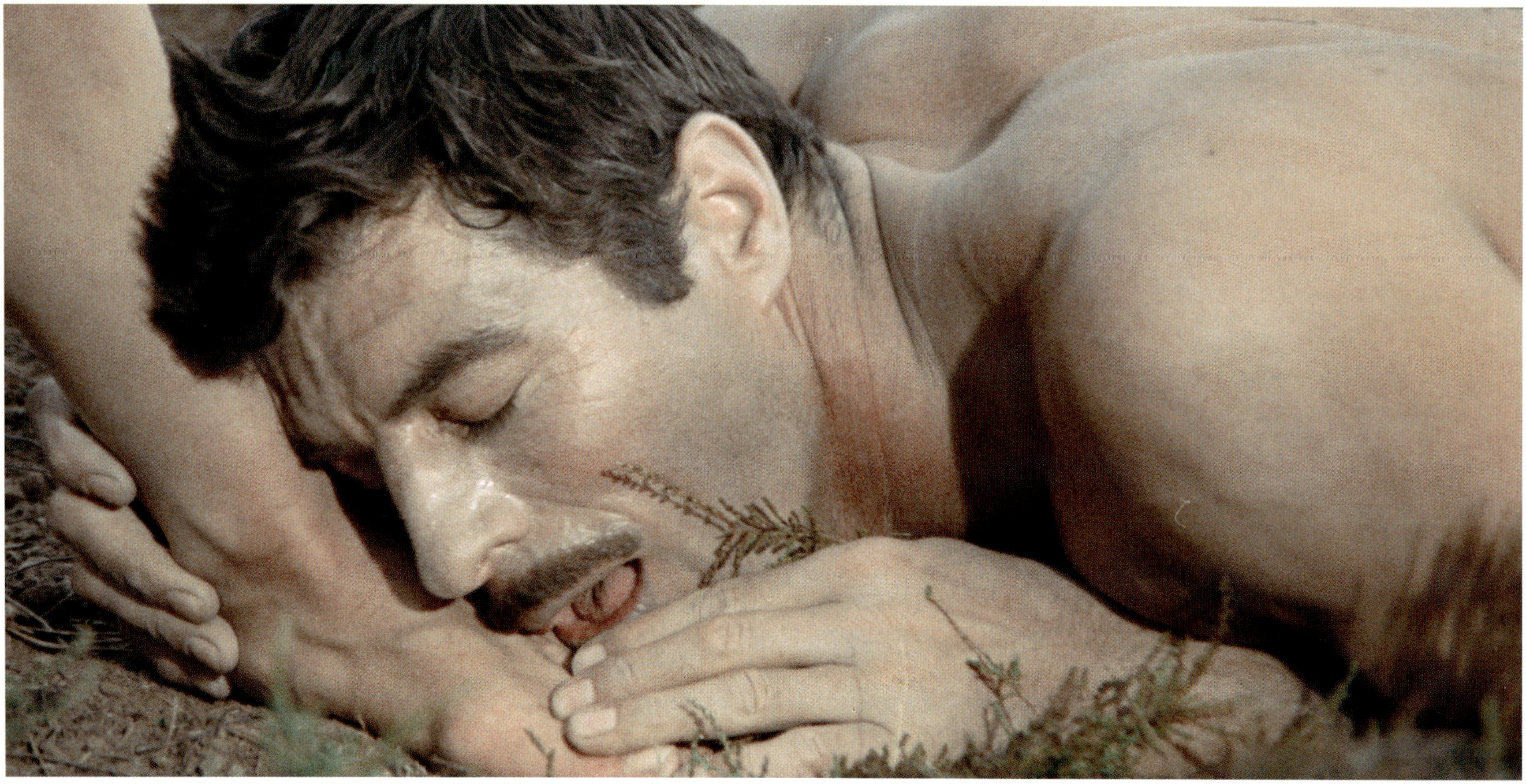

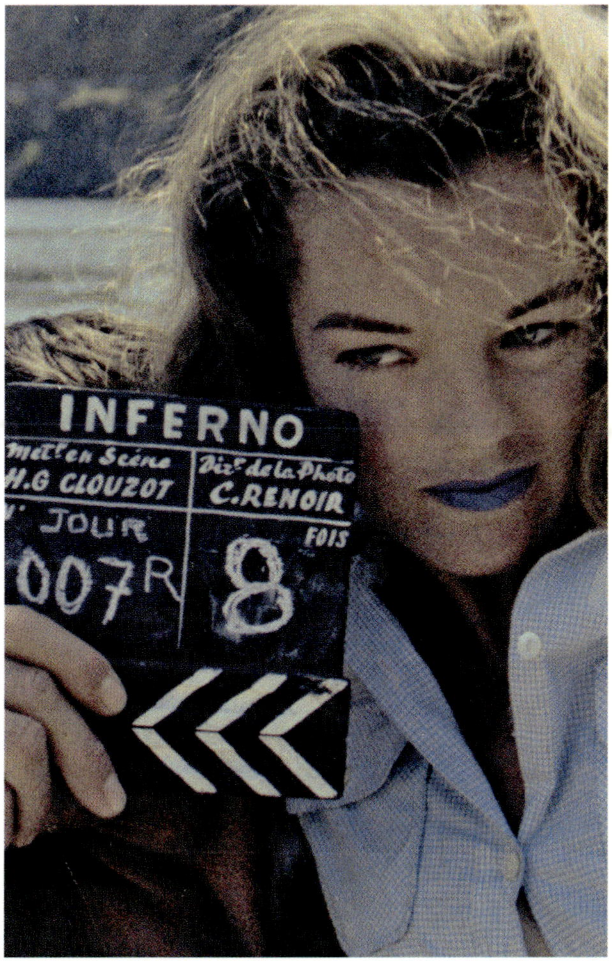

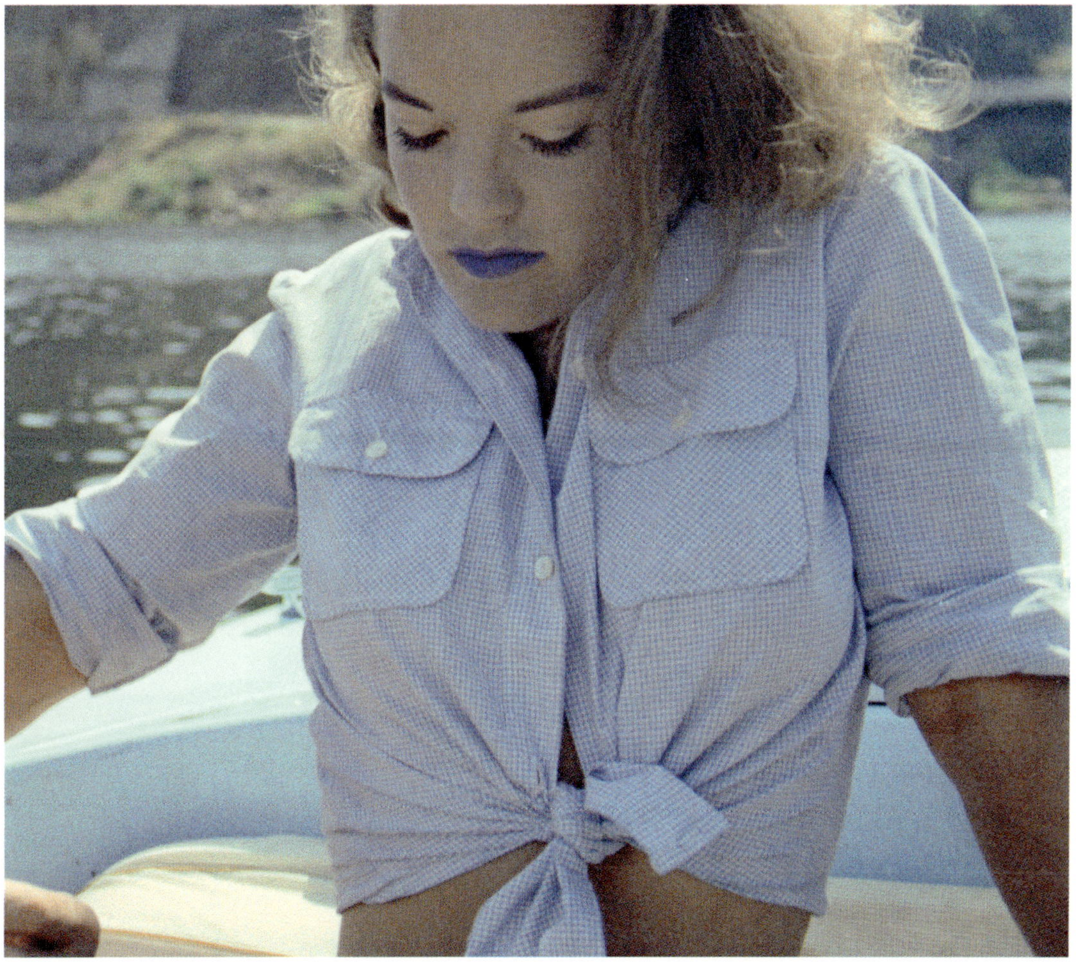

Die Versicherungsexperten eilen herbei, um den Ernst der Lage zu ermessen. Das Team bleibt noch ein paar Tage vor Ort, dann werden die Dreharbeiten vorübergehend unterbrochen.

Sie werden nie fortgesetzt.

Da wir alle Verträge hatten, haben sie uns auch nach diesem düsteren Finale weiter unser Gehalt gezahlt. Ich glaube, das ging noch zwölf Wochen, und wir mussten jede Woche das Geld bei der Produktionsfirma abholen. Sie wollten uns nicht alles auf einmal geben; sie haben gesagt »nein, nein, jede Woche«, also gingen wir uns jeden Sonnabend unser Geld holen.

William Lubtchansky

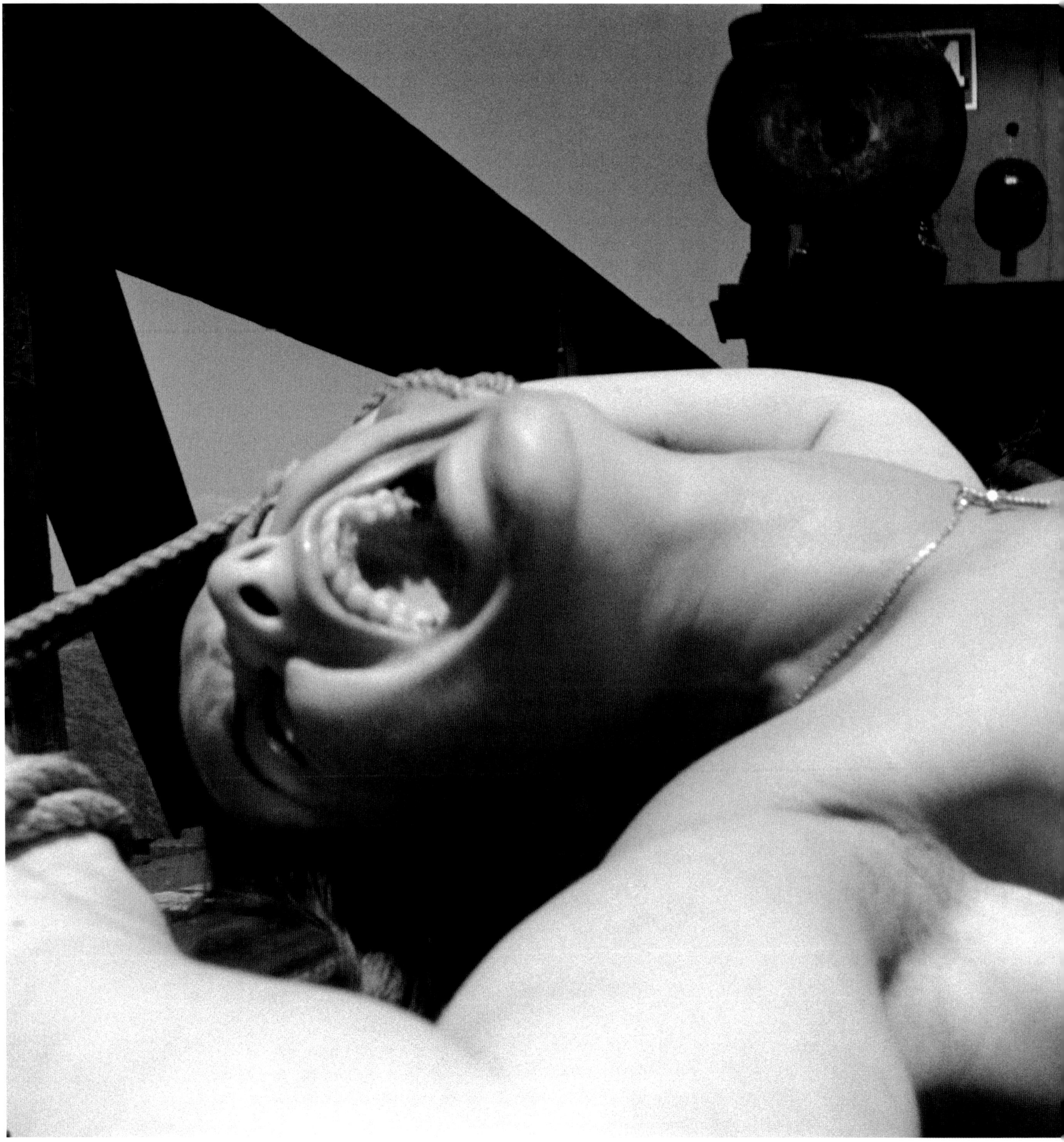

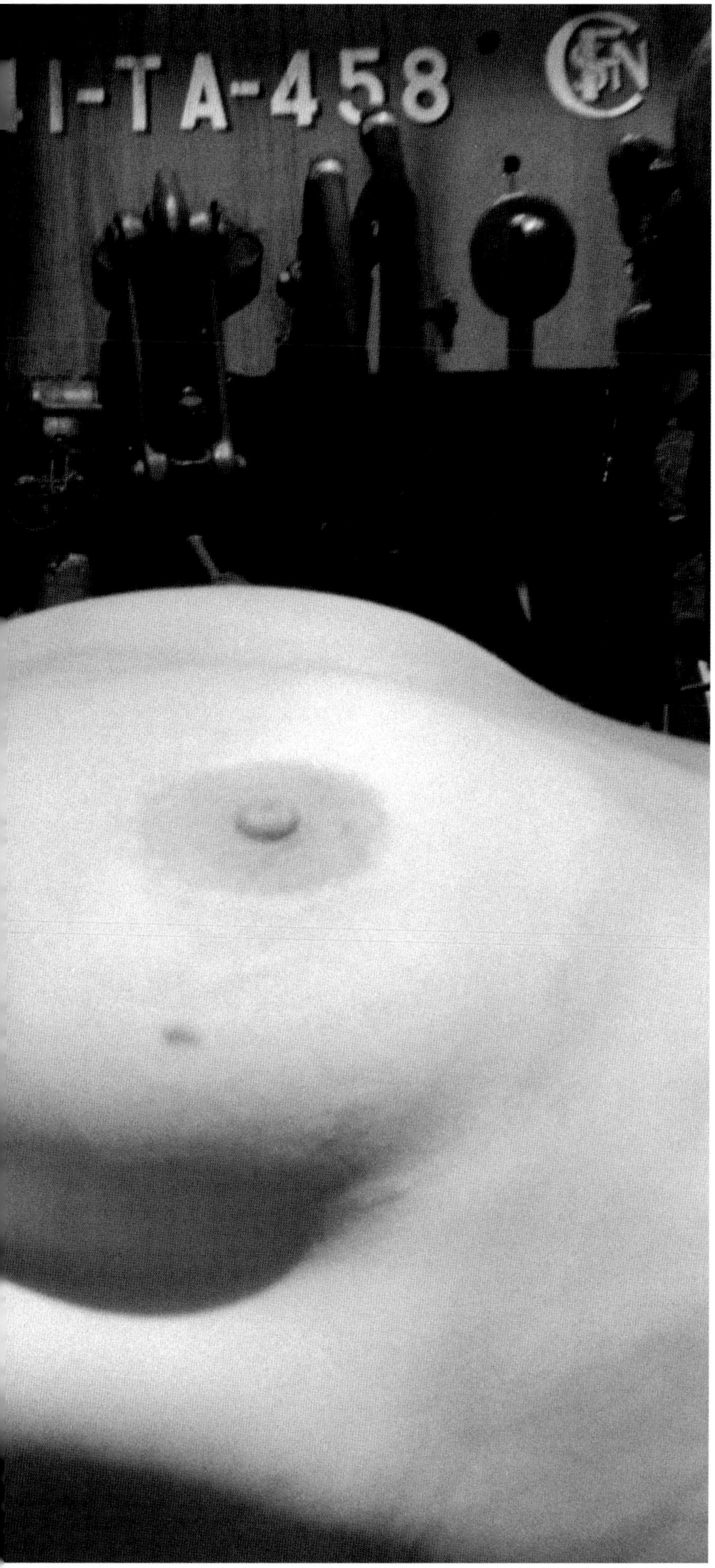
41-TA-458

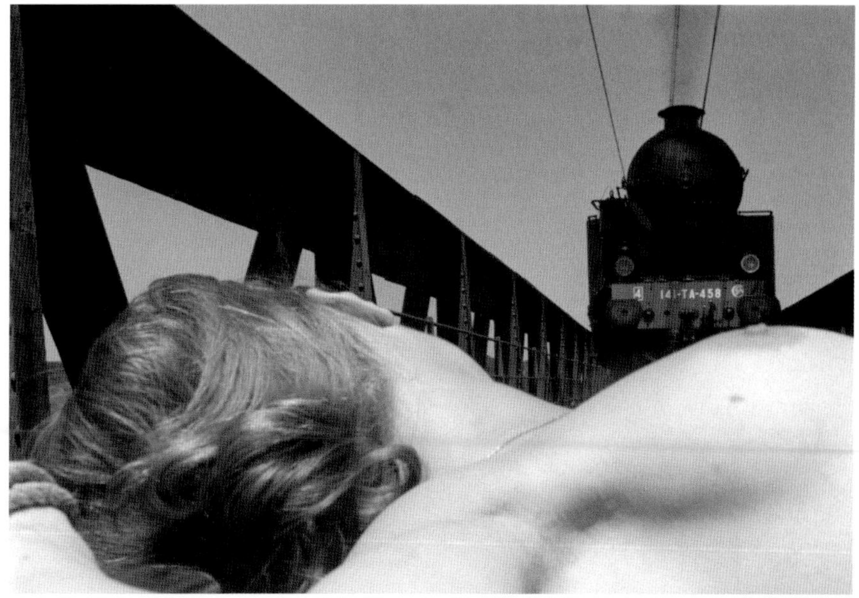
141-TA-458

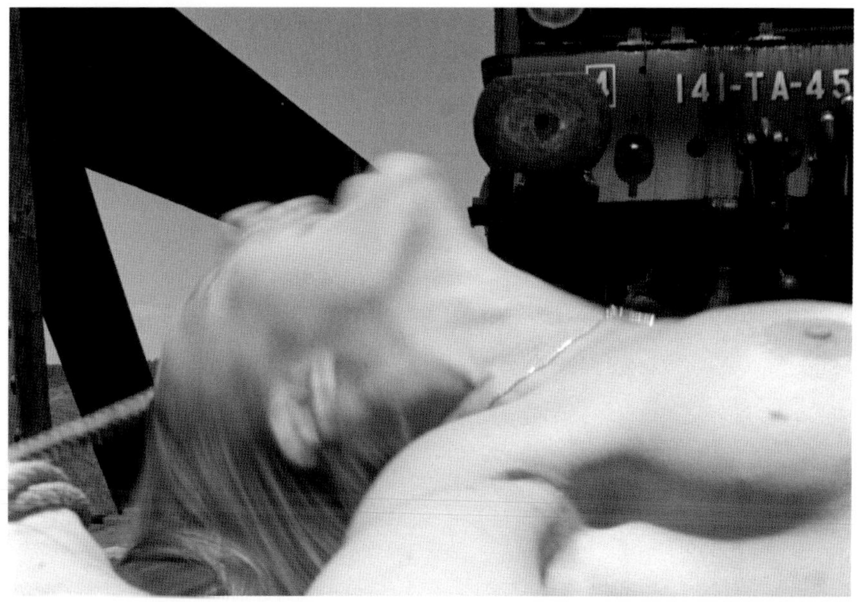
141-TA-45

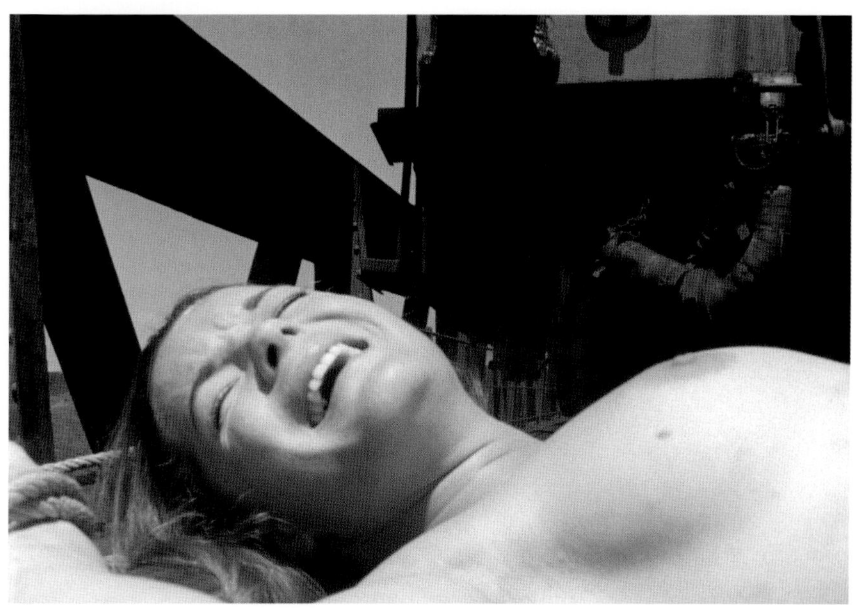

UNSTERBLICHE BILDER
STRAHLENDE ROMY

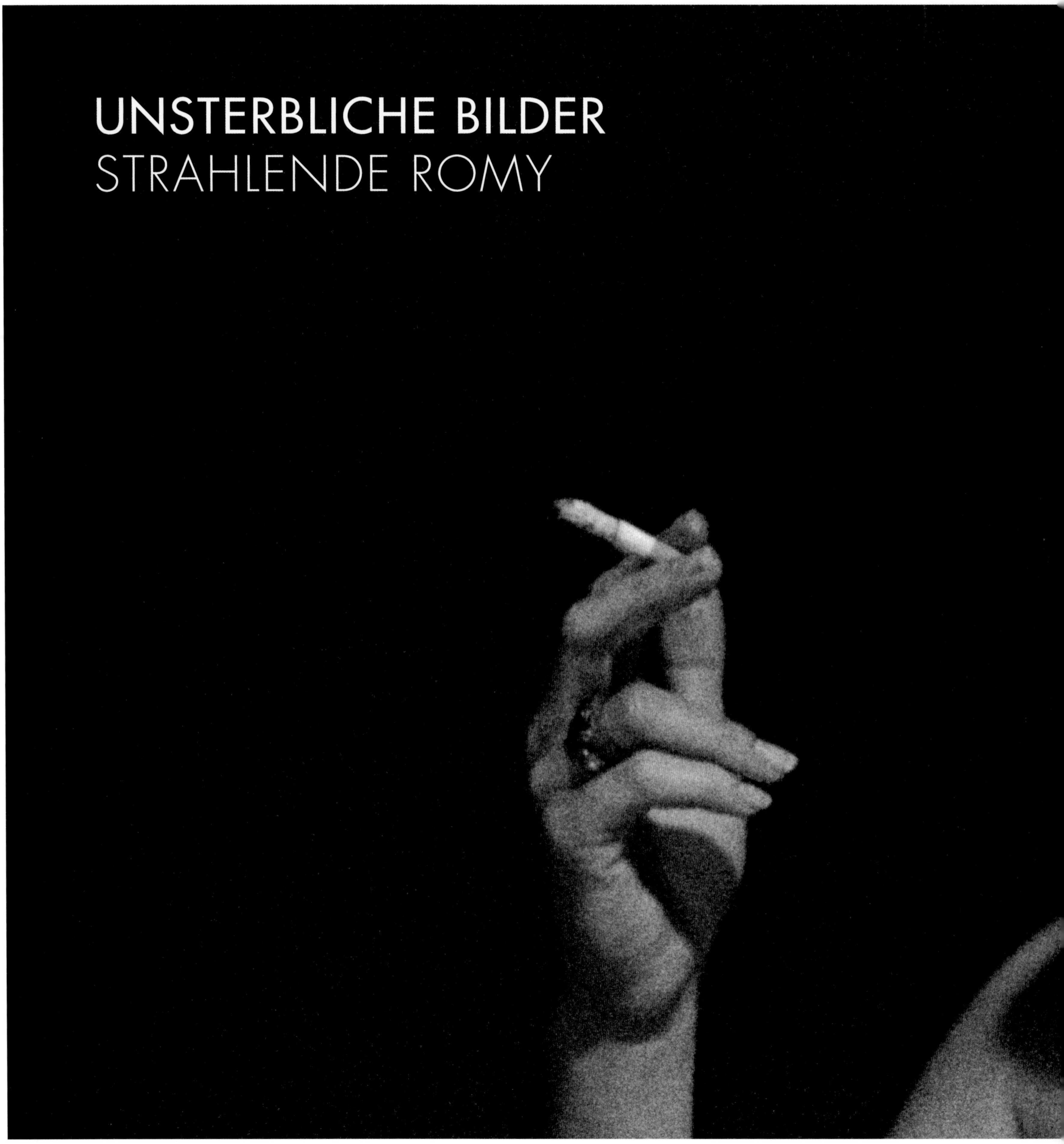

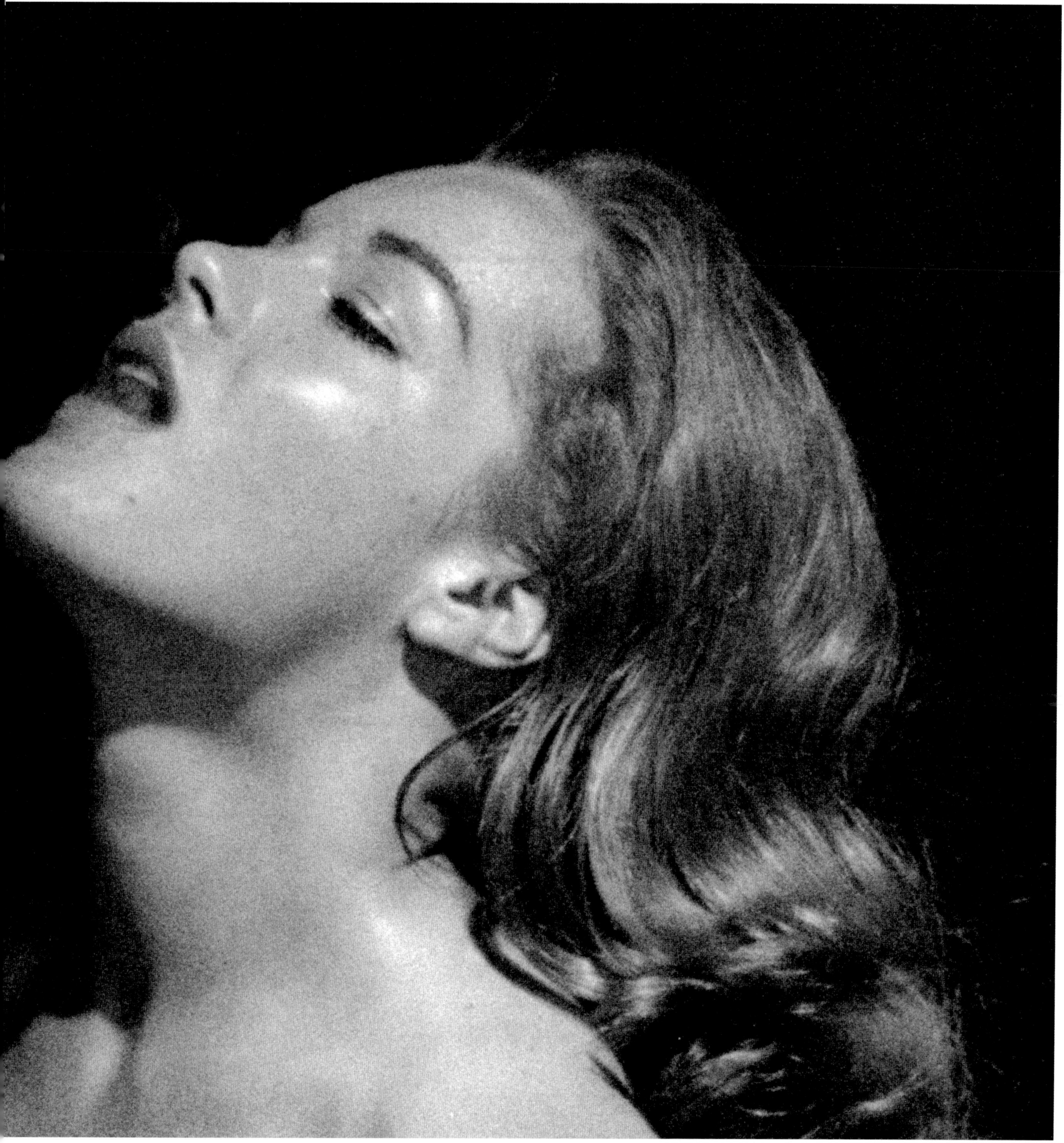

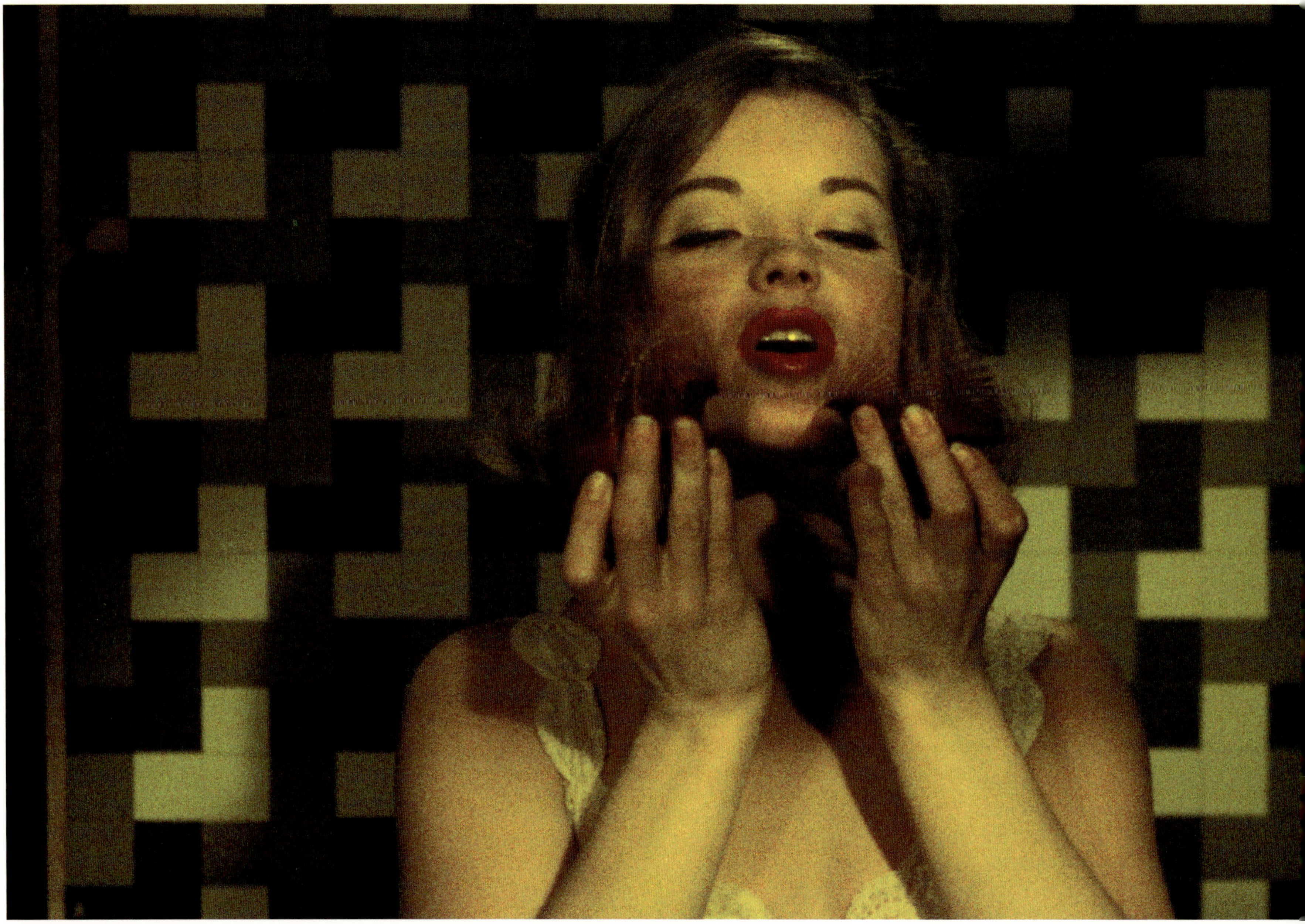

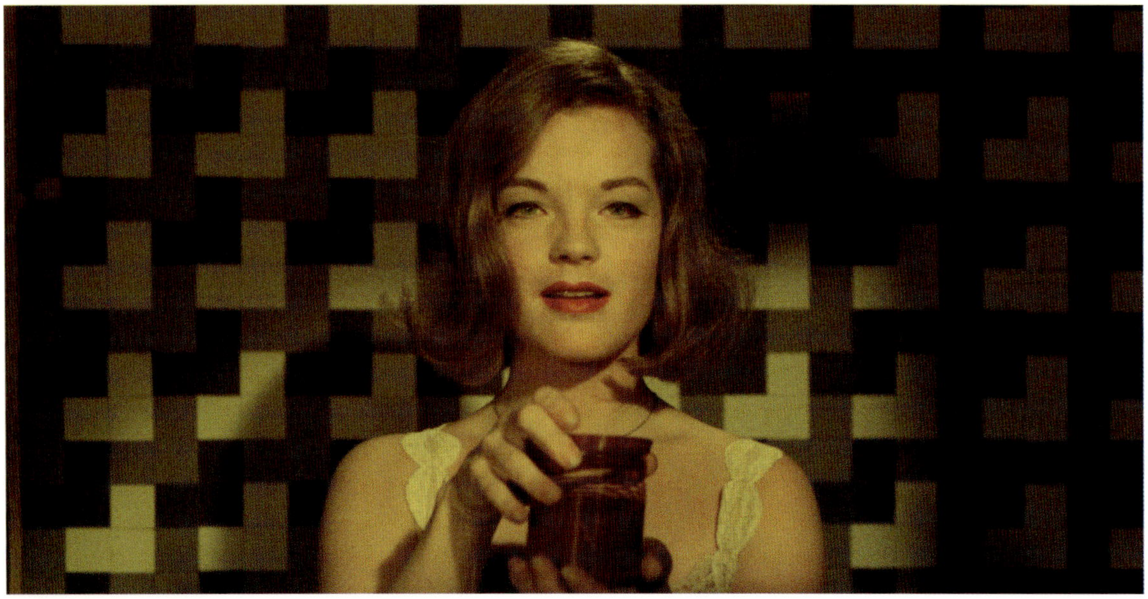

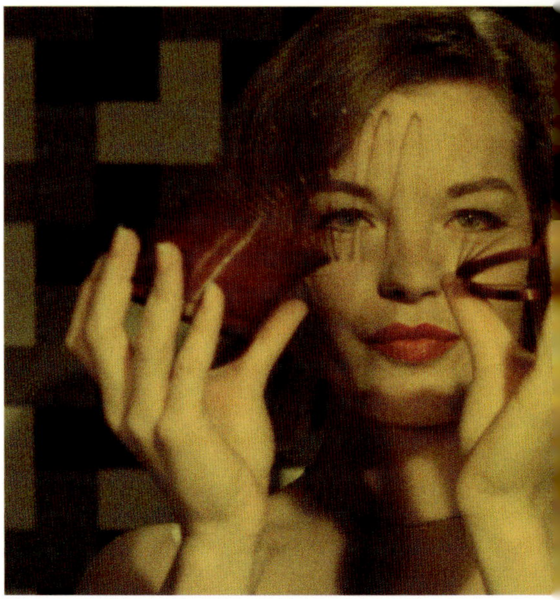

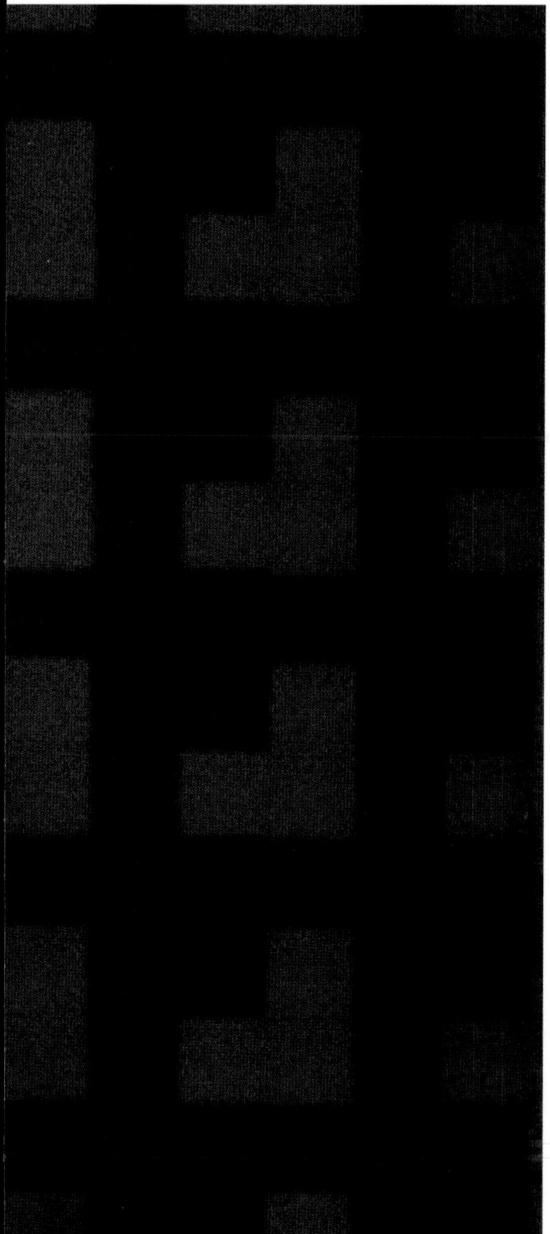

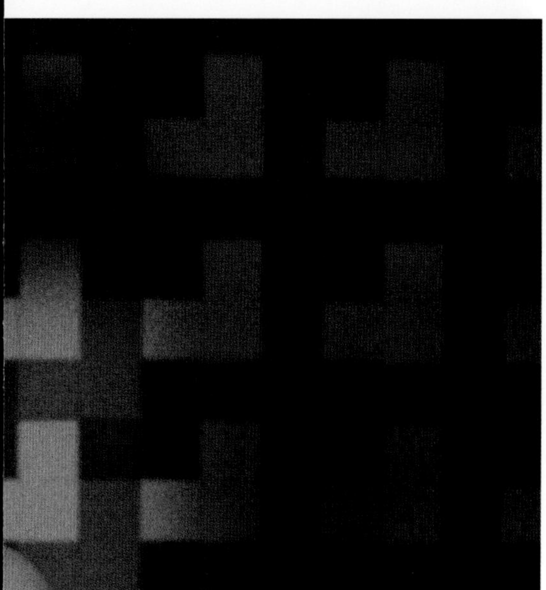

Schwer zu sagen, warum ein Film zur Legende wird. Viel Geheimnis, eine Prise Drama, Erotik und die Vorstellung, die sich allmählich breitmacht, dass eine so heiß erwartete Wahrheit sich nie erfüllen wird.

Clouzot erholt sich nach mehreren Monaten von seinen verschiedenen Leiden, aber für die Versicherung ist er nicht mehr in der Lage zu drehen. Das Risiko ist zu groß, und die Katastrophe von *L'Enfer* (die die Versicherung mehr als 5 036 000 Francs kostete, ein Vermögen) scheint das letzte filmische Abenteuer des Regisseurs zu sein.

Logisches Ende? Wahrscheinlich. Die Regisseure wissen genau, dass die Produktion eine ungeheure Spannung erzeugt. Auch eine ungeheure körperliche Spannung: Man schläft sehr wenig, man ist ständig in Bewegung. René Clair hat einmal zu mir gesagt: »Wissen Sie, wenn Sie Regisseur werden wollen, müssen Sie vor allem gesund sein.« Die Herzkrankheit war wahrscheinlich die logische Schlussfolgerung aus all dem, leider Gottes!

Costa-Gavras

Ich habe das Gefühl, dieser Meinung waren alle. Ich weiß nach, dass bei einem Abendessen in Saint-Flour Romy Schneider die Hypothese aufstellte, er hätte nicht … Letztendlich traf es sich gut. Er hätte nicht weitermachen können. Es hatte zu schlecht angefangen!

Bernard Stora / Romy Schneider

Clouzot hat sich selbst zerstört.

Jean-Louis Ducarme

Von Clouzot habe ich gelernt, was ich von anderen Regisseuren vorher und anderen Regisseuren nachher gelernt habe. Dass man bis ans Ende seines Wahnsinns gehen muss. Man muss bis ans Ende gehen, bis zum Ende durchhalten, voilà! Irgendwann stehen alle um dich rum und fragen sich: »Wohin geht er? Wohin geht er? Er rennt geradewegs gegen die Mauer!« Dann muss man weitermachen können …

Bernard Stora

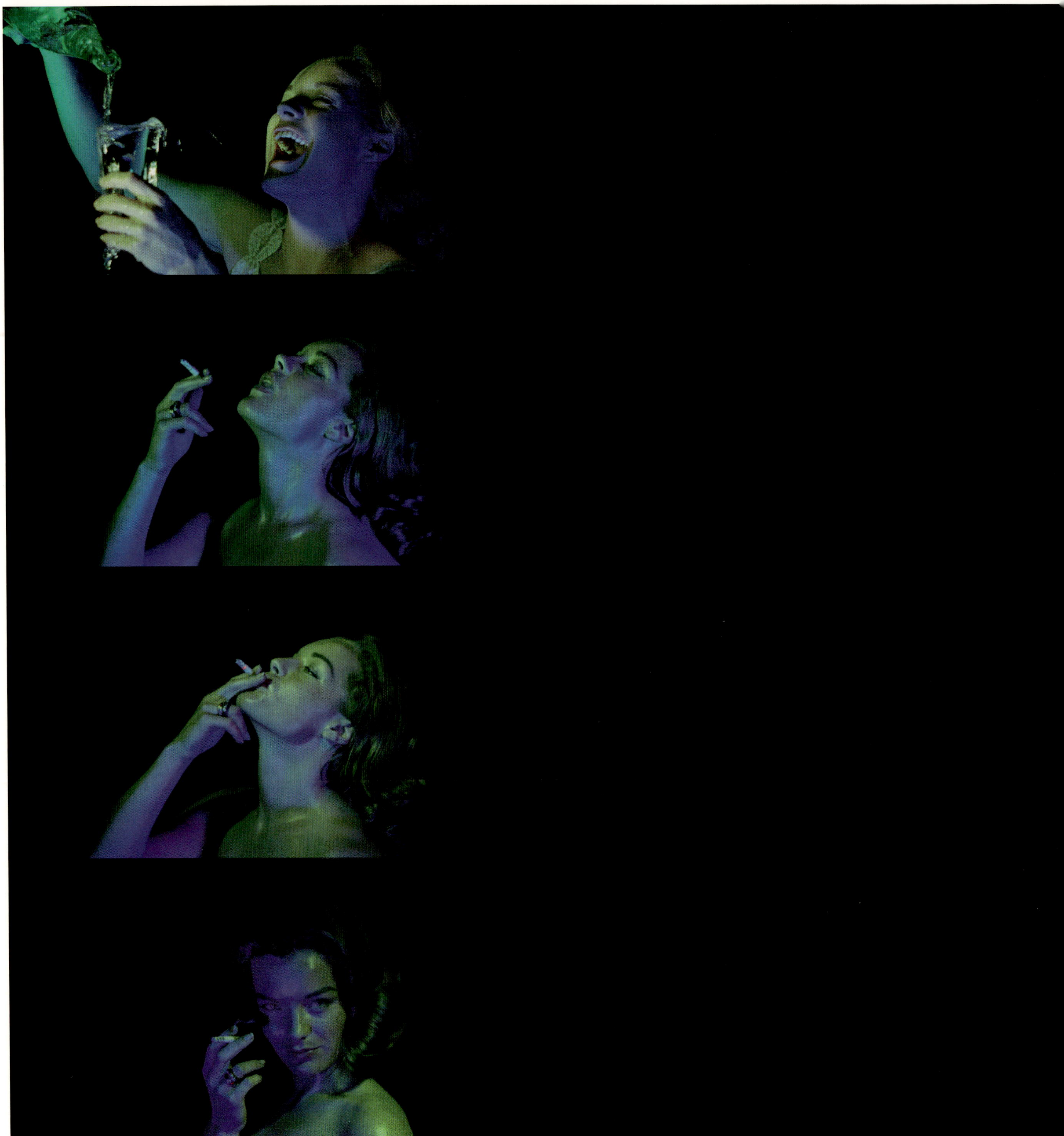

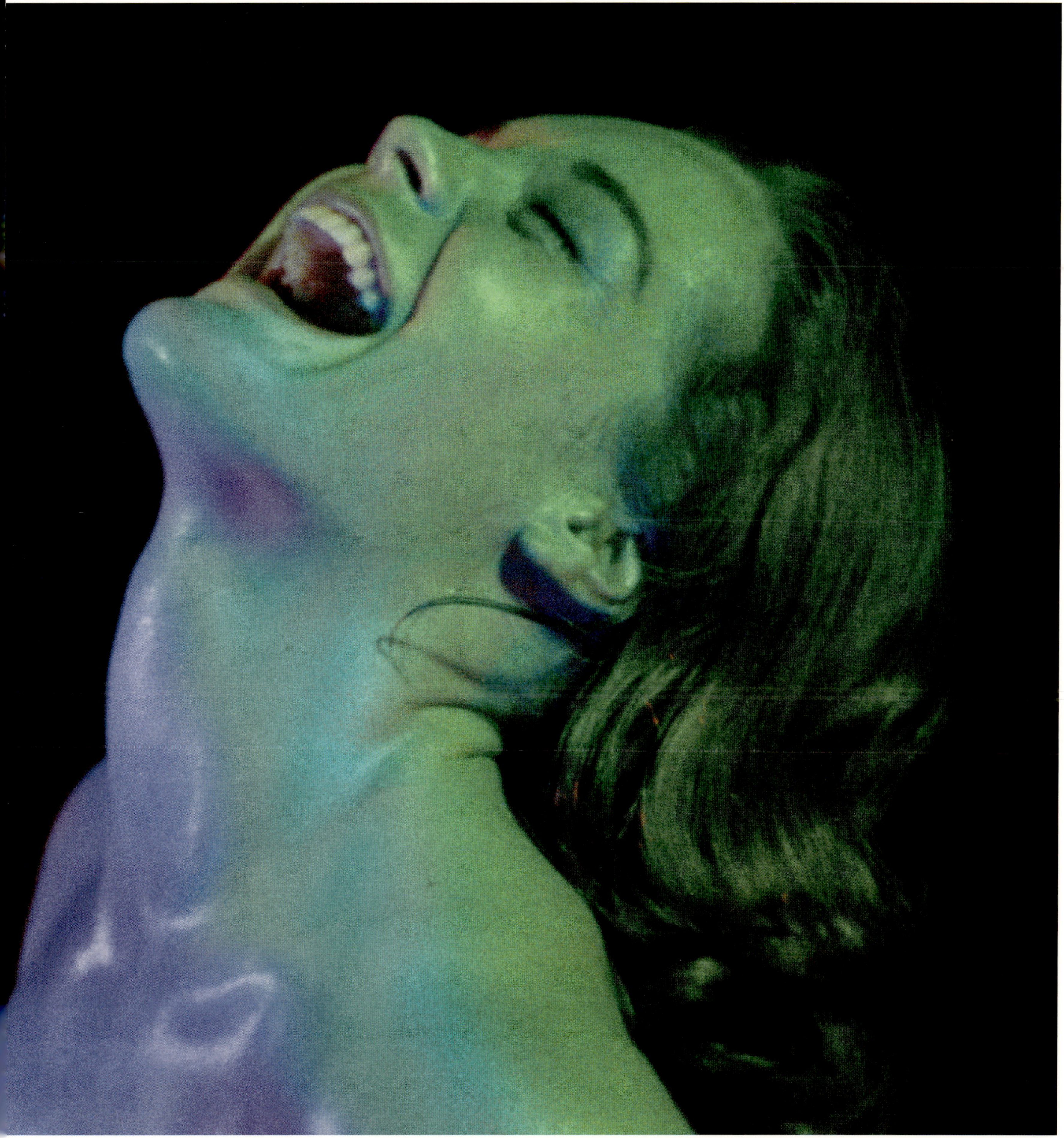

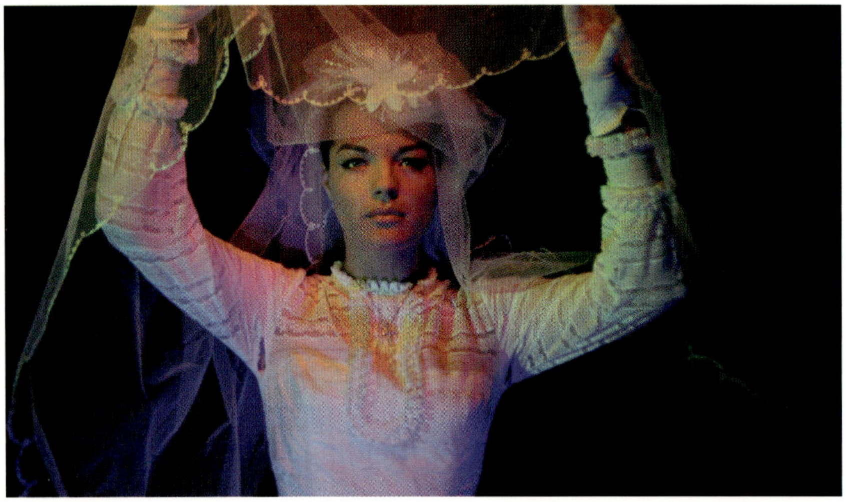

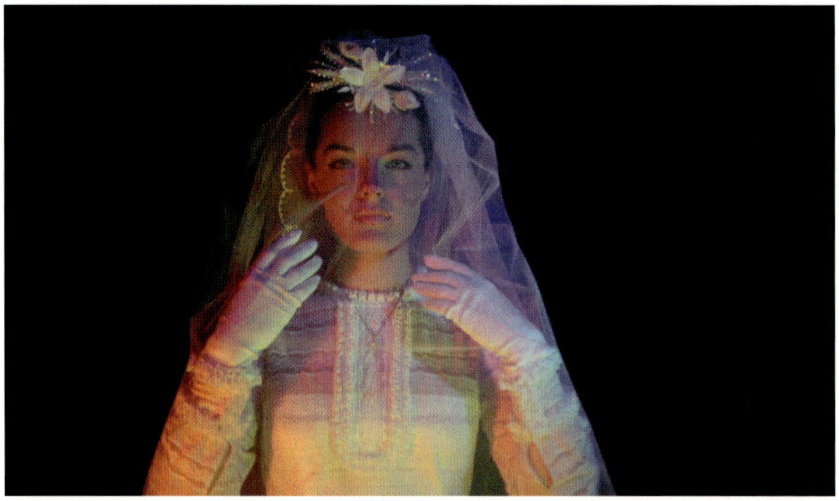

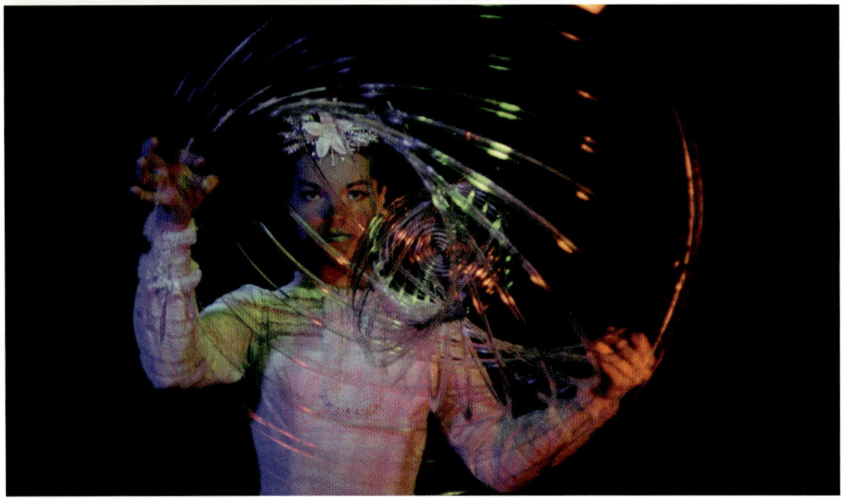

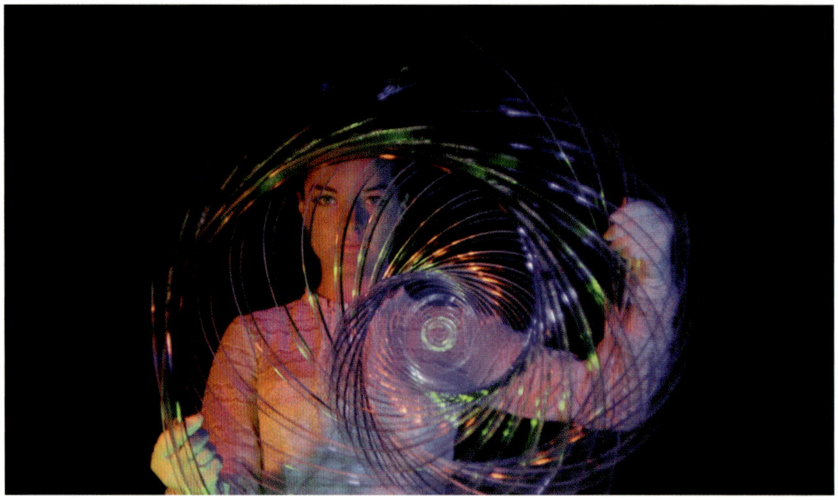

ER KOMMT AUF DAS UNIVERSUM DER MODERNEN KUNST UND DER KINETISCHEN EFFEKTE ZURÜCK.

Romy sprach nicht gern über L'Enfer. *Einmal hat sie zu mir gesagt: »Nein, darüber sprechen wir nicht.* L'Enfer *waren außerordentliche, aber auch ziemlich schwierige Momente.«*

Costa-Gavras

Was heute von L'Enfer *bleibt? Ein ganz außergewöhnliches, verrücktes Abenteuer, und ich bin sehr stolz und glücklich, dass ich dabei war. Ich habe sehr oft daran gedacht, was aus all dem geworden ist, was wir gedreht haben. Ich habe mich gefragt: Wo sind diese Bilder? Was ist da drauf? Was würde man heute davon halten? Hätte ich eine andere Sicht? Waren wir so ungerecht?*

Bernard Stora

Aber Clouzot belässt es nicht dabei. Völlig wiederhergestellt und entschlossener denn je dreht er 1968 einen letzten Spielfilm, bei dem er auf das Universum der modernen Kunst und der kinetischen Effekte zurückkommt. In *Seine Gefangene* lässt er Dany Carrel unter einem regenabweisenden Plastikcape tanzen und engagiert dieselben Teams, um einen neuen psychologischen Kraftakt zu versuchen.

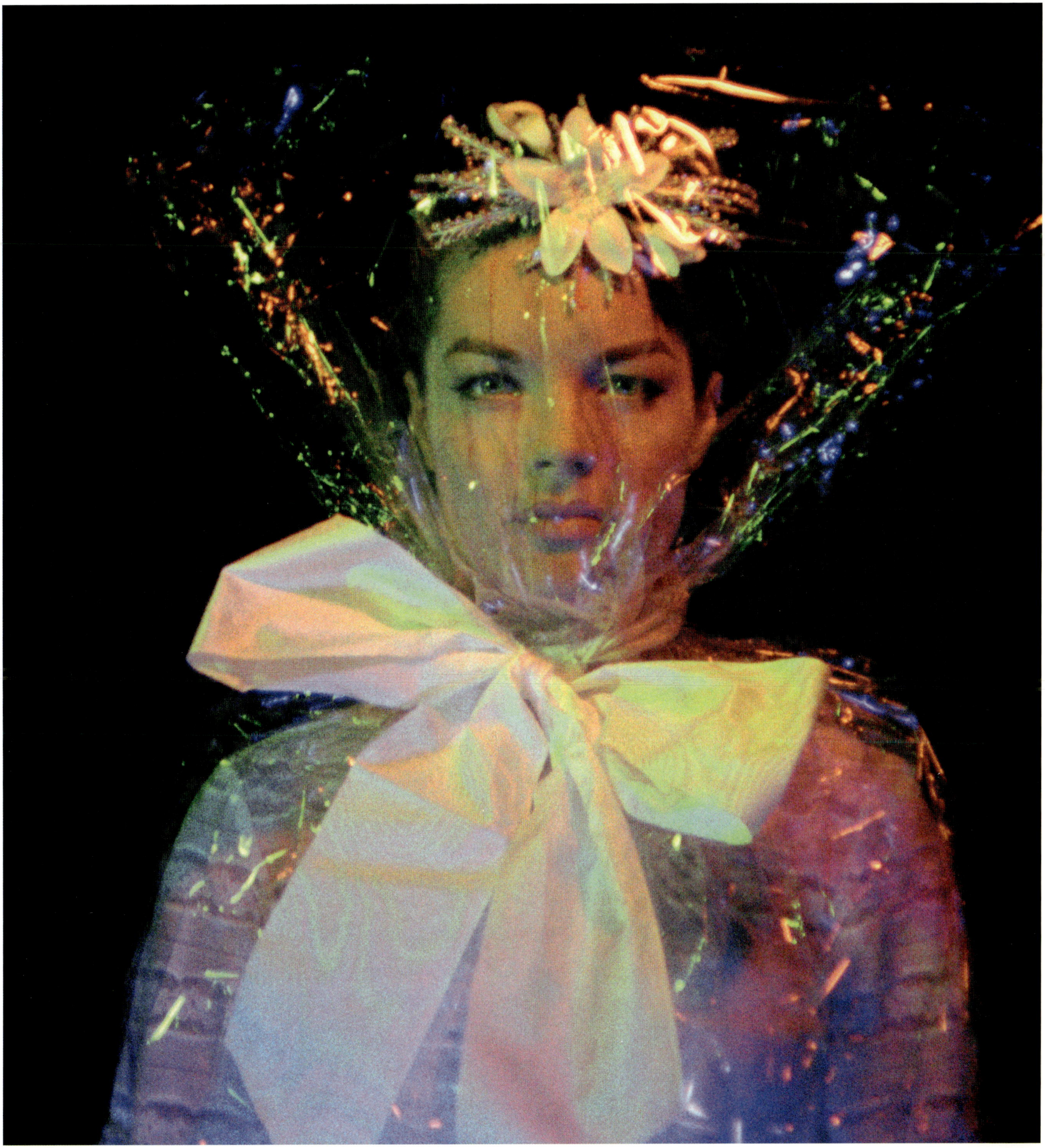

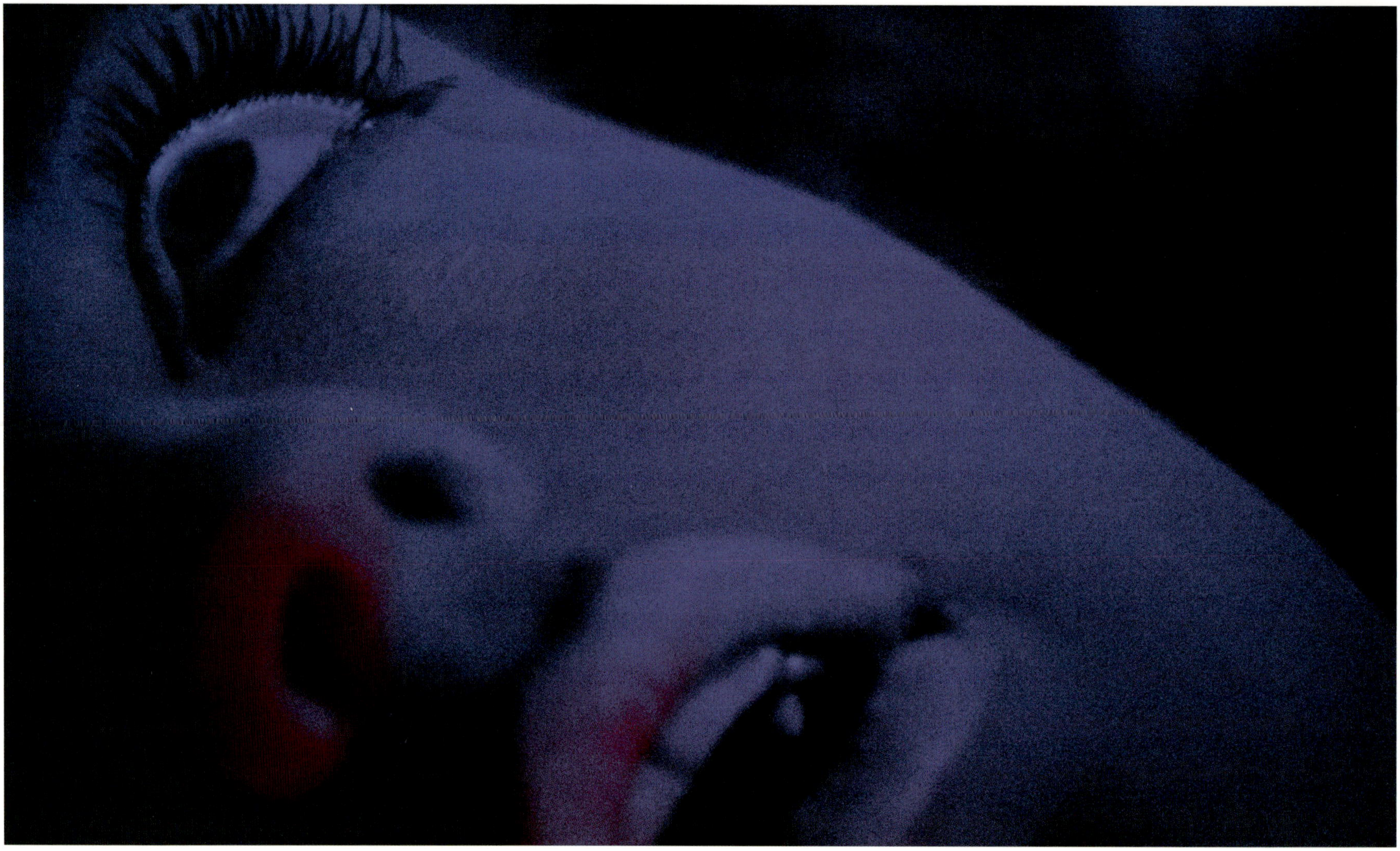

Angesichts des seltsamen Eindrucks, hier wolle jemand Rache am Schicksal nehmen, erfüllt einen beim Sehen dieses gar nicht mehr zeitgemäßen Films tiefes Unbehagen. Die Zeit von *L'Enfer* ist vorbei, die entschwundenen Träume lassen sich niemals wiederfinden.

Der Vertrag mit Orsay Films umfasste die Rechte an Clouzots Drehbuch für achtundzwanzig Jahre von der ersten öffentlichen Vorführung an. Weil Orsay Films in Schwierigkeiten geriet, die Versicherungen als Gläubiger in alle Rechte des Produzenten eingesetzt und die Dreharbeiten unterbrochen wurden, fand diese erste Vorführung niemals statt. Clouzot bleibt also der einzige Eigentümer seines Drehbuchs, aber mit den Versicherungen konnte man sich nicht verständigen: die ausstehenden Zahlungen sind zu hoch, die Teams entlassen, die Schauspieler unterwegs zu neuen Abenteuern … Es kommt zu keiner Einigung.

Damit sind die Rätsel um *L'Enfer* aber noch nicht zu Ende.

Clouzot hatte zwar kein Recht auf Zugang zu den gedrehten Aufnahmen, aber die Versicherungen, rechtmäßige Eigentümer des »Materials« (also der Filme, nicht aber der Bilder darauf), hatten eigentlich auch keinen Zugang.

Als 1968 *Seine Gefangene* aufgeführt wurde, bat das Filmfestival Cannes den Liquidator von Orsay Films um die Genehmigung, ein paar Bilder aus dem Film zu zeigen. Der Brief existiert noch, aber wir haben keine Kopie einer Antwort gefunden, und die Bilder wurden nicht gezeigt.

Inès Clouzot erzählt auch, dass Clouzot Anfang 1968 einen Positivschnitt von etwa 40 Minuten gemacht hat, an dessen einziger Vorführung sie teilgenommen habe. Unter welchen Bedingungen? Mit welchem Material, nach welchen Verträgen? Ein Rätsel.

Von diesen geschnittenen Filmrollen, die man vielleicht eines Tages wiederfinden wird, ist heute nichts mehr vorhanden. Inès meint, die Rollen seien im selben Jahr Henri Langlois, dem Direktor der Cinémathèque Française, übergeben worden und Langlois habe sie verloren. Aber es gibt keinerlei Spur einer wie auch immer gearteten Aufbewahrung, nicht einmal in den Verwaltungsarchiven der Cinémathèque.

Hatte man diese Rollen illegal in die Cinémathèque gebracht, weil Clouzot über diese Bilder eigentlich nicht verfügen durfte? Sind sie 1980 bei dem schrecklichen Feuer in Le Pontel verbrannt, von dem man immer noch nicht weiß, was alles zerstört wurde? Ein Rätsel.

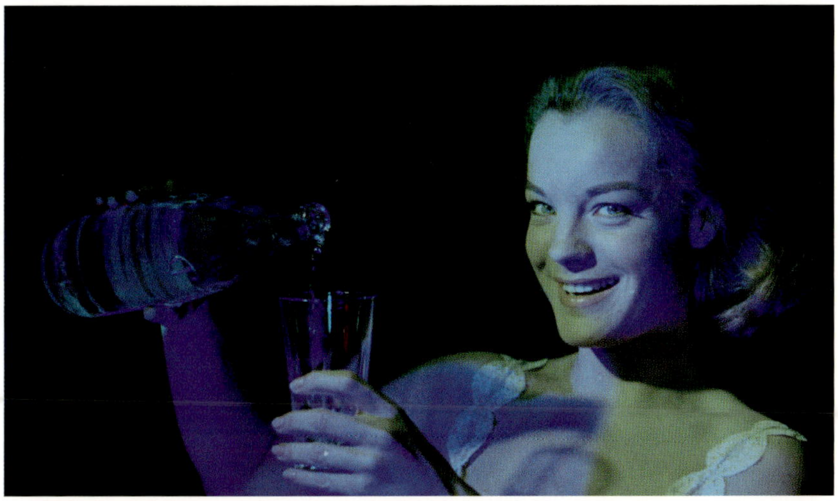

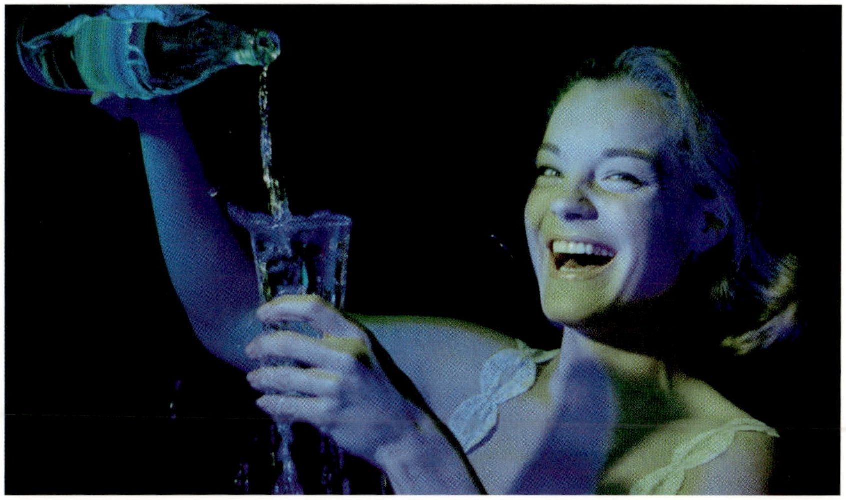

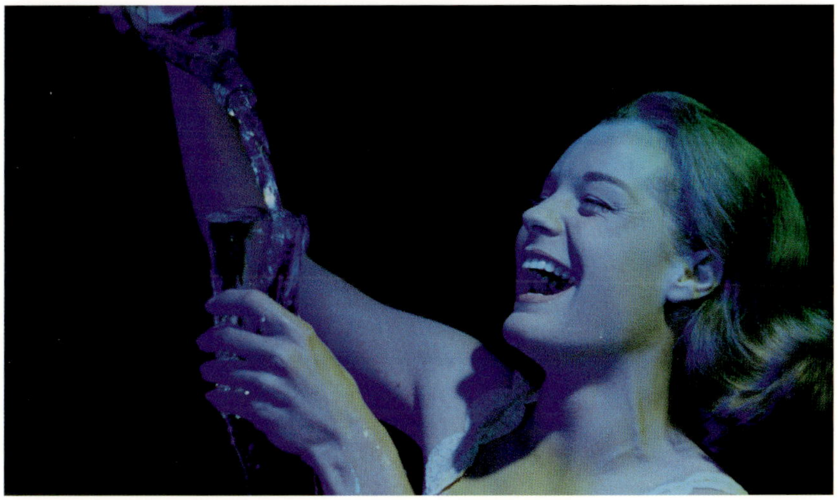

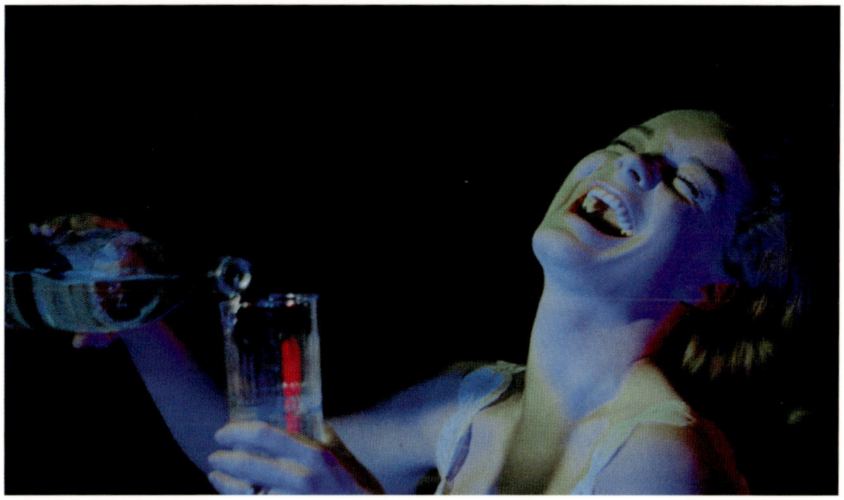

WAS VON CLOUZOTS TRAUM BLEIBT, SIND BILDER, LEUCHTENDE, STRAHLENDE, GLÜHENDE BILDER VON EINER DER ZAUBERHAFTESTEN SCHAUSPIELERINNEN DES FRANZÖSISCHEN FILMS.

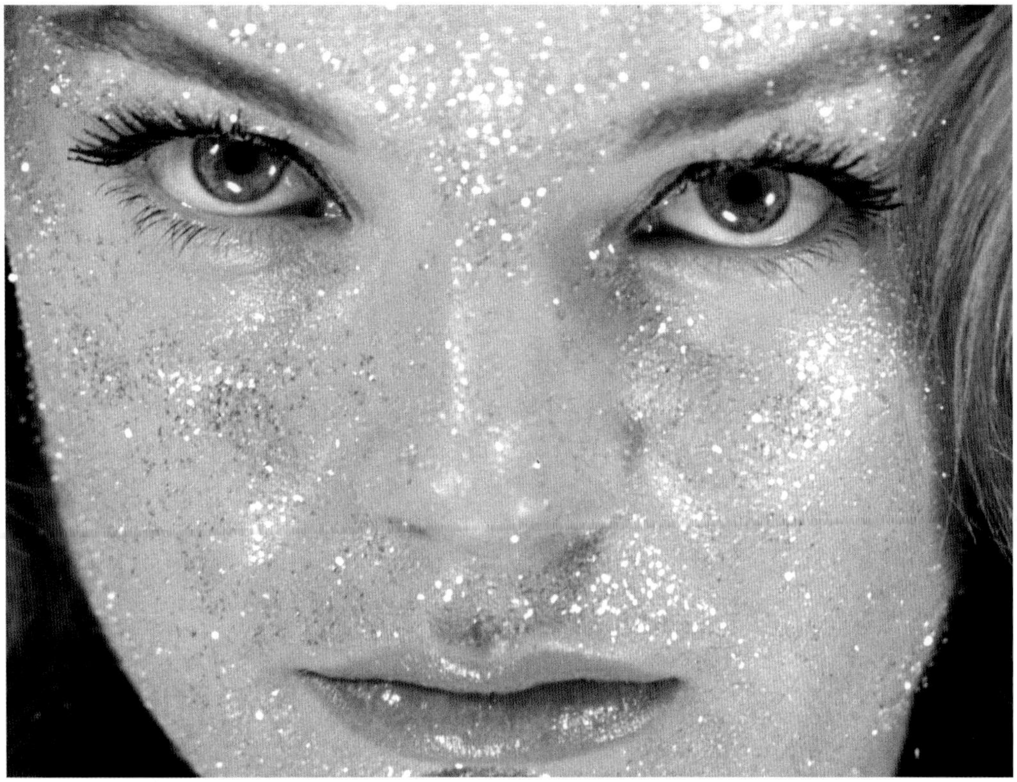

Man weiß auch nicht, was aus den Mustern der Cutterin Madeleine Gug geworden ist, als man Garabit im Juli 1964 verließ. Vielleicht wurden sie sorgfältig aufbewahrt und Clouzot hat daraus vier Jahre später die Montage gemacht.

Die Spur der Negative ist leichter zu verfolgen. Sie wurden im Labor LTC in Saint-Cloud aufbewahrt, wo sie bis zum endgültigen Abzug der Kopien benutzt werden sollten. Diese Bilder mit einem unklaren juristischen Status und ohne Zukunft waren kommerziell nicht mehr von Interesse.

1974 wurde eine Anweisung unterschrieben, die den Transfer von 185 Filmdosen in das Filmarchiv des CNC in Bois-d'Arcy genehmigt.

Das Inventarblatt, das den Eingang dieser Filmdosen bestätigt, existiert noch: Es ist leer! Briefe bestätigen jedoch, dass es tatsächlich 185 Dosen mit Bildnegativen gab, aber kein Tonnegativ oder irgendwelche Tonaufnahmen. Wo sind die von Robert-William Sivel aufgenommenen Töne geblieben? Wir werden sie wahrscheinlich niemals hören.

In diesen Dosen gibt es »separierte« Einstellungen, das heißt, an jeder ist mit einem Gummiband ein kleiner Zettel befestigt, der die Nummer der Einstellung und des Negativs der Aufnahme trägt, die Clouzot beim Dreh für verwendbar gehalten hatte. Alle anderen Aufnahmen wurden zerstört.

Im Mai 1992, anlässlich des 10. Todestags von Romy Schneider, erhielten Éric le Roy, Abteilungsleiter im Filmarchiv, und der von einem Fernsehsender beauftragte Frédéric Mitterand Zugang zu den Mustern. Bei ihnen war Jean-Louis Cot, der das Inventar erstellt hatte. Sie stellen jedoch fest, dass es nur winzige, in Weißblechbüchsen zusammengewürfelte Fragmente waren.

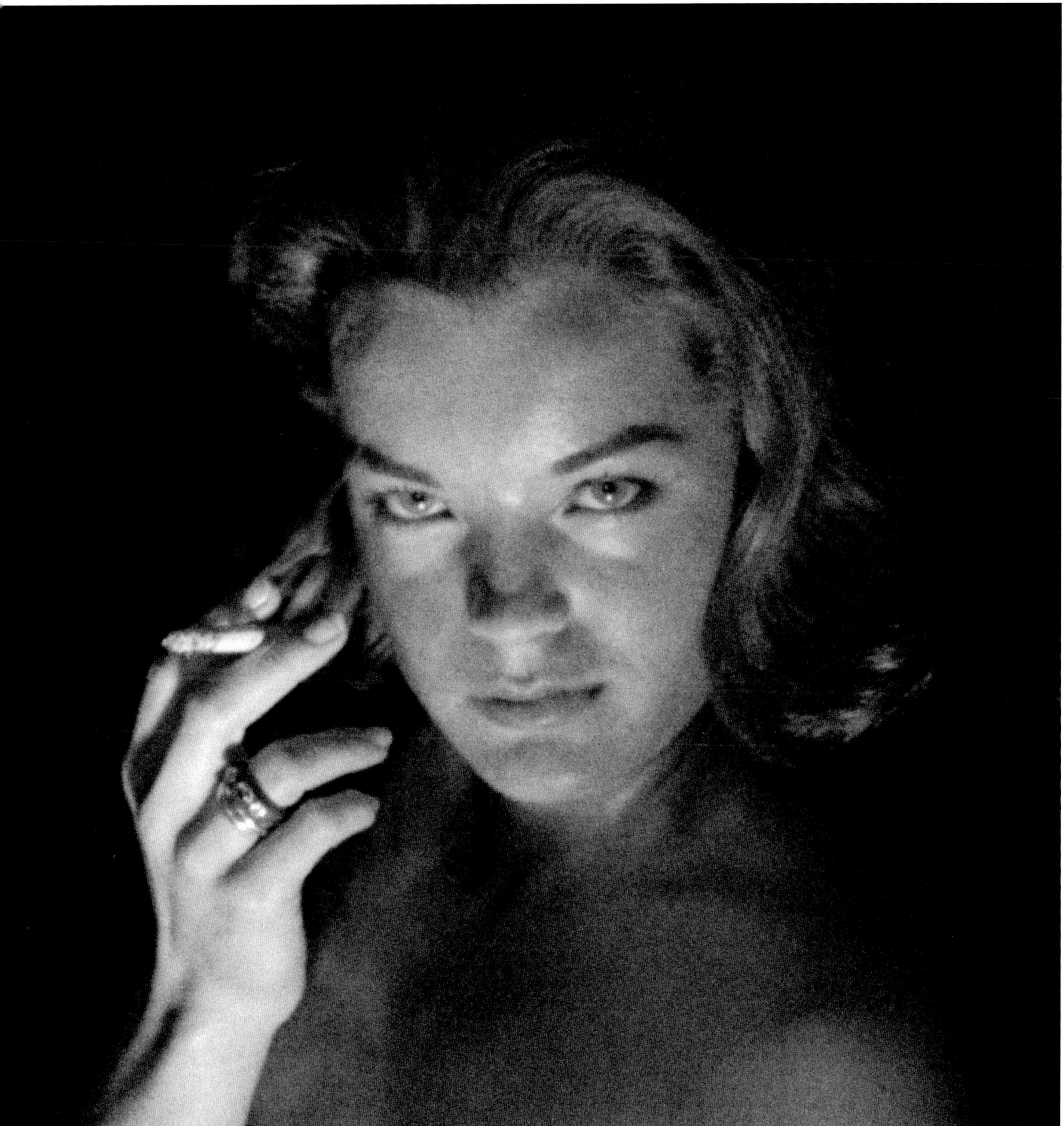

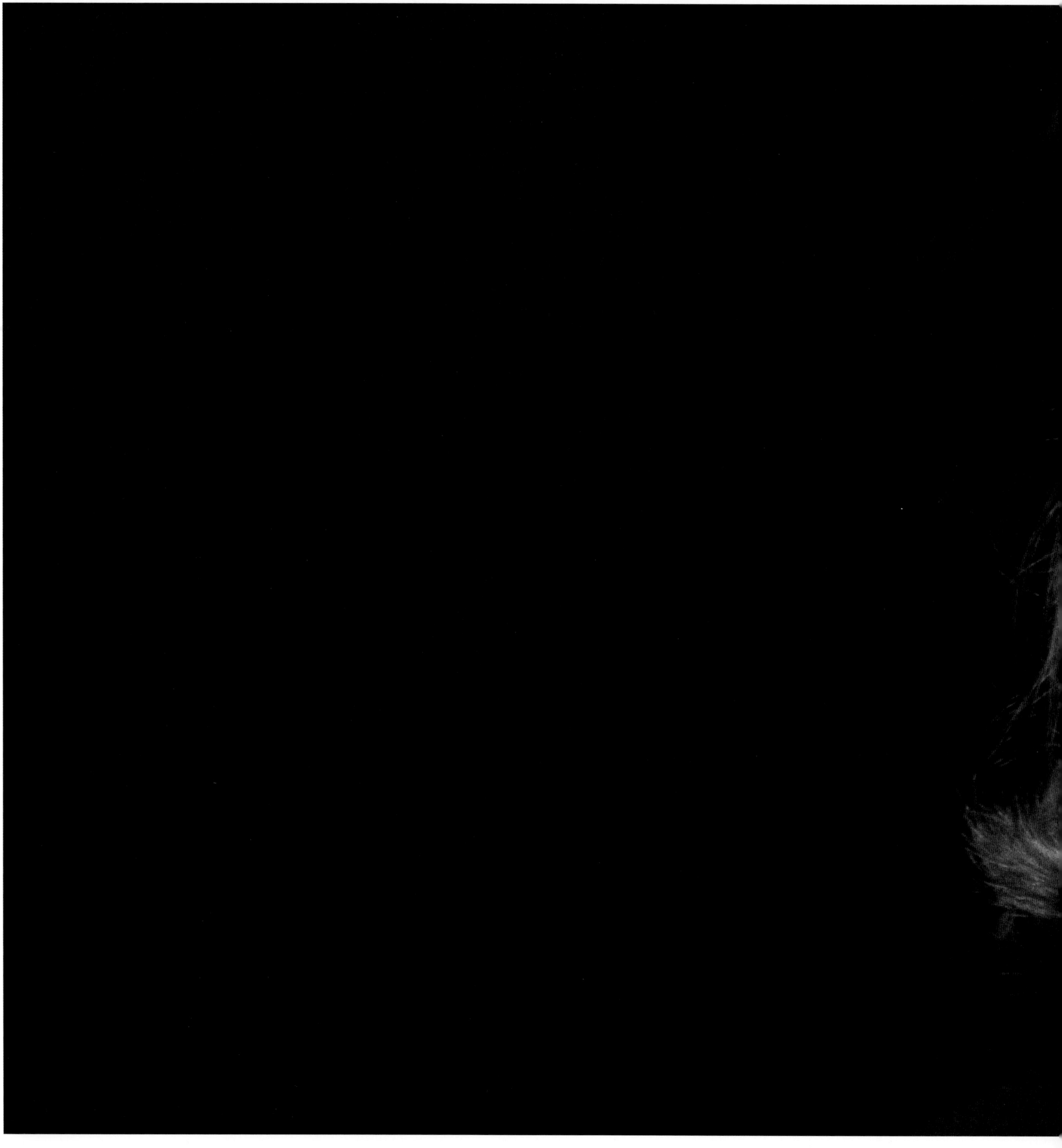

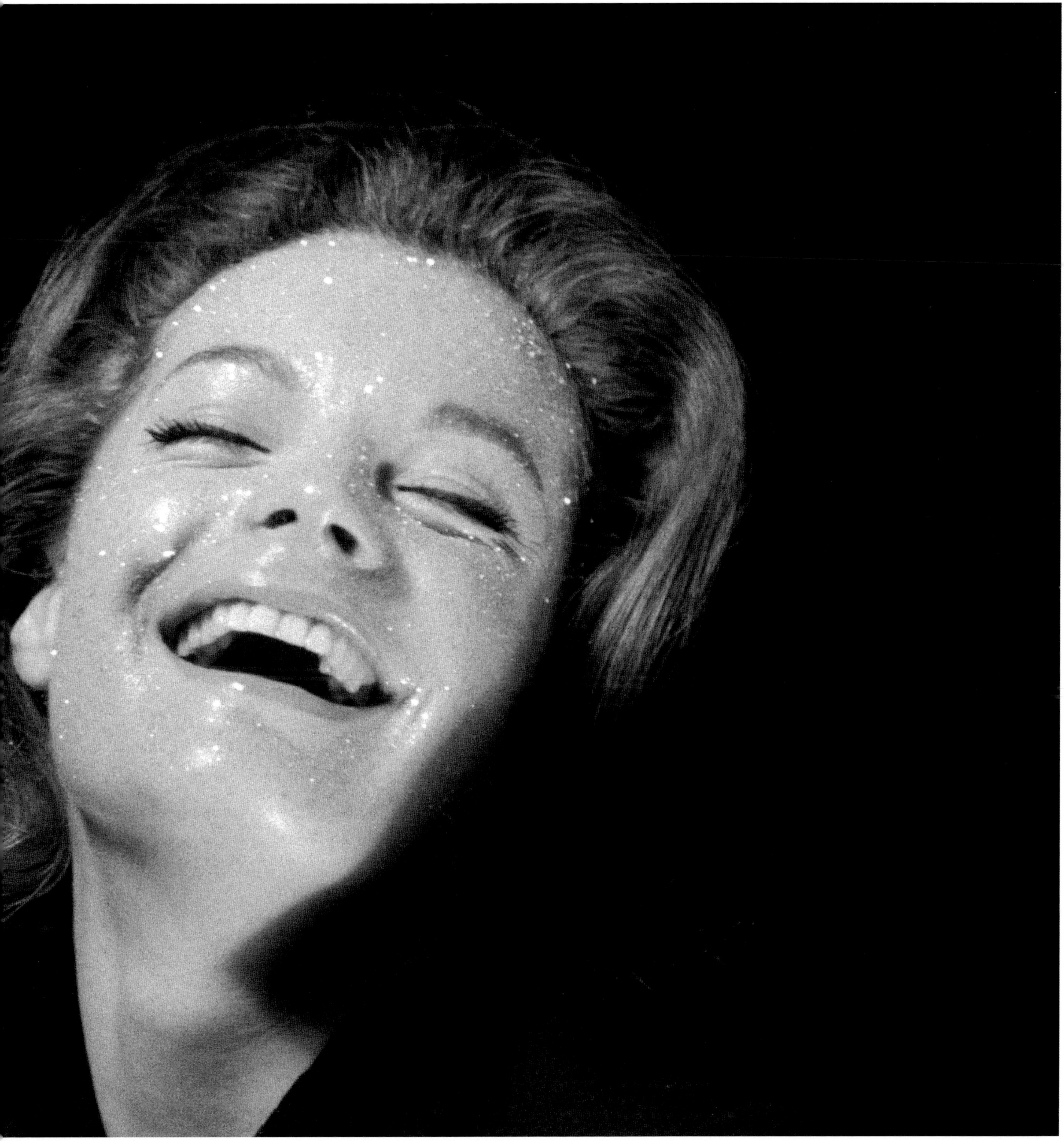

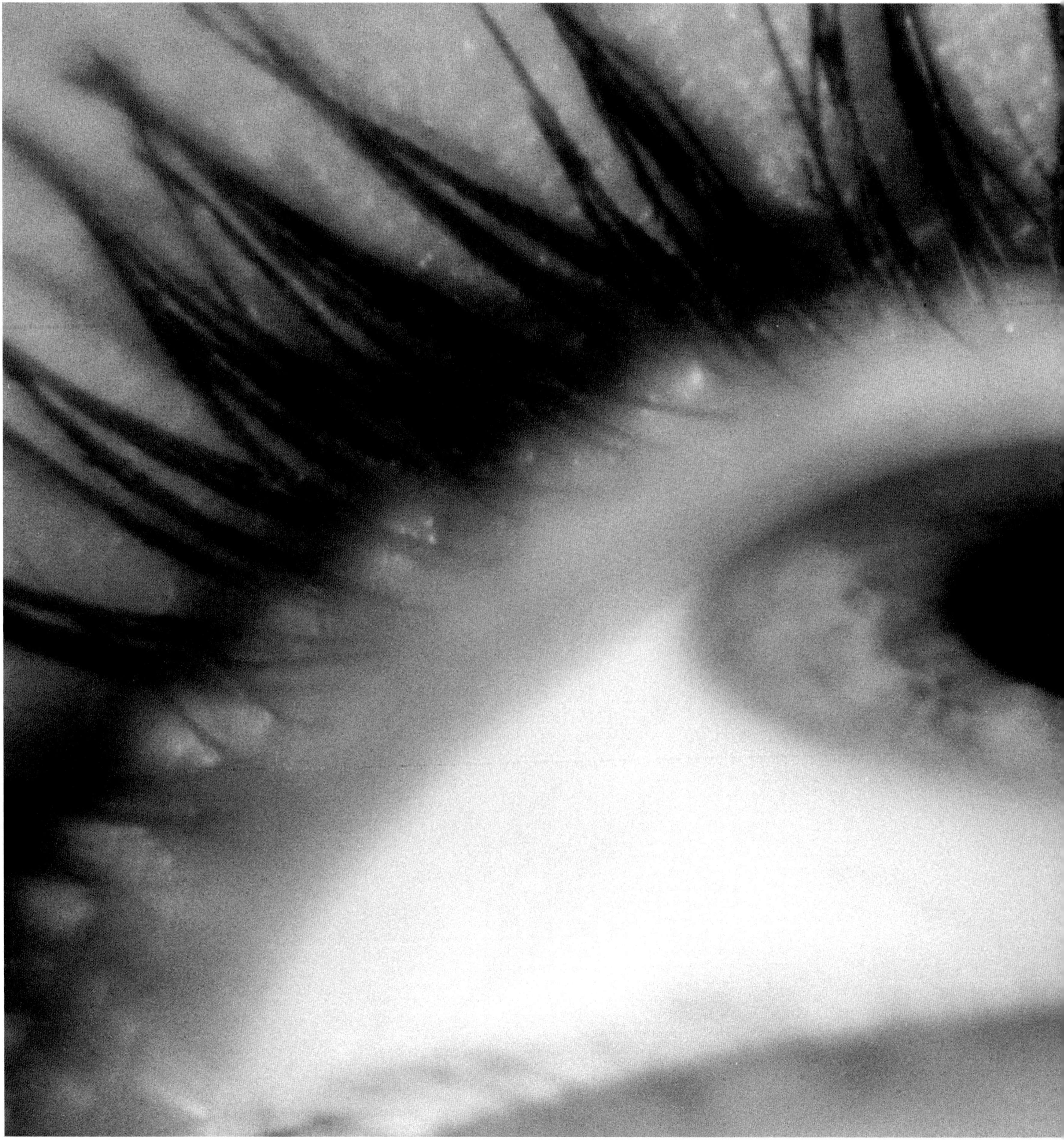

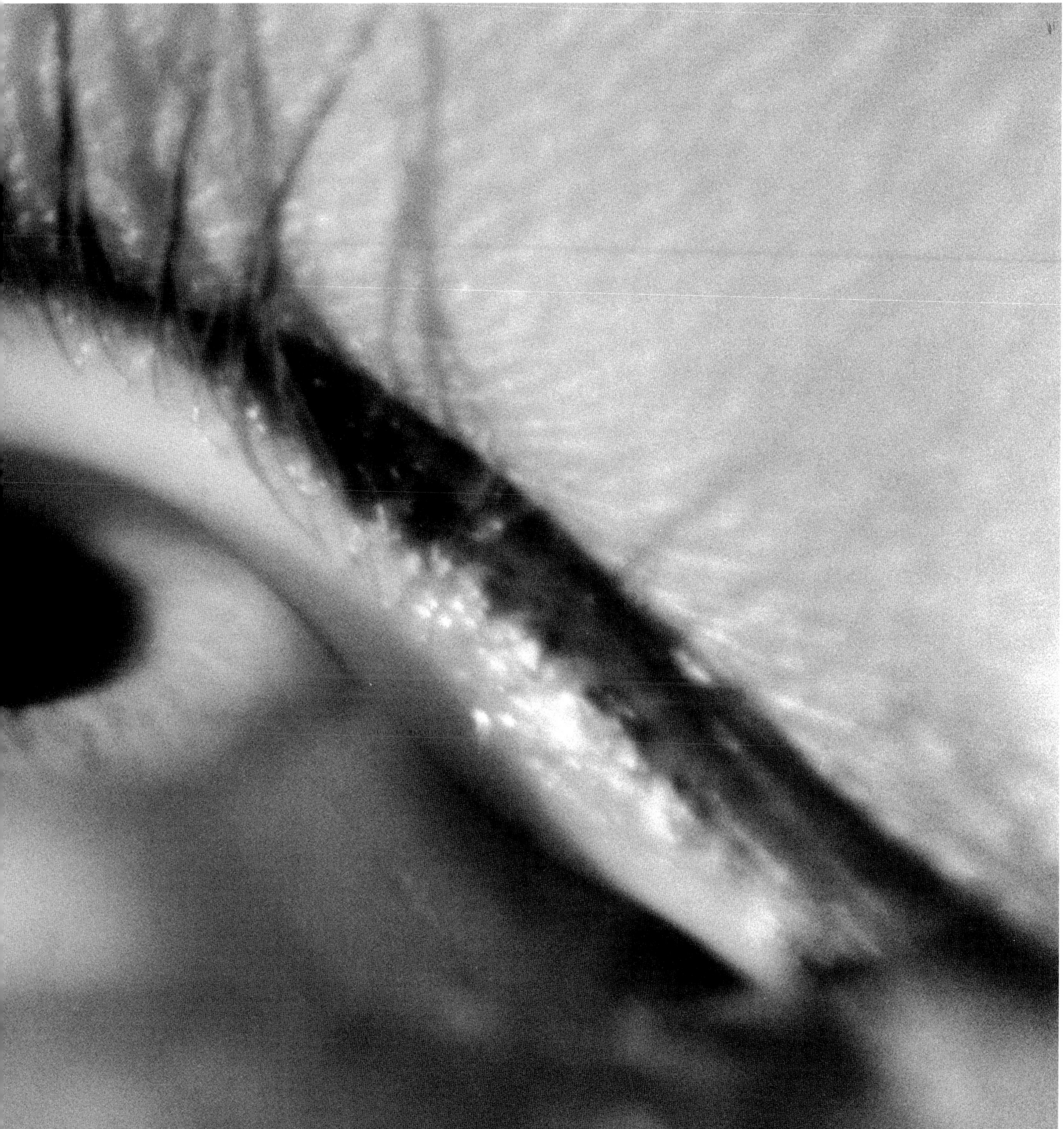

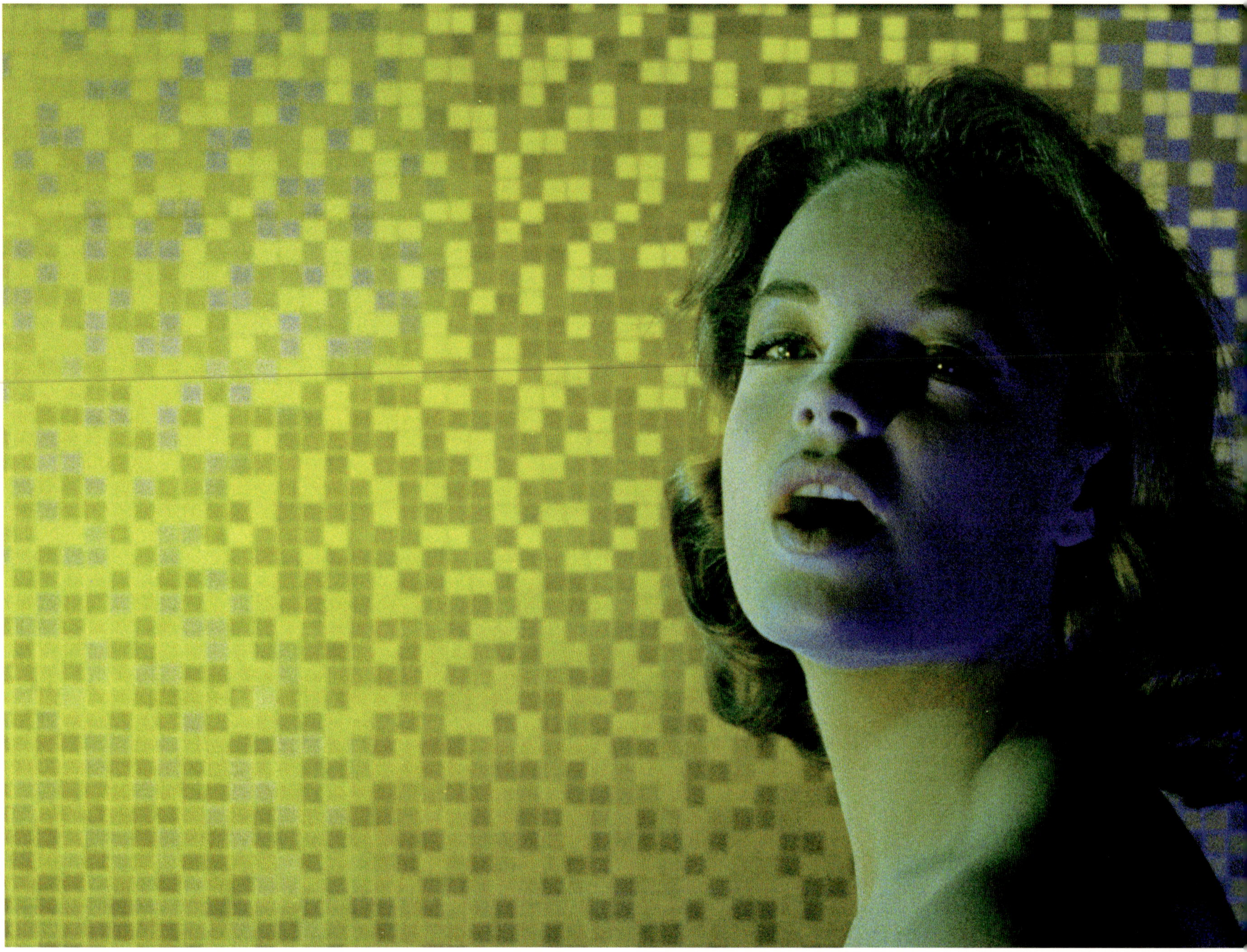

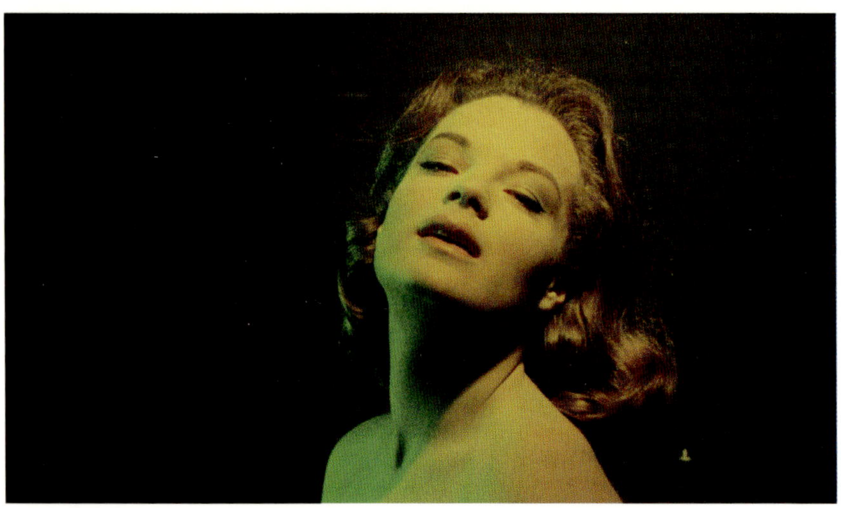

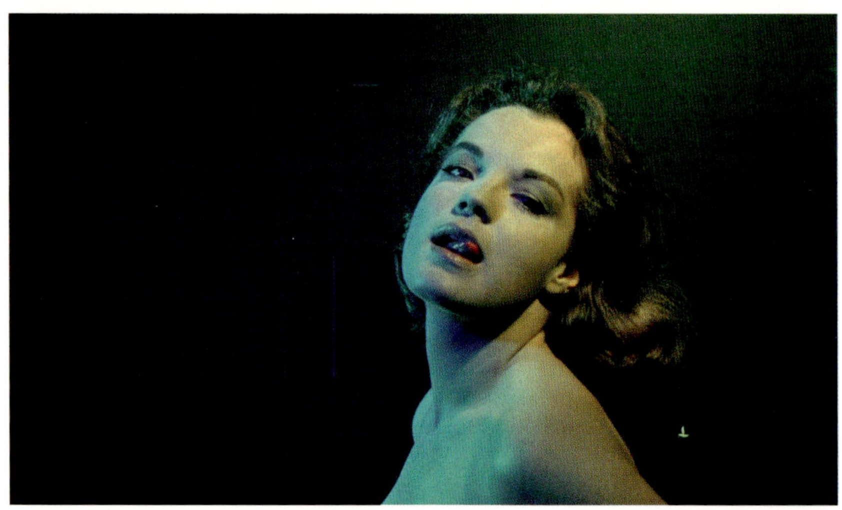

Auf der Originalaufnahme vollzieht sich die Aktion rückwärts und man hat den Eindruck, Romy würde den Rauch ihrer Zigarette schlucken.

Nur eine Positivrolle von etwa 300 m (ca. 10 Minuten) ist direkt verwendbar. Le Roy, Mitterand und Cot machen einen Videobericht, der zwar mitten in der Nacht gesendet wird, aber nicht unbemerkt bleibt! Diese Rolle, die schnell in die Bunker von Bois-d'Arcy zurückkehrt, trägt noch heute einen kleinen Aufkleber, »Antenne 2«, die Spur jener kurzen Vorführung.

Während unserer Recherchen haben wir mehrere Zeugenaufrufe gestartet, um Amateurfilmer oder -photographen zu finden, die während der Dreharbeiten von 1964 Aufnahmen gemacht hatten. Alle Zeitungen wurden mobilisiert, aber wir haben nur ein paar vergilbte Photos bekommen und keinen einzigen Film.

Der Setphotograph, Paul Apoteker, ist dafür bekannt, dass er von jedem Film, bei dem er gearbeitet war, tausende Photos aufbewahrt hat. Hier aber nichts! Und während ich diese Zeilen schreibe, ist abgesehen von einigen Bildern, die Inès Clouzot aufgehoben hat, alles immer noch unauffindbar.

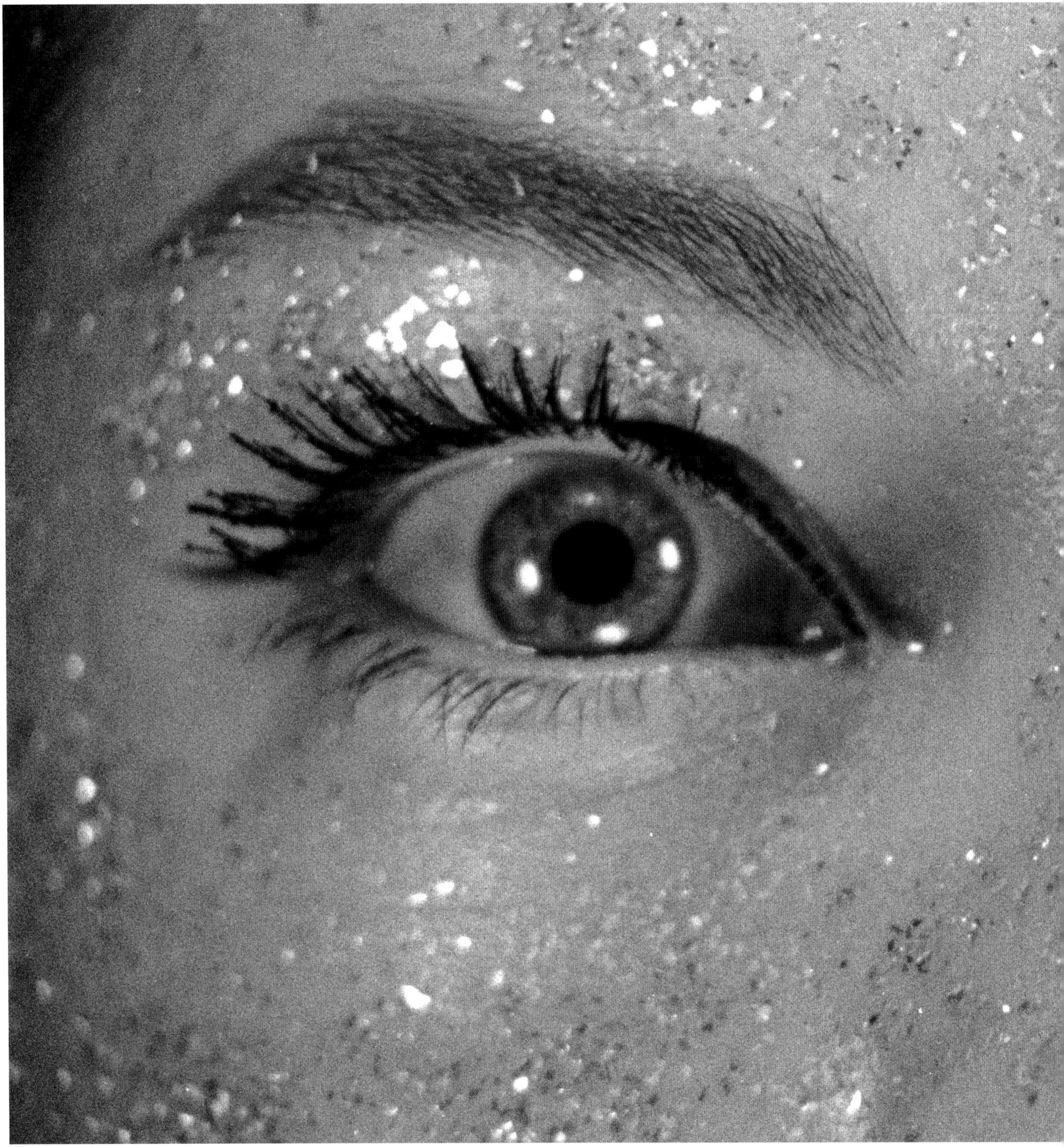

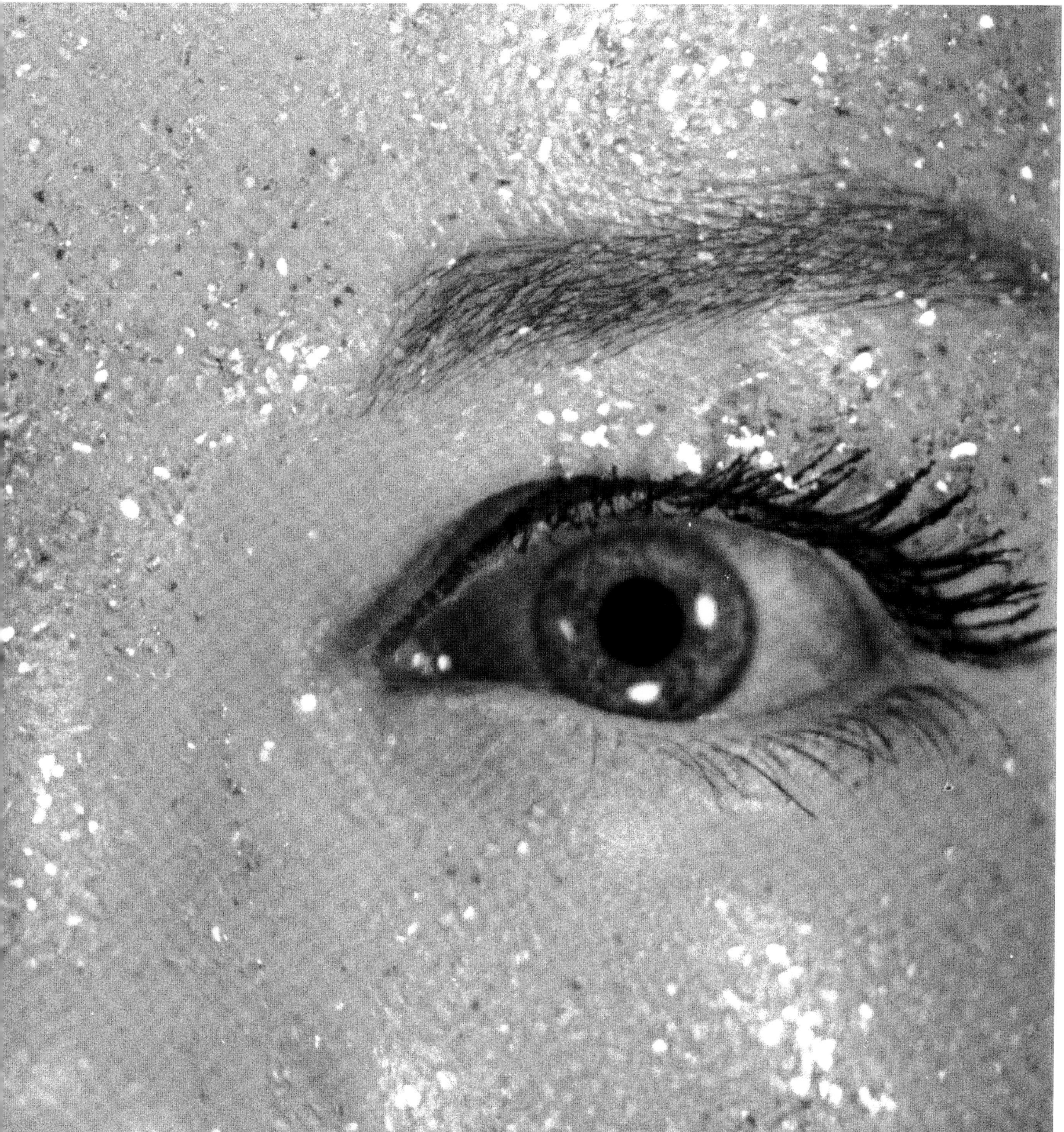

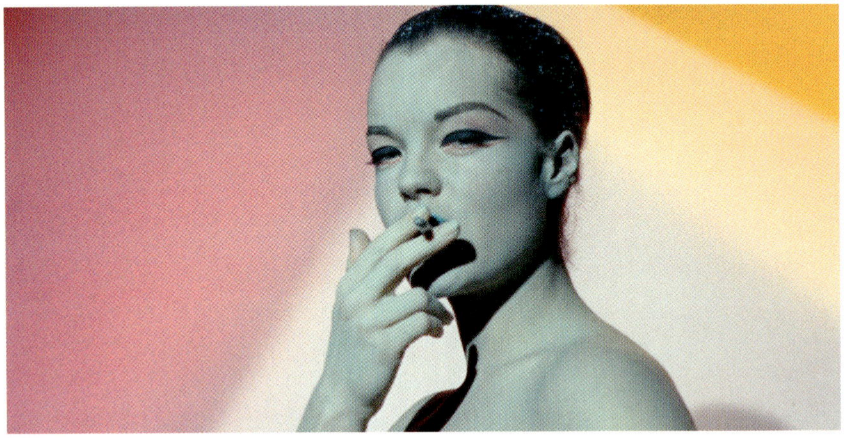
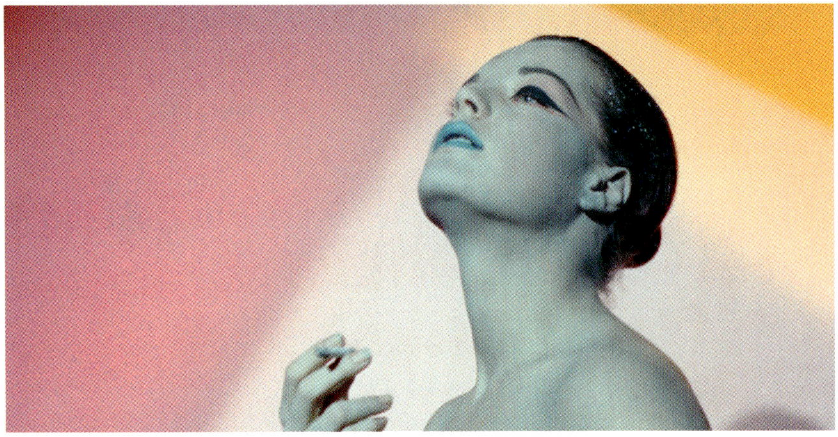
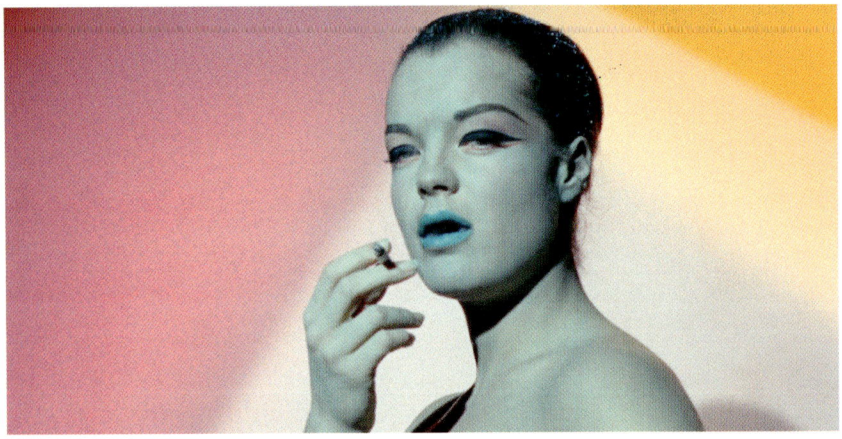
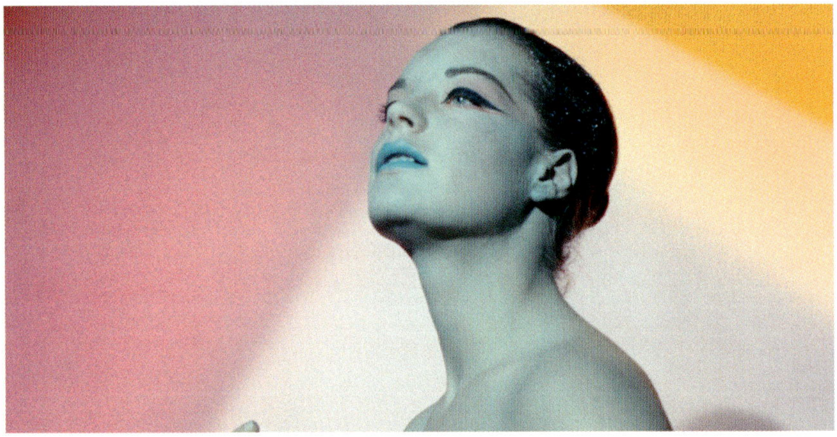
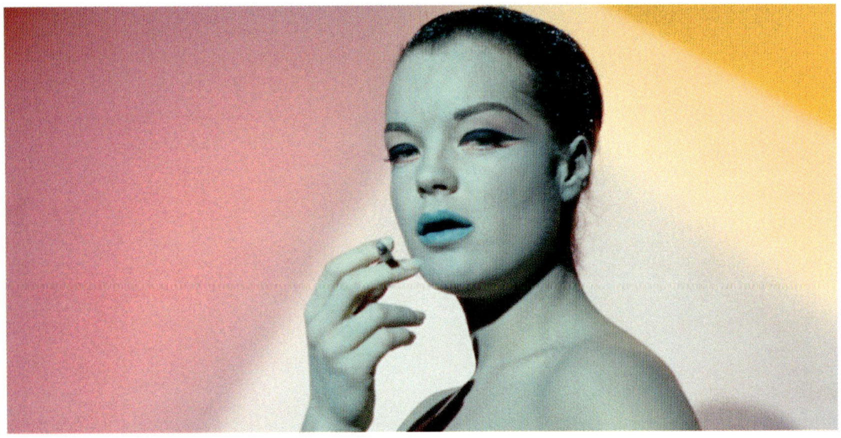
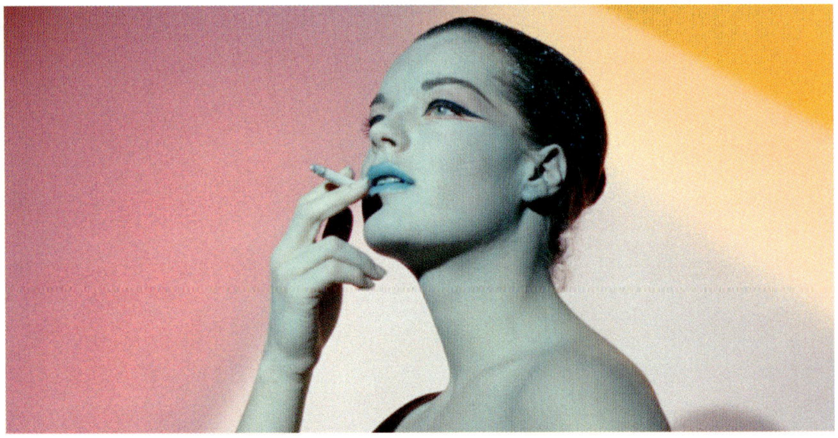
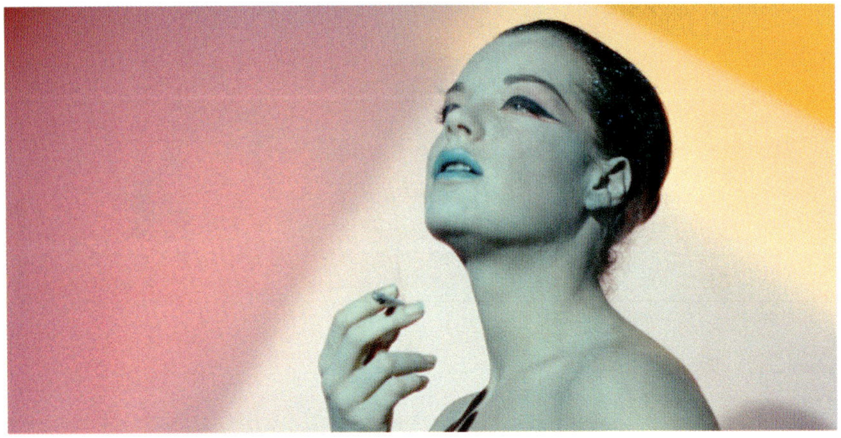
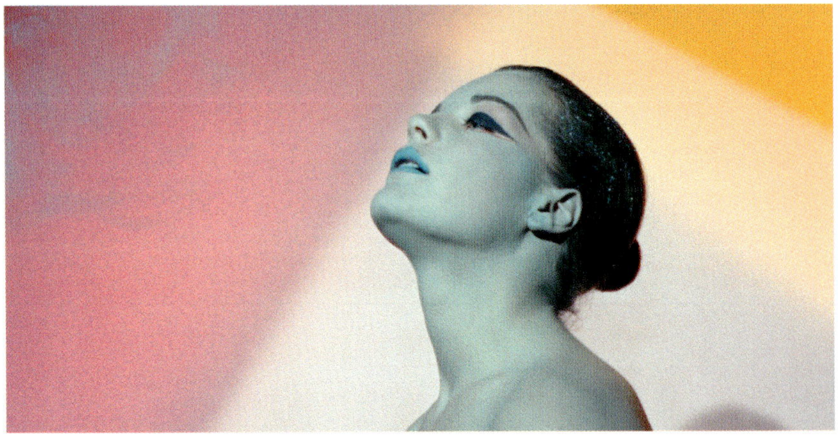

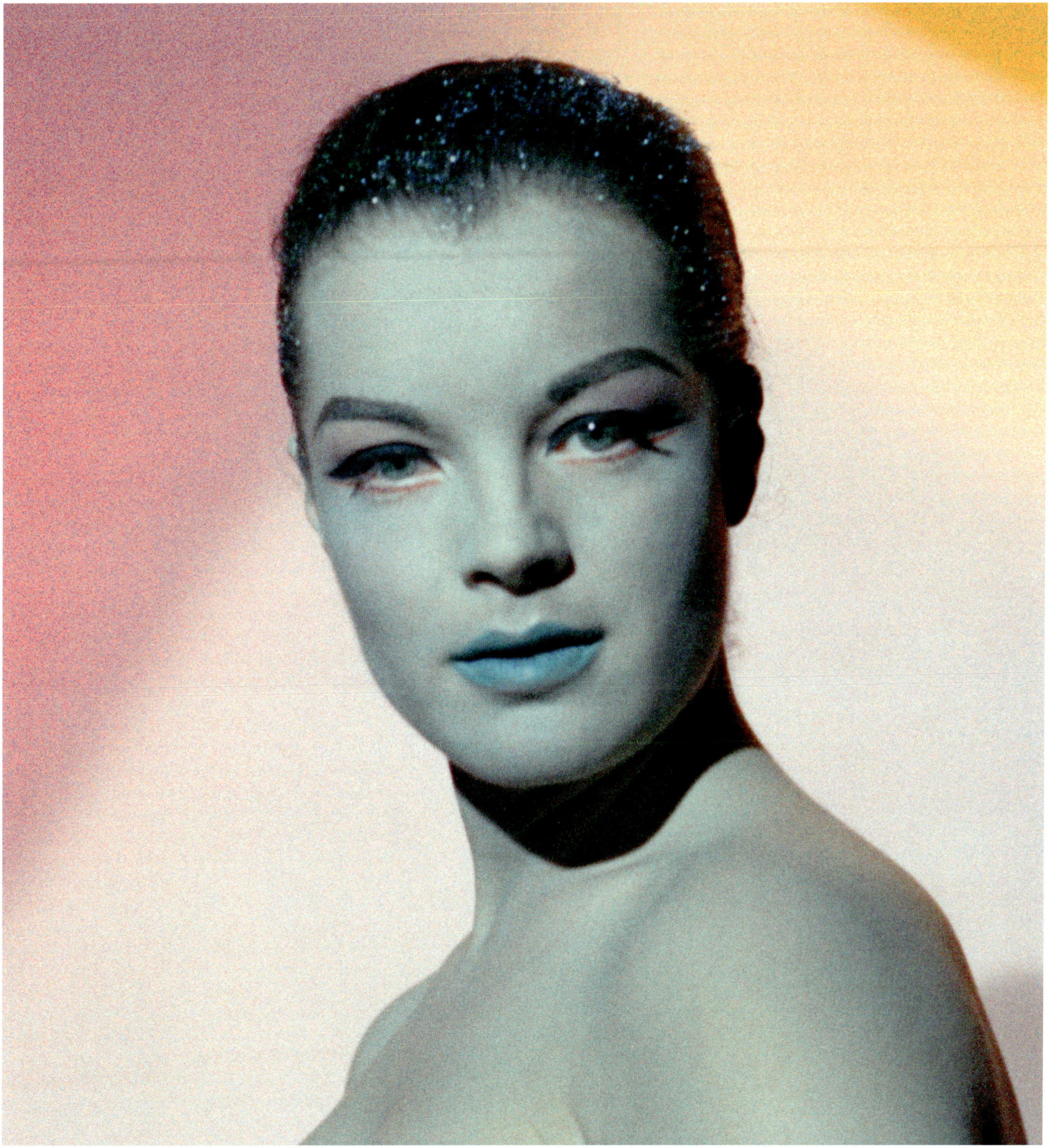

Es ist schwierig, sich vierzig Jahre später zu erinnern.

Inès Clouzot

Ein rätselhaftes Blatt mit Kontaktabzügen fand Jean-Pierre Berthomé in den 90er Jahren in einem Schuhkarton auf dem Flohmarkt. Es trägt den Namen eines Photolabors, Tele-Photo, das wahrscheinlich den Abzug gemacht und vielleicht die Negative aufbewahrt hat. Aber das Labor gibt es schon lange nicht mehr, wurde nicht übernommen, und seine Archive sind vermutlich vernichtet.

So bleibt von *L'Enfer* nur die Erinnerung an unmögliche Dreharbeiten, den Traum eines Filmemachers, ein wahres Ideenlabor.

Am Ende kann man vermuten, wenn L'Enfer *nicht gedreht wurde, ist das ein Teil des Rätsels Clouzot. Es gibt ein Mysterium* L'Enfer, *wie es den Film* Mystère Picasso *gab, wie es andere Mysterien um Clouzot gab.*

Costa-Gavras

Als der Film abgebrochen wurde, haben mir die Techniker und Elektriker das Rad zurückgeschickt und gesagt: »Sie können etwas damit anfangen«. Da hatten sie recht. Aber als ich aufgehört habe zu arbeiten, fand ich keinen Käufer dafür, keinen einzigen. Das beweist, dass es doch eine sehr spezielle Verwendung war. Also musste ich es wegwerfen, weil sich niemand mehr dafür interessierte.

Eric Duvivier

Eines Tages hat ein grandioser Filmemacher davon geträumt, den besessenen, paranoiden Wahnsinn aus dem Innern des kranken Hirns seines Helden heraus zu filmen. Er wollte seine Angst auf den Zuschauer übertragen und die pathologische Instabilität nachbilden, die dazu führt, dass man nichts mehr weiß, dass man keinen Unterschied mehr macht zwischen dem, was man weiß, und dem, was man erfindet.

Was von Clouzots Traum bleibt, sind Bilder, leuchtende, strahlende, glühende Bilder von einer der zauberhaftesten Schauspielerinnen des französischen Films. Romy.

Für Clouzot hatten diese Bilder dieselbe Faszination wie die Flamme einer Kerze für einen Schmetterling. Und weil er sich zu sehr der formalen Perfektion und seinem unmöglichen Traum nähern wollte, hat er sich die Flügel verbrannt.

Diese Bilder sind nicht auf dem Schneidetisch gelandet, und wir wissen heute nicht einmal, ob Clouzot sie in *L'Enfer* verwendet und wie er sie geschnitten hätte.
Es sind Visionen, Alpträume.
Sie hätten vielleicht nie existieren dürfen.

Aber sie sind da. Sie hypnotisieren und verwirren uns.

Sie erschrecken und faszinieren uns gleichermaßen.

Romy ist schön und entwaffnend. Einfach schön.

Sie ist ein Traum, eine Vision.

Clouzot hat es geschafft.

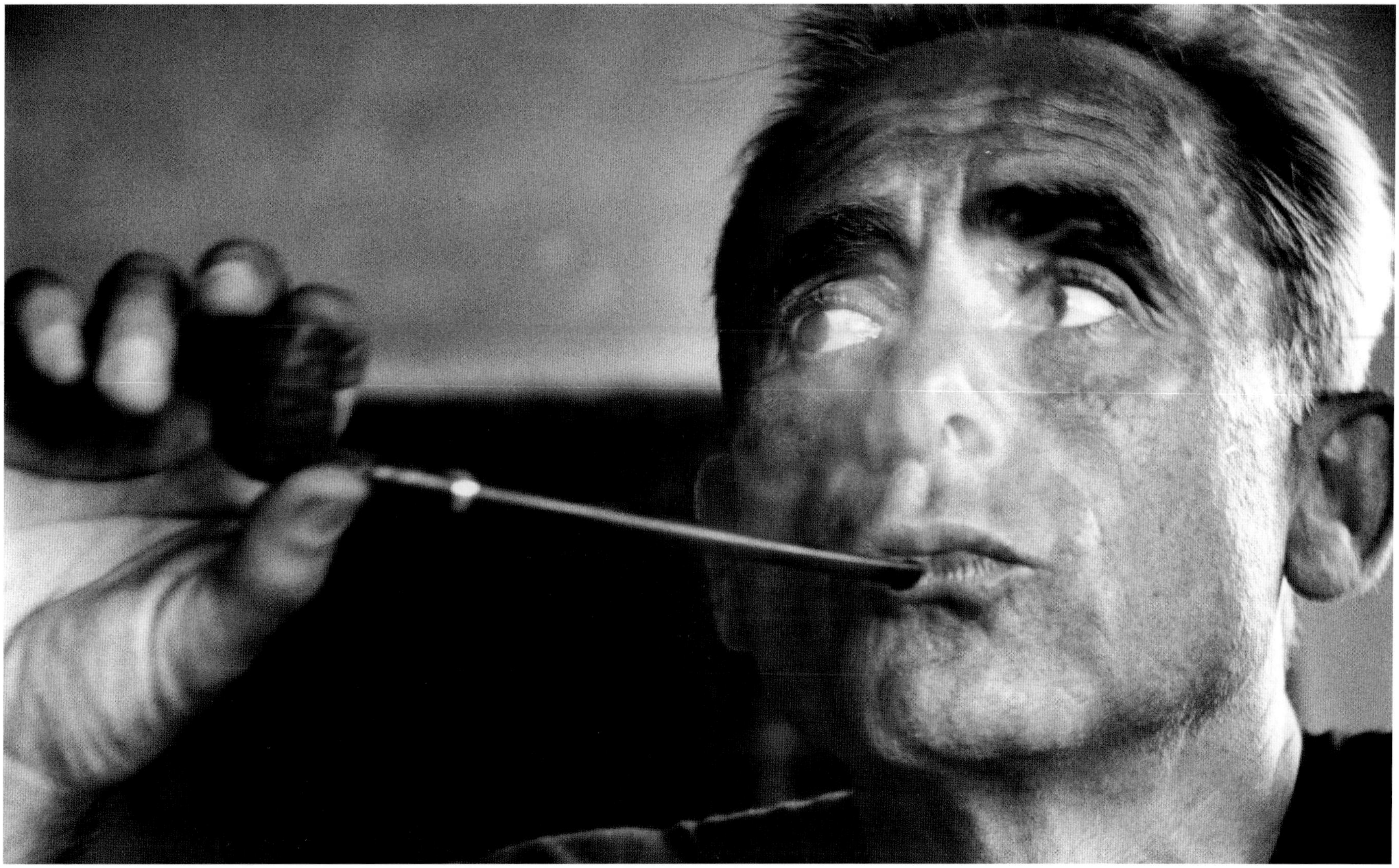

SO BLEIBT VON »L'ENFER«
NUR DIE ERINNERUNG AN
UNMÖGLICHE DREHARBEITEN,
DEN TRAUM EINES FILMEMACHERS,
EIN WAHRES IDEENLABOR.

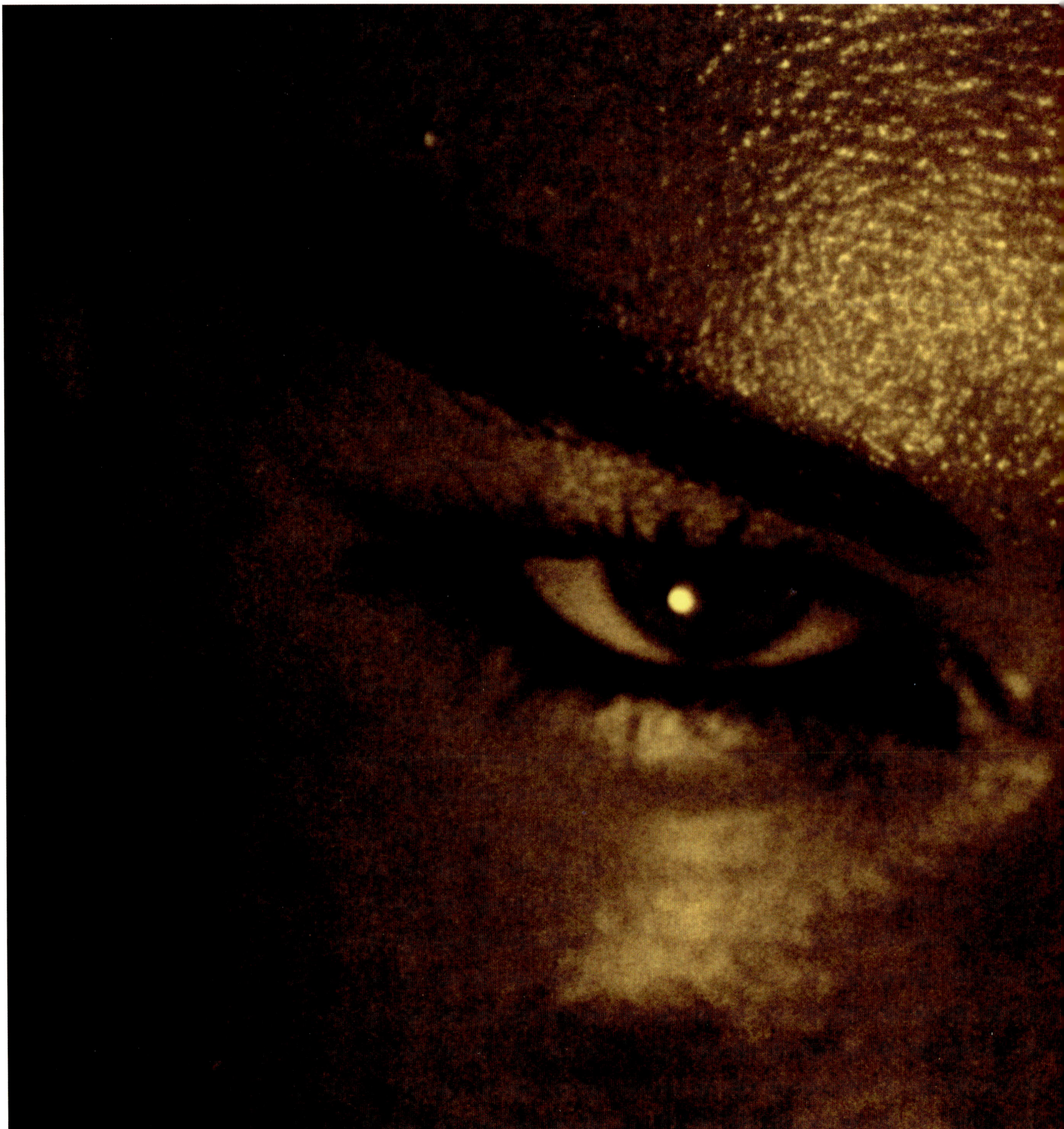

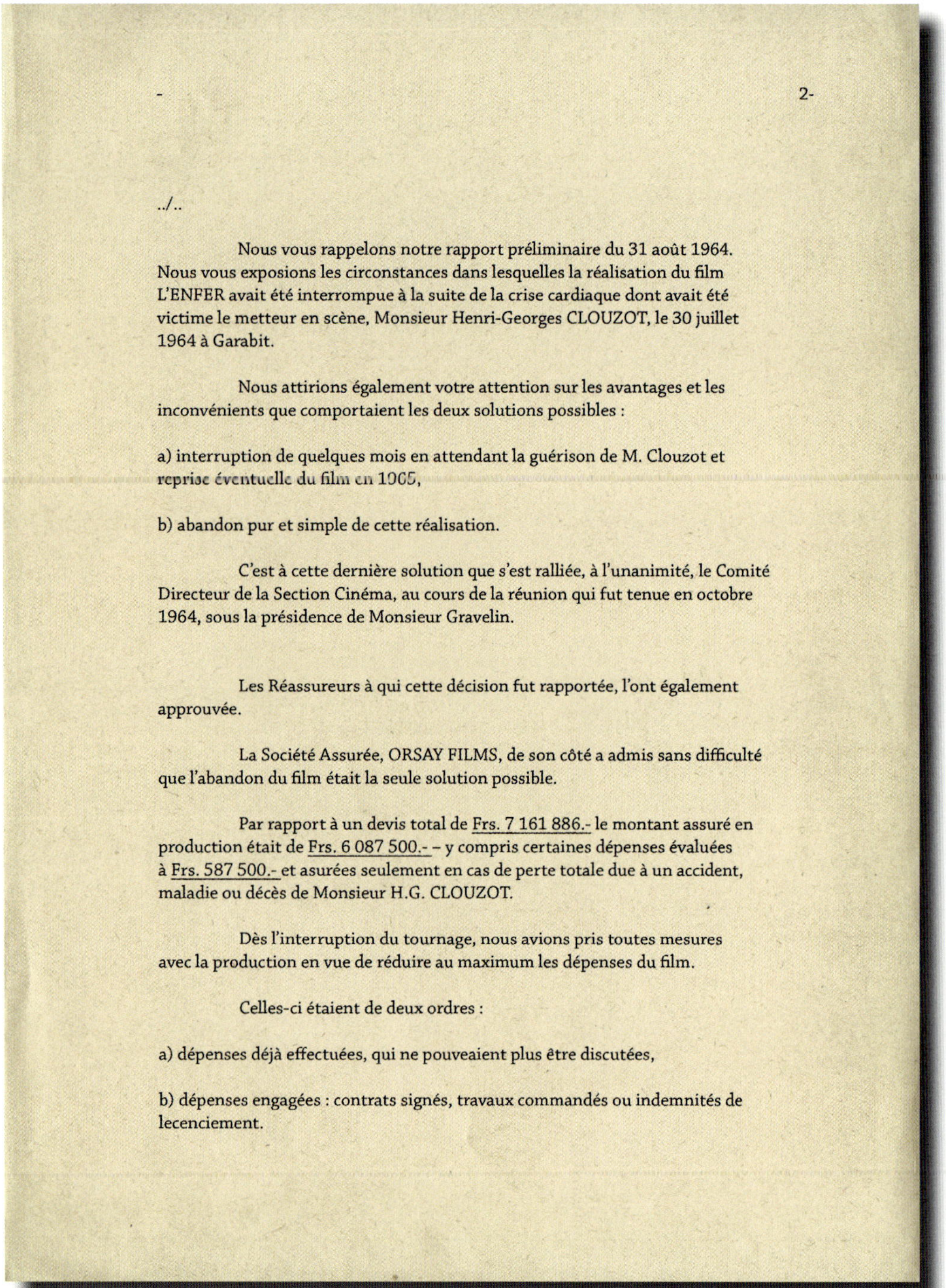

2-

../..

Nous vous rappelons notre rapport préliminaire du 31 août 1964. Nous vous exposions les circonstances dans lesquelles la réalisation du film L'ENFER avait été interrompue à la suite de la crise cardiaque dont avait été victime le metteur en scène, Monsieur Henri-Georges CLOUZOT, le 30 juillet 1964 à Garabit.

Nous attirions également votre attention sur les avantages et les inconvénients que comportaient les deux solutions possibles :

a) interruption de quelques mois en attendant la guérison de M. Clouzot et reprise éventuelle du film en 1965,

b) abandon pur et simple de cette réalisation.

C'est à cette dernière solution que s'est ralliée, à l'unanimité, le Comité Directeur de la Section Cinéma, au cours de la réunion qui fut tenue en octobre 1964, sous la présidence de Monsieur Gravelin.

Les Réassureurs à qui cette décision fut rapportée, l'ont également approuvée.

La Société Assurée, ORSAY FILMS, de son côté a admis sans difficulté que l'abandon du film était la seule solution possible.

Par rapport à un devis total de Frs. 7 161 886.- le montant assuré en production était de Frs. 6 087 500.- – y compris certaines dépenses évaluées à Frs. 587 500.- et asurées seulement en cas de perte totale due à un accident, maladie ou décès de Monsieur H.G. CLOUZOT.

Dès l'interruption du tournage, nous avions pris toutes mesures avec la production en vue de réduire au maximum les dépenses du film.

Celles-ci étaient de deux ordres :

a) dépenses déjà effectuées, qui ne pouveaient plus être discutées,

b) dépenses engagées : contrats signés, travaux commandés ou indemnités de lecenciement.

Brief der Association générale des sociétés d'assurances vom 19. Februar 1965 an die Produktionsfirma Orsay Films, in dem »eindeutig die Aufgabe« der Realisierung empfohlen wird.

Wir erinnern Sie an unseren Vorbericht vom 31. August 1964. Darin haben wir die Umstände dargelegt, unter denen die Realisierung des Films *L'ENFER* infolge des Herzanfalls unterbrochen wurde, die der Regisseur, Monsieur Henri-Georges CLOUZOT, am 30. Juli 1964 in Garabit erlitt.
Wir lenken Ihre Aufmerksamkeit überdies auf die Vor- und Nachteile der beiden möglichen Lösungen:
a) Unterbrechung von einigen Monaten in Erwartung der Genesung von M. Clouzot und mögliche Wiederaufnahme der Dreharbeiten 1965,
b) eindeutige Aufgabe der Realisierung.
Das Direktionskomitee der Abteilung Film hat sich bei seiner von Monsieur Gravelin geleiteten Sitzung im Oktober 1964 einstimmig für die zweite Lösung ausgesprochen.
Die Rückversicherer, denen diese Entscheidung mitgeteilt wurde, haben sie ebenfalls gutgeheißen.
Die versicherte Gesellschaft, ORSAY FILMS, hat ihrerseits ohne Umstände anerkannt, dass die Aufgabe des Films die einzige mögliche Lösung ist.
Im Verhältnis zu einem Kostenvoranschlag von gesamt 7 161 886,00 Francs lag die versicherte Summe für die Produktion bei 6 087 500,00 Francs, einschließlich verschiedener Ausgaben, die mit 587 500,00 Francs bewertet wurden und nur im Fall eines Totalverlustes infolge von Unfall, Krankheit oder Tod von Monsieur H.G. CLOUZOT versichert waren.
Seit Unterbrechung der Dreharbeiten haben wir mit der Produktionsfirma alle Maßnahmen ergriffen, um die Ausgaben für den Film weitmöglich zu reduzieren.
Diese umfassten:
a) bereits getätigte Ausgaben, die nicht mehr in Frage standen
b) zugesagte Ausgaben: unterzeichnete Verträge, bestellte Arbeiten oder Abfindungen bei Entlassung.

BESETZUNG 1964

Romy SCHNEIDER	Odette
Serge REGGIANI	Marcel
Dany CARREL	Marylou
Jean-Claude BERCQ	Martineau
Mario DAVID	Julien
Blanchette BRUNOY	Clotilde
Claude BRASSEUR	Paul, Barkeeper
Hubert de LAPPARENT	Monsieur Pimoiseau
Germaine DELBAT	Madame Rudemont
Catherine ALLEGRET	Yvette, das Kindermädchen
Jean GAVEN	Paul
André LUGUET	Duhamel
Pierre PALAU	Balandière
Grégoire SAINT-REMY	Polio
Daniel SOLA	Student
Barbara SOMMERS	Madame Bordure
Maurice TEYNAC	Monsieur Bordure
Maurice GARREL	Dr. Arnoux
Henri VIRLOJEUX	Der Mann auf der Terrasse
Paloma MATTA	Das junge Mädchen
Madeleine SUFFEL	Mädchen in der Küche
Michel DUPLAIX	
Jean-Louis TRINTIGNANT	Marcel #2 (nicht gedreht)
Christine LANDRIEUX	Double Wasserski Romy Schneider
Nadine POCHERON	Schlittschuhläuferin

TECHNISCHE MITARBEITER

Regisseur	Henri-Georges CLOUZOT
1. Regieassistent	Bernard PAUL
	Christian de CHALONGE
Regieassistent	Serge WITTA
Regieassistent Praktikant	Jean-Pierre PERIER
	Bernard STORA
Scriptgirls	Denise MORLOT
	Mme DUPUY-LAN
	Suzanne DELASORNE
Coach	Edward MARCUS
Produktionsleiter	Georges VALON
Hauptaufnahmeleiter	René FARGEAS
Aufnahmeleiterassistent	Jean DROUIN
Aufnahmeleiter außen	Nady CHAUVIRET
Bauleiter (Szenenaufbau)	Daniel LAGUILLE
	Jaques SERVAIS
Aufnahmeleiterassistent außen	Jean-Claude GIRARD
Chefkameramann	Armand THIRARD
Kameramann	Robert FLORENT
	Louis NEE
1. Kameraassistent	Roger GLEYZE
2. Kameraassistent	Marcel GILOT
Chefkameramann	Claude RENOIR
Kameramann	André DUMAITRE
1. Kameraassistent	Roger TELLIER
2. Kameraassistent	René CHABAL
Chefkameramann	Andréas WINDING
Kameraassistent	William LUBTCHANSKY
2. Kameraassistent	René CHABAL
Künstler Lichteffekte	Joël STEIN
	Jean-Pierre YVARAL
Photograph	Paul APOTEKER
Technischer Vertreter LTC	Claude LEON
Casting	Marguerite CAPELIER
Produktionssekretärin	Simone CLEMENT
Sekretärin M. Clouzot	Lise ANGLADE
	Christiane DEPONDT
Sekretärin	Madeleine BILLEAUD
Buchhaltung	Louis TRINQUIER
Sekretärin Buchhaltung	Irène SERGEENKO
Chefmaskenbildner	Michel DERUELLE
Maskenbildnerin	Fernande HUGI
Cheffriseur	Alex ARCHAMBAULT
Tonmeister	Robert William SIVEL
Tonassistenten	Maurice REMI
	Victor REVELLI
Recorder	Georges VAGLIO
Cableman	Jaques GUEDIKIAN
Kamerabühnenchef	René MENUSET
	Eugène HERRLY (BICHOU)
Chefelektriker	Louis BERGER
	René TOUILLAUD
Chefausstatter	Rino MONDELLINI
Ausstatterassistent	Jacques DOUY
	Jacques BRIZZIO
	Jean FORESTIER
	Jacques BERNACCHI
Dekorateur	André MOLLES
Praktikant	Michel MONDELLINI
Ausstatter	André LABUSSIERE
Chauffeur H.-G. Clouzot	Ludovic DEBAN TARADI
Chauffeur Produktion	Albert HUNTZINGER
Chauffeur Produktion	Robert FUGIER
Entwurf Kostüme	Jacques FONTERAY
Kostümbildner	Jacques COTTIN
Garderobiere Produktion	Paulette TEN HAVE
Garderobiere R. Schneider	Monique DURY
Garderobiere S. Reggiani	Yvette BONNAY
Werbung	Donald LA BADIE
Sekretärin Werbung	Madeleine GODART
Organisation	Georges CRAVENNE
	(Claude DAVY)

FILM : **"L ENFER"**

LIEUX DE TOURNAGE		EXTERIEURS																											
DECORS		SKI et Poursuite					EXT. Hotel. Retour DUHAMEL O. (Couleur) / SORTIE MARCEL DESESPOIR. AMBULANCES.	CAR DANS LE BROUILLARD.	Panne (1) Retour SKI_	recuperation	ALLEVEE E. POURSUITE (CHARS)	MALLET / RACCOURCI. DEBUT LACETS. ARRIVEE AUX ILES.	·LACETS ·TRAMES	MURAT.						MARYLOU.		APPT PRIVE. TEL. MARTINEAU. / R. de CH. SORTIE MARCEL ARNOUX	TEL. MARTINEAU / 1er ETAGE SORTIE MARTINEAU.	APPARTEMENT / LE SAC.		LA LETTRE		PERQUISITION	LA GARCE
MOIS				J			U		I		L			L			E				T								
DATES		2	3	4	6	7	8	9	10	11	13	15	16	17	18	20	21	22	23	24	25	27	28	29	30	31	1	3	4
JOURS DE TOURNAGE																				1	2	3	4	5	6	7	8	9	10
DECORS		EXT. HOTEL				P.d.V. Duhamel.		MATERIEL TRANSPARt		recuperation. / SKI.	ALLEUZE (+raccords iles)	MALLET / cyclistes.	les iles.	MURAT.						CH. POLO L'ANGINE.	1er ETAGE SORTIE MARCEL. ARNOUX	R. CH. RETOUR DUHAMEL. ODETTE / BAIN POLO	APPARTt 1er ETAT.	R. de CH. / RETOUR MARCEL HOTEL	SUITES IMAGES CHOC SORTIE MARCEL.	EXPLICATION. IMAGES CHOC / RETOUR SKI. / RETOUR SKI 1er ETAGE.	R de CH. / Le BAR	PANNE.	FIN OBAO COULOIR 2me ETAGE.
LIEUX DE TOURNAGE		EXTERIEURS																											
ROLES	**INTERPRETES**																												
ODETTE	1	1	1	1		1	1				1			1	1	1	1	1		1	1	1	1	1		1			1
MARCEL	2	2	2	2	2	2	2		2	2	2	2	2	2	2	2	2			2	2	2	2	2	2	2	2		2
DUHAMEL	3	3	3			3	3															3		3	3	3		3	
MARYLOU	4		4	4	4										4								4	4					
CLOTILDE	5																			(5)	(5)	5		5	5	5	5	5	
PAUL	6	6	6	6	6															(6)	(6)						6		
ARNOUX	7			7	7															7	7								
MARTINEAU	8		8	8	8				8		8						8							8		8			
le commandant	9					9														(9)	(9)			9					
Mlle RUDEMONT	10			10	10																			10			10	10	
Mr BORDURE	11					11														(11)	(11)					11			
Mme BORDURE	12					12																							
Mr PIMOISEAU	13																										13		
Mme PIMOISEAU	14																										14		
Mr VERNON	15																				15								
Mme VERNON	16																				16								
POLO	17					17														17	17	17						17	
JULIEN	18		18	18	18																			18					
YVONNE						[illegible]																							

REALISATION : H. G. CLOUZOT.

ORSAY PRODUCTION

T U D I O

	…E .					COULOIR 1er ET.						APPARTMT PRIVE						APPART.T TRUQUE				APPARTEMT PRIVE					S.d.B					
	A LONGUE NUIT.				GRENIER	ODETTE DECOUCHE			DUHAMEL			Dernière nuit. A	B Jusqu'à F 26		FIN NORMAL JUSQU'A F 48.			CHAMBRE ET S. DE B. (Hallucination)				ou est la verité		A' délic ODETTE	AVION A REACTION / A' REVEILLE ODETTE	SALLE DE BAIN		MEURTRE.	PHARMACIE.			
			O					U					T									S		E		P		T		E		M
	8	10	11	12	13	14	17	18	19	20	21	22	24	25	26	27	28	29	31	1	2	3	4	5	7	8	9	10	11	12	14	15
	14	15	16	17	18	19	20	21	22	23	24	25	26	27	28	29	30	31	32	33	34	35	36	37	38	39	40	41	42	43	44	45
	…SSEE	1er ETAGE			R.d.CH	APPARTMT PRIVE					APPT TRUQUE.				TRUCAGE		1er ET	APPARTMT PRIVE				1er ET	R de CH.			1er ETAGE TRUQUE						
	#	PANNE retour Projection A - B	C. repet D	D - E.	Diner intime.	LA HAINE	ARNOUX			LE VIOL. ET	A'	A' / PREPARATION A2 / A2 - A3	PRERATION A4 / A4 - A6 PREPARATION A5	A5/PRERATION A7 / A7 A8	PASSAGE DE A à A'	A'	BRACELET ET A'!	LA HAINE	A' doit dormir.	A' SORTIE M.A. FIN VOITURE CRUCIFIX.	SAC CROCO / PERQUISITION C'ETAIT LE BONTEMPS ARBRE DE NOEL.	VOIX DANS L'ESCALIER.	DEBUT ENQUETE	CABINE TELEPHONIQUE	VEILLEUR DE NUIT.	A' RENTRE CHER LUI.	LA CLE.		TRANSPARENCES.			
		1	1	1	1	1	1	1	1	1	1			1		1	1	1	1	1	1			1					1	1		
		2	2	2	2	2	2	2	2	2	2	2	2	2	2	2	2	2	2	2	2	2	2	2	2	2	2	2	2	2		
																								5								
							7	7	7																				7			
																								8								
				11																												
		12																														

T U D I O

A. G. CLOUZOT Mon Sc

A THIRARD chef opérat.r

C. Renoir chef opérateur

C. Renoir

R. Mandellini chef Décorateur

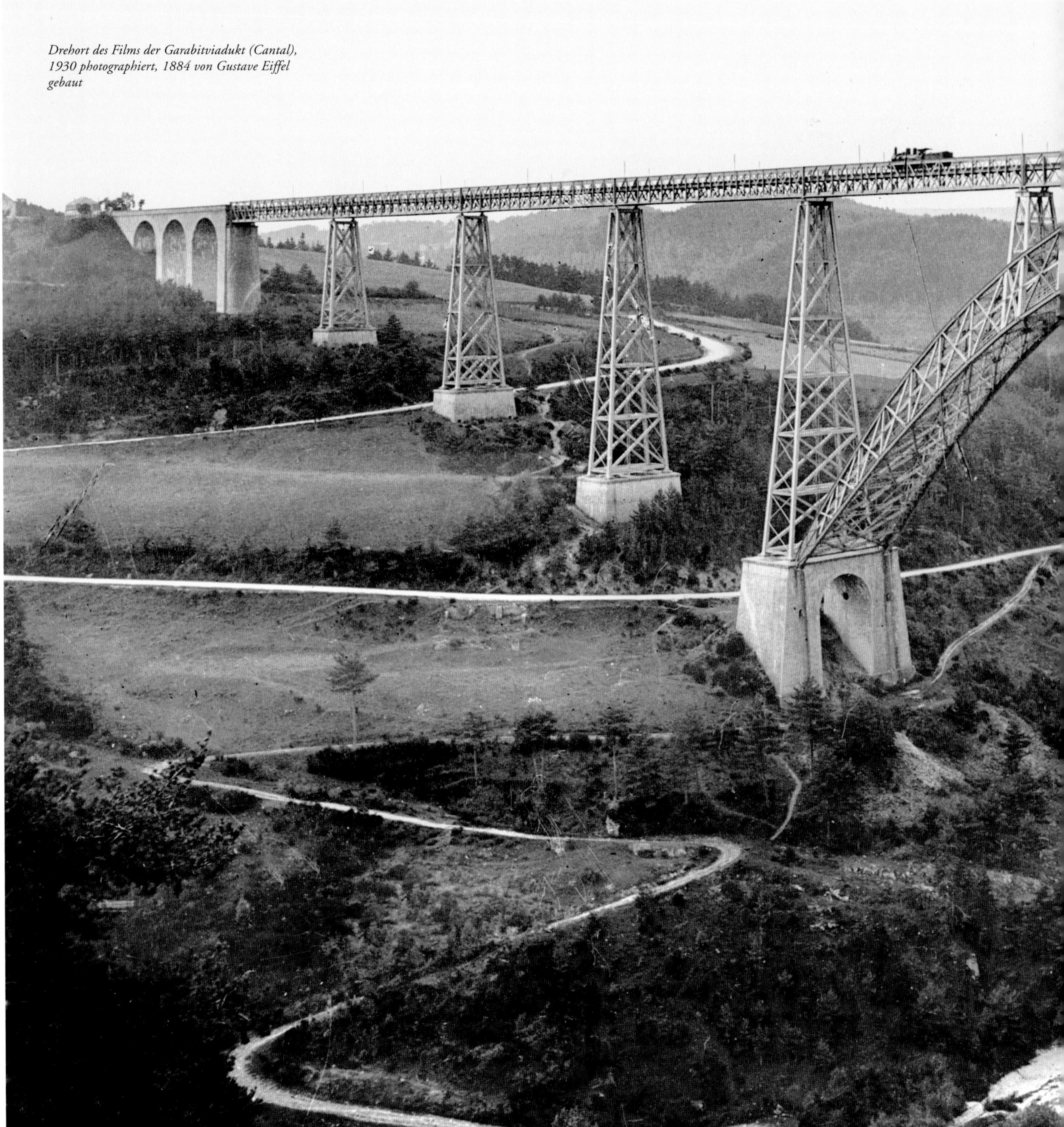

Drehort des Films der Garabitviadukt (Cantal), 1930 photographiert, 1884 von Gustave Eiffel gebaut

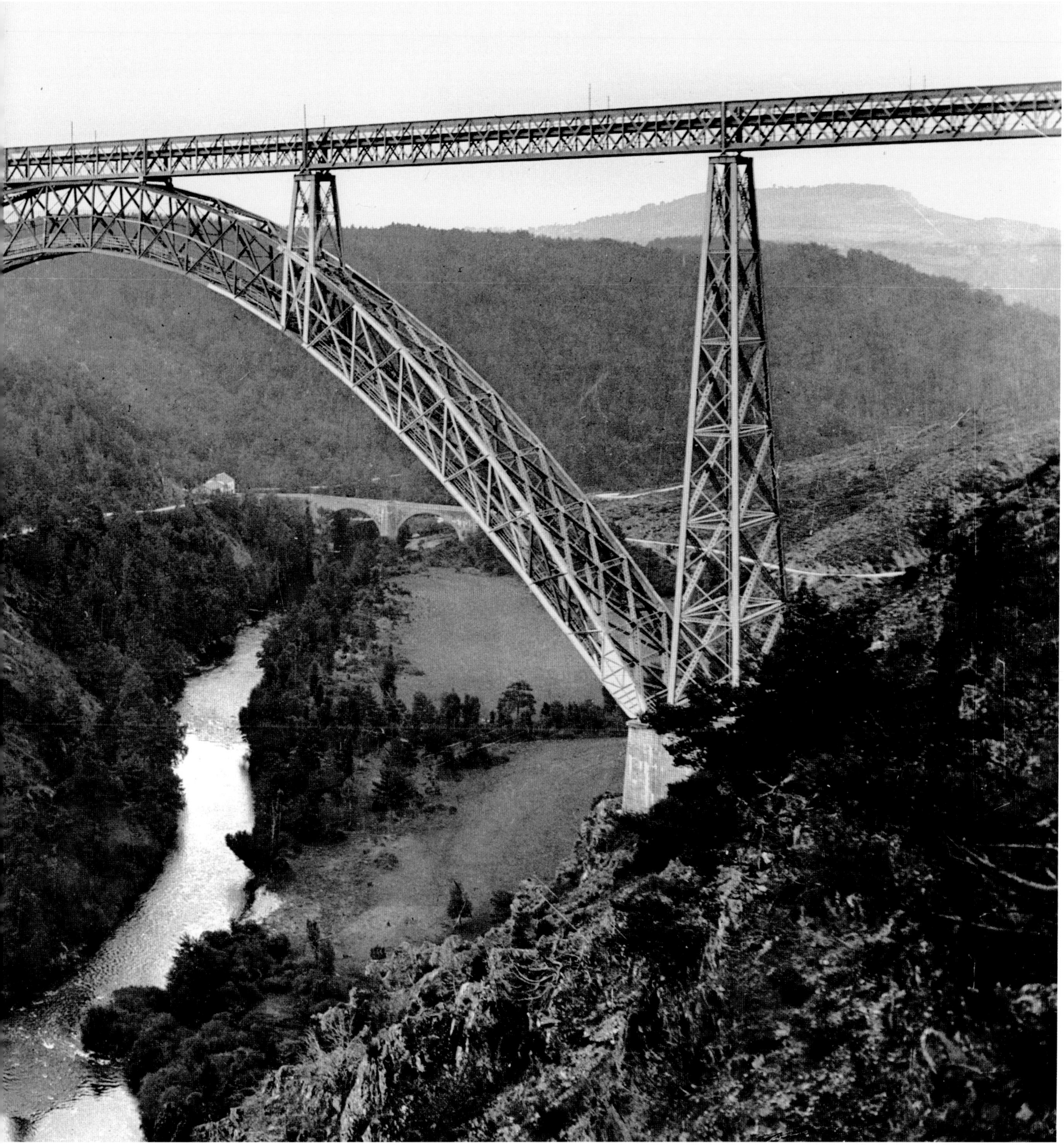

Nach seiner Vollendung wurde der Film *L'Enfer d'Henri-Georges Clouzot* 2009 für das Filmfestival in Cannes, Sélection officielle, außer Konkurrenz, ausgewählt, außerdem auf den Festivals von Bologna (Cinema Ritrovato), Chicago (CIFF), Haifa (HIFF), La Rochelle, London (LIFF), Lyon (Lumière 2009), Mar del Plata (24e Festival Internacional del cine), Melbourne (MIFF), Munich Film Festival, New York (NYFF), Rotterdam, São Paulo (Mostra Int. De Cinema), Vancouver (VIFF), Taipeh (Golden Horse Film Festival), Telluride, Thessaloniki Film Festival, Toronto (TIFF), Valladolid, Wien (Viennale) usw.

FESTIVAL DE CANNES
SÉLECTION OFFICIELLE
HORS COMPÉTITION

Für ihre Unterstützung danke ich herzlich:

Inès Clouzot, Sarah Biasini, für ihr großes Vertrauen und ihre Freundschaft, Noelle Adam Reggiani, Simon Reggiani, den Schauspielern und Zeugen, die alle an dieser Wiederentdeckung beteiligt waren: Catherine Allegret, Dany Carrel, Lan Nguyen Thi, Gilbert Amy, Jacques Douy, Jean-Louis Ducarme, Eric Duvivier, Costa-Gavras, William Lubtchansky, Joël Stein, Bernard Stora.

Dank an: Bérénice Bejo und Jacques Gamblin, die uns bei diesem riskanten Experiment gefolgt sind; dem Filmteam: Bruno Alexiu, Julien Besse, Stéphanie Durand, Patrick Egreteau, Nicolas Faure, Jean-Gargonne, Clarisse Gatti, Janice Jones, Laurence Kiberlain, Antoine Jesel, Jérôme Krumenacker und seinem Team, Marianne Lère, Irina Lubtchansky und ihrem Team, Ruxandra Medrea, Pauline Pasquier, Emmanuelle Prevost, Fatma Tarhouni, Yves Ulmann, Jean-Guy Veran; Marin und Nathanaël Karmitz und dem ganzen Team von MK2, Pierre Heros, Bertrand Hassini-Bonnette, Manuel Alduy, Bruno Deloye; Patrick Brion, Frédéric Mitterand und Pierre Rissient, ohne die gar nichts möglich gewesen wäre.

Weil sie uns unterstützt, geführt und uns unglaubliche Dokumente geliefert haben: Paul und Thierry Apoteker, Christian Barge, Jean-Paul Bercq, M. Cellier (Hôtel Garabit), Maria Chiba, Christian Collin, Gilles Duval, Thierry Fremaux, Catherine und Isabelle Ganz, Gilels Gautheron, Frédérique Granado, Florence Grenier, Kate Guyoncarch, Dominique Hoff, Christian Janicot, Yannick Kergoat, Patrice Martineau, Serge Le Péron, Antoine Lopez, Van Papadopoulos, Philippe Pouchain, Hugues Quattrone, Michel Reilhac, Yves Riou, Anne Simon, Stéphane Souillat, Olivier-René Veillon, Eleonor Winkler, Jean Mounicq für das wunder-bare Portrait auf S. 151, der Cinémathèque Française (Serge Toubiana, Joel Daire), dem Fremdenverkehrsamt von Saint-Paul-de-Vence, dem Umweltmuseum von Margeride-Haute-Auvergne, Suzanne Bret, für ihre Auskunft über den *Héliophore*, Béatrice de Pastre, Boris Todorovitch, Eric le Roy und Jean-Louis Cot (CNC), Lenny Borger, Jacqueline Favero, Anne Pradel, Rachid Boukhlifa und mein Komplize Eric Lange.

Für die Produktion des Buches:
Marianne Lère, Nicolas de Cointet, Pauline Pasquier, Flavie David, Sophie Denize und Jean-Baptiste Le Guen bei Mikros Images für die Scans der Negative, Catherine Bernet und Romain Victor-Pujebet für die Kalibrierung der Photos, Franklin Labbé, Caroline Dauvois.

Ein besonderer Dank gilt Pauline Richard für ihre geradezu surrealistische Geduld sowie der gesamten Filmcrew 2008 und 2009.

Und schließlich ein großer Dank an Violaine Bromberg und unsere Kinder Marie, Alice und Stanislas, die mich während der dreijährigen Produktion von *L'Enfer d'Henri-Georges Clouzot* unterstützt und ertragen haben und die ersten aufmerksamen Leser dieses Buches waren.

Die meisten in diesem Buch zitierten Interviews wurden im Juli 2008 geführt, im Rahmen der Produktion des Films *L'Enfer d'Henri-Georges Clouzot* von Serge Bromberg und Ruxandra Medrea, produziert von Lobster Films.
Das auf S. 20–21 zitierte Interview mit Henri-Georges Clouzot wurde der Sendung »Sept jours du monde« vom 21.02.1964 von Mario Beunat entnommen, © INA – Institut National de l'Audiovisuel.

Redaktion: Nicolas de Cointet
Künstlerische Leitung: Franklin Labbé
Layout: Caroline Dauvois
Produktionskontrolle: Alix Willaert
Lithographie: IGS-CP

Satz: Fotosatz Huber, Germering
Printed in China

ISBN 978-3-8296-0462-8
www.schirmer-mosel.com

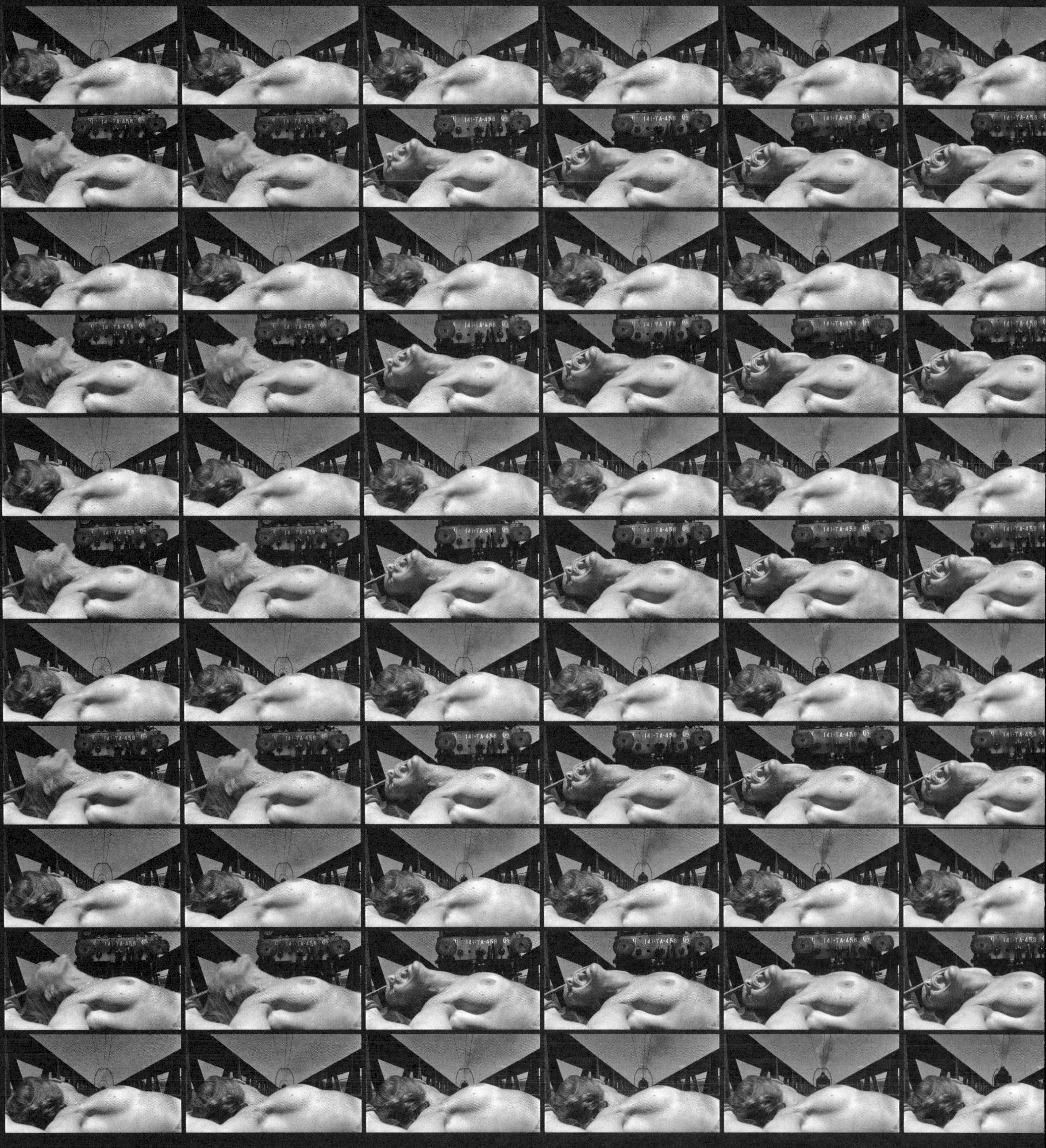
141-TA-458